***ACCESO GRATIS** a la Lectura en la Nube*

Para visualizar el libro electrónico en la nube de lectura envíe junto a su nombre y apellidos una fotografía del código de barras situado en la contraportada del libro y otra del ticket de compra a la dirección:

ebooktirant@tirant.com

En un máximo de 72 horas laborales le enviaremos el código de acceso con sus instrucciones.

La visualización del libro en **NUBE DE LECTURA** excluye los usos bibliotecarios y públicos que puedan poner el archivo electrónico a disposición de una comunidad de lectores. Se permite tan solo un uso individual y privado

TRANSMISIÓN GENERACIONAL DE LA EMPRESA FAMILIAR

TRANSMISIÓN GENERACIONAL DE LA EMPRESA FAMILIAR

JAVIER VIDÁN PEÑA

tirant lo blanch
Valencia, 2025

En caso de erratas y actualizaciones, la Editorial Tirant lo Blanch publicará la pertinente corrección en la página web www.tirant.com.

La aceptación de la presente obra ha tenido en consideración la evaluación y calificación otorgada por los expertos componentes del tribunal calificador de la tesis doctoral en la que se basa.cumpliendo con el criterio correspondiente de los revisores externos y ofreciendo la calidad debida a la presente edición

EDITA: TIRANT LO BLANCH
C/ Artes Gráficas, 14 - 46010 - Valencia
TELFS.: 96/361 00 48 - 50
FAX: 96/369 41 51
Email:tlb@tirant.com
www.tirant.com
Librería virtual: www.tirant.es
DEPÓSITO LEGAL: V-4429-2024
ISBN: 978-84-1095-108-2
MAQUETA: Disset Ediciones

A mi querido padre,
porque una parte de ti siempre perdurará en mí

Índice

Prólogo

La empresa familiar constituye un pilar fundamental en la economía de numerosos países, siendo un motor significativo de crecimiento, empleo y estabilidad. Sin embargo, una de las mayores preocupaciones que enfrentan estas entidades es la continuidad y sucesión a lo largo del tiempo. Este libro se dedica precisamente a abordar esta temática crucial, proporcionando un análisis exhaustivo sobre la planificación sucesoria de la empresa familiar.

En la Primera Parte, titulada "Planificación Sucesoria de la Empresa Familiar", se aborda el concepto actual de empresa familiar y la importancia de una sucesión planificada. Se explora en profundidad el protocolo familiar como un instrumento jurídico esencial para garantizar la continuidad y transmisión de la empresa. A través de los capítulos, se desglosan las características del protocolo, su naturaleza jurídica y la eficacia de las cláusulas que lo componen. También se examinan las formas de publicidad del protocolo y las medidas extrarregistrales que aseguran su efectividad.

La Segunda Parte del libro, "Transmisión de la Empresa Familiar", se centra en los aspectos prácticos y legales de la ejecución del protocolo familiar. Se estudian los distintos instrumentos jurídicos disponibles para la designación de sucesores, tanto en vida del propietario como a través del testamento. Además, se dedica un capítulo específico al análisis de la transmisión de la empresa familiar en el contexto de los derechos forales, con una especial referencia al derecho civil de Navarra.

Este libro ofrece una guía completa y detallada sobre los mecanismos legales y las mejores prácticas para asegurar la continuidad de la empresa familiar a través de las generaciones. La obra se sustenta en un sólido marco teórico, complementado con referencias jurisprudenciales y doctrinales, lo que la convierte en una herramienta indispensable para abogados, asesores legales, empresarios familiares y académicos interesados en el derecho sucesorio y la gestión de empresas familiares.

Espero que la lectura de este libro inspire soluciones prácticas y aporte claridad a quienes enfrentan el desafío de preservar y perpetuar el legado de sus empresas familiares. Que este sea un recurso para guiar los pasos hacia una transición ordenada y un futuro prometedor para las generaciones venideras.

LUCÍA GARCÉS GALDEANO
Directora de la Cátedra de Empresa Familiar
Profesora Departamento gestión de empresas
Universidad Pública de Navarra

Abreviaturas

AP	Audiencia Provincial
Art(s).	Artículo(s)
ATS	Auto del Tribunal Supremo
BOE	Boletín Oficial del Estado
BORME	Boletín Oficial del Registro Mercantil
Cap.	Capítulo
CC	Código Civil
CCo	Código de Comercio
CE	Constitución Española
DA	Disposición Adicional
DGRN	Dirección General de los Registros y del Notariado
DGSJFP	Dirección General de Seguridad Jurídica y Fe Pública
FNN	Fuero Nuevo de Navarra
IEF	Instituto de Empresa Familiar
LEC	Ley de Enjuiciamiento Civil
LH	Ley Hipotecaria
LRC	Ley del Registro Civil
LSC	Ley de Sociedades de Capital
núm.	número
p(p).	página(s)
RC	Registro Civil
RD	Real Decreto
RDGRN	Resolución de la Dirección General de los Registros y del Notariado
RDGSJFP	Resolución de la Dirección General de Seguridad Jurídica y Fe Pública
RH	Reglamento Hipotecario
RM	Registro Mercantil
RN	Reglamento de la organización y régimen del Notariado
RRM	Reglamento del Registro Mercantil
SA	Sociedad Anónima
SAP	Sentencia de la Audiencia Provincial
SRL	Sociedad de Responsabilidad Limitada

ss.	siguientes
STS	Sentencia del Tribunal Supremo
STSJ	Sentencia del Tribunal Superior de Justicia
TS	Tribunal Supremo
TSJ	Tribunal Superior de Justicia
vol.	volumen

Introducción

El presente trabajo es el resultado de la Tesis Doctoral desarrollada y defendida por el autor en el marco del Programa de Doctorado en Derecho Privado en el que participan de forma conjunta la Universidad Pública de Navarra y la Universidad de Salamanca.

La experiencia profesional del autor en el asesoramiento a empresas familiares en procesos de transmisión generacional —a través de la elaboración y ejecución de protocolos familiares— y la voluntad de profundizar en el análisis de los instrumentos que ofrece el actual marco normativo español al empresario que pretende ordenar la sucesión de su empresa, fueron los motivos principales que fundamentaron el inicio de la investigación en este ámbito. Las diferentes situaciones y experiencias vividas en el ejercicio de la profesión han servido de "brújula" en el desarrollo de la actividad investigadora, cuya orientación ha pretendido ser eminentemente práctica.

El interés del objeto de la investigación responde a la importancia que la empresa familiar tiene en la actual estructura social y económica de nuestro país, en la que se estima que, al menos el 65% de estas organizaciones se encuentran en el primer estadio de su ciclo vital, pendientes de abordar por su fundador la planificación sucesoria necesaria para el logro del relevo generacional que permita asegurar su continuidad.

El trabajo parte como premisa de la dificultad constatada en estas compañías a la hora de preservar su continuidad generacional en el seno de la familia promotora, circunstancia que ha llevado a la doctrina a reflexionar acerca de las variables y factores que influyen en el éxito del proceso de sucesión.

En este sentido, se señala la ausencia de planificación estratégica como uno de los errores más comunes a la hora de acometer este proceso de transición de la empresa. Una excesiva demora en la sucesión en el liderazgo de la compañía puede frenar su adaptación al cambio y obstaculizar el desarrollo profesional de los sucesores que, en el caso de fallecimiento del fundador, pueden verse obligados a tomar el relevo de forma abrupta y sin la debida organización.

Siendo clave, por tanto, la adecuada planificación del proceso sucesorio con el propósito de incrementar las tasas de continuidad y conservación empresarial, este trabajo pretende analizar el marco jurídico aplicable a este proceso de transmisión de la empresa familiar desde su planificación hasta su ejecución, abordando en profundidad un estudio de los actuales instrumentos jurídico civiles previstos en el derecho común, así como en ordenamientos forales como el navarro. El conocimiento del derecho aplicable y de los instrumentos que ofrece al servicio de la planificación sucesoria, permitirá a cada empresario hacer uso de aquellos que respondan de manera más adecuada a los intereses y necesidades que demandan tanto la particular idiosincrasia de la familia como la concreta organización empresarial.

Si bien la investigación se inscribe dentro del ámbito jurídico, no debe olvidarse el papel fundamental que juegan en el proceso sucesorio otras disciplinas, como la psicología. Nos encontramos en un ámbito donde las emociones y los sentimientos implicados en la familia influyen de manera determinante en el curso de las acciones y decisiones adoptadas en este contexto. Singularmente en entornos críticos y de cambio, la mediación se revela como una metodología útil para desbloquear la comunicación y ayudar a las partes a explorar los intereses y necesidades subyacentes en cada conflicto, partiendo de las alternativas y remedios previstos por el ordenamiento jurídico.

PARTE PRIMERA.
PLANIFICACIÓN SUCESORIA DE LA EMPRESA FAMILIAR

Capítulo 1.

La empresa familiar

1.1. ACTUALIDAD Y CONCEPTO DE EMPRESA FAMILIAR

Según datos del Instituto de Empresa Familiar (IEF)[1], se estima que en la Unión Europea existen 14 millones de empresas familiares que generan más de 60 millones de empleos en el sector privado.

En España, la cifra estimada de este tipo de empresas asciende a 1,1 millones, lo que representa aproximadamente el 89% del tejido empresarial. Estas compañías crean en la actualidad el 67% del empleo privado, con un total de más de 6,58 millones de puestos de trabajo y son responsables del 57,1% del PIB del sector privado.

A la luz de estos datos, no es de extrañar que el concepto de empresa familiar haya sido objeto de atención tanto por parte de la doctrina como del legislador desde que comenzara el interés por este tipo de organizaciones.

Si bien el ordenamiento jurídico español ofrece, como veremos, una definición de empresa familiar, la doctrina jurídica no ha alcanzado un consenso al respecto, y tampoco existe una definición legal consagrada a nivel internacional.

En este sentido, Handler[2] pone de manifiesto la falta de unanimidad en torno al concepto de empresa familiar y considera la necesidad de alcanzar una definición como un aspecto relevante desde el punto de vista metodológico a fin de poder avanzar en los estudios científicos y mejorar la calidad y el rigor de la investigación en torno a este tipo de organizaciones.

Algunos de los motivos que explican la dificultad de alcanzar una definición única radican, por un lado, en el hecho de que las empresas familiares comparten similitudes con aquellas que no lo son, lo que dificulta establecer criterios propios de este tipo de estructuras empresariales, y por otro, en la existencia dentro de las propias empresas familiares de una gran diversidad

---

1 https://www.iefamiliar.com/la-empresa-familiar/cifras/.

2 Handler, W. (1989). "Methodological Issues and Considerations in Studying Family Businesses". Family Business Review, 2(3), 257-276.

de modelos, que puede abarcar desde la "micro-pyme" familiar hasta las grandes corporaciones empresariales[3].

Para tratar de comprender lo que es una empresa familiar, entendemos conveniente partir de los dos términos que conforman este concepto: "empresa" y "familia", antes de abordar en qué punto estas dos palabras toman vida propia al unirse para identificar una nueva realidad.

Actualmente, el ordenamiento jurídico español no contiene un concepto legal de empresa. No obstante, sí que se utiliza esa expresión, entre otros, en el Código de Comercio, en el Código Civil o en la Ley de 16 de diciembre de 1954 sobre hipoteca mobiliaria y prenda sin desplazamiento de posesión.

El Anteproyecto de Ley del Código Mercantil recogía en su art. 131-1 una definición según la cual "La empresa es el conjunto de elementos personales, materiales e inmateriales organizados por el empresario para el ejercicio de una actividad económica de producción de bienes o prestación de servicios para el mercado". Aunque la norma no esté vigente, esta definición supone un gran avance porque refleja lo que la doctrina mercantilista entiende por empresa..

Tampoco el concepto de familia se halla definido legalmente[4] si bien es objeto de frecuentes referencias normativas, e incluso a nivel constitucional, y así el art. 39 de nuestra Carta Magna establece en el núm. 1 del art. 39 que "Los poderes públicos aseguran la protección social, económica y jurídica de la **familia".** La Real Academia Española (RAE) define a la familia como el "Conjunto de ascendientes, descendientes, colaterales y afines de un linaje".

El vínculo entre ambos subsistemas, familia y empresa, dotados de influencias y finalidades propias, es origen de una nueva realidad institucional dotada de una singularidad específica. Tal y como señala Pavón Sáez[5]: "Para poder definir qué es una empresa familiar, debemos valorar la influencia de la familia en la propia empresa, en su calificación desde la perspectiva de la propiedad, gobierno y gestión (...). La empresa como institución económica y jurídica está impregnada de la influencia de las personas que pueden o no ser agrupadas como familia y, por ende, de cómo es la familia desde su propia realidad condicionada por una serie de objetos y factores que influyen en su comportamiento".

Un elemento fundamental que debe tenerse en cuenta a la hora de diferenciar la empresa familiar de otro tipo de organizaciones es la influencia

---

3 Morgado Panadero, P. y otros. (2015). *Practicum empresa familiar.* Thomson Reuters, p. 30.

4 Vela Sánchez, A. J. (n.d.). "La familia: concepto doctrinal y constitucional". *vLex*, p. 21.

5 M. PAVÓN SÁEZ, «Entendiendo la empresa familiar y a la familia empresaria», en *El protocolo familiar. Consejos prácticos para su elaboración,* AEDAF Secciones, 2019, pp. 203-204.

de ese conjunto de familiares pertenecientes a un linaje en la organización de medios técnicos, financieros y humanos para el ejercicio de una actividad económica; influencia que puede apreciarse desde diferentes ángulos, como los valores, la cultura empresarial o la toma de decisiones estratégicas y que se verá condicionada por los vínculos afectivos y emocionales de la familia propietaria, que irán evolucionando a la par que lo hacen los individuos que la conforman. Por lo tanto, aunque pueda resultar evidente, la influencia que la familia ejerce sobre la empresa no es estática, pues sufre las variaciones propias de las vicisitudes individuales y de las relaciones personales que vivan los miembros de la familia[6].

Camisón Zornoza y Ríos Navarro[7] señalan una serie de factores clave que, en mayor o menor medida, definen formalmente la empresa familiar: la propiedad-control, la participación en la gestión y la pretensión de dar continuidad al proyecto transmitiendo la empresa a la siguiente generación.

Algunas definiciones recogen estos tres aspectos, mientras que otras se ciñen a uno solo de ellos. Shanker y Astrachan[8], clasifican del siguiente modo las distintas definiciones de empresa familiar formuladas en función del grado de inclusión de estos factores:

Concepto amplio: para ser consideradas familiares, es necesario que las familias propietarias tengan control efectivo sobre la orientación estratégica de las empresas, y que exista, al menos, cierta intención de que el negocio continúe en la propiedad de la familia. Dentro de este concepto se incluyen aquellas empresas familiares en las que la influencia de la familia se canaliza a

---

6 Los vínculos que unen a las familias son más fuertes que los meramente económicos, lo cual permite alcanzar un mayor grado de confianza mutua y permite a la empresa ser más flexible ante los cambios y la toma de decisiones. En una empresa familiar se manifiestan con mayor fuerza las emociones, fruto de la cercanía y del bagaje relacional existente en el ámbito familiar. En familias en las que predominen las emociones positivas habrá mayor unión entre sus miembros, existirán ilusiones compartidas y motivación para afrontar retos empresariales conjuntos, lo que sin duda supondrá una ventaja competitiva en el nivel empresarial. Por el contrario, cuando en una familia afloran elementos emocionales negativos que hunden quizá su existencia en heridas del pasado, tales envidias, diferencias y rencores contaminan los vínculos personales provocando desencuentros y fricciones entre los parientes-socios, lo que deriva en el deterioro de la comunicación y confianza: es entonces cuestión de tiempo que el compromiso y el entusiasmo por el proyecto empresarial compartido decaigan, con el consiguiente impacto negativo en la organización.

7 C. Camisón Zornoza; A. Ríos Navarro, *El protocolo familiar: metodología y recomendaciones para su desarrollo e implantación*, Tirant lo Blanch, 2016, p. 22.

8 M. Shanker; J. Astrachan, «Myths and Realities: Family Business Contribution to the U.S. Economy: A Framework for Assessing Family Business Statistics"», *Family Business Review*, vol. 9, 2, 1996, pp. 107-124.

través de sus órganos de gobierno o dirección, o a través de una participación significativa en el capital societario, si bien no es necesario que ningún familiar intervenga en el día a día de la compañía;

Concepto intermedio: estas definiciones, además de los requisitos de control e influencia en la estrategia de la empresa, requieren que el fundador o sus sucesores participen directamente en la estrategia y la gestión. Por lo tanto, sería suficiente con que un solo miembro de la familia esté involucrado en el día a día de la compañía, participando en la dirección y asumiendo funciones ejecutivas. Se excluyen a aquellas empresas cuya propiedad está en manos de una familia pero que han delegado totalmente la dirección a profesionales externos;

Concepto restrictivo: se precisa que exista más de una generación familiar participando activamente en la gestión de la compañía, es decir, que más de un familiar participe en el equipo directivo y en los órganos de gobierno. El sentido de este criterio es que la participación de la nueva generación evidencie inequívocamente el deseo de continuidad de la empresa familiar en el futuro.

En el ordenamiento jurídico español no encontramos una regulación específica de la empresa familiar, aunque exista un tratamiento fiscal diferenciado de la misma. La definición en el ámbito fiscal lo es estrictamente a efectos fiscales, en cuanto a la aplicación de determinados impuestos, sin que deba considerarse que ese concepto delimita lo que se entiende por empresa familiar[9].

---

[9] Los requisitos para que una empresa sea considerada familiar a efectos fiscales se definen en el art. 4.ocho de la Ley del Impuesto sobre el Patrimonio.
El primer requisito exige que la entidad realice de manera efectiva una actividad empresarial y no tenga por actividad principal la gestión de un patrimonio mobiliario o inmobiliario. La norma entiende que una sociedad gestiona un patrimonio mobiliario o inmobiliario y que, por lo tanto, no realiza una actividad económica cuando concurran, durante más de 90 días del ejercicio social, cualquiera de las siguientes circunstancias:
a) Que más de la mitad de su activo esté constituido por valores o;
b) Que más de la mitad de su activo no esté afecto a actividades económicas.
El segundo de los requisitos exige "Que la participación del sujeto pasivo en el capital de la entidad sea al menos del 5 por 100 computado de forma individual, o del 20 por 100 conjuntamente con su cónyuge, ascendientes, descendientes o colaterales de segundo grado, ya tenga su origen el parentesco en la consanguinidad, en la afinidad o en la adopción". Como podemos observar, el legislador ha pretendido favorecer a los adquirentes que mantienen una relación de parentesco con el causante frente a los extraños, aun cuando estos hayan constituido con el causante unión o pareja de hecho. En ningún caso los que no pertenezcan al grupo de parentesco podrán beneficiarse del régimen fiscal favorable a la transmisión de la empresa familiar.
El tercer, y último, requisito exige que el sujeto pasivo ejerza efectivamente funciones de dirección en la empresa y, además, que por las mismas perciba una remuneración

Por otro lado, la Exposición de Motivos del Real Decreto 171/2007, de 9 de febrero, por el que se regula la publicidad de los protocolos familiares[10] contiene una definición de la empresa familiar que, teniendo en cuenta la clasificación expuesta, podría decirse que apuesta por un concepto intermedio. Así, empresas "familiares" son "aquellas en las que la propiedad o el poder de decisión pertenecen, total o parcialmente, a un grupo de personas que son parientes consanguíneos o afines entre sí".

A lo que añade unos párrafos más adelante que, en lo que interesa a los efectos de la norma, se consideran familiares las sociedades de personas o capital en las que exista un protocolo que pretenda ser publicitado. Además, se especifica que solo es aplicable en el caso de las sociedades no cotizadas. Huelga decir que esta última precisión se refiere únicamente a los efectos del citado Real Decreto, pues la calificación de una empresa como "familiar" no depende de si una empresa es o no cotizada, ni tampoco de su tamaño. La calificación de una empresa como 'familiar', más allá de su tamaño y forma que adopte, vendrá dada desde un punto de vista que calificamos de 'instrumental' por los efectos que el ordenamiento jurídico le atribuya en un momento dado en orden a la consecución de sus determinadas finalidades.

De hecho, la definición acordada en 2008 por el entonces "Grupo Europeo de Empresas Familiares", actual "European Family Business" (EFB)[11], y por el "Board del Family Business Network" (FBN)[12], las dos principales instituciones internacionales representantes de las empresas familiares, y que ha sido adoptada en España por el Instituto de la Empresa Familiar (IEF)[13], incluye a las compañías cotizadas si la persona que fundó o adquirió la compañía o sus familiares o descendientes poseen, al menos, el 25% de los derechos de voto a los que da derecho el capital social[14].

---

que represente más del 50% de la totalidad de sus rendimientos empresariales, profesionales y de trabajo personal.
Estos requisitos han sido objeto de numerosas interpretaciones por parte de los tribunales y de los diferentes órganos administrativos, por lo que se hace precisa una adecuada planificación empresarial con el objeto de adoptar las medidas necesarias para cumplir con los mismos antes de transmitir *mortis causa* o por donación participaciones o acciones de la empresa familiar.

10 Real Decreto 171/2007, de 9 de febrero, por el que se regula la publicidad de los protocolos familiares, publicado en el Boletín Oficial del Estado, núm. 65, de 16 de marzo de 2007.

11 Http://www.Europeanfamilybusinesses.Eu/Family-Businesses/Definition.

12 Https://www.Fbn-i.Org/.

13 https://www.iefamiliar.com/que-es-una-empresa-familiar/.

14 "Una compañía sin importar su tamaño es considerada familiar si cumple las siguientes condiciones:

Compartimos la idea de que, para que una empresa sea considerada familiar, es necesario que la familia se halle en posesión de un porcentaje del capital social que le permita tener el control de la compañía. En cuanto al número de miembros de la familia que han de ser propietarios, consideramos que es suficiente con que lo sea uno de ellos, por entender que no se ha de excluir a las empresas unipersonales en las que el único socio es su fundador.

Además, en nuestra opinión, para que una empresa sea considerada familiar, la familia ha de estar presente en el órgano de administración y debe participar activamente en la estrategia de la empresa. Respecto a esto, hay que aclarar dos cuestiones: por un lado, entendemos que, en dicho órgano, además de la familia, es posible, e incluso recomendable, que participen profesionales independientes. Por otro lado, entendemos que no es imprescindible que la persona que ejerza las funciones de gerencia o dirección general, o el equipo de dirección de la compañía, se encuentre necesariamente compuesto por miembros de la familia. Una de las grandes rémoras de la empresa familiar es la creencia de que las personas que ejercen funciones de dirección (y, en especial, la dirección general) en la compañía deben ser miembros de la familia. En ocasiones, este dogma lleva a cargos de dirección a familiares menos preparados y con menos cualidades en detrimento de otros profesionales no familiares vinculados a la empresa, en perjuicio de la propia organización empresarial, y, por ende, de la familia[15].

• La mayoría de los votos son propiedad de la persona o personas de la familia que fundó o fundaron la compañía; o, son propiedad de la persona que tiene o ha adquirido el capital social de la empresa; o son propiedad de sus esposas, padres, hijo(s) o herederos directos del hijo(s).

• La mayoría de los votos puede ser directa o indirecta.

• Al menos un representante de la familia o pariente participa en la gestión o gobierno de la compañía.

• A las compañías cotizadas se les aplica la definición de empresa familiar si la persona que fundó o adquirió la compañía (su capital social), o sus familiares o descendientes poseen el 25% de los derechos de voto a los que da derecho el capital social".

15 De igual manera, uno de los aspectos más vulnerables que presentan las empresas familiares es la incorporación a la organización de miembros de la familia sin criterios empresariales. En algunos casos se constatan situaciones de insistencia de un socio para incorporar a la empresa a hijos o descendientes que no responden a las necesidades reales de la compañía, ya sea porque no existe una vacante en el puesto solicitado o porque no cumplen los requisitos mínimos que se exigirían a cualquier aspirante. Esta situación suele darse en aquellas empresas de segunda o tercera generación, donde la familia es más extensa y hay varios socios con hijos en edad de acceso al mercado laboral. Cuando un miembro joven de la familia entra a trabajar en la empresa su comportamiento debe ser ético y ejemplar en todo momento, debe tener claro que el apellido no da derecho a ningún privilegio no ganado con esfuerzo, y que todo lo que consiga en la empresa será gracias a sus méritos. Si ello no es así y el

Por último, es preciso mencionar uno de los factores que se ha venido considerando clave por parte de la doctrina[16]: la pretensión de dar continuidad al proyecto transmitiendo la empresa a la siguiente generación. Se trata de añadir a la definición un argumento cualitativo que dote a la empresa de un carácter verdaderamente familiar. Esto es que las empresas, para ser consideradas familiares, han de tener como objetivo estratégico la continuidad generacional, y, para ello, ha de ser deseo de la familia mantener el control de la propiedad, el gobierno y su gestión. Tal y como señala Pavón Sáez[17], poniendo el énfasis en la continuidad del negocio, "Una empresa familiar es aquella empresa que se puede guiar, gobernar y/o gestionar con una vocación de continuidad a través de futuras generaciones con las cuales el fundador/a mantiene vínculos emocionales más allá de los meramente económicos y que se manifiestan y consolidan a través del acto de la sucesión en todos los ámbitos".

Si bien la voluntad de continuidad más allá de la vida o liderazgo activo del fundador o de los actuales propietarios es, como dice Gallego Domínguez[18], "la nota que desde un punto de vista metajurídico caracteriza y da un especial sentido a la empresa familiar", se trata de un rasgo definitorio que resulta difícil de objetivar. ¿Cuándo puede decirse que existe voluntad de continuidad?

A propósito de esta cuestión, Vallejo Martos[19], con el fin de maximizar la operatividad del concepto de empresa familiar, concreta que se ha de entender que existe "voluntad de continuidad" en los siguientes supuestos:

- "Si se ha consumado ya algún relevo generacional de manera efectiva (transferencia de la mayor parte de la participación en el capital que otorga el control de la propiedad de una empresa a una familia a otra u otras generaciones familiares distintas).

---

desempeño de este trabajador es deficiente, se creará una situación de importante tensión dentro del binomio "familia-empresa" que puede desembocar, llegado el caso y para evitar perjuicios mayores, en una decisión empresarial de despido que puede no ser aceptada.

16 C. Camisón Zornoza; A. Ríos Navarro, *El protocolo familiar: metodología y recomendaciones para su desarrollo e implantación*, cit., pp. 22 y 23; M. Pavón Sáez, *Protocolo Familiar: estructura y contenido*, Francis Lefebvre, 2018, p. 167.

17 M. Pavón Sáez, «Entendiendo la empresa familiar y a la familia empresaria», cit., p. 206.

18 I. Gallego Domínguez, «La empresa familiar. Su concepto y delimitación jurídica.», *Cuadernos de Reflexión de la Cátedra PRASA de Empresa Familiar*, vol. 14, 2012, p. 8.

19 M. C. Vallejo Martos, «Cuando definir es una necesidad. Una propuesta integradora y operativa del concepto de empresa familiar», *Investigaciones europeas de dirección y economía de la empresa*, vol. 11, 3, 2005, pp. 163-164.

- Cuando sin haberse producido un relevo generacional efectivo trabajan conjuntamente y de forma continuada y regular, miembros de, al menos, dos generaciones familiares distintas.
- Cuando, sin darse la situación de trabajo conjunto descrita en el párrafo anterior, existen miembros de la siguiente generación que se están preparando concienzudamente para incorporarse al negocio familiar.
- Si tampoco acontece la condición de preparación para la incorporación, (caso de familias empresarias con hijos de poca muy edad), cuando la generación familiar al frente del negocio, manifieste explícitamente su interés o deseo de continuidad de la empresa en manos de la siguiente generación familiar".

Si bien compartimos que los casos propuestos recogen la inmensa mayoría de los que pueden darse para apreciar que existe voluntad de continuidad, creemos que no deben entenderse *numerus clausus*, pues la realidad es muy diversa y pueden darse circunstancias diferentes a las mencionadas que permitan apreciar este hecho. A modo de ejemplo: un empresario cuya voluntad era que sus hijas (ambas mayores de edad) continuaran con el negocio familiar, pero, sin embargo, ellas estaban trabajando en otras organizaciones y aún no tenían claro si querían implicarse en la empresa de su padre. Si bien esta situación resulta transitoria, pues tarde o temprano deberán tomar una decisión, en ese lapso de tiempo ¿también debemos entender que existe "voluntad de continuidad" y que, por tanto, esa empresa habría de considerarse como familiar?

Esta dificultad a la hora de acotar las circunstancias en las que se habrá de estar o no en el cumplimiento de la "voluntad de continuidad" nos plantea la duda de si este requisito ha de ser empleado o no a la hora de determinar una definición normativa de este precepto, inclinándonos por la negativa. Como hemos visto, entre los requisitos para que una empresa sea considerada familiar a efectos fiscales que se definen en el art. 4.ocho de la Ley del Impuesto sobre el Patrimonio no se encuentra ninguno relativo a la "voluntad de continuidad", y en el concepto de empresa familiar previsto en el Real Decreto 171/2007, de 9 de febrero, por el que se regula la publicidad de los protocolos familiares reproducido anteriormente, tampoco se incluye este rasgo definitorio. Entendemos que, precisamente, por las dificultades que se presentan a la hora de objetivar, demostrar y llevar a la práctica.

Dejando a un lado la clasificación que distingue las empresas como familiares o no familiares, nos parece oportuno hacer referencia a aquellos modelos más actuales relacionados con la delimitación del concepto de empresa familiar, y que abogan por considerar que, el carácter familiar de una empresa se mueve en un continuo en el que será considerada más familiar en el caso de que la familia ejerza una mayor influencia en ella[20]. Por lo que cabría preguntarse cuán familiar es la empresa más que si la empresa es o no familiar.

En nuestra opinión, dichos modelos no son útiles para adoptar medidas concretas que traten de resolver los problemas específicos que plantean este tipo de organizaciones. Si ya es complicado ajustar la norma a la diversidad que encontramos en la realidad, vemos aún más complicado hacerlo en el caso de que ni siquiera se tenga claro el conjunto de empresas a las que va dirigida esa norma. Normas que, en la mayoría de casos, no son ni pueden ser graduadas en función de cuán familiar sea una compañía.

No obstante, entendemos que la presencia más o menos intensa de los criterios previstos en la definición puede servir para clasificar diferentes tipos de empresas familiares, nacidos de su propia evolución y desarrollo. Es habitual que, en sus inicios, el fundador de la empresa sea propietario del 100% del capital y asuma de forma individual la dirección de la compañía. A medida que la organización crece, es frecuente que la dirección vaya profesionalizándose e incluso, en estadios evolutivos más avanzados, algunas empresas de carácter familiar permiten la entrada de capital ajeno a la familia en el negocio, sin perder el control efectivo de la propiedad del mismo[21].

1.2. LA SUCESIÓN EN LA EMPRESA FAMILIAR

El tránsito de una generación a la siguiente, tanto en la propiedad como en el liderazgo, es uno de los momentos más delicados en la vida de una sociedad familiar y suele entrañar serias dificultades. No obstante, si el proceso sucesorio se gestiona de forma adecuada, la entrada de "savia nueva" a la organización puede suponer un importante impulso que permita su crecimiento y modernización. Para que la sucesión sea exitosa, es necesario acometer una planificación[22] *ex ante* del proceso sucesorio y abordar de forma estratégica los conflictos. Si bien se suele considerar por parte de la doctrina la transmisión

---

20 J. C. Casillas Bueno; M. del C. Díaz Fernández; S. I. Rus Rufino; A. Vázquez Sánchez, *La gestión de la empresa familiar. Conceptos, casos y soluciones*, Ediciones Paraninfo, 2014, pp. 16-17.

21 M. C. Vallejo Martos, «Cuando definir es una necesidad. Una propuesta integradora y operativa del concepto de empresa familiar», cit., pp. 163-164.

22 Desde la perspectiva de la planificación fiscal de la transmisión de la empresa familiar, Ramírez Pascual propone una serie de pasos para realizar con garantía de éxito y seguridad jurídica cualquier sucesión o donación:
1. Análisis de la estructura empresarial existente y, si fuera necesario, ejecución de un proceso previo de reestructuración societaria que permita separar el patrimonio no afecto a la actividad del que sí está afecto. El autor propone la constitución de una sociedad holding como la estructura más adecuada para lograr este objetivo.

generacional como una debilidad de la empresa familiar, por nuestra parte la percibimos como una oportunidad o ventaja, con las necesarias matizaciones. Para que realmente la sucesión redunde en el éxito de la compañía, deberá planificarse de forma adecuada explorándose en un proceso de negociación estratégica los intereses de todos los miembros de la familia, que deberán ser tenidos en cuenta en la toma de decisiones, así como tener en cuenta los instrumentos que el ordenamiento jurídico provee para facilitar la transmisión patrimonial a la siguiente generación[23].

Algunos autores[24] consideran que la mejor manera de organizar la sucesión es a través del protocolo familiar, de los estatutos de la sociedad familiar, y de una adecuada ordenación del régimen económico-matrimonial del em-

---

2. Una vez que la estructura societaria y empresarial de la empresa familiar está ordenada, poner en marcha medidas preventivas de seguimiento y de cumplimiento de todas las condiciones objetivas y subjetivas para que las participaciones estén consideradas como exentas en el Impuesto sobre el Patrimonio, y, en consecuencia, se puedan acoger a los beneficios fiscales aplicables a la sucesión. El autor sugiere articular este control mediante la emisión de un informe con periodicidad anual.
3. Por último, el autor propone, antes de realizar una operación de donación de la empresa familiar, realizar una consulta lo más detallada posible a la Dirección General de Tributos territorial correspondiente sobre todos aquellos aspectos que generen incertidumbre.
Concluye diciendo que, de haberse planificado adecuadamente la donación a través de estos pasos, se podrá ejecutar la operación con la seguridad jurídica necesaria, evitando consecuencias económicas negativas.
B. RAMÍREZ PASCUAL, *La estructura fiscal óptima en la empresa familiar*, Wolters Kluwer, 2021, pp. 173-189.

23 La familia ha de tener en cuenta los distintos intereses y necesidades que pueden coexistir entre sus miembros. De la adecuada gestión de estos intereses y necesidades dependerá el éxito o el fracaso en la continuidad generacional de la compañía. Un claro ejemplo de esta contraposición de intereses lo encontramos cuando las demandas de liquidez de algunos miembros de la familia compiten con las necesidades de capital propias de las empresas que requieren reinvertir sus beneficios para crecer.
Lograr un equilibrio entre lo que desean los accionistas activos y pasivos en la empresa familiar no es sencillo, pues frecuentemente existe una contraposición de intereses. Un aspecto particularmente importante es establecer una política de dividendos que retribuya a aquellos accionistas familiares que no trabajan en ella, sin olvidar las necesidades de reinversión de beneficios que pueda tener la sociedad. Para prevenir conflictos entre accionistas activos y accionistas pasivos es preciso evitar:
- Que los familiares accionistas que no trabajan o prestan servicios en la empresa la perciban como un lugar donde los familiares vinculados se enriquecen y ellos no.
- Que los familiares que trabajan en la empresa perciban que no se recompensa suficientemente su esfuerzo y que los accionistas pasivos viven acomodados "a costa de ellos".

24 F. CARBAJO CASCÓN; J. PINDADO, «El proceso de sucesión en la empresa familiar», *La Ley*, 2014, p. 2.

presario y de sus sucesores (determinando quién es el titular de los bienes empresariales o excluyendo directamente al cónyuge). La mayoría de la doctrina incluye como instrumento al servicio de la adecuada ordenación sucesoria de la empresa familiar el testamento del empresario, y una parte de ella se decanta por los contratos sucesorios[25]. Si bien los pactos o contratos sucesorios no están permitidos en el derecho común (el art. 1271.2º CC prohíbe expresamente el pacto sobre herencia futura), sí se encuentran recogidos en algunos ordenamientos forales o especiales, (con la mayor amplitud, en el foral navarro) por lo que analizaremos detenidamente esta figura y su utilidad para el empresario familiar. Por último, a estos instrumentos se han de añadir las donaciones, que permiten transmitir la empresa en vida del empresario-transmitente, ya sea de forma gradual, ya en un solo acto.

El protocolo familiar se presenta, y así lo constata la doctrina[26], como un instrumento jurídico útil para ordenar el relevo generacional de la empresa, si bien no constituye una solución en sí misma sino un documento marco que regula aspectos de la familia en su relación con la empresa familiar, que deberá complementarse necesariamente para su eficacia con instrumentos jurídicos que afectan tanto a la sociedad (estatutos) como al patrimonio personal de los socios familiares propietarios (capitulaciones, testamentos y donaciones).

En el plano jurídico de la transmisión generacional de la empresa familiar, concurren normas procedentes de distintas disciplinas jurídicas. Al derecho mercantil y al derecho civil sucesorio debemos de añadir, al menos, las normas civiles y mercantiles que regulan el régimen económico-matrimonial del empresario, las de derecho tributario y el derecho de la seguridad social.

Cuando un empresario familiar decide transmitir sus participaciones, ya sea a través de una disposición testamentaria o vía donación, estos actos tendrán unas consecuencias fiscales que se han de tener en cuenta[27]. Además, esa

---

25 J. P. Fernández Gimeno, «Notas sobre el tratamiento jurídico de la empresa familiar», en *Estudios jurídicos en homenaje a Vicente L. Montés Penadés*, 2011, pp. 1-2.

26 C. Díez Soto, «El protocolo familiar: naturaleza y eficacia jurídica», en *Régimen jurídico de la empresa familiar*, Thomson Reuters, 2009, p. 180; A. J. Valmaña Cabanes, «El régimen jurídico del protocolo familiar», 2013, Universitat Rovira I Virgili, p. 98.

27 En España existe un régimen favorable que reduce significativamente el coste fiscal asociado a la transmisión de la empresa familiar a la siguiente generación, evitándose así que los herederos se vean forzados a la venta. Este régimen viene conformado por una serie de normas que giran en torno a la exención regulada en la Ley 19/1991, de 6 de junio, del Impuesto sobre el Patrimonio.
Las disposiciones que integran, en el ámbito del derecho común, el "régimen fiscal de la empresa familiar" son las siguientes:
- Art. 4.ocho de la Ley 19/1991 de 6 de junio, del Impuesto sobre el Patrimonio.

transmisión de participaciones puede tener efectos en el encuadramiento en la Seguridad Social de los hijos que las adquieren, y que deberán considerarse a efectos de redefinir esta situación para adaptarla a lo legalmente establecido[28].

No debemos olvidar tampoco el interés de los empresarios que van a jubilarse por mantener el nivel de vida que venían teniendo hasta su jubilación[29]:

- Art. 20.2.c y 20.6 de la Ley 29/1987 de 18 de diciembre, del Impuesto sobre Sucesiones y Donaciones.
- Art. 33.3.c Ley 35/2006 de 28 de noviembre, del Impuesto sobre la Renta de las Personas Físicas y de modificación parcial de las leyes de los Impuestos sobre Sociedades, sobre la Renta de no Residentes y sobre el Patrimonio.

28 Es frecuente que el empresario familiar se plantee planificar la sucesión del proyecto empresarial cuando se acerca la edad de jubilación. Dentro de esta reflexión, y desde la perspectiva de la seguridad social, se presentan dos cuestiones que necesitan de un asesoramiento adecuado.

Por un lado, el empresario quiere saber qué opciones tiene en cuanto a su jubilación. Algunos de ellos, los menos, se interesan por la jubilación anticipada, mientras que la mayoría opta por acceder a la jubilación ordinaria o continuar prestando servicios a la sociedad desde lo que se conoce como jubilación activa. En todo caso, es importante que el empresario conozca las diferentes opciones que existen a su alcance, los requisitos necesarios para optar a cada una de esas modalidades y sus especificidades, de manera que puedan valorar cuál de ellas se acomoda mejor a sus circunstancias e intereses.

Por otro lado, en el momento de planificar la sucesión de la empresa familiar, es habitual que el empresario se plantee la posibilidad de transmitir en vida parte de la propiedad de la empresa. Y, en todo caso, aunque no coincida con su jubilación sino con su fallecimiento, en el momento en que se produzca tal transmisión de la propiedad se habrá de tener en cuenta que el encuadramiento en el régimen de la SS de los miembros de la familia que trabajan en la empresa y adquieran las participaciones puede variar.

29 Es frecuente que los empresarios familiares que se hallan próximos a la edad de jubilación reflexionen sobre la posibilidad de "ceder el testigo" de la empresa familiar a sus sucesores. No obstante, suelen existir reticencias a la hora de transmitir la propiedad de la empresa por el temor a ver minorados sus ingresos.

Aunque el actual promotor de la empresa acceda a la jubilación, puede resultar beneficioso para la compañía mantener cierta vinculación, de forma que pueda seguir aportando su conocimiento y experiencia sin poner en riesgo la pensión de jubilación. Esta cuestión parece haber motivado al legislador a adoptar ciertas medidas en el Real Decreto 171/2007, de 9 de febrero, por el que se regula la publicidad de los protocolos familiares, que modificó los arts. 124.2.d) y 185.3.d), en sede de S.A. y S.R.L. respectivamente, del RRM incorporando la siguiente previsión: "También podrá hacerse constar en los estatutos sociales cualquier otro órgano cuya función sea meramente honorífica e incluir en ellos el correspondiente sistema de retribución de los titulares de dicho cargo".

Con el objetivo de generar confianza en los promotores y animarlos a adoptar la decisión de acceder a la jubilación total y a donar, al menos, parte de la propiedad de la empresa familiar, consideramos esencial planificar el mantenimiento de sus rendi-

¿puede garantizarse la percepción de una retribución por parte de la empresa incluso habiendo transmitido las participaciones?; en caso afirmativo, ¿de qué manera puede articularse esta opción? Se trata de una cuestión compleja en la que hay que armonizar aspectos mercantiles, fiscales y de seguridad social, pero que consideramos esencial tener en cuenta cuando el empresario familiar afronta un proceso de sucesión al que deben ofrecerse soluciones y respuestas eficaces.

Ofrecer una visión integradora de la transmisión de la empresa familiar supone indagar en lo más profundo de cada una de las personas que integran las familias empresarias, para poder diseñar y articular, con las debidas garantías jurídicas, un complejo proceso que implica distintas ramas del derecho al servicio de encontrar, en cada caso, las soluciones más adecuadas al objetivo propuesto: reducir el número de empresas familiares que no sobreviven al relevo generacional.

---

mientos económicos a partir de ese momento. Partiendo del importe de la pensión de jubilación que van a percibir se han de diseñar los mecanismos jurídicos específicos que permitan complementarla hasta el importe total deseado.
Además, es habitual que, en la práctica, los promotores que han contraído matrimonio o conviven con otra persona como pareja estable, muestren preocupación por su mantenimiento económico a partir del momento en el que fallezcan. Por lo tanto, también se habrán de encontrar los instrumentos adecuados para generar confianza en el propio promotor y en su cónyuge o pareja estable.

Capítulo 2.

El protocolo familiar como instrumento jurídico de continuidad y transmisión de la empresa familiar

2.1. CONCEPTO

Pese a que el protocolo familiar ha sido objeto de estudio por parte de numerosos autores, tanto en el ámbito nacional como internacional, no se ha logrado una definición consensuada del mismo que pueda ser utilizada de manera uniforme[30].

La única definición de protocolo familiar que nos ofrece el ordenamiento jurídico español, a la fecha de este trabajo, la encontramos en el Real Decreto 171/2007, de 9 de febrero, por el que se regula la publicidad de los protocolos familiares, cuyo art. 2 establece que[31]: "A los efectos de este real decreto se entiende por protocolo familiar aquel conjunto de pactos suscritos por los socios entre sí o con terceros con los que guardan vínculos familiares que afectan una sociedad no cotizada, en la que tengan un interés común en orden a lograr un modelo de comunicación y consenso en la toma de decisiones para regular las relaciones entre familia, propiedad y empresa que afectan a la entidad"[32].

La doctrina pone en cuestión el hecho de que la definición contenida en esta norma se refiera únicamente a las sociedades no cotizadas, no abarcando "la tipología completa de protocolos familiares que pueden observarse en

---

30 P. Álvarez de Linera Granda, *Protocolo Familiar, naturaleza jurídica y eficacia procesal*, Ediciones Akal, 2020, p. 75.

31 Real Decreto 171/2007, de 9 de febrero, por el que se regula la publicidad de los protocolos familiares, publicado en el Boletín Oficial del Estado, núm. 65, de 16 de marzo de 2007.

32 Algunas voces críticas con este precepto consideran que "la redacción utilizada no es precisamente un ejemplo a seguir, pues ni gramaticalmente es paradigma de corrección, ni conceptualmente es suficientemente expresiva de la idea que se quiere destacar".
M. A. Díaz Gómez; E. Díaz Gómez, «Reflexiones sobre el Real Decreto español 171/2007, de 9 de febrero, por el que se regula la publicidad de los protocolos familiares en las sociedades familiares», *Pecvnia*, vol. 38/2011, 2011, p. 101.

la práctica"[33]. Efectivamente, si definir[34] es determinar o resolver algo sobre cuya naturaleza existe duda, difícilmente una definición general es tal cuando se circunscribe a una sola parte de una categoría: en particular, no puede definirse como categoría el protocolo familiar aludiendo únicamente a los desarrollados por cierto tipo de empresas (las empresas y sociedades mercantiles no cotizadas) con exclusión de otras (aquellas sociedades anónimas que emiten sus acciones en mercados financieros admitidos a negociación).

No obstante, es indudable la importancia que ha tenido la incorporación de una definición legal del concepto de protocolo familiar al ordenamiento español: el hecho en sí de que el legislador reconozca este instrumento contractual introduce un factor de seguridad jurídica en una figura que goza de gran predicamento en la práctica empresarial y societaria. Ello, además, permite encuadrar el protocolo, originalmente estudiado desde el enfoque de las ciencias empresariales, en el ámbito del derecho, lo cual es importante si se considera el objetivo principal de este instrumento jurídico, que no es otro que garantizar la eficacia de lo acordado por las partes que en él intervienen.

Así se deduce del análisis de la definición normativa cuando se refiere al protocolo familiar como a un "conjunto de pactos", de lo que se extrae que el legislador lo concibe como un instrumento de carácter jurídico vinculante y naturaleza contractual (en cuanto contiene pactos, esto es: acuerdos, convenios o contratos con eficacia *inter partes*).

De manera similar, Cucurull Poblet[35] se refiere al protocolo familiar como a una "suma de pactos" que sirven para regular aquellos aspectos que puedan generar conflicto entre los dos subsistemas fundamentales que conforman las compañías y sociedades familiares: la familia y la empresa. Considera la autora que el documento que resulta de conjugar las voluntades de los miembros de la familia empresaria respecto a su sociedad se convierte en el marco jurídico privado de los socios de la empresa familiar, tanto para aquellos socios que intervienen en el momento de la firma, como para los que se adhieran al mismo en el futuro.

---

33 C. CAMISÓN ZORNOZA; A. RÍOS NAVARRO, «El protocolo familiar como instrumento de alineamiento de los intereses económicos y jurídicos en la dirección de la empresa familiar», en *Dirección, organización del gobierno y propiedad de la empresa familiar*, Tirant lo Blanch, 2015, p. 141.

34 Según el Diccionario de la Real Academia de la Lengua Española, definir (del latín "definire") es:
"1. tr. Fijar con claridad, exactitud y precisión el significado de una palabra o la naturaleza de una persona o cosa.
2. tr. Decidir, determinar, resolver algo dudoso".

35 T. CUCURULL POBLET, *El protocolo familiar mortis causa*, Dykinson, 2015, pp. 101-102.

También desde una perspectiva jurídica, Bosch Carrera[36] define al protocolo familiar como un documento o conjunto de documentos otorgados por toda o parte de una familia empresaria, "donde se regula un negocio jurídico complejo que contempla los aspectos necesarios para asegurar un código de conducta que regule las relaciones entre familia y empresa, así como la continuidad, expansión, desarrollo y sucesión de la empresa tras el fallecimiento del titular".

Por otro lado, cabe destacar que la definición contenida en el art. 2 del Real Decreto 171/2007, de 9 de febrero, por el que se regula la publicidad de los protocolos familiares se refiera al "interés común" que comparten los miembros de la familia respecto a la empresa. Este elemento resulta esencial, pues una de las tareas fundamentales del asesoramiento jurídico y empresarial a la hora de articular este tipo de negocios jurídico-patrimoniales es reforzar en las partes intervinientes el convencimiento de que se trata de un instrumento al servicio de la continuidad de la empresa que revierte en el beneficio común de todos ellos: solo de este modo se logrará el consenso en la firma del documento resultante. Precisamente a este consenso se refiere también la definición normativa al aludir al modelo de toma de decisiones que se ha de lograr para regular las relaciones entre familia, propiedad y empresa, incidiendo, además, en la importancia de la comunicación como paso previo a la construcción de ese modelo.

Algunos autores han optado igualmente en sus propuestas de definición por hacer referencia al consenso que se ha de lograr entre los firmantes del protocolo y se refieren a las "normas" o "códigos de conducta" que se asientan en la familia empresaria, y que podríamos asimilar al "modelo de comunicación y consenso" al que se refiere el art. 2 de la norma que comentamos. Así, Pavón Sáez[37] se refiere al protocolo familiar como la consecuencia de un proceso vivido por los miembros de una familia empresaria a través del cual establecen unas normas y procedimientos de conducta comunes que sirven para dar estabilidad a sus relaciones respecto a la propiedad, el gobierno y la gestión de la empresa familiar, tanto en el momento de la transmisión generacional de la empresa, como en el futuro. En la misma línea, Corona Ramón y Bermejo Sánchez[38] inciden en el "proceso de comunicación" que ha de tener lugar dentro de la familia y en virtud del cual se deben establecer "por consenso" las reglas que deben regir, en lo sucesivo, las relaciones entre familia, propiedad y empresa.

---

36 A. Bosch Carrera, «Publicidad y acceso a los registros del protocolo familiar», en *El protocolo familiar*, Deusto, 2007, p. 235.

37 M. Pavón Sáez, *Protocolo Familiar: estructura y contenido*, cit., p. 21.

38 J. F. Corona Ramón; M. Bermejo Sánchez, «El protocolo familiar», en *Empresa familiar: análisis estratégico*, Ediciones Deusto, 2017, p. 827.

En relación a esta segunda parte de la definición Zugaza Salazar[39] se refiere al protocolo familiar como a un "acuerdo de voluntades consensuado y unánime desarrollado entre los miembros de una familia y la empresa familiar que haga posible la aparición de un código de conducta que regule las relaciones entre ambas".

En nuestra opinión, echamos en falta una referencia a dos cuestiones que consideramos clave cuando se habla del protocolo familiar: la continuidad de la empresa y su sucesión generacional. Estas cuestiones han sido destacadas por algunos autores: Pavón Sáez[40], como hemos visto, se refiere al objetivo de dotar de estabilidad a las relaciones de la familia empresaria "durante y después del cambio generacional". Y Álvarez de Linera[41] también menciona el protocolo familiar como un instrumento para "gestionar la convivencia y contingencia generacional, así como para estructurar el futuro relevo entre generaciones". Por su parte, la continuidad de la empresa familiar es un elemento diferenciador en la definición que del protocolo proponen Gallo y Ward[42]: "Conjunto de metas para la familia y la empresa, y en las reglas de actuación a seguir en las relaciones entre las personas de estos sistemas, que busca la continuidad con éxito de la empresa familiar (...)".

Como ya ha sido dicho, la incorporación de una definición de protocolo familiar a nuestro ordenamiento jurídico ha supuesto un verdadero reconocimiento a esta figura y ha servido para dotar a este instrumento de seguridad en el tráfico jurídico patrimonial. Sin embargo, debe proponerse una definición de carácter universal que permita incluir los protocolos familiares de todo tipo de empresas y sociedades, incluyendo el que, a nuestro juicio, es el elemento esencial, que es la voluntad de continuidad de la empresa familiar por parte de los miembros de la familia propietaria, continuidad que deviene imposible sin la implicación activa en tal tarea de las nuevas generaciones.

---

39 J. M. ZUGAZA SALAZAR, «Orientaciones para elaborar un protocolo familiar», en *El protocolo familiar. La experiencia de una década*, Ediciones Deusto, 2007, p. 72.

40 M. PAVÓN SÁEZ, *Protocolo Familiar: estructura y contenido*, cit., p. 21.

41 P. ÁLVAREZ DE LINERA GRANDA, *Protocolo Familiar, naturaleza jurídica y eficacia procesal*, cit., p. 79.

42 M. A. GALLO LAGUNA DE RINS; J. WARD, «Protocolo Familiar», *Nota técnica de la división de investigación del IESE DGN-448*, 1991.

2.2. CARACTERÍSTICAS

Los protocolos familiares comparten las siguientes características:

1. Son instrumentos que regulan aspectos muy diversos que tienen relación con la empresa, la familia empresaria y las interacciones existentes entre ambos. Su contenido es tan amplio y heterogéneo como desee la propia familia. En ellos se tratan diversos aspectos que afectan a diferentes ámbitos jurídicos, como el derecho de sociedades (órganos de gobierno) y el derecho de sucesiones (transmisión de la propiedad a la siguiente generación).

En la elaboración del contenido de los protocolos familiares resulta esencial el papel que juega la autonomía de la voluntad (art. 1255 CC). Principio general del derecho que sirve para subsanar eventuales vacíos legales que resulten de la falta de regulación expresa de suficientes instrumentos jurídicos para dar satisfacción a las necesidades de la empresa familiar, con los límites de la ley, la moral y el orden público.

2. Los acuerdos alcanzados en el protocolo deben nacer de la voluntad conjunta de la familia empresaria y son el "resultado de la autorregulación"[43] de esta. El logro del acuerdo consensuado es resultado de un proceso de negociación dirigido y canalizado por profesionales. Para poderse lograr el buscado consenso familiar es necesaria una tarea previa de exploración, determinación y negociación colaborativa de los intereses, necesidades y expectativas que concurren en todos los miembros de la familia. El asesor que redacte el protocolo deberá darle forma en función de lo que se haya hablado y acordado en las reuniones tanto individuales como colectivas que integran el proceso de negociación y de mediación empresarial.

No sirven a tal efecto documentos estereotipados que ofrezcan soluciones idénticas a familias y empresas que, por su trayectoria, tienen necesidades específicas y diversas entre sí. Si bien es cierto que en su estructura pueden coincidir unos protocolos con otros, el contenido que se recoja en cada apartado debe adaptarse a cada familia y empresa. En palabras de Calavia Molinero[44], "el contenido de un protocolo familiar debe ser un traje hecho a medida para cada empresa familiar a fin de respetar las peculiaridades de la familia propietaria y de su cultura empresarial".

---

43 F. Vicent Chuliá, «Protocolo familiar, organización jurídica y relevo generacional de la empresa familiar», en *La empresa familiar y su relevo generacional*, Marcial Pons, Madrid, 2011, p. 128.

44 J. M. Calavia Molinero, «Sociedad holding familiar: Protocolo familiar y estatutos sociales», en *Fundación Antonio Lancuestra: La empresa familiar*, Escola Universitaria d'Estudis Empresarials (UB), 2001, p. 27.

3. El protocolo familiar es un instrumento jurídico "vivo" y flexible[45], con el fin de poder adaptarse, con el paso del tiempo, a la evolución de la familia y la empresa. Lo habitual es que, conforme se van sucediendo las generaciones, la familia crezca, y, además, la incorporación de nuevos miembros o, en cualquier caso, el cambio en las circunstancias de los socios-parientes, supongan, a su vez, una transformación en los intereses y necesidades que deben satisfacerse. El proyecto empresarial puede seguir creciendo, y con ello su complejidad, requiriendo una estructura cada vez más profesionalizada. Es por ello por lo que la utilidad de este instrumento se encuentra íntimamente relacionada con su capacidad de adaptación a las nuevas circunstancias.

4. El protocolo familiar es un contrato de naturaleza jurídica compleja pues en él confluyen elementos y aspectos propios de distintos tipos de contratos. Profundizaremos más adelante en esta cuestión, sobre la que se ha pronunciado la doctrina[46].

5. La mayoría de los autores se refieren al protocolo familiar como a un "acuerdo marco"[47]. Se trata de un contrato que establece el marco regulatorio de la empresa familiar, pues en él se sientan las bases de algunos aspectos que posteriormente deberán ser desarrollados y trasladados a otros instrumentos para el despliegue de su eficacia jurídica. En este sentido, otros autores como

---

45 Luquin Bergareche entiende que el protocolo familiar es una herramienta flexible que permite afrontar los inevitables cambios que se producen en los contextos familiar y socio-económico de las empresas familiares.
R. LUQUIN BERGARECHE, «Actualidad de la empresa familiar: protocolos, planificación estratégica y cláusulas ADR como instrumentos jurídicos de continuidad y empowerment», *Aranzadi civil-mercantil. Revista doctrinal*, vol. 11, 2017, p. 8.

46 C. CAMISÓN ZORNOZA; A. RÍOS NAVARRO, «El protocolo familiar como instrumento de alineamiento de los intereses económicos y jurídicos en la dirección de la empresa familiar», cit., p. 142; M. A. DÍAZ GÓMEZ; E. DÍAZ GÓMEZ, «Reflexiones sobre el Real Decreto español 171/2007, de 9 de febrero, por el que se regula la publicidad de los protocolos familiares en las sociedades familiares», cit., p. 103; A. FERNÁNDEZ TRESGUERRES, «Protocolo familiar: un instrumento para la autorregulación de la sociedad familiar», *Revista de Derecho de Sociedades*, vol. 19, 2002, p. 91; I. GOMÁ LANZÓN, «El protocolo familiar», en *El patrimonio familiar, profesional y empresarial. Sus protocolos.*, Thomson Civitas, 2006, p. 669; M. T. PÉREZ GIMÉNEZ, «El protocolo familiar como instrumento de estabilización para la familia empresaria», en *Sentencias de Tribunales Superiores de Justicia, Audiencias Provinciales y otros Tribunales 2008*, Aranzadi, 2009, p. 223.

47 M. P. GALEOTE MUÑOZ, *Sindicatos de voto*, Tirant lo Blanch, 2008, p. 106; D. MORENO UTRILLA, «La publicidad del protocolo familiar», *Revista de San Telmo*, vol. 24, 2007, p. 28; M. T. PÉREZ GIMÉNEZ, «El protocolo familiar como instrumento de estabilización para la familia empresaria», cit., p. 218; A. J. SÁNCHEZ-CRESPO CASANOVA, «El protocolo familiar como instrumento para gestionar el cambio generacional», *Boletín del Ilustre Colegio de Abogados de Madrid*, vol. núm.27. 3ª, 2003, p. 123; J. M. SERRANO CAÑAS, *El cambio generacional en empresas familiares*, Marcial Pons, Madrid, 2013, p. 41.

Camisón Zorzona y Ríos Navarro[48] se refieren al protocolo familiar como a un "contrato incompleto" y Álvarez de Linera[49] como a un "contrato preparatorio", precisamente porque, para lograr la plena eficacia jurídica de algunas de las obligaciones que en él se pactan, es necesaria la implementación de otros documentos jurídicos complementarios como pueden ser modificaciones estatutarias, cláusulas de sindicación, disposiciones testamentarias, escrituras de donación, etc.

En definitiva, no es el protocolo familiar como dicen Roca Sagarra y Martí Picó[50] un "documento que se agote en sí mismo", pues precisa de otros documentos complementarios para la ejecución de lo en él dispuesto. Resulta, por tanto, fundamental lograr una perfecta sintonía y concordancia entre todos estos documentos de tal forma que no existan contradicciones generadoras de discrepancias entre sus firmantes.

6. En la elaboración del protocolo familiar intervienen una pluralidad de partes. No siempre las partes que intervienen en su desarrollo son las mismas que firman el documento resultante del proceso de su negociación: en ocasiones resulta conveniente reunirse con algún trabajador de la empresa, o con los cónyuges de los socios, para entender mejor las circunstancias en las que se encuentran la empresa y la familia sin que tengan el carácter de intervinientes activos ni participen en su firma. Lo más habitual es que el documento lo suscriban los parientes consanguíneos de la familia propietaria que se encuentran involucrados en la empresa ya sea como socios, administradores o trabajadores, salvo en el caso de la generación de los fundadores, en la que lo habitual en la práctica es la firma de los consortes-progenitores. Cada familia decidirá, en función de su contexto relacional, quiénes van a suscribir el protocolo familiar. En cualquier caso, tratándose de un documento en el que intervienen una pluralidad de partes, ya sean de una o varias generaciones, parientes consanguíneos o afines, se cataloga como un contrato plurilateral.

7. A pesar de que, como se ha expuesto, el art. 2 del Real Decreto 171/2007, de 9 de febrero, por el que se regula la publicidad de los protocolos familiares ofrece una definición normativa, debido a su complejidad no se encuentra encuadrado en un tipo particular de contrato, y, en consecuencia, carece de regulación legal específica, por lo que debe calificarse como

---

48 C. Camisón Zornoza; A. Ríos Navarro, *El protocolo familiar: metodología y recomendaciones para su desarrollo e implantación*, cit., pp. 40-41.

49 P. Álvarez de Linera Granda, *Protocolo Familiar, naturaleza jurídica y eficacia procesal*, cit., p. 148.

50 J. Roca Sagarra; N. Martí Picó, «Aspectos jurídicos complementarios del protocolo familiar: testamento, capitulaciones matrimoniales y modificaciones estatutarias», en *El protocolo familiar*, Deusto, 2007, p. 222.

un contrato atípico[51]. En este sentido se pronuncia Cucurull Poblet[52] cuando afirma que "Por la variedad de cláusulas que lo componen no tendría cabida, en su totalidad, en ninguna de las figuras contractuales de las previstas en el Código Civil. Lo que en realidad hace es combinar dos o más tipos de contra-

---

51 Dentro de los contratos atípicos, consideramos que el protocolo familiar encaja en la definición que la guía jurídica de La Ley (https://acortar.link/ss9AXA) hace de los contratos mixtos: "El contrato mixto puede ser definido como aquel tipo de contrato atípico donde las partes regulan de forma novedosa sus relaciones jurídicas acudiendo a la combinación de diversos tipos contractuales con la finalidad de alcanzar la concreta finalidad pretendida por las mismas y que, evidentemente, excede del marco propio de los tipos por separado".
El fundamento último de esta categoría de contratos lo encontramos en el principio de la autonomía de la voluntad y la libertad contractual. En este sentido, cabe destacar, entre otras, las SSTS de 13 de mayo de 1959; 21 de abril de 1964; 19 de mayo de 1982; 428/2012 de 10 de julio de 2012; y 630/2014 de 18 de noviembre de 2014. Concretamente, la STS de 21 de abril de 1964 declara lo siguiente "las formas contractuales, figuras rígidas y vacías, tienen que adaptarse al contenido económico que para el tráfico de bienes, fin de los contratos, se propone llevar a ellas la voluntad de los contratantes, y a facilitar esa adaptación de las limitadas formas contractuales previstas por la Ley o por la teoría, a la variedad de deseos necesidades que puede presentarse en la realidad, responde el artículo 1255 del Código Civil, que proclama el principio de autonomía de la voluntad justamente con sus límites naturales, afirmando rotundamente respecto a los contratos el artículo 1091, que las obligaciones que nacen de ellos tienen fuerza de Ley entre las partes contratantes y deben cumplirse al tenor de los mismos, y en las reglas referentes a la interpretación, rindiendo particular homenaje a dicho principio los artículos 1281 y 1282 se inspiran en la supuestas común intención de los contratantes, declarando el artículo 1289 que si las dudas recayesen sobre el objeto principal del contrato, de suerte que no pueda venirse en conocimiento de cuál fue la intención o voluntad de los contratantes, el contrato será nulo...". Admitiéndose expresamente, como una de las manifestaciones de esa libre adaptación indicada, la posible fusión de dos figuras contractuales que, pudiendo coexistir separadamente, sin embargo, también pueden unirse por la sola voluntad de los interesados, que establecen una de ellas como condición, complemento o estipulación de la otra, de tal forma que se confundan en un solo contrato (contrato mixto) por la unidad de su fin, entendido "no del formal de las relaciones jurídicas derivadas del convenio, sino del real y concreto de las prestaciones o promesas".
Asimismo, el TS en Sentencia 630/2014 de 18 de noviembre de 2014 señala lo siguiente: "El principio general de libertad contractual y de autonomía privada, que consagra el artículo 1255 del Código Civil , permite la posibilidad de que las partes puedan configurar una relación negocial compleja sin la necesidad de ajustarse a los tipos preestablecidos por la ley y, a la vez, la posibilidad de modificar o sustituir la disciplina correspondiente a un determinado tipo de contrato, todo ello de conformidad con los concretos intereses o propósito negocial que, en cada caso, las partes traten de articular por medio de su relación negocial". En el mismo sentido, la STS 428/2012 de 10 de julio de 2012.

52 T. CUCURULL POBLET, *El protocolo familiar mortis causa*, cit., p. 111.

tos de los legalmente establecidos. (…)", *a*ñadiendo que, como consecuencia de su tipicidad, se debe categorizar al protocolo familiar como negocio jurídico mixto.

8. Tener de antemano unas pautas consensuadas por todos los miembros de la familia convierte al protocolo familiar en una buena herramienta para la prevención y resolución de aquellas controversias que pudieran surgir en la familia en su relación con la empresa[53]. A través de este instrumento negocial la familia tiene la posibilidad de autorregular su relación con la empresa, armonizando de manera consensuada los intereses y necesidades de sus diferentes miembros, y previniendo así la aparición de conflictos o estableciendo las bases para resolverlos en el supuesto de que aparezcan.

En este sentido, es habitual la inclusión en el protocolo de una cláusula de mediación, esto es, un pacto que compromete a los firmantes a explorar la vía del diálogo dirigido por un tercero imparcial en el caso de suscitarse un conflicto en relación al cumplimiento o interpretación del protocolo, y en general, en los supuestos en los que se manifiesten desavenencias o divergencias dentro de la familia con motivo de la actividad empresarial o los ciclos o vicisitudes, internas o externas, ocasionales o estructurales, que atraviesa la empresa.

Entendemos, por lo tanto, que el protocolo familiar cumple una importante función preventiva en la gestión de los conflictos que puedan surgir, lo cual, además de introducir un elemento de pacificación de las relaciones familiares, esencialmente dinámicas y muy sensibles a la exacerbación emocional (producto, en ocasiones, de la demora a lo largo del tiempo de la comunicación entre parientes), favorece la continuidad empresarial en las siguientes generaciones.

---

[53] Las empresas familiares, por sus particulares características, tienen ciertas fortalezas que suponen ventajas competitivas sostenibles que les permiten lograr el éxito empresarial, pero, al mismo tiempo, padecen ciertas debilidades que, en ocasiones, pueden poner en peligro su supervivencia, gran parte de las cuales provienen de los conflictos que surgen del solapamiento entre los subsistemas "empresa" y "familia" que la conforman.
Si bien es cierto que en todos los escenarios de la vida aparecen conflictos de mayor o menor intensidad, en estas empresas a menudo las disputas afectan de forma relevante al proyecto vital de los miembros de la familia empresaria. Ante la inevitable perspectiva de que van a existir, tarde o temprano, conflictos en la familia, entendemos que la forma en que la empresa familiar actúe ante estos determinará la medida en que la familia y la empresa puedan ser sanas y fuertes. La familia no puede pretender que sus miembros siempre vayan a estar de acuerdo en todo, pero, lo que sí puede hacer, es decidir cómo va a actuar frente a los desacuerdos, y de eso va a depender que escale la intensidad del conflicto o que se rebaje o disuelva la tensión sin mermar las relaciones y la confianza.

9. El protocolo familiar es el resultado de una reflexión estructurada y ajustada a un plan estratégico que hace una familia empresaria respecto a cuestiones que tienen que ver con la familia y con la empresa, así como con las relaciones entre ambos subsistemas. Este proceso pivota en torno a la voluntad de articular de un modo concreto el futuro del proyecto empresarial: a partir de este objetivo estratégico se diseña el "Plan Estratégico Familiar", integrado por una serie de tareas, que trazará la hoja de ruta a seguir en aspectos tan relevantes para la sociedad como quiénes ostentarán la propiedad, quiénes formarán parte de su gobierno, cuál será el camino que deberán recorrer las nuevas generaciones que quieran acceder a puestos de dirección, etc. Este suele ser el momento y escenario propicio para reflexionar sobre la organización del patrimonio familiar, lo que puede desencadenar, por ejemplo, en una reestructuración empresarial que permita optimizar la gestión del grupo empresarial desde una sociedad holding[54].

10. Además de un contrato vinculante jurídicamente, el protocolo familiar es la "constitución" de la familia, un documento en el que quedan reflejadas las bases para la continuidad del proyecto común, definiéndose los principios, compromisos, derechos y deberes de todos sus integrantes. Uno de los objetivos del protocolo familiar debe ser el de generar un "sentido de pertenencia" de los miembros de la familia hacia la empresa[55]. Dentro del texto del protocolo se incluyen cláusulas con un contenido moral o meramente descriptivas de la historia de la familia que sirven para dejar constancia escrita de los valores que dieron origen al proyecto empresarial y asientan principios

---

[54] El inicio de un proceso de elaboración de protocolo familiar es un momento propicio para efectuar un análisis de la estructura jurídica de la empresa o grupo empresarial. Es frecuente en la práctica, cuando el grupo familiar ha ido creciendo y se compone de varias sociedades distintas, proponer la creación de una sociedad holding familiar, de tal forma que las sociedades preexistentes pasen a estar sometidas a una dirección única y subordinada a la sociedad holding.
Además, dentro de esta reflexión estratégica puede ser conveniente trazar las líneas generales de un análisis DAFO que facilite la comprensión de los retos a los que se va a enfrentar la compañía. Un análisis DAFO (o también llamado FODA) es una herramienta a través de la cual se tratan de identificar las fortalezas, las oportunidades, las debilidades y las amenazas de una empresa. Su objetivo es conocer la situación real en la que se encuentra una organización en la actualidad para planificar su desarrollo futuro. En el proceso de elaboración de un protocolo familiar puede ser una herramienta interesante para reflexionar sobre el presente y el futuro del proyecto empresarial familiar.

[55] Así lo considera Serrano Cañas cuando se refiere al mismo como una "herramienta jurídica cuya finalidad es la de promover en la familia un sentido de pertenencia a una finalidad o interés superior".
J. M. SERRANO CAÑAS, *El cambio generacional en empresas familiares*, cit., pp. 41-42.

de actuación para las nuevas generaciones, promoviendo un sentimiento de orgullo de la familia hacia la empresa[56].

11. El protocolo familiar es un instrumento contractual potestativo y, como señala el Real Decreto 171/2007, de 9 de febrero, por el que se regula la publicidad de los protocolos familiares en su Exposición de Motivos, tiene un "carácter estrictamente voluntario". Por lo tanto, su firma debe ser opcional y voluntaria para todos los miembros de la familia. El asesor que conduce a la familia debe facilitar que las partes se sientan libres en todo momento de expresar sus opiniones, de tal forma que, aquellas personas con un carácter más autoritario no impongan su voluntad e intereses sobre aquellas con una personalidad más reservada. A la hora de firmar el protocolo, se debe evitar a toda costa cualquier tipo de coacción, ya sea de padres a hijos o entre los propios hermanos que pueda viciar el consentimiento otorgado por cualquiera de ellos. Como ya se ha dicho, el documento que finalmente se firme deberá recoger el consenso de la familia aunando los intereses, necesidades y expectativas de todos sus miembros, y para ello es imprescindible que el proceso de elaboración del protocolo siente sus bases en la confianza, la comunicación y el respeto a las opiniones contrarias o no coincidentes. Para que todas las partes firmen voluntariamente el protocolo, deben haber colaborado previamente en la búsqueda de una solución conjunta, base del consenso.

12. El protocolo familiar está sujeto al principio de libertad de forma promulgado por el art. 1278 CC y el art. 117 CCo y, por lo tanto, no sería necesaria su elevación a documento público por no encontrarse entre los supuestos enumerados en el art. 1280 CC. No obstante, sí es condición *sine qua non* para que exista contrato la concurrencia de los requisitos establecidos en el art. 1261 del mismo cuerpo legal, a saber: consentimiento, objeto y causa.

---

[56] Como veremos en el capítulo 7, en Navarra, la Casa ha sido un factor decisivo, no solo para mantener la unidad del patrimonio familiar, sino también para preservar determinados valores y convicciones morales, que históricamente se han arraigado al concepto más tradicional de la familia como grupo humano. Desde esta perspectiva, se ha entendido que junto a los bienes materiales que integran el patrimonio de la Casa, se encuentra otro patrimonio de carácter moral, de mayor importancia, que constituye un conjunto de valores espirituales, de tradiciones y de recuerdos. Este patrimonio moral y cultural de la "Casa Navarra" puede plasmarse en el protocolo familiar dentro de este contenido sin fuerza legal o con fuerza moral, configurándose el protocolo familiar como el instrumento idóneo para cumplir con esta importante función.

2.3. EL PROTOCOLO COMO INSTRUMENTO DE PLANIFICACIÓN SUCESORIA EN LA EMPRESA FAMILIAR

La regulación de los aspectos concernientes a la transmisión de la empresa familiar de una a otra generación es la principal finalidad que se persigue con el protocolo familiar. La doctrina[57] ha destacado la idoneidad de este negocio jurídico para desempeñar tal función.

El protocolo familiar constituye la herramienta más adecuada que el derecho puede ofrecer para planificar de manera consensuada con los miembros de la familia propietaria los aspectos relativos a la sucesión, conservación y profesionalización de la empresa familiar, mediante el establecimiento de reglas y de mecanismos interpretativos que sirvan para ejecutar lo planificado. Dentro de estas reglas pueden incorporarse algunos de los siguientes aspectos:

- Estructura y funcionamiento de los órganos de gobierno en el ámbito de la familia[58].
- Estructura y órganos de gobierno de la sociedad.
- Política de transmisión de la propiedad de la empresa, en la que se establezcan los supuestos de libre transmisión o las restricciones aplicables a las transmisiones *inter vivos* y *mortis causa*[59].
- Aplicación de resultados y política económica[60].

---

57 C. CAMISÓN ZORNOZA; A. RÍOS NAVARRO, *El protocolo familiar: metodología y recomendaciones para su desarrollo e implantación*, cit., p. 50; J. C. CASILLAS BUENO Y OTROS, *La gestión de la empresa familiar. Conceptos, casos y soluciones*, cit., p. 67; A. J. VALMAÑA CABANES, «El régimen jurídico del protocolo familiar», cit., p. 100.

58 En la esfera relacionada con la familia es habitual que el protocolo familiar prevea la creación de estructuras de gobierno específicas cuyas funciones se desarrollan en aquellos ámbitos de interacción entre la familia y la empresa (los más comunes son el consejo de familia y la asamblea familiar). Se trata de órganos con una dimensión exclusivamente "interna" o "contractual".
El RD 171/2007 de 9 de febrero por el que se regula la publicidad de los protocolos familiares, en su disposición final segunda, modificó el RRM reconociendo por primera vez la existencia de órganos consultivos. Los arts. 114 y 175 RRM prevén la posibilidad de poder inscribir en las escrituras o en los estatutos sociales, siempre que no se opongan a las leyes ni contradigan los principios configuradores del tipo societario elegido, la existencia de comités consultivos en los términos que establecen los arts. 124 y 185 del propio Reglamento.

59 El régimen de transmisión de participaciones y acciones en las empresas familiares es uno de los aspectos más importantes que deben tenerse en cuenta a la hora de negociar y redactar el clausulado de los protocolos familiares, régimen que posteriormente deberá ser trasladado a los estatutos sociales.

60 Una de las cuestiones sobre las que es importante llegar a un acuerdo en el proceso de elaboración del protocolo es el diseño de una política de dividendos que compagi-

- Régimen de trabajo en la empresa, en el que se incorporen reglas respecto al acceso al trabajo de los miembros de la familia[61], la retribución que vayan a percibir[62] o la posibilidad de incorporación o no de los parientes de afinidad al trabajo en la compañía[63].

---

ne las necesidades de financiación para el crecimiento de la empresa desde criterios de prudencia financiera con las legítimas aspiraciones de aquellos socios de la empresa que no trabajan en ella. Nos encontramos, por tanto, ante un conflicto entre los intereses empresariales con los intereses personales y familiares de algunos socios. Con el objetivo de proteger los derechos de los socios minoritarios, puede adoptarse en el protocolo un acuerdo que reconozca un dividendo mínimo anual para los socios, siempre y cuando esté ligado a la estabilidad financiera de la empresa familiar y teniendo en cuenta sus necesidades de inversión. Para dotar de una mayor eficacia a dicho acuerdo, se deberá trasladar a los estatutos sociales.

61 El acceso al trabajo de los miembros de la familia es un aspecto que debe ser regulado en el protocolo para evitar posibles conflictos futuros. La contratación por la empresa de familiares que no están adecuadamente preparados para la tarea que van a desempeñar, o la creación de puestos ficticios que no responden a una necesidad real de la empresa pueden levantar suspicacias en el resto de empleados de la organización.
Para evitar que esto suceda, es importante consensuar durante el desarrollo del protocolo una serie de requisitos profesionales y condiciones necesarias que deberán cumplir los miembros de la familia empresaria para acceder a trabajar en la empresa familiar, de tal forma que, llegado el momento, todos sepan a qué deben atenerse. El establecimiento de estos criterios objetivos servirá para dejar patente que la elección de los candidatos será siempre conforme al interés de la empresa.
Concretamente, entendemos conveniente incorporar los siguientes aspectos en el protocolo:
- Las normas y condiciones de acceso al trabajo. Es importante en este punto prever la necesidad de que exista una vacante a cubrir en la empresa;
- La formación académica necesaria;
- En su caso, la experiencia mínima profesional requerida para el puesto;
- Los criterios de selección: procedimiento de evaluación y sistemas de selección y promoción.

Los requisitos acordados deberán ajustarse al puesto que vaya a desempeñar el miembro de la familia en la empresa, ya sea de personal sin cualificación o responsabilidad, mando intermedio o directivo. Además, se podrán establecer las condiciones en que se vaya a desempeñar el trabajo, el salario, expectativas de promoción o cuando y como puede ser despedido o cesado de su cargo.

62 Es importante establecer un modelo retributivo acorde a las condiciones de mercado. La determinación de unas normas claras y equitativas en cuanto a la retribución que van a percibir los miembros de la familia servirán para evitar futuros conflictos.

63 Uno de los aspectos que también es importante determinar en este apartado es si se va a permitir o no la incorporación de los parientes de afinidad al trabajo en la empresa familiar. De la experiencia profesional en asesoría de empresas familiares podemos afirmar que, en la gran mayoría de los casos, las familias entienden que no es recomendable su incorporación, no obstante, si bien es cierto que existen experiencias negativas, también se pueden encontrar otras muy positivas, en las que los parientes políticos son un ejemplo de implicación y buen desempeño en la organiza-

Esta planificación permite evitar, o al menos minorar, los riesgos que implica la aparición de sucesos imprevistos que obliguen a adoptar decisiones precipitadas.

No obstante, debemos advertir de que no puede pretenderse que el protocolo familiar sea la solución a todos los problemas que plantea el ecosistema conformado por el binomio empresa-familia, pues se trata de un escenario altamente complejo en el que concurren aspectos de muy diversa índole, no solo en el plano jurídico sino en otros planos más propios de la psicología o sociología.

En cuanto a la sucesión de la empresa familiar, su planificación resulta esencial para facilitar una transmisión generacional lo más pacífica posible. En ocasiones, el profesional que presta asesoramiento se encuentra con familias empresarias con un liderazgo bien definido y respetado que facilita el proceso de transición. En otras, sin embargo, en las que existe un liderazgo en pugna, será preciso desarrollar una intervención de mediación empresarial, mediante la cual un profesional ayude a canalizar un proceso de comunicación entre los socios-parientes que permita la manifestación de las expectativas y preferencias de cada uno de ellos. De este modo, se podrán explorar los intereses que subyacen a las partes en pugna, con el fin de alcanzar acuerdos de consenso que satisfagan esos intereses y faciliten el proceso de transición generacional.

En esta línea Álvarez Lata[64] sostiene que el protocolo debe canalizar "de manera dinámica las necesidades de la empresa concretando y subsumiendo tales necesidades en los engranajes de la sucesión personal del empresario y de los demás familiares (...) No sólo ha de tener en cuenta la forma en que los sucesores se reparten el patrimonio del empresario sino cuál ha de ser la mejor vía para lograr un equilibrio entre los sucesores a los efectos de la gestión de la empresa".

A través de este negocio jurídico-privado, la familia empresaria puede anticiparse a los acontecimientos futuros, planificando la "hoja de ruta" que se deberá seguir en el momento en que el fundador (o continuador al frente de la empresa) decida jubilarse, acaezca alguna causa que le haga precisar apoyos en el ejercicio de su capacidad jurídica o fallezca. Para alcanzar esos

ción. No hay una solución única: la opción idónea dependerá de las circunstancias de cada familia, de las necesidades de la empresa y de la idoneidad del candidato para desempeñar el puesto que se requiere cubrir.

64 N. ÁLVAREZ LATA, «Empresa familiar y planificación sucesoria. Un acercamiento a los protocolos familiares como instrumentos de esa ordenación», en *La familia en el derecho de sucesiones: cuestiones actuales y perspectiva de futuro.*, Dykinson, Madrid, 2010, pp. 555-602.

acuerdos, la elaboración del documento en el que se plasma este instrumento contractual *sui generis* que es el protocolo debe servir para armonizar los intereses y el rol que van a asumir los sucesores, tanto en lo relativo a la propiedad de la empresa como a la gestión de la misma.

2.4. NATURALEZA JURÍDICA. EL PROTOCOLO COMO PACTO PARASOCIAL O EXTRAESTATUTARIO

La definición recogida en el Real Decreto 171/2007, de 9 de febrero, por el que se regula la publicidad de los protocolos familiares, transcrita en el epígrafe 2.1. de este trabajo, deja patente la naturaleza contractual del protocolo familiar al considerar este instrumento como un "conjunto de pactos". Examinaremos a continuación si el protocolo familiar reúne los condicionantes exigidos por el Código Civil para ser calificado como tal. Según se dispone en el art. 1254 CC los contratos existen "desde que una o varias personas consienten en obligarse, respecto a otra u otras, a dar alguna cosa o prestar algún servicio". Explicitándose en el art. 1088 del mismo cuerpo legal que "toda obligación consiste en dar, hacer o no hacer alguna cosa".

A través de la firma del protocolo familiar, los miembros de una familia empresaria se obligan a cumplir una serie de disposiciones que, como veremos, pueden ser de muy diversa índole, pero entre las que podemos encontrar compromisos de dar, de hacer o de no hacer alguna cosa.

A estos efectos, el protocolo familiar es el instrumento jurídico privado en el que los socios y parientes de una empresa familiar establecen una serie de obligaciones de obligado cumplimiento para las partes intervinientes. Si bien, como en su momento veremos, pueden introducirse además cláusulas de contenido meramente expositivo, como la historia de la empresa, o de carácter moral, tales como los valores en que se funda el proyecto de la familia empresaria.

Como sabemos, el art. 1261 CC establece como requisitos esenciales para la existencia de un contrato el consentimiento de las partes contratantes, que exista un objeto cierto que sea materia del contrato, y, por último, una causa de la obligación.

El consentimiento como declaración de voluntad, consciente, capaz y libre, dirigida a la producción de efectos jurídicos (la regulación de las relaciones entre empresa y familia y de derechos y obligaciones de los socios-parientes, el nombramiento de sucesor y, en general, la ordenación del fenómeno de la sucesión de la empresa, etc.) es un elemento esencial que caracteriza al protocolo familiar. El diálogo entre los miembros de la familia durante el periodo de su gestación y desarrollo se plasma finalmente en la manifestación de la libre voluntad de los firmantes para consentir los acuerdos adoptados que se incluirán en el protocolo. Este consentimiento es, como afirma Álvarez de Linera Granda[65], lo que define claramente al protocolo familiar como un contrato. A través del mismo, las partes someten su conducta a una determinada ordenación voluntariamente consensuada por ellas[66]. Los firmantes renuncian libremente a parte de su autonomía de la voluntad para someterse a los acuerdos pactados con el resto de otorgantes, lo que supone someterse a un régimen convencional adicional, que se añade al régimen legal general y al legal estatutario en lo que se refiere a la sociedad mercantil.

En cuanto a la causa del contrato, Valmaña Cabanes[67] considera, a nuestro juicio con acierto, que, más allá de los motivos concretos (causa en sentido subjetivo) que hayan llevado a las partes a suscribir el protocolo, la causa en sentido objetivo no es otra que "la pervivencia de la familia empresaria como propietaria y, en su caso, gestora, de la empresa familiar".

El protocolo familiar, siempre y cuando cumpla con los tres requisitos que exige el art. 1261 CC citado, es a todos los efectos un contrato[68], y precisamente en cuanto tal, y a tenor del art. 1089 CC, es fuente de obligaciones entre las partes. Por tanto, el incumplimiento de las obligaciones recogidas en el protocolo familiar tendrá las mismas consecuencias que se derivan del incumplimiento de cualquier otra relación obligacional.

Como ya anunciábamos con anterioridad, el protocolo familiar se trata de un acuerdo de naturaleza jurídica compleja[69] al entremezclarse en él aspectos y elementos propios de distintos tipos de contratos.

---

65 P. ÁLVAREZ DE LINERA GRANDA, *Protocolo Familiar, naturaleza jurídica y eficacia procesal*, cit., p. 132.

66 L. DÍEZ PICAZO, *Fundamentos de Derecho civil patrimonial*, Civitas, 2007, p. 139.

67 A. J. VALMAÑA CABANES, «El régimen jurídico del protocolo familiar», cit., pp. 339-340.

68 En este sentido, Luquin Bergareche afirma que no cabe duda de que el protocolo familiar es un contrato con eficacia obligacional interna, pero que, además, está dotado de una eficacia reguladora "dinámica" en el ámbito sistémico-familiar y societario. R. LUQUIN BERGARECHE, «Actualidad de la empresa familiar: protocolos, planificación estratégica y cláusulas ADR como instrumentos jurídicos de continuidad y empowerment», cit., p. 9.

69 Así lo afirma la doctrina, C. CAMISÓN ZORNOZA; A. RÍOS NAVARRO, «El protocolo familiar como instrumento de alineamiento de los intereses económicos y jurídicos en la dirección de la empresa familiar», cit., p. 142; M. A. DÍAZ GÓMEZ; E. DÍAZ GÓMEZ, «Reflexiones sobre el Real Decreto español 171/2007, de 9 de febrero, por el que se regula la publicidad de los protocolos familiares en las sociedades familiares», cit., p. 103; L. FERNÁNDEZ DEL POZO, *El protocolo familiar. Empresa familiar y publicidad registral*, Thomson Reuters-Civitas, 2008, p. 47; A. FERNÁNDEZ TRESGUERRES, «Protocolo familiar: un instrumento para la autorregulación de la sociedad familiar», cit., p. 91; I. GOMÁ LANZÓN, «El protocolo familiar», cit., p. 699; M. T. PÉREZ GIMÉNEZ, «El

El contenido tan heterogéneo que puede tener cabida como parte del clausulado inserto en este negocio jurídico se sustenta en la libertad negocial del art. 1255 CC y en la interpretación doctrinal acerca de la aplicación del principio de autonomía de la voluntad que consagra dicho precepto.

El protocolo carece de una regulación específica y sistemática en el ordenamiento jurídico español, y, por tanto, pertenece a la categoría de contratos calificados como «atípicos», que están plenamente admitidos en el derecho español, y que son válidos y eficaces *ex* art.1255 CC, siempre que se respete el triple límite de no ser contrarios a las leyes, a la moral ni al orden público[70].

Barea Martínez[71] se refiere a la "naturaleza poliédrica o múltiple" del protocolo familiar, pues en él se contienen un "compendio de reglas del juego" para el buen gobierno de la empresa familiar que han de servir para armonizar los intereses de la familia y de la empresa[72]. La disparidad del contenido pone de manifiesto que la naturaleza del protocolo familiar es diversa, pues incluye disposiciones meramente expositivas, declaraciones de intenciones, recomendaciones, pactos dotados únicamente de eficacia moral y acuerdos jurídicamente vinculantes.

Asimismo, la doctrina[73] se refiere al protocolo familiar como a un "contrato marco", que sirve para organizar la propiedad, el trabajo y la dirección-gestión empresarial, y que guarda elementos propios de diferentes tipos de contratos.

---

protocolo familiar como instrumento de estabilización para la familia empresaria», cit., p. 223; F. Vicent Chuliá, «Organización jurídica de la sociedad familiar», *Revista Aranzadi de Derecho Patrimonial*, vol. 5, 2000, p. 39.

70 El orden público al que alude el Código Civil según Díez Picazo (L. Díez Picazo, *Fundamentos de Derecho civil patrimonial*, cit., pp. 155-157.) es "la organización general de la comunidad o sus principios fundamentales y rectores" y aclara que "aún a falta de normas legales expresamente imperativas, las materias relativas al orden público quedan sustraídas a la disponibilidad de los particulares".

71 M. T. Barea Martínez, *El control notarial de los límites del protocolo familiar*, Real academia de jurisprudencia y legislación, 2018, pp. 16 y 17.

72 Álvarez de Linera Granda destaca la importancia del protocolo familiar en la estructuración del sistema de buen gobierno de la empresa familiar y señala lo dispuesto en diversos códigos europeos de buen gobierno que recogen su conveniencia.
P. Álvarez de Linera Granda, «El Protocolo Familiar en los Códigos europeos de Buen Gobierno para empresas no cotizadas y de familia», *LA LEY mercantil*, vol. 90, 2022.

73 C. Camisón Zornoza; A. Ríos Navarro, «El protocolo familiar como instrumento de alineamiento de los intereses económicos y jurídicos en la dirección de la empresa familiar», cit., p. 142; M. A. Díaz Gómez; E. Díaz Gómez, «Reflexiones sobre el Real Decreto español 171/2007, de 9 de febrero, por el que se regula la publicidad de los protocolos familiares en las sociedades familiares», cit., p. 101; C. Díez Soto, «El protocolo familiar», en *La gestión de las empresas familiares: un análisis integral*, Thomson Reuters, 2009, p. 315; V. M. Garrido de Palma, «La familia empresaria ante el Derecho», en *El patrimonio familiar, profesional y empresarial. Sus protocolos.*, Bosch, 2005, p. 71; A. Rodríguez-Aparicio,

El protocolo, además de contener una serie de obligaciones directas, como "contrato marco" sienta también una serie de principios o declaraciones de voluntad que deberán ser desarrolladas en otros instrumentos jurídicos *inter vivos* o *mortis causa*, tales como testamentos, capitulaciones matrimoniales, escrituras de donación, estatutos sociales, etc. para desplegar su eficacia jurídica. Por este motivo, coincidimos con Valmaña Cabanes[74] cuando señala que el protocolo podría encajar dentro de la categoría de "contratos preparatorios" como aquellos que "buscan crear un estado preliminar y necesario en función de uno posterior que es el que pretende perfeccionar lo acordado".

Roca Sagarra, Martí Pisó[75] y Corona Ramón[76] coinciden en que las obligaciones contenidas en el protocolo familiar no encuentran más límites para su eficacia que los derivados de la propia ley: lo acordado por la familia tendrá validez siempre que no sea contrario a las leyes (imperativas), no obstante lo cual, en la práctica casi siempre se requiere de otros negocios jurídicos que le permitan completar su eficacia jurídica.

Sobre la base de la premisa de la naturaleza jurídica contractual del protocolo familiar, y pese a que, para su plena eficacia, deba, normalmente, ser completado por otros instrumentos, la fuerza vinculante que despliegue será, como contrato, *inter partes*[77], *ergo* generadora de obligaciones para aquellos (y solo aquellos) que lo suscriban (y sus sucesores[78]). Conforme a lo dispuesto por el art. 1091 CC, el protocolo tendrá "fuerza de ley" entre los contratantes, pero no generará obligaciones frente a terceros. Eficacia *inter partes* que, como veremos, se mantendrá, en todo caso, en aquellos pactos que carezcan de acceso al Registro Mercantil[79].

«El protocolo familiar», en *El buen gobierno de las empresas familiares*, Thomson Aranzadi, 2004, p. 289; A. J. SÁNCHEZ-CRESPO, «El gobierno de la familia empresaria y de la empresa familiar», en *La empresa familiar: manual para empresarios*, Deusto, 2005, p. 26.

74 A. J. VALMAÑA CABANES, «El régimen jurídico del protocolo familiar», cit., p. 332.

75 J. ROCA SAGARRA; N. MARTÍ PICÓ, «Aspectos jurídicos complementarios del protocolo familiar: testamento, capitulaciones matrimoniales y modificaciones estatutarias», cit., p. 217.

76 J. CORONA RAMÓN, «Introducción a los aspectos legales del protocolo familiar», en *El protocolo familiar*, 2007, p. 192.

77 Así lo advierte la doctrina. C. DÍEZ SOTO, «El protocolo familiar: naturaleza y eficacia jurídica», cit., p. 179; J. ROCA SAGARRA; N. MARTÍ PICÓ, «Aspectos jurídicos complementarios del protocolo familiar: testamento, capitulaciones matrimoniales y modificaciones estatutarias», cit., p. 216; A. J. VALMAÑA CABANES, «El régimen jurídico del protocolo familiar», cit.

78 El **art. 1257 CC** dispone que los contratos no solo producen efectos entre las partes que los otorgaron, sino también frente a sus herederos (regla general de la transmisibilidad de los derechos y obligaciones nacidos del contrato).

79 A. MADRIDEJOS FERNÁNDEZ, «Los pactos parasociales», *AAMN*, vol. XXXVI, 1996, p. 197.

La eficacia del protocolo familiar como contrato nace de la voluntad de los firmantes. Se trata, como se ha dicho anteriormente, de un instrumento contractual potestativo, que debe tener un "carácter estrictamente voluntario"[80]. Así lo dispone el Código Civil en su art. 1256 cuando dice que "la validez y el cumplimiento de los contratos no pueden dejarse al arbitrio de uno de los contratantes".

Precisamente, el principio de libertad contractual, o autonomía de la voluntad, y la vinculatoriedad de los pactos, tal y como señala Carrasco Perera[81] "se explican y fundamentan recíprocamente". Solo aquellas cláusulas que reflejen un acuerdo de voluntades resultarán plenamente exigibles y podrán ser reclamadas coercitivamente, al estar fundadas sobre la "*causa civilis obligandi*" o causa de la obligación[82].

Los firmantes de un protocolo familiar, miembros de una misma familia empresaria, no necesariamente serán aquellos que ostenten la condición de socios de la empresa familiar en el momento de la firma. Incluso podría darse la circunstancia de que algunos de los que lo suscriben no acaben siendo nunca socios de la compañía, y que, sin embargo, se comprometan en el protocolo con una serie de obligaciones que les serán exigibles. Por este motivo, no se puede considerar que el protocolo sea un tipo particular de pacto parasocial, siendo más acertado decir que se trata de un contrato-marco dentro del cual hay un pacto social, acompañado de otro tipo de acuerdos que no afectan a la sociedad sino exclusivamente a aquellos parientes contratantes[83].

El protocolo tiene una doble vertiente: contractual, por un lado, y puramente mercantil, por otro, que afecta a la empresa[84]. En su vertiente contractual, pretende incidir directamente sobre los contratantes con independencia de su condición o no de socios, mientras que, en su vertiente mercantil, tiene como finalidad incidir sobre la empresa familiar: en palabras de Sánchez Crespo[85] su objeto es "proyectar efectos sobre un tercero ajeno al mismo, siendo dicho tercero una empresa mercantil".

---

80 Exposición de motivos del Real Decreto 171/2007, de 9 de febrero, por el que se regula la publicidad de los protocolos familiares.

81 A. Carrasco Perera, *Derecho de contratos*, Thomson Reuters, Cizur Menor, 2010, p. 65.

82 A. M. López López, *Fundamentos de derecho civil*, Tirant lo Blanch, Valencia, 2012, p. 329.

83 Misma apreciación hace P. Álvarez de Linera Granda, *Protocolo Familiar, naturaleza jurídica y eficacia procesal*, cit., p. 149.

84 I. Escuin Ibañez, «La empresa familiar en el marco del Derecho de sociedades», en *La gestión de las empresas familiares: un análisis integral*, Thomson Reuters, 2009, p. 265.

85 A. J. Sánchez Crespo, *El protocolo familiar*, Sánchez Crespo Abogados y Consultores, 2009, p. 115.

La sociedad, como tercero, se verá afectada de forma indirecta por la existencia del protocolo. Al respecto, advierte el Tribunal Supremo, en su Sentencia 1206/1998 de 29 de diciembre de 1998, respecto a la eficacia relativa de los contratos, que "no puede ni debe entenderse como estimatoria de los contratos como unidades absolutamente estancas, y por ello la doctrina científica moderna, recogida por la jurisprudencia de esta Sala, entre otras muchas, reduce la norma antedicha de eficacia relativa de los contratos [el artículo 1257 CC] a la denominada eficacia indirecta de los mismos respecto a terceros, especialmente en aquellos casos en que los terceros ostentan derechos que de algún modo encuentran su fundamento en anteriores contratos".

Profundizaremos a continuación en esta vertiente mercantil del protocolo familiar y en su categorización como pacto parasocial o extraestatutario.

2.4.1. Los pactos parasociales en la normativa mercantil

En el derecho positivo de sociedades español no se recoge ninguna mención general de lo que se entiende por pactos parasociales. La regulación a la que se refiere la Ley de Sociedades de Capital en sus arts. 530 a 535 solo alcanza a las sociedades cotizadas y, concretamente, el 530.1 dispone que "A los efectos de lo dispuesto en este capítulo, se entienden por pactos parasociales aquellos pactos que incluyan la regulación del ejercicio del derecho de voto en las juntas generales o que restrinjan o condicionen la libre transmisibilidad de las acciones en las sociedades anónimas cotizadas".

El principio de autonomía de la voluntad del art. 28 LSC, que establece que en la escritura y en los estatutos sociales se podrán incluir todos los pactos y condiciones que los socios consideren conveniente, tiene como límite que "no se opongan a las leyes ni contradigan los principios configuradores del tipo social elegido".

En consecuencia, los pactos parasociales, y, por ende, el protocolo familiar, permite a los socios o accionistas que lo firman una autonomía mayor de la que admiten los estatutos sociales, que se encuentran limitados por la ley. Como afirma Garcimartín Alférez[86], "la *lex societatis* nos delimita el ámbito de juego que deja a la *lex contractus*". Por este motivo, siempre que los socios pretendan, a través del protocolo familiar, modificar la estructura y organización societaria, deberán atenerse a lo dispuesto en la normativa societaria.

La Ley de Sociedades Anónimas de 17 de julio de 1951 declaraba expresamente la nulidad de los pactos sociales que se mantuvieran reservados entre

---

86 F. J. GARCIMARTÍN ALFÉREZ, «Derecho de sociedades: problemas de ley aplicable», en *Instituciones de Derecho privado*, Thomson Civitas, 2003, p. 84.

los socios (art. 6). Régimen prohibitivo que se modifica en el Real Decreto Legislativo 1564/1989 de 22 de diciembre por el que se aprueba el Texto Refundido de la Ley de Sociedades Anónimas y en la Ley 2/1995 de 23 de marzo de Sociedades de Responsabilidad Limitada, ambas refundidas en la actual Ley de Sociedades de Capital, que, en su art. 29, no declara la nulidad de los pactos extraestatutarios sino su inoponibilidad frente a la sociedad.

2.4.2. Los pactos parasociales: análisis doctrinal del enforcement

Algunas de las definiciones que ofrece la doctrina sobre los pactos sociales o estatutarios son las siguientes:

Paz-Ares Rodríguez[87] se refiere a los pactos parasociales como a los "convenios celebrados entre algunos o todos los socios de una sociedad anónima o limitada con el fin de completar, concretar o modificar, en sus relaciones internas, las reglas legales y estatutarias que las rigen".

Valmaña Cabanes[88], por su parte, entiende que se trata de "un acuerdo de voluntades entre personas que presentan como denominador común su condición de socios o accionistas de una determinada compañía mercantil y que tienen, como objetivo, regular el devenir de la misma, ahondando más así en la configuración consensual de la sociedad, yendo más allá de los estatutos sociales de la misma".

Navarro Matamoros[89] define estos pactos como "un contrato privado entendido como un conjunto de pactos o normas que regirán el funcionamiento societario, las relaciones entre los socios (todos o algunos) y la sociedad, las relaciones de los socios entre sí y la forma en que éstos actuarán frente a terceros". Añade el autor que su finalidad es la de completar o concretar la normativa y los estatutos que rigen la actividad societaria regulando las relaciones internas de la misma, y cuya principal ventaja es su carácter flexible y dispositivo, con los únicos límites legales previstos en el art. 1255 del Código Civil.

Por último, Crespo Hergueta[90] define los pactos parasociales como "aquellos convenios llevados a cabo por dos o más socios de una sociedad que bus-

---

87 J. Paz-Ares Rodríguez, «El enforcement de los pactos parasociales», *AJUM*, vol. 5/2003, p. 19.

88 A. J. Valmaña Cabanes, «El régimen jurídico del protocolo familiar», cit., pp. 284-285.

89 L. Navarro Matamoros, *La libertad contractual y flexibilidad tipológica en el moderno Derecho europeo de sociedades: La SAS francesa y su incidencia en el derecho español*, Comares, 2009, p. 209.

90 C. Crespo Hergueta, «Los pactos parasociales: naturaleza, validez, eficacia y registrabilidad en las SL», *Editorial Jurídica Sepin*, 2020, fecha de consulta 1 febrero 2022,

can regular cuestiones societarias no establecidas por sus estatutos o complementar las relaciones internas, legales o estatutarias por las que se rige la sociedad", haciendo referencia a su utilidad para "suavizar la rigidez de las normas societarias e incluso de los propios estatutos sociales, permitiendo adaptarse a la voluntad de los socios y a las necesidades reales de la sociedad".

La doctrina[91] califica al protocolo familiar como un tipo particular de pacto parasocial, señalando que su objetivo es el de regular las relaciones entre los socios respecto a algunas cuestiones referidas al «buen gobierno» de una sociedad mercantil al margen de lo dispuesto en sus estatutos. En nuestra opinión, como ya exponíamos con anterioridad, teniendo en cuenta que en muchas ocasiones son partícipes del protocolo familiar miembros de la familia propietaria que aún no son socios (fundamentalmente descendientes del empresario promotor) —e incluso, que nunca lo van a ser (v. gr. Cónyuges de los socios)—, consideramos más adecuado decir que se trata de un contrato-marco dentro del cual se incluye un pacto parasocial, acompañado de otro tipo de acuerdos, que no necesariamente afectarán a la sociedad sino únicamente a los miembros de la familia contrayentes[92].

2.4.3. Los pactos parasociales a la luz de la jurisprudencia del Tribunal Supremo

La Sala de lo Civil del Tribunal Supremo en sus Sentencias 128/2009 y 138/2009, ambas de 6 de marzo de 2009; 103/2016 de 25 de febrero de 2016 y 120/2020 de 20 de febrero de 2020 define los pactos parasociales como "Aquellos pactos mediante los cuales los socios pretenden regular, con fuerza del vínculo obligatorio, aspectos de la relación jurídica societaria sin utilizar los cauces específicamente previstos para ello en la ley y en los estatutos".

En la Sentencia 589/2014 de 3 de noviembre de 2014 se refiere a su contenido amplio cuando recuerda que "Los llamados pactos parasociales o reservados [...], son acuerdos celebrados por los socios que no son recogidos en los estatutos, destinados a regular cuestiones relacionadas con el funcionamiento u operativa de la sociedad, tales como pactos de sindicación de voto, de recompra de las participaciones, criterios para el nombramiento de

en https://blog.sepin.es/2020/01/pactos-parasociales-naturaleza-validez-eficacia-registrabilidad/.

91 C. DÍEZ SOTO, «El protocolo familiar: naturaleza y eficacia jurídica», cit., pp. 328-329; A. J. VALMAÑA CABANES, «El régimen jurídico del protocolo familiar», cit., p. 149; F. VICENT CHULIÁ, «Protocolo familiar, organización jurídica y relevo generacional de la empresa familiar», cit., p. 118.

92 En este sentido, P. ÁLVAREZ DE LINERA GRANDA, *Protocolo Familiar, naturaleza jurídica y eficacia procesal*, cit., p. 149.

administradores, etc., generalmente acompañados de cláusulas indemnizatorias en caso de incumplimiento, y –añade– de uso frecuente en los llamados 'Protocolo familiar'"[93].

En referencia a las limitaciones de tales acuerdos privados, el Tribunal Supremo[94] manifiesta que "no están constreñidos por los límites que a los acuerdos sociales y a los estatutos imponen las reglas societarias –de ahí gran parte de su utilidad–sino a los límites previstos en el artículo 1255 del Código Civil". De forma más concreta, la Sentencia 120/2020 de 20 de febrero de 2020 manifiesta que la validez y eficacia de los pactos extraestatutarios incluidos en los protocolos familiares está condicionada al respeto de los límites legales previstos en el art. 1255 del Código Civil. De esta manifestación se puede entender que el protocolo podrá contener, por su consideración de pacto parasocial, previsiones a las que los estatutos no podrían dar cabida.

Si bien es cierto que el protocolo familiar contiene habitualmente pactos entre socios que son potencialmente trasladables a la sociedad, también se recogen otro tipo de acuerdos referentes a la sociedad que no adquieren luz pública, y que, por lo tanto, quedan en el ámbito privado y reservado de los firmantes. Este conjunto de pactos son ejemplos de pactos parasociales, que se establecen como accesorios al contrato de la sociedad. Además, se puede dar la circunstancia de que se prefiera que algunos de estos pactos, aun reuniendo los requisitos legales para su acceso a los estatutos, se mantengan reservados por los miembros de la familia empresaria, por lo que no se les dote de publicidad.

El problema surge cuando, habiéndose mantenido esos pactos como reservados (es decir, sin que tales pactos se hayan trasladado a los estatutos sociales a través de los correspondientes negocios jurídicos), se genera un conflicto por no corresponder las previsiones pactadas en el protocolo familiar con lo dispuesto en los estatutos sociales. Como hemos visto, ambas regulaciones son válidas, a pesar de sus contradicciones. El problema derivado de esta contradicción (entre estatutos y protocolos) se acentúa cuando los pactos recogidos en el protocolo han sido adoptados por todos los socios, lo que se denomina como "pacto omnilateral". Situación en la que la jurisprudencia del Tribunal

---

93 Siguiendo esta línea jurisprudencial, la Dirección General de los Registros y del Notariado (DGRN) ha admitido la posibilidad y validez de los citados pactos parasociales. Concretamente, ha indicado sobre los mismos que "se fundamentan en la existencia de una esfera individual del socio diferenciada de la propia mente corporativa, de manera que, de la primera, puede llegar a establecerse vínculos obligatorios con otros socios sobre cuestiones atinentes a la compañía, modificar el régimen estrictamente societario y al margen de él [...]". En este sentido, RRDGRN de 24 de marzo de 2012 (BOE núm. 114, de 10 de mayo de 2010) y 9615/2018 de 26 de junio de 2018.

94 STS 371/2010 de 4 de junio de 2010.

Supremo ha venido sosteniendo que, la mera infracción de un pacto parasocial no basta, por sí sola, para que se anule un acuerdo social que haya sido impugnado por este motivo. Por lo tanto, cuando se ha pretendido impugnar un acuerdo social alcanzado tanto por la Junta General de Socios como por el órgano de administración de la sociedad, por la exclusiva razón de que dicho acuerdo se ha alcanzado mediante el incumplimiento de un pacto parasocial, el Alto Tribunal ha desestimado la impugnación. Para estimar la impugnación, se exigía que, además de la infracción del pacto parasocial, concurriera simultáneamente una vulneración de la ley o de los estatutos, o bien una lesión, en beneficio de uno o varios accionistas o de terceros, de los intereses de la sociedad.

En este sentido se pronuncia el Tribunal Supremo en sus Sentencias 1136/2008, de 10 de diciembre de 2008; 131/2009 de 5 de marzo de 2009; 128/2009, de 6 de marzo de 2009; 138/2009, de 6 de marzo de 2009; 120/2020, de 20 de febrero de 2020 y 300/2022, de 7 de abril de 2022.

Concretamente, dispone la Sentencia 138/2009, de 6 de marzo de 2009 que

> "(...) no se trata de determinar si el litigioso convenio, al que llegaron los socios fuera de los cauces establecidos en la legislación societaria y en los estatutos, fue válido ni cuáles serían las consecuencias que de su alegado incumplimiento se pudieran derivar para quiénes lo hubieran incumplido. Lo que el recurso plantea es la necesidad de decidir si el acuerdo adoptado en el seno del órgano social puede ser declarado nulo o anulado por contravenir, si es que lo hace, lo pactado por los socios en aquella ocasión.
> Y la respuesta debe ser negativa a la vista de los términos en que está redactado el artículo 115.1 del referido Real Decreto 1564/1989 —aplicable a las sociedades de responsabilidad limitada por virtud de lo dispuesto en el artículo 56 de la Ley 2/1995—, ya que condiciona el éxito de la impugnación a que los acuerdos sean contrarios a la ley, se opongan a los estatutos o lesionen, en beneficio de uno o varios accionistas o de terceros, los intereses de la sociedad.
> Consecuentemente, la mera infracción del convenio parasocial de qué se trata no basta, por sí sola, para la anulación del acuerdo impugnado".

Reafirmando la doctrina sostenida en pronunciamientos anteriores, la Sentencia 120/2020, de 20 de febrero de 2020 confirma la posibilidad del carácter vinculante del protocolo familiar como pacto parasocial. En ella se declara que el protocolo familiar como pacto parasocial no solo "ha sido reconocido normativamente su validez, sino también su posible publicidad registral, a través de un régimen específico integrado por el RD 171/2007, de 9 de febrero". No obstante, la Sala se reafirma en el criterio ya establecido de que "los pactos que se mantengan reservados entre los socios no serán oponibles a la sociedad" y matiza que "el protocolo familiar actúa como una suerte de contrato marco, de forma que el protocolo carecería de virtualidad sin los correspondientes negocios jurídicos de ejecución de sus previsiones, negocios que pueden ser familiares (*v.gr.* capitulaciones matrimoniales), sucesorios (testamentos o pactos sucesorios) o propiamente societarios (modificación de estatutos)". En consecuencia, se dispone que, la defensa de la eficacia de un pacto parasocial, que se considera perfectamente lícito, únicamente puede articularse a través de una reclamación entre los contratantes basada en la vinculación negocial existente entre los firmantes del mismo. No puede, por tanto, defenderse la eficacia de un pacto privado entre los socios contratantes, aun cuando se traten cuestiones que pudieran tener cabida en los estatutos sociales, atacando la validez de los acuerdos sociales que resulten contradictorios a dicho pacto, pues éste no tiene efectos frente a la sociedad sino, únicamente, entre los contratantes. En consecuencia, el litigio derivado de dicha controversia no tendrá naturaleza societaria, como es el caso de la impugnación de acuerdos sociales, sino naturaleza civil.

Para evitar este tipo de conflictos, consideramos esencial que tanto el protocolo familiar como los estatutos familiares se hallen coordinados entre sí. Para ello, los estatutos deben estar formulados en ejecución de los acuerdos pactados en el protocolo. Las previsiones del protocolo familiar que puedan ser inscritas en el Registro Mercantil y que, por lo tanto, puedan ser incorporadas también a los estatutos sociales, deberán ser trasladadas a estos. De esta manera se evita la existencia de contradicciones entre ambos documentos.

Los acuerdos no recogidos en la escritura o en los estatutos tienen la eficacia propia de todos los contratos: únicamente afectan a las partes firmantes y no a terceros ajenos a los mismos, como es la sociedad o, en su caso, el resto de socios no firmantes. Según Uría Meruéndano, Menéndez Menéndez y García de Enterrería Lorenzo[95], el protocolo familiar es "*res inter alios acta*", debiendo tenerse en cuenta lo dispuesto en el art. 29 LSC[96] cuando dice que los "pactos que se mantengan reservados entre los socios no serán oponibles a la sociedad", a lo que, cabe añadir, que tampoco serán oponibles frente a ningún otro tercero.

La falta de oponibilidad frente a la sociedad derivada del carácter contractual de los pactos parasociales es su punto más débil. Para alcanzar una

---

95 R. Uría Meruéndano; A. Menéndez Menéndez; J. García de Enterrería Lorenzo, «La sociedad anónima. Fundación», en *Curso de Derecho Mercantil*, Aranzadi, 2006, p. 836.

96 En referencia a este mismo precepto, Perdices Huetos interpreta que "un pacto de socios será válido y por tanto producirá todos sus efectos (...), si bien (...) no se extenderán a la sociedad si el pacto se mantiene reservado frente a ella; es decir, si la sociedad es tercero al mismo por tener algún socio que es ajeno al pacto".
A. Perdices Huetos, «Lecciones: validez, eficacia y oponibilidad de los pactos parasociales, en una cáscara de nuez», *Almacen De Derecho*, 2016, fecha de consulta 1 febrero 2022, en https://almacendederecho.org/lecciones-validez-eficacia-y-oponibilidad-de-los-pactos-parasociales-en-una-cascara-de-nuez.

eficacia jurídica plena que les permita influir sobre la regulación de la sociedad, deben apoyarse en otros instrumentos jurídicos, y concretamente, en los estatutos sociales. Los acuerdos alcanzados en el protocolo familiar que gocen de publicidad registral tendrán eficacia *erga omnes*, y solo entonces, tendrán plena eficacia jurídica frente a la sociedad y frente a terceros ajenos a dicho negocio jurídico.

A la hora de incorporar todos los pactos alcanzados en el protocolo a los estatutos sociales, los socios deben respetar los límites que impone el art. 28 LSC: la ley y los principios configuradores del tipo social por el que se hubiera optado en la escritura de constitución. Es decir, no todos los aspectos que se regulen en el protocolo familiar podrán integrarse en los estatutos, sino que deberán atenerse, en todo caso, a lo dispuesto en el art. 23 LSC, y, además, en los arts. 115 al 128 y 176 al 188 del RRM, respectivamente, para las S.A. y las S.R.L.

No obstante, el protocolo familiar seguirá siendo adecuado, por su validez y utilidad, para recoger aquellos pactos que el Registrador se niega a inscribir como estatutarios. Señala Vicent Chuliá[97] que, en los supuestos en los que el grupo familiar participa en la sociedad junto a socios extraños a la familia, puede ser interesante que los socios familiares se organicen internamente como sindicato de mayoría o de control.

En cuanto a las consecuencias de un incumplimiento de lo dispuesto en el protocolo familiar, se ha de hacer una distinción entre aquellas cláusulas que han sido incorporadas a los estatutos, y que, por tanto, gozan de publicidad registral, de aquellas otras que, por su naturaleza o porque así lo han decidido las partes, no han tenido acceso a los estatutos sociales.

En el supuesto de que el incumplimiento se produzca sobre cláusulas que se recogen en los estatutos sociales (*v.gr*, transmisión de la propiedad a persona no autorizada por los estatutos con incumplimiento del régimen de adquisición preferente que pudiera haberse regulado en los mismos), el resto de firmantes podrán exigir a la sociedad, de conformidad con el art. 112 LSC, que no reconozca la validez de tal transmisión. Es decir, una vez declara la nulidad del negocio jurídico transmisivo, la sociedad podrá retrotraerse a la situación anterior a la de la transmisión, reparándose de este modo el daño causado.

En cambio, tomando el mismo ejemplo, si la transmisión se hubiera realizado contraviniendo lo dispuesto en el protocolo familiar, pero respetando lo dispuesto en los estatutos sociales, dicha transmisión tendrá plena validez frente a la sociedad, no existiendo ningún remedio resarcitorio de carácter ci-

---

97 F. VICENT CHULIÁ, «Organización jurídica de la sociedad familiar», cit., p. 42.

vil que pueda anular ese negocio jurídico. En este supuesto, los firmantes solo podrán exigir al incumplidor las responsabilidades contractuales derivadas del incumplimiento de cualquier contrato, esto es:

a) En el supuesto de que, en el propio protocolo familiar, se prevea una cláusula penal para los casos de incumplimiento, ejecutándola;

b) En el supuesto de que no exista cláusula penal, acudiendo al art. 1124 CC, para exigir las correspondientes indemnizaciones por daños y perjuicios derivados del incumplimiento.

Por lo tanto, en el caso de incumplimiento de pactos protocolares que no consten en estatutos, aun ejecutándose las cláusulas penales que pudieran existir, la única solución posible es la indemnizatoria o resarcimiento por equivalencia, a través de una compensación económica. Cualquier operación que se ajuste a lo dispuesto por la ley o los estatutos será válida frente a la sociedad, y, por tanto, nunca podrá impugnarse su validez como consecuencia del incumplimiento de lo pactado en un protocolo, que despliega sus efectos (*inter partes*) en un ámbito jurídico obligacional[98].

Recapitulando lo dispuesto en este epígrafe, podemos concluir que la naturaleza jurídica del protocolo familiar es la de un contrato y que, además, dentro del acuerdo negocial se suelen incluir pactos en relación a la organización de la sociedad, por lo que, al menos en relación a ese contenido concreto, se trata de un pacto parasocial o extraestatutario.

Si el protocolo familiar es un contrato, y, en consecuencia, tiene plena validez como tal, será vinculante entre aquellos que lo suscriban (sus firmantes) y sus herederos *ex* art. 1257 CC. Eficacia contractual que no es suficiente, por ella misma y en relación al contenido societario regulado en el protocolo, para garantizar que todas las disposiciones previstas puedan producir efectos directos sobre la sociedad, aun cuando sí puedan derivarse efectos de manera indirecta.

Es por ello que, con el objetivo de dotar de plena eficacia jurídica a lo dispuesto en el protocolo tanto entre sus firmantes como frente a la sociedad, consideramos indispensable dar traslado a los estatutos sociales de todas aquellas cuestiones del protocolo que sean susceptibles de poder incorporarse a los mismos. Profundizaremos sobre esta cuestión en el capítulo 3 referente a la eficacia jurídica del protocolo familiar.

---

98 A. J. Valmaña Cabanes, «El régimen jurídico del protocolo familiar», cit., p. 344.

2.5. NATURALEZA Y EFICACIA DE LAS CLÁUSULAS CONTENIDAS EN EL PROTOCOLO FAMILIAR

El RD 171/2007, de 9 de febrero, por el que se regula la publicidad de los protocolos familiares reconoce el principio de autonomía negociadora en la fijación del contenido del protocolo familiar y no dispone otros límites que los que se derivan con carácter general del ordenamiento civil y societario. Establece en su Exposición de Motivos que "Los aspectos subjetivo, objetivo y formal del protocolo no son objeto de regulación, como tampoco lo es su contenido, que será configurado por la autonomía negocial, como pacto parasocial, en hipótesis más frecuente sin más límites que los establecidos, con carácter general, en el ordenamiento civil y específico, en el societario".

El carácter libre y voluntario de los acuerdos que se insertan en el clausulado del protocolo familiar, y que pretenden abarcar diversas situaciones de interacción entre los subsistemas familiar y empresarial de la organización, hacen que su contenido sea muy heterogéneo y variado, y así, un protocolo aborda en la práctica una gran diversidad de aspectos generales, estratégicos, societarios, patrimoniales, laborales, familiares y sucesorios. Contenido que, al no hallarse predefinido, puede abarcar todos aquellos aspectos que los miembros de la familia empresaria consideren oportuno.

La doctrina mayoritaria[99] coincide en la necesidad de evitar que el protocolo familiar se convierta en un "documento estandarizado" y utilizan la metáfora del "traje a medida" para referirse a la necesidad de adaptar este instrumento a la particular idiosincrasia de cada familia y empresa y a las vicisitudes que las mismas atraviesan en cada momento evolutivo vital. En este sentido, la problemática que deben afrontar las empresas familiares difiere en función de la etapa en la que se encuentren, de la cultura corporativa, del carácter y talante de los miembros de la familia y de las relaciones entre parientes consanguíneos así como de la afinidad, de la dimensión del grupo empresarial, etc. por lo que, para ser realmente útil, su contenido debe ajustarse a esas determinadas circunstancias.

No obstante, si bien las diversas cláusulas y los matices que se incorporan a cada una de ellas deben ser el resultado de las particulares necesidades y acuerdos adoptados por la familia empresaria, se constata la existencia de un

---

[99] En este sentido se pronuncian C. CAMISÓN ZORNOZA; A. RÍOS NAVARRO, *El protocolo familiar: metodología y recomendaciones para su desarrollo e implantación*, cit., p. 101; J. C. CASILLAS BUENO Y OTROS, *La gestión de la empresa familiar. Conceptos, casos y soluciones*, cit., p. 136; R. LUQUIN BERGARECHE, «Actualidad de la empresa familiar: protocolos, planificación estratégica y cláusulas ADR como instrumentos jurídicos de continuidad y empowerment», cit., p. 11; A. J. VALMAÑA CABANES, «El régimen jurídico del protocolo familiar», cit., pp. 133 y 134.

conjunto de elementos comunes entre los distintos protocolos, que configuran el contenido típico o usual del protocolo familiar[100].

Como venimos advirtiendo, el contenido del protocolo presenta un "carácter híbrido o mixto", pues pueden encontrarse en él compromisos morales junto a pactos vinculantes entre las partes, e incluso cláusulas que, debidamente desarrolladas y trasladadas a otros instrumentos jurídicos, pretenden alcanzar eficacia frente a terceros. Se trata, por tanto, de un contrato multilateral cuyo contenido es complejo y plural, y que incluye cláusulas de diferente naturaleza y obligatoriedad.

Si bien algunas declaraciones del protocolo pueden referirse a cuestiones *prima facie* metajurídicas, relacionadas con la historia y la filosofía de la familia empresaria, en la mayoría de ellas puede afirmarse su naturaleza jurídica en el sentido de vincular a los firmantes a su cumplimiento, estableciéndose sanciones en el caso de no hacerlo, o hacerlo de forma incompleta o defectuosa[101]. Precisamente, la naturaleza y eficacia de las cláusulas dependerán de lo acordado, pudiendo constituir desde una declaración de intenciones hasta un contrato con efectos obligacionales *inter partes* entre los otorgantes y sus herederos de conformidad con el art. 1257 CC, incluidas, en su caso, cláusulas penales e incluso indemnizaciones por los daños derivados de su incumplimiento, total o parcial. En este sentido, puede afirmarse que la eficacia del protocolo familiar es variable o heterogénea.

---

100 Así lo hemos constatado tras la lectura de diversos autores. J. Amat Salas, «Modelos de protocolos familiares (I). El protocolo familiar-empresarial», en *El protocolo familiar*, Deusto, 2007, pp. 107-113; C. Camisón Zornoza; A. Ríos Navarro, «El protocolo familiar como instrumento de alineamiento de los intereses económicos y jurídicos en la dirección de la empresa familiar», cit., pp. 160-161; J. Corona; N. Martí; M. Roca, «Protocolo familiar», en *Manual de la Empresa Familiar*, Ediciones Deusto, 2005, pp. 473-474; J. Corona Ramón; J. Téllez Roza, «El protocolo familiar», en *Empresa familiar: aspectos jurídicos y económicos*, Ediciones Deusto, 2011, pp. 821-826; T. Cucurull Poblet, *El protocolo familiar mortis causa*, cit., pp. 122-135; J. P. Fernández Gimeno, «La empresa familiar y el derecho de sucesiones. Actualización del estado de la cuestión.», en *Dirección, organización del gobierno y propiedad de la empresa familiar*, Tirant lo Blanch, 2015, p. 234; M. A. Gallo Laguna de Rins; S. Tomaselli, «Estructura y contenido de los protocolos familiares», en *El protocolo familiar*, Ediciones Deusto, 2007, p. 83; C. Gortázar Lorente, «Principales aspectos jurídicos y societarios del protocolo familiar», Deusto, 2007, pp. 195-214; J. Martínez Echezarraga, «Introducción al protocolo familiar y al consejo de familia», en *El protocolo familiar. La experiencia de una década*, Ediciones Deusto, 2007, p. 62; M. Pavón Sáez, *Protocolo Familiar: estructura y contenido*, cit., p. 22.

101 J. M. Badenas Carpio, «Notas sobre el significado jurídico del protocolo familiar», *Actualidad Civil*, vol. 3/2001, p. 782.

Con una finalidad clasificatoria, puede hablarse de tres categorías de pactos en función de su eficacia jurídica[102]:

A. Pactos sin fuerza legal o con fuerza moral

Se trata de acuerdos sin trascendencia jurídica (no son pactos en sentido técnico-jurídico), que incluyen elementos de tipo descriptivo o meras recomendaciones. En consecuencia, situándose en un ámbito extralegal, en el supuesto de verificarse el incumplimiento de alguno de los firmantes solo podrán ser objeto de reproche por el resto de los miembros de la familia y firmantes del documento, sin desencadenar consecuencias jurídicas.

No obstante, estos contenidos morales o no jurídicos del protocolo pueden resultar de gran utilidad como herramienta hermenéutica con el propósito de interpretar, en caso de duda, el sentido de una cláusula, expresión o pacto incorporado en el protocolo[103].

En este sentido, el art. 1285 CC, ubicado en el Cap. IV, referente a la interpretación de los contratos establece que "Las cláusulas de los contratos deberán interpretarse las unas por las otras, atribuyendo a las dudosas el sentido que resulte del conjunto de todas".

La AP de Alicante en su Sentencia 488/2020 del 3 de noviembre de 2020[104], en referencia a la interpretación que ha de darse a una cláusula integrada en un protocolo familiar, se remite a lo dispuesto en el art. 1285 CC y dispone que "debe prevalecer la interpretación literal de los acuerdos controvertidos, incluso y de conformidad con lo dispuesto en el art. 1285 CC, en virtud del denominado canon hermenéutico de la totalidad, el cual proclama el principio de interpretación sistemática, dado que la intención, en cuanto espíritu del contrato, debe tenerse por indivisible, y en su consecuencia no puede interpretarse una cláusula de forma aislada al resto del clausulado, sino en el todo orgánico que el mismo constituye, de tal modo que ante la existencia de diferentes estipulaciones, todas deben conjugarse al efecto de indagar cuál fue la intención de los contratantes".

---

102 Esta clasificación es empleada también por la doctrina. C. CAMISÓN ZORNOZA; A. RÍOS NAVARRO, *El protocolo familiar: metodología y recomendaciones para su desarrollo e implantación*, cit., pp. 40 y 68; J. C. CASILLAS BUENO Y OTROS, *La gestión de la empresa familiar. Conceptos, casos y soluciones*, cit., p. 160; T. CUCURULL POBLET, *El protocolo familiar mortis causa*, cit., p. 118; A. J. SÁNCHEZ-CRESPO, *El protocolo familiar. Una aproximación práctica a su preparación y ejecución*, Cámara Oficial de Comercio e Industria de Madrid, 2013, pp. 92-93.

103 C. DÍAZ-REGAÑON GARCÍA-ALCALÁ, «Artículos 1.281 a 1.289», en *Comentarios al Código Civil*, Thomson Reuters, 2009, p. 1526.

104 SAP de Alicante (Sección 9ª) 488/2020 de 3 de noviembre de 2020.

De este modo, en el supuesto de duda sobre el sentido que haya de atribuirse a alguna cláusula del protocolo (solo en este caso: *in claris non fit interpretatio*), podrá acudir el intérprete al sentido que la familia empresaria haya querido conferir al documento en su totalidad y a los valores y principios morales plasmados en el texto del documento.

En concreto, algunos de los apartados que incorporan este tipo de contenido son los siguientes:

a. Finalidad del protocolo familiar[105].

b. Principios generales de la empresa familiar[106].

c. Orígenes e historia de la empresa familiar.

d. Deseos para el futuro de la empresa familiar.

e. Cultura y valores que identifican a la familia[107].

El principal motivo por el que las familias empresarias desean recoger en el protocolo familiar esta clase de cláusulas es la voluntad de transmitir a las siguientes generaciones el espíritu que motivó al fundador o fundadores a crear la empresa y a tomar la decisión de darle continuidad en el tiempo a través de su conservación y traslación a sus descendientes.

---

105 Pueden incluirse los motivos (subjetivos) que han llevado a la familia empresaria a abordar el proceso de elaboración de un protocolo familiar, que tendrán que ver con el objetivo general de facilitar la continuidad a la empresa familiar a través de las siguientes generaciones.

106 La inclusión e incluso definición de una serie de "principios generales", inspiradores e informadores de un peculiar modo de relacionarse y actuar de la familia empresaria, actúan a modo de cimientos o basamento sobre los que se va a asentar la composición y el desarrollo del protocolo familiar como instrumento normativo. Algunos de estos principios podrían ser los siguientes:
a. Principio de continuidad y sostenibilidad del patrimonio empresarial.
b. Principio de ejemplaridad.
c. Principio de meritocracia.
d. Principio de empatía y solidaridad con los miembros de la familia.
e. Principio de apertura a la comunicación.
A través de los mismos se pretende identificar de manera concreta los valores familiares y empresariales que se consideran fundamentales para la empresa familiar y que hay que preservar y potenciar por considerarlos signos de identidad de la misma, por lo que es conveniente que queden registrados por escrito.

107 Es frecuente incluir un epígrafe meramente expositivo en el que se recoja la historia de la empresa familiar, los valores que han imperado en la familia y que han servido para impregnar la cultura empresarial y hacer crecer el proyecto y, en todo caso, una serie de compromisos morales y deseos de futuro que tiene la familia propietaria.

B. *Pactos con fuerza contractual simple o* inter partes

Estos pactos tendrán la eficacia *inter partes* propia de las obligaciones contraídas, conforme a los arts. 1091 y 1257 CC. Es decir, originan derechos y obligaciones únicamente entre las personas que firman el protocolo, no frente a terceros.

La ausencia de eficacia frente a terceros es consecuencia de que estas cláusulas no se hallan inscritas: ya porque el Registrador no admita su inscripción por no cumplirse con los requisitos exigibles en el Reglamento del Registro Mercantil; ya porque, aun siendo inscribibles, la familia empresaria haya optado por no darles publicidad.

En cuanto a la eficacia jurídica de estos pactos, en el supuesto de que alguno de los firmantes incurriera en un incumplimiento de los mismos, el resto podrá acudir al auxilio de los tribunales (o, en su caso, al proceso arbitral si se ha acordado esta metodología de resolución de controversias) para exigir su cumplimiento forzoso a tenor del art. 1098 CC, o, en su defecto, la correspondiente indemnización por daños y perjuicios que deriva del art. 1101 de la citada norma[108].

No obstante, en ocasiones no es posible conseguir el cumplimiento forzoso de la obligación: por ejemplo, si el miembro de la familia incumplidor, contraviniendo lo dispuesto en el protocolo familiar, ya ha firmado la prenda de sus participaciones con una entidad bancaria o, incluso, cabe la posibilidad de que el Juez considere que no se ha producido ningún daño al resto de firmantes del protocolo, o que, aun reconociendo que ha existido un incumplimiento, le resulte muy complicado determinar la cuantía de la indemnización. Para garantizar que los incumplimientos del protocolo conlleven consecuencias para el incumplidor se considera aconsejable incorporar cláusulas penales que contemplen el resarcimiento de los daños derivados de dicho incumplimiento a través de una indemnización, o el establecimiento de una pena adicional a la misma, en aplicación del art. 1152 CC.

Algunos de los pactos que habitualmente se recogen en los protocolos familiares, y que pertenecen a esta categoría, son los siguientes:

a. Los relativos a la relación laboral que los miembros de la familia van a tener con la empresa.

b. Ciertas cuestiones relativas a las funciones y el funcionamiento del Consejo de Familia[109].

---

108 En este sentido, C. CAMISÓN ZORNOZA; A. RÍOS NAVARRO, *El protocolo familiar: metodología y recomendaciones para su desarrollo e implantación*, cit., p. 68; J. C. CASILLAS BUENO Y OTROS, *La gestión de la empresa familiar. Conceptos, casos y soluciones*, cit., p. 160.

109 El Consejo de Familia es un órgano formal y continuo, con funciones consultivas, deliberativas y de toma de decisiones sobre las cuestiones de la familia relacionadas

c. La aplicación de los resultados de la sociedad, y en concreto, las condiciones y la cantidad de dividendos que se van a distribuir anualmente.

d. En el supuesto de que haya terceros ajenos a la familia en el capital social, los pactos de sindicación de votos en los órganos sociales.

e. El sometimiento de las controversias derivadas de la interpretación y aplicación del protocolo familiar a un procedimiento de mediación o arbitraje.

f. La concesión de ayudas por parte de la sociedad a la familia en las situaciones de necesidad que se hayan previsto en el protocolo.

g. Pactos de no competencia de los socios familiares frente a la sociedad.

C. Pactos con eficacia frente a terceros o erga omnes

Son aquellos que llegan a alcanzar el máximo grado de eficacia jurídica, pues pueden oponerse frente a terceros ajenos al protocolo. Para lograr este objetivo deben ser desarrollados en instrumentos jurídicos complementarios que, posteriormente, es necesario inscribir en el registro público correspondiente.

Concretamente, para que estos pactos obliguen a la sociedad, deben ser refrendados por una Junta General en la que se formalicen los acuerdos necesarios para dar traslado de los mismos a los estatutos sociales, posteriormente deberán ser protocolizados ante Notario, y, finalmente, deberán ser inscritos en el Registro Mercantil, entrando así a formar parte del contrato social.

Una vez que estos pactos hayan sido trasladados a los registros públicos correspondientes, contarán con las garantías probatorias previstas en el art. 1218 CC y el art. 319 LEC.

Algunos ejemplos de este tipo de acuerdos que, habitualmente, suelen recogerse en el protocolo familiar son los siguientes:

a. La reestructuración societaria del grupo empresarial.

b. El cambio del órgano de administración. Por ejemplo, suele ser habitual que se prevea en el protocolo el cambio de una administración

---

con la empresa y el patrimonio familiar (v. gr. La incorporación de miembros de la familia propietaria al trabajo en la compañía).

Para profundizar sobre el Consejo de Familiar, recomendamos la siguiente lectura: C. Arbesú Riera, *El Consejo de Familia y su función de gobierno en la empresa familiar*, EUNSA, 2017, p. 76.

única a un Consejo de Administración en el que participen el fundador de la empresa junto a sus hijos[110].

c. Creación de diferentes tipos de participaciones sociales y acciones[111].
d. Todas aquellas cuestiones relativas a la transmisión de la propiedad: supuestos de libre transmisión, transmisión por actos *inter vivos*, transmisión *mortis causa* y transmisión forzosa.
e. Disposiciones testamentarias o relativas al régimen económico matrimonial.

2.6. CLÁUSULAS Y DISPOSICIONES HABITUALES AL SERVICIO DE LA CONSERVACIÓN, CONTINUIDAD DE LA EMPRESA Y SALVAGUARDA DE LOS INTERESES FAMILIARES

2.6.1. Cláusulas relativas al régimen económico matrimonial de los socios

Con el objetivo de conservar la empresa familiar en el seno de la familia empresaria, en el protocolo se pueden introducir algunos pactos entre los

110 Es habitual que, cuando una empresa familiar se encuentra en sus primeros estadios evolutivos, el fundador de la sociedad ostente el cargo de Administrador Único de la misma. Una vez que la compañía adquiere un cierto grado de desarrollo y que los miembros de la segunda generación alcanzan madurez y aptitudes para asumir responsabilidades en la empresa, el órgano de administración suele evolucionar a un Consejo de Administración en el que participen el promotor y sus descendientes.
Precisamente el cambio generacional en la empresa familiar, la consecuente incorporación de las nuevas generaciones al trabajo en la compañía y la asunción por parte de estos de un rol cada vez más activo y relevante dentro de la organización, puede ser un buen momento para constituir y poner en práctica el funcionamiento real y efectivo del Consejo. Se produce en este momento un cambio en el *status quo* de la empresa familiar, cuyo poder se concentraba en una sola persona, y que pasa a estar compartido: no es sencillo de transitar a esa nueva cultura empresarial y el proceso, habitualmente, requiere de un cambio profundo de las dinámicas que se venían produciendo en la gestión de la organización.

111 En función de las circunstancias concretas de cada empresa familiar y de los acuerdos que adopten los miembros de la familia, se podrán establecer distintos tipos de participaciones sociales y acciones. Los más habituales son los títulos privilegiados (v. gr. Estos privilegios pueden consistir en la concesión de más de un derecho de voto, en el derecho a obtener un dividendo preferente y en el derecho a recibir un mayor porcentaje en el reparto de beneficios de la sociedad) y los títulos sin voto, que pueden ser un instrumento muy útil como alternativa al mercado financiero para aquellas empresas que necesiten obtener liquidez: De esta manera, la sociedad puede obtener recursos propios, manteniendo el control de los órganos de gobierno y sin incrementar el riesgo financiero.

que es frecuente encontrar disposiciones relativas al régimen económico-matrimonial de los socios.

Algunas de estas disposiciones pueden hacer referencia al carácter privativo de la participación en la empresa del socio casado o unido de forma estable o de hecho a otra persona, a través de dos fórmulas:

- En el supuesto de los socios que aún no se hayan casado, mediante la futura estipulación del régimen económico matrimonial de separación de bienes en escritura de capitulaciones matrimoniales.
- Si el socio está casado bajo el régimen de gananciales, mediante la liquidación del mismo y la consiguiente adjudicación societaria al cónyuge que pertenezca a la familia empresaria.

Para que estas estipulaciones sean plenamente eficaces, deberán otorgarse ante notario por ambos cónyuges.

El debate doctrinal surge a la hora de decidir sobre el carácter de recomendaciones o de obligaciones que pueden tener estas previsiones. La mayoría de la doctrina entiende que debe ser rechazada de plano la validez del pacto por el que se impone a los firmantes del protocolo la obligación de estipular con sus cónyuges un determinado régimen económico-matrimonial. En consecuencia, consideran que, en caso de establecerse, su eficacia no podrá ser otra que la de un simple ruego o recomendación, sin poder exigirse su cumplimiento forzoso ni reclamarse indemnización o pena de ningún tipo por su inobservancia.

Los argumentos aducidos por la doctrina son los siguientes: el régimen económico matrimonial no puede ser objeto de comercio pues se trata de una materia relativa al orden público que queda sustraída a la disponibilidad de los particulares (en este sentido, Díez-Picazo[112], Barea Martínez[113] Roca

---

[112] Partiendo de los límites previstos en el art. 1255 CC, entiende que el orden público al que alude el precepto como límite de la autonomía negocial como "la organización general de la comunidad o sus principios fundamentales y rectores. Aun a falta de normas legales expresamente imperativas, las materias relativas al orden público quedan sustraídas a la disponibilidad de los particulares". La posibilidad de que el protocolo familiar obligue (o pretenda obligar) a sus firmantes a regular las características de su vínculo matrimonial quedaría enmarcada dentro del concepto de orden público y, por tanto, según el criterio de Díez-Picazo, no es posible renunciar a ese derecho ni siquiera de manera voluntaria por considerarse un derecho elemental e íntimo de cada persona. Por lo tanto, solo cabría incorporar esas disposiciones en el protocolo en forma de recomendaciones y no de obligaciones para los firmantes. L. Díez Picazo, *Fundamentos de Derecho civil patrimonial*, cit., pp. 155-157.

[113] M. T. Barea Martínez, *El control notarial de los límites del protocolo familiar*, cit., p. 58.

Sagarra y Martí Picó[114]); y porque, siendo las capitulaciones matrimoniales un negocio jurídico bilateral, el incumplimiento producido cuando el cónyuge ajeno a la empresa no consienta en otorgar capitulaciones en los términos previstos en el protocolo no es imputable al firmante del protocolo familiar (en este sentido Valverde Huerta[115], Camisón Zornoza y Ríos Navarro[116] y, nuevamente, Barea Martínez[117], Roca Sagarra y Martí Picó[118]).

Barea Martínez[119] propone a estos efectos una solución que reproducimos por su interés:

> "Cuestión distinta es que en el protocolo familiar se prevea la incorporación a los estatutos sociales de cláusulas con una finalidad práctica semejante al pacto controvertido que acabamos de analizar, como, por ejemplo, que estar casado bajo un determinado régimen económico-matrimonial sea contemplado requisito para adquirir acciones, participaciones o cuotas sociales. Incluso podría plantearse la posibilidad de establecer como causa estatutaria de exclusión del socio el hecho contraer matrimonio bajo un determinado régimen económico".

También Vicent Chuliá[120] ofrece una solución que pasa por fijar en el protocolo familiar los criterios que los firmantes aceptan sobre el régimen económico-matrimonial, "condicionando la adquisición de la condición de socio

---

[114] J. ROCA SAGARRA; N. MARTÍ PICÓ, «Aspectos jurídicos complementarios del protocolo familiar: testamento, capitulaciones matrimoniales y modificaciones estatutarias», cit., pp. 220 y 221.

[115] Considera que los pactos sobre el régimen económico-matrimonial imperativos y sometidos a cláusula penal son nulos de pleno derecho ya que "no puede imponerse a los cónyuges la adopción de dicho régimen por terceras personas y menos sancionar el incumplimiento de uno de los cónyuges por la negativa del otro cónyuge a pactar el régimen de separación de bienes en su matrimonio".
A. VALVERDE HUERTA, «Derechos y obligaciones individuales de los socios», en *El protocolo familiar: Consejos prácticos para su elaboración*, AEDAF Secciones, 2019, p. 133.

[116] Camisón Zornoza y Ríos Navarro advierten de que, en el supuesto de que un firmante del protocolo incumpliera el pacto de regular su régimen matrimonial de una determinada manera, no se le podría exigir una cláusula penal como consecuencia de una "falta de cumplimiento" conforme al art.1152 CC, pues ese incumplimiento no es imputable a la voluntad del firmante cuando falla la necesaria colaboración de su cónyuge.
C. CAMISÓN ZORNOZA; A. RÍOS NAVARRO, *El protocolo familiar: metodología y recomendaciones para su desarrollo e implantación*, cit., p. 73.

[117] M. T. BAREA MARTÍNEZ, *El control notarial de los límites del protocolo familiar*, cit., p. 58.

[118] J. ROCA SAGARRA; N. MARTÍ PICÓ, «Aspectos jurídicos complementarios del protocolo familiar: testamento, capitulaciones matrimoniales y modificaciones estatutarias», cit., pp. 220 y 221.

[119] M. T. BAREA MARTÍNEZ, *El control notarial de los límites del protocolo familiar*, cit., p. 58.

[120] F. VICENT CHULIÁ, «Protocolo familiar, organización jurídica y relevo generacional de la empresa familiar», cit., pp. 132 y 133.

al cumplimiento de los citados criterios, mediante restricciones estatutarias a la libre transmisibilidad o mediante la prestación accesoria de asumir las obligaciones del protocolo familiar". Advierte el autor de que queda la duda de si sería lícito expulsar al socio por este fundamento, y que, por tanto, deberá pactarse expresamente.

Resulta obvio que, el protocolo familiar firmado por uno de los contrayentes del matrimonio, presente o futuro, no puede imponer al otro su régimen económico matrimonial pues la elección del régimen matrimonial no puede ser objeto de contrato entre personas distintas de los propios contrayentes[121]. Sin embargo, cuestión distinta es que el cónyuge firmante del protocolo se haya comprometido a regular en tal instrumento de una manera su régimen económico matrimonial aún a sabiendas de la imposibilidad de obligar a su cónyuge y asumiendo las consecuencias derivadas de la falta de cumplimiento (cláusula penal).

Al contrario de la doctrina expuesta, que entiende que en caso de incumplimiento por falta de la necesaria colaboración del otro cónyuge, no se le puede imputar responsabilidad al cónyuge firmante del protocolo, entendemos que sí debería ser responsable por las siguientes razones: el firmante podía haber evitado incumplir el protocolo familiar, sugiriendo a su pareja contraer matrimonio bajo un determinado régimen económico o, constante el matrimonio, sugiriendo la modificación de forma previa o simultánea a la firma del protocolo. En cualquier caso, y ante la negativa de su pareja o cónyuge, podía haber solicitado la supresión de ese pacto en el protocolo familiar antes de prestar su conformidad.

En consecuencia, ante el incumplimiento de dicha cláusula, ya sea por voluntad propia o por la falta de colaboración de su cónyuge, entendemos que el firmante del protocolo debe responder cumpliendo con la imposición de sanción que se haya previsto a tal efecto en la correspondiente cláusula penal.

2.6.2. *Cláusulas relativas a las disposiciones testamentarias*

El art. 1271 CC, en sede de contratos, prohíbe el pacto sobre la herencia futura al establecer que "sobre la herencia futura no se podrá (...) celebrar otros contratos que aquéllos cuyo objeto sea practicar entre vivos la división de un caudal y otras disposiciones particionales, conforme a lo dispuesto en el

---

121 En este sentido, P. Álvarez de Linera Granda, *Protocolo Familiar, naturaleza jurídica y eficacia procesal*, cit., p. 230; J. P. Fernández Gimeno, «La empresa familiar y el derecho de sucesiones. Actualización del estado de la cuestión.», cit., p. 244.

artículo 1056". Prohibición que se refleja también en otros preceptos, como los arts. 658, 794 y 816 CC.

En sede de testamentos, el art. 737 CC dispone la esencial revocabilidad de todas las disposiciones testamentarias, aun en los supuestos en que el testador exprese en el testamento su voluntad de no revocarlas. No puede impedirse a otra persona modificar libremente su voluntad testamentaria cuando desee, por lo que cualquier cláusula de irrevocabilidad del testamento que pudiera incluirse en el protocolo devendría nula con nulidad absoluta, por contravenir tal norma imperativa.

Siendo esto así, coincide la doctrina[122] al considerar que el valor del protocolo respecto a aquellas disposiciones de contenido testamentario es únicamente de pura recomendación o pacto sin fuerza legal: la obligación de otorgar testamento en favor de unos determinados herederos bajo imposición de una cláusula penal en caso de incumplimiento limita la libertad de testar y el carácter personalísimo del testamento, principios reconocidos en los arts. 670 y 794 CC, y que, por tanto, no sería válida en territorio de derecho común. Por lo tanto, en el supuesto de que el empresario otorgara testamento incumpliendo lo pactado en el protocolo familiar, estas disposiciones testamentarias serían plenamente válidas y eficaces.

Por un lado, la irrevocabilidad del testamento puede considerarse un inconveniente a la hora de dotar de certeza y seguridad la designación en firme de un sucesor, pues el designado testamentariamente en un determinado momento no tendrá la garantía de ser el heredero de la propiedad de la empresa hasta la muerte del causante. Por otro lado, este principio de libre revocabilidad concede mayor flexibilidad al empresario, que puede controlar el destino de su patrimonio empresarial hasta el último momento.

---

122 P. ÁLVAREZ DE LINERA GRANDA, *Protocolo Familiar, naturaleza jurídica y eficacia procesal*, cit., p. 275; C. CAMISÓN ZORNOZA; A. RÍOS NAVARRO, *El protocolo familiar: metodología y recomendaciones para su desarrollo e implantación*, cit., pp. 193 y 194; L. DÍEZ PICAZO, *Fundamentos de Derecho civil patrimonial*, cit., pp. 155-157; J. P. FERNÁNDEZ GIMENO, «La empresa familiar y el derecho de sucesiones. Actualización del estado de la cuestión.», cit., p. 244; I. GALLEGO DOMÍNGUEZ, «Relevo generacional y transmisión "mortis causa" de la empresa familiar en el Derecho español», *Revista electrónica de direito*, 2020, pp. 47 y 48; F. J. OLMEDO CASTAÑEDA, *La transmisión de la empresa familiar: claves jurídicas para su éxito*, Tirant lo Blanch, 2019, p. 140; J. ROCA SAGARRA; N. MARTÍ PICÓ, «Aspectos jurídicos complementarios del protocolo familiar: testamento, capitulaciones matrimoniales y modificaciones estatutarias», cit., p. 219; A. VALVERDE HUERTA, «Derechos y obligaciones individuales de los socios», cit., p. 131.

En cuanto a las soluciones que puede aportar el protocolo familiar, volvemos a citar la propuesta por Vicent Chuliá[123], consistente en fijar en él los criterios que los firmantes aceptan sobre las disposiciones testamentarias, condicionando la adquisición de la condición de socio al cumplimiento de los requisitos previstos a través de restricciones estatutarias a la libre transmisibilidad o a través de la incorporación de una prestación accesoria consistente en el cumplimiento de lo dispuesto en el protocolo. Recordamos en este punto las dudas mostradas por el autor en cuanto a la licitud de la expulsión del socio con ese fundamento.

Jordá Capitán[124] opina que, en el propio art. 1271.2 CC, parece facilitarse el argumento para sostener que de la expresión "y otras disposiciones particionales" podría derivarse una excepción al principio de inadmisibilidad de los contratos sucesorios: la libertad del testador no quedaría comprometida con la posibilidad de celebrar este tipo de pactos, pues se considera que los mismos "no son sino manifestación o ejercicio de dicha libertad". El autor propone el protocolo familiar como posible instrumento a través del cual canalizar los eventuales pactos sucesorios y destaca el interés del legislador, expresado en la Exposición de Motivos del Real Decreto 171/2007 de 9 de febrero[125], de "permitir o admitir la canalización de la sucesión de la empresa familiar a través del instrumento de los protocolos familiares y concretamente de los pactos sucesorios".

Barea Martínez[126] considera a tenor del contenido del art. 1271.2 CC, que ha de rechazarse la posibilidad de que el protocolo tenga eficacia invalidante respecto al testamento que no sea acorde a lo pactado en aquél, entendiendo que este precepto ha de conducir "a rechazar también las cláusulas de tipo penal que pretendan aplicarse por el incumplimiento de la «obligación» de testar en determinado sentido previamente establecida". Tal conclusión se deriva del carácter personalísimo del testamento, de la prohibición de condiciones captatorias (art. 794 CC), de la especial protección que el ordenamiento español brinda al derecho subjetivo a testar libremente y de la circunstancia de que el principio general de testar libremente únicamente puede ser limitado por los casos previstos en la ley.

---

123 F. Vicent Chuliá, «Protocolo familiar, organización jurídica y relevo generacional de la empresa familiar», cit., pp. 132 y 133.

124 E. R. Jordá Capitán, «Sobre el instrumento de los pactos sucesorios en la sucesión de la empresa familiar», *La Ley*, 2018, pp. 3-4.

125 Concretamente, el autor se refiere al siguiente párrafo: "Esta realidad económica, jurídica y social obliga a tomar en consideración sus peculiaridades y la lícita autorregulación de sus propios intereses especialmente en relación a la sucesión de la empresa familiar, removiendo obstáculos y dotando de instrumentos al operador jurídico".

126 M. T. Barea Martínez, *El control notarial de los límites del protocolo familiar*, cit., pp. 60-63.

Dicho todo esto, se proponen dos previsiones que considera que sí es posible incorporar al protocolo familiar con el objetivo de ordenar la sucesión de la empresa:

a) La primera de ellas, un pacto sobre la distribución de las acciones, participaciones o cuotas de la empresa familiar, con el valor de la partición realizada por el propio testador conforme al art. 1056.1 CC. No obstante, esta distribución es revocable unilateralmente por el testador, razón por la cual, en nuestra opinión, esta posibilidad no es más que una declaración de intenciones, sin eficacia jurídica;

b) La segunda, que consideramos más interesante, un acuerdo para incorporar en los estatutos sociales cláusulas limitativas de la transmisión *mortis causa* de las acciones o participaciones sociales. Éstas podrán limitarse a preordenar el destino de las participaciones o acciones sin determinar expresamente quién será el sucesor o designar nominativamente quién lo será.

Esta segunda propuesta se fundamenta en la progresiva flexibilización de la doctrina jurisprudencial sobre la prohibición general de los pactos en el derecho común que abordamos a continuación, y que podría ser admisible por tres razones:

1. El acuerdo solo afecta a bienes concretos e identificables;

2. No hay gratuidad, pues el designado deberá satisfacer al heredero el valor de las acciones o participaciones adquiridas y;

3. No se trata de un contrato sucesorio sino de una mera modificación del patrimonio relicto (queda integrado en él, no las participaciones o acciones, sino su valor).

En el supuesto de que el nombrado heredero no coincida con la persona designada en los estatutos, si bien el segundo podrá adquirir las participaciones, deberá abonar su valor al primero. Por lo tanto, en el supuesto de que lo que se pretenda es que el designado en los estatutos sociales reciba las participaciones de manera gratuita sin tener que abonar ningún precio por ellas, necesariamente deberá adquirir la propiedad por ser el heredero, pues el pacto estatutario queda vedado para este fin.

Respecto a la interpretación que los tribunales vienen haciendo de la prohibición recogida en el art. 1271.2 CC, existe una doctrina jurisprudencial constante y ya clásica, que incide en una interpretación restrictiva de la prohibición de celebrar pactos sucesorios: los tribunales vienen considerando que dicho precepto se refiere únicamente a los pactos gratuitos que recaen sobre la universalidad de la herencia o sobre una cuota de la misma, no sobre aquellos que recaen sobre bienes conocidos, determinados y existentes del caudal hereditario. En este sentido, las SSTS 4 de mayo de 1910; 8 de octubre de 1915; 2 de octubre de 1926; 16 de mayo de 1940; 25 de abril de 1951; 3 de marzo de 1964; y 718/1997 de 22 de julio de 1997. Y en la misma línea, las resoluciones de la DGRN de 21 de enero de 1991 y de 6 de marzo de 1997.

Desde la STS de 4 de mayo de 1910 el Alto Tribunal sostiene que, para atribuir a una convención el concepto jurídico de pacto sucesorio, es preciso que se trate "no de un grupo o conjunto parcial de bienes propios, sino de herencia no deferida, de una universalidad patrimonial".

En la Sentencia 718/1997 de 22 de julio de 1997, respecto a la nulidad por incumplimiento del art. 1271 CC de un documento privado firmado por dos hermanos respecto a la titularidad de un negocio de administración de loterías, dispone que:

> "Este precepto se refiere única y exclusivamente a los pactos sobre la universalidad de una herencia que, según el artículo 659 del Código Civil, se instaura a la muerte del causante, integrándola todos los bienes, derechos y obligaciones subsistentes, pero no cuando el pacto se refiere a bienes conocidos y determinados, existentes al tiempo del otorgamiento del compromiso en el dominio del causante".

La Audiencia Provincial de La Coruña en su Sentencia de 26 de abril de 2002[127] se hace eco de la jurisprudencia que ha venido dictando el TS y afirma que:

> "La doctrina del Tribunal Supremo, de forma constante, reiterada, mantenida en el tiempo, y sin ninguna fisura, ha establecido que el artículo 1271-2 se refiere exclusivamente a la prohibición de pactos sobre la universalidad de una herencia, que según el artículo 659 del Código Civil, se instaura a la muerte del causante, integrándola todos los bienes, derechos y obligaciones subsistentes. Pero proclama la validez del pacto cuando se refiere a bienes conocidos y determinados, existentes al tiempo del otorgamiento del contrato en el dominio del causante, o que hubieren de adquirirse por título de heredero".

Mismo criterio que mantiene la Audiencia Provincial de La Coruña (Sección 3ª) en su Sentencia 143/2011 de 18 de marzo de 2011, haciendo un extenso repaso de la doctrina jurisprudencial en la materia.

Con base en lo cual, podemos afirmar que son admisibles los pactos sobre la herencia futura que cumplan estos dos requisitos:

1. Que recaigan sobre cosas concretas y determinadas; y
2. Que sean onerosos (puesto que, en caso contrario, se vulneraría la prohibición de donación de bienes futuros del art. 635 CC).

---

127 SAP de La Coruña (Sección 3ª) de 26 de abril de 2002.

A la vista de lo cual, podemos concluir que, si bien el art. 1271 CC prohíbe celebrar contratos sobre la herencia futura, existe una corriente interpretativa favorable a la flexibilización de este precepto en el sentido expuesto[128].

Por último, cabe mencionar lo dispuesto en el apartado siete de la disposición adicional segunda del RD 171/2007, de 9 de febrero por el que se regula la publicidad de los protocolos familiares que modifica el apartado 5 del art. 188 RRM, en el que se contempla que los estatutos podrán prever la designación de un representante para el ejercicio de los derechos de socio constante la comunidad hereditaria si así fuese establecido en el título sucesorio por el causante titular de las participaciones. Se trata, en nuestra opinión, de un pacto cuya incorporación puede resultar interesante por ofrecer solución a la problemática derivada de situaciones de comunidad hereditaria o herencia yacente.

2.6.3. Disposiciones relativas a la transmisión mortis causa de la empresa familiar

Ante la posición de la mayor parte de la doctrina que, como hemos visto, considera que no es posible pactar en el protocolo familiar bajo cláusula penal por incumplimiento, que la propiedad de la empresa sea transmitida, fallecido el causante, a los herederos previstos en el protocolo, algunos autores[129] plantean la siguiente solución para protegerse frente a este riesgo: establecer en los estatutos sociales a favor de los socios sobrevivientes y, en su defecto, a favor de la sociedad, un derecho de adquisición preferente de las participaciones del socio fallecido, de tal forma que el tercero que haya adquirido las participaciones o acciones por vía testamentaria se vea obligado a vender la propiedad a los que ejerciten ese derecho.

Esta solución está fundamentada en el apartado 2 del art. 110 LSC que permite que, para los supuestos de transmisión *mortis causa*, los estatutos incorporen a favor de los socios sobrevivientes, y, en su defecto, a favor de la sociedad, un derecho de adquisición de las participaciones del socio fallecido. Las participaciones deberán ser apreciadas en "el valor razonable que tuvieren el día del fallecimiento del socio", disponiéndose que el precio se deberá pagar al

---

128 En relación a esta cuestión: F. J. OLMEDO CASTAÑEDA, «Prohibición de los pactos sucesorios en el Derecho común: cuestionamiento de su ratio legis. Propuesta para su admisibilidad», *ADC*, vol. LXXII, 2019, pp. 472-474.

129 F. ADAME MARTÍNEZ Y OTROS, *Los estatutos de la empresa familiar*, AEDAF Secciones, 2017, p. 110; C. CAMISÓN ZORNOZA; A. RÍOS NAVARRO, *El protocolo familiar: metodología y recomendaciones para su desarrollo e implantación*, cit., p. 197; J. ROCA SAGARRA; N. MARTÍ PICÓ, «Aspectos jurídicos complementarios del protocolo familiar: testamento, capitulaciones matrimoniales y modificaciones estatutarias», cit., p. 219.

contado y que el plazo para ejercer el derecho de adquisición es de tres meses a contar desde la comunicación a la empresa de la adquisición hereditaria.

Respecto a la precisión del concepto jurídico indeterminado "valor razonable", la DGRN, en Resolución de 19 de agosto de 2011[130] manifiesta que "No puede admitirse que se confiera la realización de la valoración de modo unilateral a una persona dependiente de la sociedad (...), sea empleado o auxiliar externo o interno de la misma; como no podría tampoco permitirse que fuera el socio separado o excluido, o los sucesores del fallecido, los que fijaren por sí solos la cuota que debe liquidárseles, pues, tanto en uno como en otro caso, se estaría dejando la resolución o cumplimiento, aún parcial, del contrato al arbitrio de una de las partes, contraviniendo con ello lo preceptuado por el artículo 1256 del Código Civil".

En el supuesto que resuelve la Resolución de 28 de enero de 2012[131] la determinación del valor de las participaciones se deja a la propia Junta General, bien a través del experto independiente que ella misma debe nombrar para hacer la primera valoración, bien con los medios de que disponga la propia sociedad, tomando como base de referencia la efectuada por el asesor externo, en las valoraciones posteriores. La DGRN entiende que, en dicho supuesto, "no se pueden entender satisfechas las exigencias de objetividad e imparcialidad, pues se deja la valoración al arbitrio de una de las partes", y mantiene la misma postura que en su anterior resolución:

> "Aunque con base en el principio de autonomía de la voluntad pueden admitirse sistemas objetivos de valoración de las participaciones sociales, no cabe atribuir a una de las partes (sociedad o socio) la determinación de su cuantía, como ocurre cuando se atribuye a una persona designada por la sociedad, sea empleado o auxiliar externo o interno, pues con ello se estaría dejando el cumplimiento del «contrato al arbitrio de una de las partes, contraviniendo con ello lo preceptuado por el artículo 1.256 del Código Civil»".

Por lo tanto, si bien el protocolo, con su posterior traslado a los estatutos, podrá recoger distintos sistemas objetivos de valoración de los títulos, queda prohibida la atribución a una de las partes la determinación de la cuantía o la facultad para designar a la persona o entidad encargada de hacer la valoración. En el supuesto de que la sociedad o el resto de socios ejercieran su derecho de adquisición preferente, no podrán pagar a ese tercero un precio inferior al valor razonable de sus participaciones o acciones.

Dicho lo cual, nos parece interesante la alternativa que plantea al derecho de adquisición preferente del art. 110 LSC la Sentencia de la AP Zaragoza

---

130 RDGRN de 19 de agosto de 2011 (BOE de 31 de octubre de 2011).

131 RDGRN 2490/2012 de 28 de enero de 2012.

256/2005 de 9 de mayo[132]: la causante reconoce un derecho real de opción de compra para adquirir, con preferencia de sus herederos *mortis causa*, la totalidad de las acciones de la empresa familiar que formen parte de la sucesión. Opción de compra que se concede en favor de los socios sobrevivientes y que constituye el medio para impedir que los sucesores de la causante entren a formar parte de la sociedad, con el objetivo de que las acciones vuelvan al seno de la familia empresaria. Y así se afirma lo siguiente:

> "El derecho de adquisición preferente de las acciones por los socios (...) se funda en la voluntad de la causante (...), titular de las acciones que por testamento dispone de las mismas, para después de su muerte, con la carga de la opción de compra a favor de los socios de la compañía. (...)
> Los sucesores testamentarios demandados, sobrinos de ella, reciben las acciones sujetas al derecho preferente de adquisición de los socios, deben respetar este derecho, que se otorgó con fijación de plazo y precio de compra de la acción".

Entendemos que este pronunciamiento abre la posibilidad de incorporar al protocolo familiar la suscripción de una opción de compra por parte de los firmantes, derecho que podrá ejercitarse en el momento en que uno de ellos fallezca habiendo nombrado en su testamento a herederos distintos a los previstos en el protocolo. Y no solo eso, sino que podría facultar a los otorgantes de la opción de compra para fijar un plazo y un precio determinados que no necesariamente coincidan con el "valor razonable" y el pago al contado que exige el art. 110 LSC. Los herederos, por tanto, deberán soportar, como dice la Sala, "la carga de la opción de compra" con las condiciones que se hayan fijado en la misma.

Álvarez de Linera Granda[133] y Feliu Rey[134] proponen también la incorporación al protocolo familiar de un derecho de opción de compra sobre las participaciones o acciones del concedente con el objetivo de garantizar su cumplimiento. De esta manera, el ejercicio de la opción de compra "queda sometido a una condición suspensiva, y a diferencia del supuesto normal donde el optante puede ejercitarla libremente, tal ejercicio queda condicionado a la realización de una concreta conducta por parte del concedente que sería el incumplimiento (...) del protocolo familiar". No obstante, se refieren a un incumplimiento en términos generales, sin referirse específicamente al supuesto que nos ocupa: incumplimiento por testar de manera distinta a lo acordado en el instrumento del protocolo.

---

132 SAP de Zaragoza (Sección 4ª) 256/2005 de 9 de mayo de 2005.

133 P. ÁLVAREZ DE LINERA GRANDA, *Protocolo Familiar, naturaleza jurídica y eficacia procesal*, cit., p. 325.

134 J. FELIU REY, *Los pactos parasociales en las sociedades de capital no cotizadas*, Marcial Pons, Madrid, 2012, pp. 400-401.

Conforme a las RDGRN de 19 de julio de 1991 y de 26 de enero de 1994 (con base en las Sentencias del Tribunal Supremo de 7 febrero 1966, 28 junio 1974, 9 febrero 1985 y 17 noviembre 1986)[135], se puede complementar la opción de compra con un poder irrevocable por parte de los concedentes en favor del resto de socios optantes en virtud del cual estos puedan otorgar, por sí solos –"sin que sea necesaria una nueva declaración"–, la oportuna escritura pública de compraventa, sin necesidad de recurrir a la vía judicial.

2.6.4. Ayudas a los miembros de la familia

En algunos protocolos familiares se regula la creación de una reserva especial integrada dentro de las reservas voluntarias de la sociedad y que pretende ser destinada a la contratación de pólizas de seguros, planes de pensiones o a dotar de ayudas a la familia para afrontar situaciones de dificultad[136] o de formación que pudieran surgir.

Desde una perspectiva jurídica, estas ayudas de la empresa familiar en favor de personas físicas, tendrán la naturaleza jurídica de una donación. Respecto a la posibilidad de hacer donaciones por parte de las sociedades mercantiles, como veremos a continuación, tanto la Dirección General de los Registros y del Notariado como la Sala de lo Civil del Tribunal Supremo han resuelto sobre esta cuestión.

Dentro de los elementos que caracterizan a la configuración legal de las sociedades de capital está el ánimo de obtener, a través de su actividad societaria, una ganancia común que posteriormente sea repartida entre los socios. Así lo disponen los arts. 1665 CC, 116 CCo y 93.a) y 273 LSC.

La doctrina jurisprudencial ha señalado predominantemente el fin lucrativo como causa del contrato de la sociedad[137]. De esta manera, los acuerdos

---

135 RDGRN de 19 de julio de 1991 y 26 de enero de 1994.

136 Estas ayudas económicas para afrontar situaciones de dificultad pueden ser interesantes en los siguientes supuestos:
a. Cuando algún miembro de la familia empresaria pase a una situación en la que, como consecuencia de una discapacidad o problema de salud, no pueda ejercer el trabajo que venía realizando en la empresa familiar;
b. En el caso de fallecimiento de un miembro de la familia propietaria que esté trabajando en la empresa familiar y que tenga como consecuencia la situación de viudedad de su cónyuge o pareja o de orfandad de sus hijos.
En estos supuestos, podría establecerse en el protocolo el derecho a percibir una ayuda económica que venga a complementar la pensión que el propio miembro de la familia, su cónyuge o sus hijos vayan a percibir del organismo público competente.

137 Entre otras, SSTS de 10 de noviembre de 1986; 7 de abril de 1989; 908/1993 de 9 de octubre de 1993; 47/1997 de 27 de enero de 1997; 825/1998 de 18 de septiembre de 1998; y 1229/2007 de 29 de noviembre de 2007.

alcanzados por la sociedad son consecuencia del contrato social y deben cumplir el mismo, respetando su causa. No obstante, y aun teniendo presente el carácter lucrativo de las sociedades mercantiles, el TS[138] reconoce a las personas jurídicas capacidad para llevar lícitamente a cabo actividades estatutarias, neutras y extraestatutarias, abstracción hecha de su objeto social o de la finalidad para la que se constituyeron. Así, la Sentencia de 29 de julio de 2010 señala que:

> "Nuestro sistema parte de la plena capacidad jurídica y de obrar de las sociedades mercantiles que, en consecuencia, sin perjuicio de las eventuales responsabilidades en las que puedan incurrir sus gestores, pueden desplegar lícitamente tanto actividades «estatutarias» (dentro del objeto social), como «neutras» (que no suponen el desarrollo inmediato del objeto fijado en los estatutos) y «extraestatutarias», incluso cuando son claramente extravagantes y ajenas al objeto social. (...)".

A esta misma sentencia se remite la DGRN en, entre otras, las resoluciones de 20 de enero de 2015; 11 de abril de 2016; y, la más reciente, de 28 de septiembre de 2021[139].

Concretamente, la DGRN en su Resolución 1869/2015 de 20 de enero de 2015 señala que "Aun cuando se trate de sociedades con objeto claramente lucrativo debe partirse, por una parte, de la capacidad general de la sociedad como sujeto de derecho para realizar actos jurídicos, según resulta de los artículos 38 del Código Civil y 116, párrafo segundo, del Código de Comercio, salvo aquellos que por su propia naturaleza o por hallarse en contradicción con las disposiciones legales no pueda ejecutar".

La cuestión acerca de la capacidad que ha de tener una sociedad mercantil para realizar donaciones puras y simples sin ánimo alguno de lucro ha sido abordada por el TS y la DGRN. En su Resolución de 2 de febrero de 1966 la DGRN dispone que: "No hay obstáculo que impida puedan ser otorgados determinados actos aislados con carácter de liberalidad, bien porque —como sucede con los regalos propagandísticos— beneficien indirectamente a la sociedad, y podrían entrar dentro del concepto de gasto ordinario o extraordinario de la Empresa social a que hace referencia el artículo 105 de la Ley de Sociedades Anónimas, bien porque se hagan con cargo a beneficios o reservas libres, o porque se pretenda remunerar en cuantía no exorbitante ciertos servicios prestados por un antiguo empleado; no exigibles legalmente —contemplados en el artículo 619 del Código Civil— (...), bien porque en

---

138 SSTS 1291/1959 de 5 de noviembre de 1959; 141/1990 de 15 de febrero de 1990; y 432/2010 de 29 de julio de 2010, entre otras.

139 RRDGRN 1869/2015 de 20 de enero de 2015; 5291/2016 de 11 de abril de 2016; y 17547/2021 de 28 de septiembre de 2021.

casos excepcionales y aun para cuestiones o contribuciones regulares, y por razones impuestas por un comportamiento de solidaridad social u otras igualmente atendibles, deba admitirse, incluso en esferas alejadas de la Empresa, la donación pura y simple, como ya ha reconocido la jurisprudencia de algún país europeo".

Por su parte, el Tribunal Supremo en su Sentencia 1229/2007 de 29 de noviembre de 2007, impide que se efectúen donaciones con cargo al patrimonio social, considerándolas contrarias a su fin lucrativo por perjudicar a las legítimas pretensiones de los socios de hacer efectivo su derecho a participar en el reparto de las ganancias sociales, salvo que "se verifiquen mediante acuerdo unánime, y —se hagan— con cargo a reservas de libre disposición". Añadiendo que "Aunque no se impide la realización de actos que signifiquen transmisión o enajenación a título lucrativo para alcanzar determinados fines estratégicos o el cumplimiento de fines éticos, culturales, altruistas, cuando no impliquen vulneración, impedimento u obstáculo a la realización de derechos como los que reconoce el artículo 48.2.a) LSA, como ocurre cuando se verifique moderada disposición de parte de los beneficios". En posterior Resolución de 20 de enero de 215[140] la DGRN se remite al criterio jurisprudencial.

Por nuestra parte, a la vista de dichos criterios y considerando las ayudas planteadas como un "comportamiento de solidaridad social" dotado de un "fin ético", entendemos que podrían realizarse tales donaciones siempre y cuando se cumplan con los siguientes requisitos:

1. "Que se verifiquen mediante acuerdo unánime", es decir, que la junta general de socios apruebe por unanimidad dicho tipo de donaciones;
2. Que se hagan "con cargo a reservas de libre disposición". Como expresa la Resolución de la DGRN de 2 de febrero de 1966, las donaciones por las sociedades deberán hacerse con cargo a beneficios o reservas libres, ya que "admitir que pueda hacerse, salvo en los casos exceptuados, una donación de bienes sociales con cargo al capital o a la reserva legal de que sólo puede disponerse en los términos legalmente permitidos, sería tanto como operar una restitución de aportaciones sin disminución de capital, prohibida por las disposiciones legales".

A modo de conclusión del presente epígrafe[141], debemos considerar que, aun teniendo en cuenta el carácter lucrativo de las sociedades mercantiles, debe prevalecer la capacidad que les otorga la ley para realizar actos jurídicos,

---

140 RDGRN 1869/2015 de 20 de enero de 2015.

141 Consideramos oportuno advertir de que lo expuesto en este epígrafe se ha planteado desde un punto de vista exclusivamente civil-mercantil, pues la fiscalidad de dicha operación de donación entre terceros (como son la empresa familiar y un miembro

y, por tanto, siempre y cuando se respeten los referidos requisitos jurisprudenciales, podrán concederse las ayudas previstas para situaciones de dificultad de los miembros de la familia a través de la donación.

2.6.5. Gestión de conflictos: metodologías alternativas a su judicialización

En las empresas familiares la vía judicial no resulta en buena parte de los casos la idónea para resolver los conflictos, debido a varias causas: en primer lugar, la heterocomposición judicial no permite la exploración por las propias partes implicadas de los intereses subyacentes y las consiguientes opciones mutuamente satisfactorias, realistas y viables en atención a las circunstancias de cada organización y familia. Además, la esencial dinamicidad de las relaciones familiares y la presencia, en ocasiones distorsionante, de un elemento emocional que es necesario reconocer, no encajan en los rígidos esquemas procesales ajenos a lógicas extra-procesales. Los índices de cumplimiento voluntario de lo acordado de forma autocompositiva (o a través de árbitros nombrados en el convenio arbitral), superan notablemente los de sentencias judiciales en procedimientos regidos por dinámicas confrontativas demandante-demandado en los que forzosamente hay vencedores y vencidos. Los costes temporales y económicos se reducen también notablemente. Razones por las que frecuentemente se derivan este tipo de conflictos a mediación empresarial, y, en el supuesto de que las partes no alcancen un acuerdo, se recurra al arbitraje[142].

A) Mediación empresarial

La mediación en asuntos civiles y mercantiles se regula en la Ley 5/2012, de 6 de julio. En el art. 1 de la norma se define a la mediación como "aquel medio de solución de controversias, cualquiera que sea su denominación, en

---

de la familia propietaria, con independencia de que sea o no socio), tendrá su propia consideración para la que deberá realizarse el estudio fiscal correspondiente.

142 Luquin Bergareche entiende que "las vías alternativas de gestión y resolución de disputas (ADR en la terminología anglosajona) son eficaces mecanismos para gestionar y resolver conflictos surgidos en la empresa familiar, pero sobre todo para planificar soluciones y anticiparse a las mismas introduciendo en los protocolos familiares cláusulas de resolución extrajudicial de controversias". En concreto, considera idónea la incorporación de cláusulas de sumisión de la cuestión litigiosa a mediación o a arbitraje como metodologías no confrontativas, evitando el posible recurso al proceso judicial.

R. LUQUIN BERGARECHE, «Actualidad de la empresa familiar: protocolos, planificación estratégica y cláusulas ADR como instrumentos jurídicos de continuidad y empowerment», cit., pp. 12 y 27.

que dos o más partes intentan voluntariamente alcanzar por sí mismas un acuerdo con la intervención de un mediador".

La mediación es la metodología o vía complementaria (más que alternativa) del proceso judicial, caracterizada por la intervención de una persona imparcial, central y profesionalmente cualificada (persona mediadora) que facilita la comunicación de las partes de un conflicto en un proceso informal y confidencial de autocomposición de intereses inicialmente percibidos como incompatibles por éstas.

Los contrayentes de un protocolo familiar podrán incorporar un pacto de sometimiento a mediación (art. 16 de la Ley 5/2012). En el supuesto de que, existiendo una controversia, una de las partes inicie un procedimiento de mediación, el mediador o la institución de mediación citarán a los sujetos enfrentados para celebrar una sesión informativa. La asistencia a esa sesión es, como todo el proceso, voluntaria[143]. No obstante, si alguna de las partes no acude de manera injustificada, se entiende que desiste de la mediación, y esa información no será confidencial (art. 17.1 de la Ley 5/2012).

La incorporación de este tipo de pactos al protocolo familiar cumple una importante función en la gestión de los conflictos que puedan surgir en la familia, lo que sin duda favorece la continuidad del proyecto empresarial. Aunque se firme el protocolo, seguirán surgiendo y existiendo intereses y sentimientos que hay que canalizar dentro de la familia. La mediación se revela como una metodología útil para desbloquear la comunicación y ayudar a las partes a explorar los intereses y necesidades subyacentes en cada conflicto, de forma que se puedan gestionar las posibles divergencias (algunas de ellas esencialmente relacionales y ligadas a emociones y sentimientos) que puedan surgir entre los miembros de la familia. De esta manera, podrán alcanzarse puntos de acuerdo que satisfagan las pretensiones expresadas y eviten o resuelvan diferencias manteniendo el buen clima familiar[144].

---

143 La voluntariedad plena actual contrasta con la voluntariedad mitigada que propone el Proyecto de Ley de medidas de eficiencia procesal del servicio público de Justicia. El art. 4.1 del Proyecto incorpora un requisito de procedibilidad en el orden civil, conforme al cual, para que sea admisible una demanda se deberá acudir previamente a algún medio adecuado de solución de controversias. A efectos procesales, se entenderá cumplido este requisito si las partes enfrentadas celebran, al menos, una sesión inicial ante el mediador (Disposición final sexta.Tres del Proyecto).

144 Se muestran a favor de la mediación como herramienta para la gestión de los conflictos en la empresa familiar: M. Barruetabeña Zenekorta, «La mediación en el contexto de los protocolos familiares», *La Ley*, 2015; M. T. Pérez Giménez, «La mediación en el marco del protocolo familiar», *La Ley*, 2010; A. Romagosa Danés, «La mediación en la empresa familiar», *La Ley*, 2016.

Por último, si bien el proceso de elaboración de un protocolo no se enmarca formalmente en un proceso de mediación, sí que es habitual que surjan conflictos en algunas familias donde resulta conveniente utilizar técnicas que la mediación ofrece para generar espacios de comunicación adecuada (respetuosa, transparente, empática, etc.), indagar en los intereses y las necesidades de los miembros de la familia y evitar la escalada de los conflictos. En algunas ocasiones, menos frecuentes, las desavenencias son muy profundas y la solución pasa por la salida de una rama familiar del capital social o por la venta de la sociedad. No obstante, en la mayoría de las ocasiones, se trata de pequeñas discrepancias que generalmente alcanzan acuerdos totales o parciales a través de una o varias reuniones con las partes implicadas[145].

B) Arbitraje

El Real Decreto 171/2007 de 9 de febrero por el que se regula la publicidad de los protocolos familiares modifica los arts. 114.2.c), para las S.A., y 175.2.c), para las S.R.L. del RRM y abre el Registro Mercantil a aquellas cláusulas por las que "los socios se comprometen a someter a arbitraje las controversias de naturaleza societaria de los socios entre sí y de éstos con la sociedad o sus órganos". Modificación normativa que venía a consagrar legalmente una práctica que se venía admitiendo por la DGRN[146] y el TS[147].

Por su parte, la Ley 60/2003, de 23 de diciembre, de Arbitraje en su art. 11 bis ya establecía que las sociedades de capital podían "someter a arbitraje los conflictos que en ellas se planteen", es decir, admitía la posibilidad de que los estatutos sociales incluyeran cláusulas de sumisión a arbitraje. Su art. 9 disponía la posibilidad de incorporar un convenio arbitral a un contrato o acuerdo independiente en el que las partes debían expresar su voluntad de someter a arbitraje todas o algunas de las controversias que hubieran surgido o pudieran surgir respecto de una determinada relación jurídica, contractual o no contractual.

---

145 En relación a la mediación como sistema alternativo de resolución de conflictos en la empresa familiar, véase el trabajo de ROJÍ BUQUERAS, que entiende la mediación como un instrumento que permite considerar aspectos relacionados con las dos dimensiones del conflicto: la familia y la empresa. J. M. ROJÍ BUQUERAS, «La mediación en los conflictos societarios en la empresa familiar», *LA LEY mediación y arbitraje*, vol. 3, 2020.

146 RRDGRN de 19 de febrero de 1998.

147 SSTS 825/1998 de 18 de abril de 1998; 1139/2001 de 30 de noviembre de 2001; y 776/2007 de 9 de julio de 2007.

Lo más frecuente es que el convenio arbitral se incorpore al protocolo familiar en forma de cláusula[148]: para que sea completa ha de precisar el ámbito objetivo, el subjetivo y las reglas procedimentales que son de aplicación.

Es importante que la familia empresaria sea conocedora del significado y efectos de una cláusula de este tipo: una vez firmada una cláusula arbitral en el protocolo, las partes quedan obligadas a cumplir con lo estipulado impidiendo a los tribunales conocer de las controversias sometidas a arbitraje si alguno de los firmantes invoca dicha cláusula mediante la oportuna excepción (declinatoria) *ex* art. 11.1 Ley 60/2003. La cláusula de arbitraje podrá invocarse para resolver a través de esta vía cualesquiera desavenencias, divergencias, reclamaciones o cuestiones litigiosas que se deriven de su clausulado. Además, solo producirá efectos como acuerdo paraestatutario entre quienes suscriban el protocolo, pero no obligaría al resto. Para que dicha cláusula arbitral afecte a todos los socios, con independencia de que hayan firmado o no el protocolo, deberá incorporarse a los estatutos y obtener publicidad mediante su inscripción en el Registro Mercantil.

El arbitraje podrá ser conforme a derecho o bien de equidad. En el arbitraje de derecho, el árbitro deberá resolver la cuestión basándose en criterios jurídicos y de conformidad con la ley aplicable, mientras que, en el de equidad, el árbitro va a decidir, de acuerdo a su leal saber y entender, respecto a lo que considera justo en el caso concreto, más allá del rigor que impone la estricta aplicación de la norma jurídica[149]. Para que el árbitro resuelva en equidad, conforme al art. 34 de la Ley 60/2003, las partes deberán haberlo autorizado expresamente en la cláusula de arbitraje. Por su mayor rapidez, confidencialidad y flexibilidad respecto de la vía judicial, el arbitraje va ganando terreno a otros medios de gestión de la conflictividad en el seno de empresas familiares en la medida en que permite designar como árbitros personas especialmente cualificadas que resuelven de forma confidencial (de especial importancia cuando se pone en juego la imagen de una compañía o su prestigio corporativo) con apoyo de otros profesionales o peritos (fundamental cuando se ventilan cuestiones muy técnicas) y con arreglo a plazos limitados (frente a un sistema judicial sobrecargado y extremadamente lento). Si bien el arbitraje jurídico es el más frecuente, en algunos casos puede ser adecuado optar por la resolución de equidad siempre que la naturaleza del conflicto lo admita y el profesional que ejerza como árbitro sea una persona con un alto sentido

---

148 En relación a la incorporación de cláusulas de arbitraje en los contratos, I. Sánchez Ayuso, «Arbitraje, mediación y jurisdicción», en *El protocolo familiar: Consejos prácticos para su elaboración*, AEDAF Secciones, 2019, p. 177.

149 SSTS de 8 de noviembre de 1985 y de 15 de diciembre de 1987.

de la empatía, justicia y capacidad para llegar a conocer en profundidad la idiosincrasia particular de la empresa y sus vicisitudes.

2.6.6. Duración del protocolo: la cuestión de las vinculaciones indefinidas o perpetuas y sus efectos

El Tribunal Supremo tiene consolidada una línea jurisprudencial clara referente a la prohibición de las vinculaciones indefinidas o perpetuas de las partes contratantes (SSTS 216/2013 de 14 de marzo de 2013; 672/2016 de 16 de noviembre de 2016; y 120/2020 de 20 de febrero de 2020, entre otras), por lo que en el supuesto de que el contrato haya sido pactado de manera indefinida o perpetua, cualquiera de los contratantes ostentará el derecho de resolución *ad nutum* del contrato. Es por ello por lo que, como contrato que es, el protocolo familiar debe contemplar un plazo de vigencia y una cláusula de revisión.

El Alto Tribunal es claro cuando afirma en su Sentencia 120/2020 de 20 de febrero de 2020 que "(...) la vinculación permanente, real o personal, está proscrita en nuestro derecho civil". Disponiendo que "(...)las relaciones obligatorias con prestaciones duraderas exigen que la duración del vínculo contractual sea temporalmente limitada o, dicho en otros términos, es incompatible con la perpetuidad del vínculo, pues aunque en nuestro derecho positivo no existe una norma positiva concreta y general en este sentido, la perpetuidad es opuesta a la naturaleza misma de la relación obligatoria, constituyendo la obligación una limitación de la libertad del deudor, su carácter temporalmente ilimitado resultaría contrario al orden público".

En contratos de duración indefinida en los que una de las partes quiere desvincularse, el Tribunal Supremo permite la posibilidad, que podría incorporarse como cláusula contractual, "de la facultad de renuncia o denuncia unilateral al vínculo obligatorio por cualquiera de los obligados". Facultad que se reconoce legalmente para algunos tipos de contratos que implican una vinculación indefinida, como sucede con el contrato de sociedad (art.1700.4º CC).

En el supuesto que se enjuicia en la resolución, el Tribunal Supremo resuelve que, la interpretación de un protocolo familiar suscrito en fecha 18 de julio de 1983 en el sentido de mantener indefinidamente las limitaciones a la libre transmisibilidad de las acciones y participaciones sociales, modificar el porcentaje de participación de cada socio en el capital social y generar una suerte de vinculación perpetua de los derechos de los socios, resulta contraria al carácter temporalmente limitado que deben tener las obligaciones. Añadiendo que la posibilidad de denuncia o apartamiento unilateral de lo previsto en el protocolo, una vez satisfecha la finalidad principal a que respondió de asegurar una ordenada sucesión en las empresas familiares tras el fallecimiento de los fundadores, no puede ser considerada como un abuso de derecho o contraria a la buena fe contractual (art. 7 CC).

Es decir, no establecer una duración limitada en el protocolo, sin reconocer al mismo tiempo el derecho de renuncia o separación de los obligados, no resulta conforme al principio general del derecho que prohíbe las vinculaciones perpetuas y que inspira buena parte de preceptos de nuestro Código Civil. El RD 171/2007 de 9 de febrero por el que se regula la publicidad de los protocolos familiares desaprovechó, en su día, una magnífica ocasión para resolver esta cuestión sobre la duración del protocolo, que ha sido finalmente resuelta por la jurisprudencia.

En cuanto a la eventual prestación accesoria que pudiera contenerse en los estatutos sociales relativa al cumplimiento del protocolo familiar, caducado el mismo, ésta quedará extinta sin necesidad de que se modifiquen los estatutos.

Por último, hay que tener en cuenta que el RD 171/2007 de 9 de febrero, tras advertir de que el protocolo familiar debe ser actualizado una vez se haya publicado su existencia en cualquiera de las formas previstas, dispone que, a falta de actualización, se presume su vigencia: afirmación de la que se extrae el principio de permanencia del documento[150]. Permanencia que lo es estrictamente a efectos del registro, pues nada tiene que ver con la duración de la obligación entre las partes a la que nos hemos referido con anterioridad.

---

150 En este sentido, T. Cucurull Poblet, *El protocolo familiar mortis causa*, cit., p. 141.

Capítulo 3.
Eficacia jurídica del protocolo familiar

3.1. INTRODUCCIÓN

La eficacia jurídica del protocolo familiar se encuentra limitada a la hora de regular ciertas cuestiones para las que necesariamente se han de utilizar otros instrumentos: dependerá por ello tanto de la configuración específica de la que se haya dotado a cada pacto como del acto o negocio jurídico (testamento, capitulaciones matrimoniales, estatutos sociales, escritura pública de otorgamiento de donación, etc.) a través del cual se haya formalizado.

En lo que concierne a la esfera societaria, el protocolo deberá acompañarse, en la medida de lo posible, de una modificación de los estatutos sociales que facilite el acceso de sus disposiciones al Registro Mercantil. De esta manera, obligará no solo a aquellos que lo hayan suscrito sino también a todos cuantos accedan en el futuro a la propiedad de la empresa familiar. Las cláusulas del protocolo susceptibles de inscripción en el Registro Mercantil tienen mayor posibilidad de alcanzar el máximo grado de eficacia obligacional[151].

La eficacia *erga omnes* que se deriva de la inscripción en el Registro Mercantil *ex* art. 21 CCo es consecuencia de su cognoscibilidad legal[152]: cualquier tercero que se vea afectado por el contenido inscrito tiene la posibilidad de conocerlo, no pudiendo alegar su desconocimiento[153], garantizándose así el principio de seguridad jurídica[154].

No obstante, no todos los pactos que se recogen en los protocolos familiares son susceptibles de ser inscritos en el Registro Mercantil: solo podrán serlo

---

151 F. Sánchez Calero, *Principios de derecho mercantil*, Thomson Reuters, Cizur Menor, 2009, p. 83.

152 En su Resolución de 29 de diciembre de 1992, el RDGRN declara que la información que obra en el Registro es accesible al público, no solo en relación con los asientos practicados, sino también con todos los documentos depositados. Añade, también, que esa publicidad está caracterizada por la inmediación y la accesibilidad por parte de cualquier tercero.

153 T. A. Jiménez París, «La publicidad de los derechos reales y el registro de la propiedad en España», *Repositorio institucional de la UCM*, 2016, p. 13.

154 Por este motivo el Registro Mercantil es de los llamados de "seguridad jurídica". L. Fernández del Pozo, *El nuevo Registro Mercantil: sujeto y función mercantil registral. Crítica general sobre su ámbito institucional*, Centro de Estudios Registrales, 1990, p. 31.

aquellos que puedan trasladarse a los estatutos sociales conforme a los arts. 115 a 128, y 176 a 188 RRM, respectivamente, para las S.A. y las S.R.L. Pero, además, aquellos pactos que, a priori, tengan carácter de inscribibles, deberán ser calificados por el Registrador.

Este principio de tipicidad registral justifica, según la doctrina[155], que el legislador no haya reconocido la posibilidad de que el protocolo familiar se inscriba como tal, de forma directa e íntegra, en el entendimiento de que gran parte de su contenido (que, incluye elementos muy heterogéneos, algunos de ellos de escasa o, incluso, nula trascendencia jurídica) no puede ser objeto de publicidad de acuerdo con el principio de legalidad propio del sistema registral español vigente.

Siguiendo a Valmaña Cabanes[156], podemos afirmar que aquellos contenidos que pretendan alcanzar publicidad registral deben superar un "doble test de idoneidad: el relativo a su naturaleza y el relativo a su legalidad".

En lo que se refiere al primero, deberán ser pactos susceptibles de inscripción: como es obvio, no podrán acceder al Registro Mercantil aquellos no relacionados con la regulación jurídica de las sociedades mercantiles y que, por lo tanto, no tengan trascendencia jurídica en sede de derecho societario (por ejemplo, aquellos pactos que tienen una naturaleza civil, las recomendaciones y los contenidos morales, o la creación y regulación de los órganos *ad hoc*).

Por otra parte, los registradores deberán calificar la legalidad de los contenidos que se quieran trasladar al registro conforme a lo previsto en el art. 18.2 CCo, y los arts. 6 y 58 RRM. A propósito de la calificación la Audiencia Provincial de Barcelona en su Sentencia del 12 de mayo de 2006[157], entiende que se trata de "la emisión de un juicio jurídico sobre la validez del acto documentado, con alcance condicionado por los medios y la finalidad que prescribe la Ley, lo que implica que el registrador, para calificar, en cuanto intérprete autorizado y autónomo de la legalidad, no puede valerse de presunciones, ni apreciar vicios en el consentimiento, o la buena o nuda fe de los intervinientes, ni atender o juzgar cuestiones de hecho, que suponen un juicio valorativo que excede de la naturaleza y función calificadora".

La calificación que hace el Registrador Mercantil sobre el contenido que pretende ser inscrito no se limita a ser un juicio o dictamen técnico, sino que,

---

155 V. M. GARRIDO DE PALMA, «La publicidad del protocolo familiar», *RJC*, vol. 1/2008, 2008, p. 65.

156 A. J. VALMAÑA CABANES, «El régimen jurídico del protocolo familiar», cit., pp. 364-365.

157 SAP de Barcelona (Sección 15ª) 240/2006 de 12 mayo de 2006.

de emitirse en un sentido negativo, impide el acceso registral[158]. Los efectos de la calificación se disponen en el art. 62 RRM, y son los siguientes:

1. Si el título no contiene defectos, se practican los asientos solicitados.
2. Si la calificación presenta defectos que impiden la inscripción, el Registrador expresará cuáles son y si son subsanables o insubsanables, así como los fundamentos normativos o jurisprudenciales en los que se ampara para adoptar tal decisión. En el supuesto de que los defectos sean insubsanables, denegará la inscripción.

Pueden requerir subsanación todas aquellas cláusulas del protocolo que se hayan configurado contraviniendo la normativa societaria: ello sucedería, por ejemplo, en el caso de que en el protocolo se exija la unanimidad para la adopción de acuerdos en una S.R.L., contraviniendo lo dispuesto en el art. 200 LSC. En este supuesto, aplicando el criterio de legalidad, el Registrador determinará la necesidad de adaptar lo dispuesto en los estatutos que se pretenden inscribir (en ejecución del protocolo) al marco legal aplicable. En este sentido, es importante que el asesor que acompañe a la familia empresaria en la elaboración del protocolo sea conocedor de los límites legales existentes y advierta de los mismos, con el objetivo de que se eviten este tipo de incidentes cuando la familia ya ha consensuado y firmado el documento que contiene el protocolo.

Con el objetivo de otorgar una mayor seguridad jurídica, los estatutos sociales, antes de ser inscritos en el Registro Mercantil, deben documentarse primero en escritura pública: tanto el Notario como el Registrador, estudiarán la legalidad de los pactos que se pretenden incorporar a los estatutos por los socios.

Como hemos indicado, el legislador español no ha permitido que los protocolos se publiquen de forma directa e íntegra, pero el RD 171/2007, que introdujo como novedad la posibilidad de inscribir el protocolo en el Registro Mercantil, ofrece otras formas de publicidad, que abordamos a continuación.

3.2. FORMAS DE PUBLICIDAD

Cada sociedad puede publicar un único protocolo familiar, si bien el mismo puede ser objeto de diferentes vías o formas de publicidad (art. 2.2 RD 171/2007). La familia empresaria deberá elegir cuál o cuáles de ellas consideran más adecuada, teniendo en cuenta la diferente eficacia jurídica que comporta cada una.

---

[158] C. Fernández-Rodríguez, *El Registro Mercantil*, Marcial Pons, 1998, p. 118.

Una vez se haya publicado la existencia de un protocolo en el RM, no se podrá hacer constar la existencia de otro diferente, salvo que el que pretende acceder al registro sea una modificación o sustitución del ya publicado (art. 2.2 RD 171/2007). El mismo precepto prevé que "en el supuesto de que el protocolo familiar afecte a varias sociedades, cada una de ellas podrá publicarlo en la parte que le concierna". En la práctica, lo más habitual es que, en el supuesto de que exista una sociedad holding, se publique en la hoja registral de esta, mientras que, si se trata de varias sociedades independientes, se inscriba en la hoja de la sociedad que tenga mayor actividad.

Tal y como dispone el art. 2.3 de dicha norma, "la publicidad del protocolo tiene siempre carácter voluntario para la sociedad". La inscripción voluntaria supone una excepción a la regla general de la publicidad registral obligatoria prevista en el art. 4.1 RRM y en el art.19.2 CCo. El carácter potestativo que confiere el legislador a la publicidad del protocolo familiar por parte de la sociedad responde a que su contenido es de carácter sensible y confidencial. Es comprensible que así sea teniendo en cuenta los recelos que habitualmente muestran las familias empresarias a la hora de preservar su intimidad[159].

El art. 3.1 del RD 171/2007 atribuye al órgano de administración la función de acordar la publicación del protocolo familiar. Si bien algunos autores como Cucurull Poblet[160] entienden que el Consejo de Administración es el órgano adecuado para tomar tal decisión (aunque, puntualiza, que deberán ser los socios los encargados de valorar, una vez firmado el protocolo, la conveniencia de publicarlo), otros autores[161], entre los que nos incluimos, entendemos que sería más adecuado que esa facultad correspondiera a la Junta General, pues en el Consejo de Administración es habitual que participen personas

---

159 Mientras que Fernández-Sancho Tahoces considera acertado que el legislador disponga que la publicidad del protocolo se deje a la voluntad de la sociedad, por considerar que su contenido es de carácter sensible y confidencial, Cucurull Poblet entiende que la publicidad del protocolo debería ser obligatoria. La autora considera que su publicidad debe ser tratada como una garantía tanto para terceros que tengan algún tipo de vinculación con la compañía (acreedores, proveedores, clientes, etc.), como para los propios socios (los presentes y los futuros). Considera, además, que se ha optado por dotar a la inscripción de esa voluntariedad como consecuencia de la ausencia de norma que fije un contenido básico obligatorio, circunstancia que debilita la eficacia jurídica del documento.
T. CUCURULL POBLET, *El protocolo familiar mortis causa*, cit., p. 139; A. S. FERNÁNDEZ-SANCHO TAHOCES, «La sucesión en la empresa familiar: el protocolo familiar y su publicidad registral», *RDP*, 23/2009, 2009, pp. 302-303.

160 T. CUCURULL POBLET, *El protocolo familiar mortis causa*, cit., p. 142.

161 J. P. FERNÁNDEZ GIMENO, «La empresa familiar y el derecho de sucesiones. Actualización del estado de la cuestión.», cit., p. 242; E. SERRANO GÓMEZ, «Los protocolos familiares», *vLex*, 2011, p. 63.

ajenas a la familia, que deberían quedar al margen de cualquier decisión que afecte al protocolo[162].

La publicación del protocolo, sea en la web de la compañía o en el Registro Mercantil, deberá, en todo caso, ajustarse a la normativa que sobre protección de datos personales establece la vigente Ley Orgánica 3/2018, de 5 de diciembre, de Protección de Datos Personales y garantía de los derechos digitales. Con este objetivo, el órgano de administración deberá recabar el consentimiento expreso de los afectados cuyos datos personales consten en el protocolo que se pretende publicar (art. 3.3 RD 171/2007).

Más allá de la mayor eficacia que pueda dotar el RM al protocolo, que, como veremos, en algunas formas de publicidad no es significativa, en la práctica es habitual hacer pública la existencia del protocolo por otras razones. La publicidad del protocolo ofrece una mayor transparencia a la organización, genera seguridad en los diferentes *stakeholders* (proveedores, trabajadores de la empresa, socios financieros, etc.) que pueden tener la seguridad de que la empresa continuará después de la jubilación del actual promotor, otorga una mejor imagen de la compañía y, en definitiva, repercute positivamente en su posicionamiento en el mercado.

3.2.1. Publicidad a través de la web corporativa

El protocolo familiar puede publicarse en la web de la sociedad cuyo dominio o dirección de internet conste en el RM (art. 4 RD 171/2007). El encargado de acordar su publicación será el órgano de administración.

Se trata de una mera publicidad privada, que carece del carácter oficial del resto de modalidades que veremos a continuación, y cuya utilización no excluye el acceso al RM. No parece tener mucho sentido su inclusión por parte del RD 171/2007, pues, por un lado, esta práctica ya era lícita con anterioridad a su entrada en vigor (y, por lo tanto, no incorpora nada nuevo) y por el otro, en la práctica no es habitual que las familias empresarias quieran hacer público en la web de la sociedad un documento que consideran muy personal y de carácter confidencial.

---

162 En la misma línea, Fernández Gimeno considera que abandonar la decisión de publicar el protocolo a un órgano que puede estar compuesto por personas que no sean firmantes o, incluso, que no sean miembros de la familia, supone una intromisión en el derecho a la intimidad personal y familiar.
J. P. Fernández Gimeno, «La empresa familiar y el derecho de sucesiones. Actualización del estado de la cuestión.», cit., p. 242.

3.2.2. Publicidad registral

En nuestro sistema registral, la publicidad reposa sobre la base de una admisión con carácter "*numerus clausus*", de acuerdo a la cual el acceso al registro está restringido para cualquier acto o documento distinto de aquellos para los que la ley o el RRM expresamente habilite una vía de entrada[163]. Por lo tanto, la importancia del RD 171/2007 reside principalmente en la de posibilitar el acceso del protocolo familiar al Registro Mercantil, acceso vetado con anterioridad, al no haber norma alguna que expresamente permitiera esta posibilidad[164].

Esta limitación queda justificada por razones de seguridad jurídica y de protección de terceros. En caso contrario, si estuviera abierta la posibilidad de que el registro acogiera actos y documentos no previstos expresamente por la norma, se dotaría de oponibilidad a actos inscritos por la mera decisión del interesado, con perjuicio para los terceros[165].

El RD 171/2007 introduce tres formas distintas de publicidad registral, según cuál sea el grado de transparencia (y eficacia obligacional) del que la sociedad quiera dotar al documento. No obstante, podrían dividirse en dos niveles que responden a su grado de eficacia jurídica: la publicidad formal del protocolo como mera noticia (arts. 5 y 6 RD 171/2007) y la publicidad material (art. 7 RD 171/2007).

El legislador parece ser consciente de las reticencias que las familias empresarias suelen manifestar a la hora de hacer públicos sus protocolos, y, por lo tanto, opta por prever diferentes formas de acceso al registro graduadas de menos a más, en razón de su eficacia, con el objetivo de dotar a la publicidad de una gran flexibilidad que responda a los intereses de cada sociedad afectada. Apuesta, además, por el principio de voluntariedad en la publicidad del protocolo y ofrece la posibilidad de publicar la mera existencia del mismo, manteniendo el contenido reservado en el ámbito de la familia.

3.2.2.1. Publicidad como constancia registral del protocolo

Mediante esta modalidad de publicidad, regulada en el art. 5 del RD 171/2007, se hace constar en el Registro Mercantil la mera existencia de un protocolo familiar, pero no su contenido. Por lo tanto, la función del registro

---

163 E. FERNÁNDEZ DE LA GÁNDARA, L.; GALLEGO, *Fundamentos de Derecho Mercantil*, Tirant lo Blanch, 2000, p. 190.

164 RDGRN de 25 de marzo de 2002.

165 A. J. ROJO FERNÁNDEZ-RÍO, «El Registro Mercantil», en *Lecciones de Derecho Mercantil*, Thomson Civitas, 2007, p. 119.

se limitará únicamente a facilitar ese dato, sin responder de su contenido ni de su vigencia. Asimismo, deberá indicarse si el protocolo se puede consultar en la web de la sociedad que, en su caso, conste en la hoja registral.

Para proporcionar una mayor seguridad de la existencia de un protocolo firmado por los miembros de la familia empresaria, la normativa contempla la posibilidad de formalizarlo en documento público notarial. En estos casos se deberá indicar en la inscripción el notario autorizante, y el lugar, fecha y número de protocolo notarial del mismo. Es importante destacar que, en todo caso, el Registrador no podrá exigir que se presente una copia del documento, ni podrá entrar a calificar su contenido, debiendo limitarse a dejar constancia de sus datos identificativos. El registrador únicamente podrá comprobar que el protocolo es accesible, en el supuesto de que así se haya indicado, en la web corporativa, y que no existe otro protocolo anterior, salvo que lo que se pretenda sea modificar o sustituir este, y así lo haga constar el órgano de administración.

La mera existencia del protocolo no se hará constar en el BORME, pues su carácter voluntario excluye esta modalidad de publicidad de los aspectos sujetos a inscripción.

Esta vía de publicidad es la más débil de todas. La persona que consulte el registro únicamente podrá saber que la sociedad familiar ha otorgado un protocolo familiar, pero no conocerá nada acerca de su contenido. La falta de revisión del contenido del protocolo por parte del Registrador impide que pueda comprobar si se ajusta o no a derecho y, por tanto, no podrá invocarse el principio establecido por los arts. 20 CCo y 7.1 RRM, según el cual se presume que lo inscrito es exacto y válido.

Por lo tanto, la mera constancia de la existencia del protocolo familiar en el registro no le otorga una mayor fuerza jurídica que la que ya tenía, es decir, la eficacia *inter partes* propia de su naturaleza contractual, que únicamente lo hace oponible frente a los propios firmantes del documento. En consecuencia, lo dispuesto en los estatutos sociales por la vía de los arts. 114.1.4º y 175.1.3º RRM, en relación a las S.A. y a las S.R.L. respectivamente, que sí son objeto de inscripción (no de mero depósito) y, en consecuencia, de calificación registral, será siempre de aplicación frente a terceros (y, por lo tanto, frente a la propia sociedad), en defecto de lo dispuesto en el protocolo, que únicamente se aplicará de manera preferente entre las partes contratantes. Esto es así porque, sobre el contenido de los estatutos sociales recae la presunción *iuris tantum* de legalidad a la que aluden los mencionados arts. 20 CCo y 7.1 RRM como consecuencia de su obligada calificación.

Podemos concluir, por tanto, que en el supuesto de que la empresa familiar decida registrar el protocolo a través de la mera publicidad por noticia que propone el art. 5 del RD 171/2007, esta deberá guiarse por lo dispuesto en sus estatutos sociales, sin quedar sometida en absoluto a lo pactado en el protocolo familiar.

No obstante, entendemos que se trata de una vía de publicidad recomendable para las familias empresarias, pues, aun manteniendo reservado el contenido del documento (no es necesario presentar copia del mismo), permite a los terceros el conocimiento de la existencia de un protocolo familiar, como prueba de la intención de la familia de dar continuidad al proyecto empresarial a través de las siguientes generaciones, lo cual puede mejorar la reputación de la empresa en el mercado y proporcionar seguridad a sus trabajadores, proveedores y clientes, además de ser un elemento a tener en cuenta a la hora de solicitar financiación para la compañía.

3.2.2.2. Publicidad por depósito de cuentas anuales

La segunda forma de publicidad registral que dispone el RD 171/2007 consiste en la presentación de una copia total o parcial del documento público en el que conste el protocolo familiar en el momento en que se presenten las cuentas anuales de la sociedad (art. 6) junto con la documentación que a tal efecto se requiere en el art. 254.1 LSC: el balance, la cuenta de pérdidas y ganancias, un estado que refleje los cambios en el patrimonio neto del ejercicio, un estado de flujos de efectivo y la memoria. En esta modalidad se exige, por tanto, que el protocolo familiar se haya firmado previamente en escritura pública.

Se dispone así que el protocolo "será objeto de depósito junto con las cuentas anuales y de calificación por el Registrador": redacción confusa que plantea la cuestión de si dicha calificación es plena (y por tanto el Registrador dará validez tanto al documento como a su contenido) o, por el contrario, limitada. En base a lo dispuesto en la Exposición de Motivos del Real Decreto 171/2007, de 9 de febrero, por el que se regula la publicidad de los protocolos familiares y en la RDGRN de 30 de septiembre de 2008, podemos afirmar que los efectos de la inscripción son de una publicidad formal[166], por lo que la calificación del documento es limitada, ya que el registrador únicamente

---

166 Así lo entiende de manera unánime la doctrina. M. T. BAREA MARTÍNEZ, *El control notarial de los límites del protocolo familiar*, cit., p. 77; T. CUCURULL POBLET, *El protocolo familiar mortis causa*, cit., p. 149; J. MÁXIMO JUÁREZ, «El protocolo familiar: valor y eficacia jurídica, coordinación del protocolo familiar con los estatutos sociales y con la organización jurídica personal de sus miembros», en *El protocolo familiar. Consejos prácticos para su elaboración*, AEDAF Secciones, 2019, p. 199; A. J. VALMAÑA CABANES, «El régimen jurídico del protocolo familiar», cit., p. 398.

se encarga de comprobar la legalidad de su forma extrínseca, identificando la naturaleza del mismo como protocolo familiar y la legitimación de quién solicita la publicación.

La única función que desempeña el Registrador Mercantil es la de controlar la formalidad del documento, sin entrar a calificar su legalidad. Se trata, por tanto, de la calificación formal prevista para las cuentas anuales en el art. 280 LSC, a las que se concede la presunción de exactitud y validez. Como señala González-Meneses[167], en relación a las cuentas anuales, el registro no garantiza la exactitud de ninguno de los datos económicos que se presenten. En consecuencia, si las cuentas depositadas son inexactas, el tercero que se pueda ver perjudicado no podrá ejercitar ningún derecho de elección o de oposición por la diferencia existente entre lo inscrito y la realidad jurídica extrarregistral[168].

De la misma manera, teniendo en cuenta que el Registrador no entra a calificar el contenido del protocolo y que, por tanto, no se puede aplicar la presunción de validez y exactitud de la publicidad registral material cómo mecanismo de protección de los terceros contratantes, su inscripción en el RM mediante esta fórmula no podrá producir ningún efecto frente a estos. La escritura del protocolo figurará en el libro de registro de cuentas como un dato específico, y no como un asiento en la hoja abierta a la sociedad.

En cuanto a su publicidad en el BORME, Camisón Zornoza y Ríos Navarro[169] exponen que, aunque la normativa no prevea nada al respecto, el criterio habitual en la práctica es que se articule un medio informático para publicar en dicho Boletín que el depósito de cuentas practicado lleva adjunto como anexo un protocolo familiar.

Serrano Cañas[170] cuestiona esta modalidad de publicidad pues, como bien dice, mientras que la de cuentas anuales es una obligación periódica que se cumple anualmente, puede ser conveniente depositar el protocolo familiar en cualquier momento, sin ser necesario esperar al de depósito de las cuentas. Por este motivo, el autor considera que el precepto debe interpretarse con flexibilidad y que no debiera haber inconveniente en el depósito del protocolo de forma separada e independiente de las cuentas anuales.

---

167 M. González-Meneses García-Valdecasas, «Principios y fundamentos del Registro Mercantil», en *Instituciones de Derecho privado*, Thomson Civitas, Madrid, 2005, p. 278.

168 L. Fernández Del Pozo, *Publicidad material y fe pública en el Registro Mercantil*, Marcial Pons, 2013, p. 41.

169 C. Camisón Zornoza; A. Ríos Navarro, *El protocolo familiar: metodología y recomendaciones para su desarrollo e implantación*, cit., p. 64.

170 J. M. Serrano Cañas, *El cambio generacional en empresas familiares*, cit., p. 68.

En cuanto a la conveniencia o no de utilizar esta forma de publicidad por parte de las familias empresarias podríamos añadir dos cuestiones:

Por un lado, la publicidad por depósito de cuentas, aun cuando no concede mayor publicidad al documento que la mera publicidad noticia, le otorga un plus de eficacia *inter partes* respecto al que le otorga el art. 5 pues al añadir a la escritura pública cognoscibilidad por parte de terceros, puede servir de medio de garantía para quienes son terceros en el momento del depósito y pueden devenir, con posterioridad, sujetos obligados por lo dispuesto en el protocolo[171]. Además, como veremos más adelante, sirve como base para la incorporación de cláusulas penales y prestaciones accesorias al protocolo familiar. Aspecto que consideramos muy relevante para lograr la eficacia jurídica del protocolo a través de estas herramientas extrarregistrales.

Por otro lado, generalmente las familias son muy recelosas con su intimidad y prefieren mantener el contenido del protocolo familiar en la esfera privada, razón que explica que no sea esta una forma de publicidad que se utilice en la práctica.

3.2.2.3. Publicidad de cláusulas de escrituras públicas en ejecución del protocolo familiar

La tercera de las vías previstas por el Real Decreto 171/2007 para el acceso del protocolo es la regulada en su art. 7, según el cual "Cuando los acuerdos sociales inscribibles se hayan adoptado en ejecución de un protocolo familiar publicado, en la inscripción se deberá hacer mención expresa de esta circunstancia, previa su calificación por el Registrador, y así lo hará constar también la denominación de la escritura pública". Tal y como se indica en el Preámbulo de la norma, se trata de la única que generará "un efecto de publicidad material y no mera publicidad noticia".

Es importante tener claro que no es el propio documento del protocolo el que va a ser objeto de inscripción registral, sino que únicamente serán inscritas en la hoja abierta a la sociedad familiar las cláusulas que se hayan adoptado en ejecución del mismo y que sean inscribibles. Y, obviamente, lo será aquellas sometidas a calificación por parte del Registrador. El texto íntegro del protocolo familiar no puede ser inscrito dado que, como se ha visto, gran parte de su contenido es incompatible con lo dispuesto en la normativa societaria y, en consecuencia, el acceso del mismo al RM a través de esta vía será de manera indirecta.

---

[171] A. J. VALMAÑA CABANES, «El régimen jurídico del protocolo familiar», cit., p. 402.

A través de su inscripción registral, estas cláusulas pasarán de tener la eficacia jurídica *inter partes* propia de los contratos a tener eficacia *erga omnes*, de modo que serán oponibles frente a terceros, incluyendo, la propia sociedad[172]. Esta oponibilidad queda sujeta a garantizar plenamente la cognoscibilidad de lo inscrito, por eso es necesario que todo acto sujeto a inscripción se publique en el BORME, tal y como exige el art. 21 CCo.

De la redacción del art. 7 cabe destacar también que precisa la existencia de un protocolo previamente publicado, por lo que ha de entenderse que esta forma de publicidad no sería aplicable cuando dicho protocolo se recoja en un documento privado que se haya mantenido reservado entre sus firmantes ni tampoco en el supuesto de que, aun habiendo sido elevado a público, no se haya presentado ante el Registro Mercantil[173]. Por lo tanto, con anterioridad a la aplicación de esta vía, es necesario haber presentado el protocolo por cualquiera de las formas previstas en los arts. 5 y 6 RD 171/2007. Además, en ambos casos tendrá que haberse depositado el protocolo, de modo que conste su contenido en el Registro (cabe recordar, al respecto, que en el supuesto del art. 5 el Registrador no puede exigir que se presente el documento del protocolo). En conclusión, en un primer momento se ha de publicar el protocolo con carácter de "publicidad noticia" para, en un segundo momento, poder dar entrada con verdadero carácter de publicidad material a las cláusulas que se quiera (y se pueda) inscribir.

En relación a la obligatoriedad de haber publicado con anterioridad el protocolo, la DGRN en Resolución del 30 de septiembre de 2008 sostiene que "sólo estaría amparada por la fe pública registral la modificación estatutaria inscrita como consecuencia de la ejecución de un protocolo familiar publicado (art. 7 del citado Real Decreto), y como tal cláusula estatutaria inscrita obligaría a los socios".

La inscripción de estas cláusulas de protocolo requiere de una doble labor de calificación por parte del Registrador, que deberá: por un lado, controlar la legalidad de las cláusulas que se pretendan inscribir, y por otro, cotejar su contenido con el de los estatutos sociales que consten en el propio RM. El objetivo de este doble control debe ser evitar los problemas de seguridad jurídica que podrían derivarse si una misma materia (p.ej. las restricciones a la libre transmisión de las acciones o participaciones) tiene un régimen jurídico distinto en el protocolo familiar y en los estatutos sociales[174].

---

172 P. Casado Burbano, *Los principios registrales mercantiles*, CRPME, 2002, pp. 335 y 341.

173 En este sentido, A. J. Valmaña Cabanes, «El régimen jurídico del protocolo familiar», cit., p. 405.

174 A. Viera González, «Empresa y protocolo familiar, ¿un problema de política legislativa?», en *Estudios de Derecho de sociedades y Derecho concursal. Libro homenaje al Profesor Rafael García Villaverde*, Marcial Pons, 2007, p. 1703.

Por lo tanto, teniendo en cuenta que únicamente aquellas cláusulas del protocolo familiar susceptibles de poderse incorporar a los estatutos sociales podrán ser inscribibles en el Registro, consideramos que resulta mucho más interesante modificar los estatutos sociales para adaptarlos a lo dispuesto en el protocolo que utilizar la vía prevista por el art. 7. De esta manera se simplifica la función de calificación por parte del Registrador y se evita que, por un error en la labor de cotejo referida, una materia sea regulada de manera diferente por el título de ejecución de las cláusulas del protocolo y los estatutos sociales.

Las cláusulas inscribibles constan en los arts. 114 a 128 y arts. 175 a 188 RRM, para las S.A y las S.R.L., respectivamente. El propio RD 171/2007, en su disposición final segunda, modificó los arts. 114.4 y 175.2 RRM incorporando algunos pactos y condiciones inscribibles en la escritura o en los estatutos, siempre que no se opongan a las leyes ni contradigan los principios configuradores del tipo social elegido.

3.2.3. Formalización y publicidad del protocolo familiar

El principio de libertad de forma consagrado en el art. 1278 CC, permite que el mero consentimiento de las partes manifestado incluso en forma verbal sea suficiente para que se entienda que existe contrato desplegándose, por tanto, el efecto de fuerza de ley que se deriva del art. 1091 de dicho cuerpo legal. Los problemas pueden plantearse, no obstante, a efectos probatorios en aquellos casos en que las partes no puedan probar de manera fehaciente el contenido de lo contratado. En orden a evitar estos problemas cuando del protocolo familiar se trata es posible recurrir a las siguientes vías:

El otorgamiento del protocolo ante Notario o la elevación a público de su contenido proporcionará los efectos de fe pública acerca de la identidad de sus firmantes y de su contenido en el momento concreto de la firma. Lo cual no significa, como se deduce del art. 145 del RN, que dicho contenido sustantivo sea necesariamente ajustado a derecho;

El depósito del protocolo en el RM otorga fe pública y certeza frente a terceros de la fecha en que el documento ha tenido acceso al registro, así como de su contenido, si bien no garantiza su legalidad al no ser objeto de calificación por parte del Registrador.

En cuanto a la formalización del protocolo en documento público, el RD 171/2007, deja a la voluntad de los firmantes la vía ofrecida por el art. 5, en tanto el acceso a las ofrecidas por los arts. 6 y 7 es una exigencia. En nuestra opinión, y con independencia de si se va a publicar o la modalidad elegida para ello, consideramos importante que el protocolo se formalice en documento público, reforzándose de este modo la eficacia jurídica del negocio otorgado.

En cuanto a la publicidad del protocolo familiar, tanto la publicidad en la página web de la sociedad, como la mera constancia de la existencia del protocolo o el depósito del mismo junto a las cuentas anuales en el RM, no afectan a los efectos *inter partes*, y, por tanto, no determinan su oponibilidad frente a la sociedad ni frente a terceros de buena fe. La diferencia entre estas modalidades la encontramos en el supuesto de que la sociedad decida depositar el documento del protocolo en el RM, ya sea por la vía del art. 5 (en este caso, de manera voluntaria) o del art. 6 junto a las cuentas anuales. El depósito servirá, al igual que su formalización pública, como prueba fehaciente de su contenido, y, por tanto, a los solos efectos de reforzar la seguridad jurídica entre las partes. Además, la vía del art. 6 permite la utilización de las medidas extrarregistrales que se verán más adelante.

Consecuencias distintas se derivan de la vía propuesta por el art. 7, a tenor de la cual se otorga publicidad a determinadas cláusulas en ejecución del protocolo familiar. Esta modalidad requiere que estas cláusulas sean inscribibles lo que, en la práctica, se suele traducir en un acuerdo de modificación de los estatutos sociales para ajustarlos a lo dispuesto en el protocolo. Solo este tipo de publicidad dota a estas cláusulas del protocolo de la eficacia jurídica *erga omnes* y permite su oponibilidad frente a terceros.

Como venimos observando, el RD 171/2007 no prevé la presentación del protocolo al RM para su calificación plena por el Registrador y su posterior inscripción junto a los estatutos sociales en la hoja abierta a la sociedad. Por consiguiente, no ha supuesto la incorporación de un nuevo documento inscribible ni ha ampliado el número de hechos registrables que ya estaban regulados, sino que, simplemente da entrada a aquellos títulos que recogen los acuerdos societarios que se hayan adoptado en su ejecución.

A modo de conclusión, consideramos, que la inscripción de las cláusulas estatutarias en ejecución del protocolo familiar no resuelve el escollo de la eficacia jurídico-societaria del protocolo familiar y es que no todo su contenido es susceptible de trasladarse a los estatutos sociales[175]. El RD 171/2007 no ofrece ningún incremento en la eficacia jurídica del protocolo que no pudiera lograrse con anterioridad a su promulgación a través de un acuerdo de modificación de los estatutos sociales. No obstante, la publicación del protocolo en alguna de las formas contempladas en los arts. 6 y 7 de la norma introduce la posibilidad de que las cláusulas penales previstas en el documento puedan ser llevadas al contrato social y a los estatutos[176] y, además, permite incorpo-

---

[175] Comparte esta opinión, J. M. SERRANO CAÑAS, *El cambio generacional en empresas familiares*, cit., p. 66.

[176] Esta solución también la propone M. T. BAREA MARTÍNEZ, *El control notarial de los límites del protocolo familiar*, cit., pp. 71-72.

rar a los estatutos una prestación accesoria consistente en el cumplimiento del protocolo, al entenderse cumplido el requisito de que el contenido de esta debe ser "concreto y determinado"[177]. Por lo tanto, las diversas formas de publicidad registral que ofrece el RD171/2007 no suponen un incremento directo de la eficacia jurídica del protocolo, sino que encuentran su utilidad en su oportunidad a la hora regular medidas de eficacia jurídica extrarregistral.

Además, la utilidad práctica de lo dispuesto en el RD 171/2007 tiene que ver con la transparencia de las sociedades familiares y con el incentivo que puede suponer en materias como la responsabilidad social corporativa, el capital reputacional, y, en definitiva, en el hecho de que el mercado puede responder de manera positiva ante aquellas empresas familiares que optan por dar publicidad a su protocolo, como instrumento que refleja la apuesta de la familia propietaria por la continuidad del proyecto empresarial.

3.3. ACCESO A OTROS REGISTROS PÚBLICOS

A. Registro Civil

La LRC contiene en su art. 4 una enumeración de los hechos y actos inscribibles que tienen acceso al Registro Civil, entre los que no se encuentra, por no constituir en sí mismo un hecho o acto afectante al estado civil de las personas, el protocolo familiar. No obstante, aparecen en tal listado algunos elementos que habitualmente forman parte de su contenido, como "el régimen económico matrimonial legal o pactado" y "los poderes y mandatos preventivos, la propuesta de nombramiento de curador y las medidas de apoyo previstas por una persona respecto de sí misma o de sus bienes".

En lo que respecta al régimen económico matrimonial, Bosch Carrera[178] sugiere que "el único resquicio para la inscripción de los protocolos familiares sería una analogía con la inscripción de los capítulos matrimoniales y acuerdos conyugales" que, actualmente, se prevé en el art. 60 de la Ley 20/2011,

---

[177] En este sentido se pronuncia la doctrina, criterio que se vio confirmado, como veremos, por la RDGRN 9615/2018 de 26 de junio de 2018. L. FERNÁNDEZ DEL POZO, *El protocolo familiar. Empresa familiar y publicidad registral*, cit., p. 245; J. M. SERRANO CAÑAS, *El cambio generacional en empresas familiares*, cit., pp. 79-81; F. VICENT CHULIÁ, «Protocolo familiar, organización jurídica y relevo generacional de la empresa familiar», cit., p. 133.

[178] A. BOSCH CARRERA, «Publicidad y acceso a los registros del protocolo familiar», cit., p. 239.

de 21 de julio, del Registro Civil[179], pese a lo cual concluye descartando tal opción por entender que supone forzar en exceso la interpretación de dicho precepto.

Si bien las disposiciones que se recogen en el protocolo son muy diversas, e incluso pueden incluir cláusulas relacionadas con el régimen económico matrimonial de los contrayentes, en ningún caso se ha de entender que el objeto principal del protocolo es el de regular estos regímenes matrimoniales. Dichas cláusulas, en la medida en que puedan ser trasladadas a las capitulaciones matrimoniales –de la misma forma que veíamos en la tercera de las vías (art. 7) previstas por el Real Decreto 171/2007 para la publicidad de cláusulas de escrituras públicas en ejecución del protocolo familiar–, podrán ejecutarse a través de éstas. Lo cual no significa que el protocolo familiar pueda acceder de manera directa al Registro Civil, sino que lo hará de manera indirecta a través de aquellas disposiciones que tengan el carácter de inscribibles. Es decir, lo que podrá inscribirse son las capitulaciones matrimoniales que se hayan otorgado en atención a pactos alcanzados en el protocolo[180].

En relación a las medidas de apoyo previstas por una persona para los supuestos de pérdida de capacidad, la LRC, en su art. 77, prevé que será inscribible en el registro individual de cada individuo el documento público que contenga las medidas de apoyo previstas por una persona respecto de sí misma o de sus bienes.

En nuestra opinión, se ha de tener la misma consideración que respecto a los capítulos matrimoniales y acuerdos conyugales. En primer lugar, no es el protocolo familiar el documento adecuado para prever las medidas de apoyo concretas de los firmantes, sin perjuicio de que puedan recogerse ciertas reflexiones o, en su caso, declaraciones de intenciones. Por otra parte, consideramos que las cláusulas que se regulen en el protocolo familiar en alusión a estos apoyos, podrán trasladarse al Registro Civil mediante la oportuna escritura de medidas de apoyos voluntarias, o en su caso, mediante otorgamiento del correspondiente poder preventivo. De esta manera, el contenido dispuesto en el protocolo familiar será trasladado al Registro indirectamente a través de aquellas disposiciones que tengan el carácter de inscribibles.

Tanto en los supuestos de otorgamiento de poderes preventivos, como de cualquier otra medida de apoyo recogida en la Ley 8/2021 y en el CC, el

---

179 Cabe precisar que el autor se refiere expresamente al art. 77 de la derogada Ley de 8 de junio de 1957 sobre el Registro Civil, cuyo contenido semejante se recoge actualmente en el artículo citado.

180 Así lo ha entendido la doctrina. P. Álvarez de Linera Granda, *Protocolo Familiar, naturaleza jurídica y eficacia procesal*, cit., p. 233; A. J. Valmaña Cabanes, «El régimen jurídico del protocolo familiar», cit., p. 414.

Notario autorizante del documento público deberá comunicarlo de oficio al Registro Civil para su constancia en el registro individual del otorgante (arts. 255 y 260 CC).

B. Registro de la Propiedad

Al igual que en los supuestos anteriores, resulta posible inscribir el protocolo de manera parcial e indirecta en el Registro de la Propiedad, y ello en los siguientes supuestos[181]:

Cuando su contenido afecte a derechos reales sobre bienes inmuebles que formen parte de la sociedad familiar;

Cuando contenga contratos sucesorios a los que se refieren los art. 14 LH y 77-80 RH, inscribibles en este registro.

C. Conclusión

La eficacia *erga omnes* del protocolo familiar exige la ejecución de su contenido a través de los instrumentos negociales adecuados que permitan su acceso a los distintos registros públicos.

En todo caso, el acceso del protocolo familiar tanto al Registro Civil como al Registro de la Propiedad será siempre parcial e indirecto, pues lo que se inscribirá serán documentos otorgados en ejecución de lo dispuesto en el protocolo, no el protocolo en sí mismo, de forma similar a lo expuesto anteriormente respecto del Registro Mercantil (art. 7 del RD 171/2007).

3.4. MEDIDAS EXTRARREGISTRALES DE EFICACIA

Con el objetivo de disuadir a los firmantes de incumplir lo acordado en el protocolo, y en su caso, a fin de asegurar el cumplimiento de sus disposiciones y evitar un perjuicio mayor para la empresa familiar y/o el resto de socios, entendemos conveniente en ciertos casos la incorporación de cláusulas penales, opciones de compra, prestaciones accesorias, o una combinación de estos instrumentos.

---

181 A. BOSCH CARRERA, «Publicidad y acceso a los registros del protocolo familiar», cit., pp. 240 y 245; A. J. VALMAÑA CABANES, «El régimen jurídico del protocolo familiar», cit., p. 415.

3.4.1. Cláusulas penales

Regulada en los arts. 1152 a 1155 CC y muy habitual en el ámbito contractual, la cláusula penal permite a las partes que suscriben un contrato anticiparse a un hipotético incumplimiento, permitiendo en tales casos reclamar una indemnización determinada en los supuestos en que se incumple, o cumple de forma defectuosa, la obligación pactada.

Ni la DGRN[182] ni la jurisprudencia del TS[183] ofrecen dudas acerca de la validez de estas cláusulas, muy frecuentes en la práctica. Su principal virtud, destacada por la doctrina[184], es la de evitar al acreedor la necesidad de tener que probar la existencia de los daños y perjuicios sufridos. A tenor del art. 1152 CC, la aplicación de la pena sustituirá a la indemnización de daños y el abono de intereses en caso de falta de cumplimiento. No obstante, el mismo precepto permite pactar a las partes que el deudor pueda exigir tanto la pena estipulada como los daños y perjuicios que se pudieran acreditar.

Un elemento importante a la hora de configurar la cláusula penal es la determinación del *quantum* indemnizatorio que, en caso de ejecución, deberá abonar el incumplidor. Resulta lógico pensar que la indemnización debe resultar lo suficientemente gravosa como para que a ninguno de ellos le compense incumplir el protocolo, si el deudor considera mucho más ventajoso cumplir que incumplir, optará, naturalmente, por lo primero y la cláusula penal, entonces, servirá para reforzar el vínculo obligacional[185].

Sin embargo, a la hora de ponderar la intensidad del *quantum* de la cláusula penal, se ha de tener en cuenta que, a tenor del art.1154 CC, el Juez que conozca una eventual controversia derivada de la misma está obligado (a modo de deber y no de facultad discrecional)[186] a moderar "equitativamente la pena cuando la obligación principal hubiera sido en parte o irregularmente cumplida por el deudor". En caso de disputa judicial, será el Juez quien fije equitativamente la cuantía de la pena, que podrá coincidir o no con la pactada en el protocolo familiar. La intervención moderadora deberá efectuarse por el Juez incluso aunque el deudor obligado no la haya solicitado[187].

---

182 RRDGRN de 19 de noviembre de 1957 y 13 de enero de 1984.

183 SSTS de 27 de septiembre de 1961 y 216/1995 de 16 de marzo de 1995.

184 A. S. Casanova Asencio, «La cláusula penal en las propuestas de modernización del Código Civil: posibles soluciones a dilemas actuales», *La Ley*, 2021, p. 1.

185 R. Roca Sastre; J. Puig Brutau, *Estudios de Derecho privado*, Thomson Reuters, 2009, p. 347.

186 X. O'Callaghan Muñoz, *Código civil. Comentado y con jurisprudencia*, La Ley, 2004, p. 1212.

187 A. Díez Picazo, L.; Gullón Ballesteros, *Sistema de Derecho Civil*, Tecnos, 2001, p. 160.

Asimismo, si bien el art. 1154 CC no recoge como regla específica el supuesto de moderación por los jueces de la cláusula penal cuando son excesivas o sobrepasan de manera notoria los daños reales, la jurisprudencia[188] ha asentado —aunque de manera restrictiva— la posibilidad de reducirla mediante otros remedios contractuales, como son los propios límites del acto de autonomía privada y del ejercicio de los derechos (arts. 6.3 y 1255 y ss. CC y art. 7 CC). Cabe, por tanto, el control de la cláusula penal excesiva, aunque limitado a aquellos supuestos en los que la diferencia entre la penalización prevista y el daño realmente sufrido por el acreedor demandante sea extraordinariamente elevada, motivada por unas circunstancias que no pudieron preverse en el momento de celebrar el contrato[189].

Esta situación genera un escenario de cierta inseguridad jurídica. La aplicación de este criterio puede contrariar la finalidad disuasoria que pretende la cláusula penal y puede suponer un peligro en el caso de los protocolos familiares, por cuanto implica dejar a la interpretación del Juez el alcance de una cláusula que ha sido acordada por voluntad de las partes, y cuya efectividad queda condicionada a la intervención de los poderes públicos[190]. Respecto a esta cuestión, debe tenerse en cuenta que la norma recogida en el art. 1154 CC es de carácter imperativo y, por tanto, no cabe incorporar al protocolo un pacto en el que se excluya la revisión judicial de las penas previstas[191].

El RD 171/2007, a través de la modificación de los arts. 114.2 y 175.2 RRM, introduce la posibilidad de que las cláusulas penales previstas en un protocolo familiar puedan ser incorporadas al contrato social o a los estatutos y, por tanto, ser inscribibles en el RM, siempre que el protocolo en cuestión haya sido publicado en alguna de las formas contempladas en los arts. 6 y 7 del RD 171/2007.

---

188 Han asentado la posibilidad de reducir las cláusulas penales excesivas las siguientes resoluciones: SSTS 530/2016 de 13 de septiembre de 2016; de 25 de enero de 2017; y de 17 mayo 2019. Por el contrario, se muestran restrictivas con la aplicación de este criterio, entre otras, las SSTS de 11 de diciembre de 2018 y 317/2022 de 20 de abril de 2018.

189 Para mayor profundidad sobre la cuestión léase ÁLVAREZ LATA, NATALIA, «Dos reglas sobre la interpretación estricta de la cláusula penal. Comentario a la STS de 11 de diciembre de 2018 (RJ 2018, 5435)», *Cuadernos Civitas de jurisprudencia civil*, 111, 219d. C.; PORTILLO CABRERA, ESTEFANÍA; MARTÍNEZ BASCUÑANA, PALOMA, «La existencia de una diferencia extraordinariamente elevada entre la pena pactada y el daño real sufrido como criterio de moderación de la cláusula penal. Análisis de la sentencia de la sala de lo civil del Tribunal Supremo nº 317/2022, de 20 de abril», *Revista Aranzadi Doctrinal num.4/2023*, 2023.

190 En parecidos términos se manifiesta A. M. LÓPEZ LÓPEZ, *Fundamentos de derecho civil*, cit., p. 305; A. J. VALMAÑA CABANES, «El régimen jurídico del protocolo familiar», cit., pp. 424-425.

191 J. M. RODRÍGUEZ TAPIA, «Artículo 1.154. Modificación de la pena por el juez», en *Código Civil comentado*, Thomson Reuters-Civitas, 2011, p. 339.

3.4.2. Opción de compra

Como alternativa a la cláusula penal, y con el objeto de evitar su moderación por parte de los jueces, podría considerarse la posibilidad de pactar en el propio protocolo familiar una opción de compra que se ejercitaría frente a las acciones o participaciones del concedente cuando incurre en un incumplimiento de lo previsto en el protocolo. De esta manera, el ejercicio de la opción de compra queda condicionado a la realización de una determinada conducta por parte del concedente que suponga una infracción de lo dispuesto en el protocolo familiar. El valor acordado en la opción de compra podría, por ejemplo, alcanzar el 60% del valor de las acciones o participaciones calculado conforme al sistema de valoración previsto en el protocolo familiar y trasladado a los estatutos sociales[192].

Para garantizar el cumplimiento de la obligación de consumar la compraventa sin necesidad de acudir a la vía judicial, se propone completar la opción de compra con un poder irrevocable inserto en el propio protocolo familiar, en virtud del cual todos los contrayentes del protocolo facultan al resto de socios-contrayentes para que, por sí solos, puedan otorgar la escritura pública[193].

El uso de esta alternativa con el objetivo de evitar la moderación de los tribunales (y con la pretensión de lograr así una mayor seguridad jurídica) plantea ciertas dudas en cuanto a su eficacia real. Podrían aquellos considerar que se trata una cláusula penal encubierta e intervenir igualmente ponderando el *quantum* acordado en el protocolo.

---

192 En el protocolo familiar, y posteriormente en los estatutos, es conveniente que los firmantes consensuen cómo se han de valorar las participaciones o acciones cuando vayan a producirse transmisiones de los títulos. De esta manera, una vez se verifiquen los supuestos, los actores ya sabrán los cauces a los que atenerse, evitando posibles conflictos sobre el método de valoración cuando las distintas técnicas disponibles no coinciden en el precio resultante.
La DGRN en su Resolución de 2 de noviembre de 2010, apoyándose en el art. 175. 2.b) RRM, admite la inclusión en los estatutos de reglas de valoración de las participaciones del socio distintas a las contenidas en la LSC para determinados supuestos de ejercicio del derecho de separación no previstos en la ley, por considerar que no se menoscaba la razonable posibilidad de transmitir las participaciones.
La disposición final segunda del Real Decreto 171/2007 de 9 de febrero por el que se regula la publicidad de los protocolos familiares modifica el RRM en sus arts. 114.2.b) para las S.A. y en el 175. 2.b) para las S.R.L. que contemplan la posibilidad y proclaman la legalidad "del pacto unánime entre los socios de los criterios y sistemas para la determinación previa del valor razonable de las participaciones sociales/acciones previstos para el caso de transmisiones inter vivos o mortis causa".
Adicionalmente a la cláusula que fije el método de valoración, el protocolo puede dejar abierta la elección del experto que deberá valorar las participaciones o acciones, o limitarse a obligar a que se trate de un experto independiente.

193 En relación a esta cuestión, nos remitimos a lo dispuesto en el epígrafe 2.6.3.

3.4.3. Prestaciones accesorias

Las prestaciones accesorias son el resultado del pacto mediante el cual los propietarios de una sociedad acuerdan que todos o alguno de los socios han de realizar determinadas obligaciones a favor de la misma, que es acreedora, y forman parte del patrimonio social, pero no de su capital.

En su Sentencia 216/2013, de 14 de marzo de 2013, el Tribunal Supremo las define como "(...) prestaciones accesorias son obligaciones a cargo de todos o algunos de los socios, que han de estar previstas en los estatutos sociales, y que son distintas de la obligación principal de realizar las aportaciones sociales correspondientes a las participaciones asumidas por cada uno de ellos. Por lo tanto, integran el patrimonio social pero no el capital social".

En palabras de Barba de Vega[194], se trata de compromisos cumulativos y no sustitutivos (de ahí su carácter accesorio) a la ineludible obligación de aportar al capital social, cuyo carácter es esencial. De esta manera, se exige un mayor compromiso en la contribución que los socios deben hacer al fin social, mediante la imposición de otras obligaciones adicionales, como la obligación de firmar el protocolo familiar y las que se deriven de los acuerdos que se recojan en el mismo, vinculadas a su condición de miembros de la compañía[195].

Debidamente publicado el protocolo, se pueden incorporar a los estatutos sociales pactos por los que se imponga a los socios firmantes, por un lado, una prestación accesoria consistente en su cumplimiento, y por el otro, cláusulas penales estatutarias que sancionen societariamente el incumplimiento de la prestación. De esta manera, es posible trasladar a la esfera societaria los efectos de los eventuales incumplimientos de lo dispuesto en el protocolo familiar, por lo que constituye un mecanismo muy útil para establecer cierto grado de interacción entre la esfera societaria y la contractual. El protocolo familiar, que, por su naturaleza jurídica, contiene compromisos que han nacido como civiles-contractuales, podrá albergar mecanismos mercantiles para asegurar el cumplimiento de sus obligaciones. No se ve, por tanto, afectada la regulación de la sociedad, sino que son las obligaciones de los socios las que pasan de tener naturaleza puramente contractual a tener naturaleza y exigibilidad societaria.

En cuanto a su régimen jurídico en el ordenamiento español, se regulan en los arts. 86 a 89 LSC de manera unitaria, y en los arts.127 y 187 RRM para las S.A. y S.R.L., respectivamente.

---

194 J. BARBA DE VEGA, «Prestaciones accesorias», en *La sociedad de responsabilidad limitada*, Thomson Aranzadi, 2006, p. 211.

195 R. BONARDELL LENZANO; R. CABANAS TREJO, «Artículo 36», en *Comentarios a la Ley de Sociedades Anónimas*, Tecnos, 2011, p. 398.

El RD 171/2007 vino a modificar el apartado 1 del art. 187 RRM, que, en sede de S.R.L., dispone que las prestaciones accesorias que se incorporen a los estatutos deberán detallar su régimen, expresando su contenido concreto y determinado, que puede ser económico o en general cualquier obligación de dar, hacer y no hacer, así como el carácter gratuito o retribuido de las mismas o, en su caso, las garantías previstas en su cumplimiento. En los casos en que sean retribuidas, en los estatutos se debe especificar la compensación a recibir por los socios que las realicen, sin que pueda exceder en ningún caso del valor que corresponda a la prestación.

Es importante destacar la exigencia de que el contenido de la prestación sea "concreto y determinado". Exigencia que se establecía en el art. 86 LSC, y se vio reforzada por la Resolución de la DGRN de 7 de marzo de 2000.

Vicent Chuliá[196] considera que, desde el momento en que el RD 171/2007 permite que el texto íntegro del protocolo familiar se deposite en el Registro Mercantil, debe considerarse que el contenido de la obligación accesoria queda "concreto y determinado". La misma consideración encontramos en Fernández del Pozo[197], que entiende que la determinabilidad del contenido del protocolo familiar debe estar instrumentada bajo forma de depósito registral.

En la misma línea, Serrano Cañas[198] considera que la reforma llevada a cabo por el RD 171/2007 del 187.1 RRM configura el protocolo familiar como una prestación accesoria. Además, advierte de que, aunque tal posibilidad solo se regula en sede de S.R.L., no existe inconveniente para introducirla en sede de S.A. Por último, coincide en considerar que el protocolo familiar deberá estar publicado registralmente para cumplir con la exigencia de determinación estatutaria del contenido de la obligación. Respecto a esta cuestión precisa el autor que, como mínimo, es necesario que el protocolo se haya depositado en el RM con motivo del depósito de las cuentas anuales o con ocasión de la ejecución del protocolo familiar (es decir, por las vías recogidas en los art. 6 y 7 del RD 171/2007). La publicidad registral es, por tanto, condición inexcusable para la oponibilidad frente a terceros de la prestación accesoria consistente en el cumplimiento del protocolo.

La DGRN, en su Resolución 9615/2018 de 26 de junio de 2018 confirma el criterio de la doctrina, y resuelve el caso de la inscripción de cláusula en los estatutos sociales de una S.R.L. que impone la prestación accesoria del cum-

---

196 F. Vicent Chuliá, «Protocolo familiar, organización jurídica y relevo generacional de la empresa familiar», cit., p. 133.

197 L. Fernández del Pozo, *El protocolo familiar. Empresa familiar y publicidad registral*, cit., p. 245.

198 J. M. Serrano Cañas, *El cambio generacional en empresas familiares*, cit., pp. 79-81.

plimiento de las disposiciones pactadas en el protocolo familiar estableciendo que:

> "En el presente caso la obligación en que consiste la prestación accesoria está perfectamente identificada mediante su formalización en la escritura pública que se reseña, de suerte que su íntegro contenido está determinado extraestatutariamente de manera perfectamente cognoscible no solo por los socios actuales que lo han aprobado unánimemente sino por los futuros socios que, al adquirir las acciones quedan obligados por la prestación accesoria cuyo contenido es estatutariamente determinable –*ex* artículo 1273 del Código Civil– en la forma prevista".

Es importante insistir en la exigencia de que las prestaciones accesorias se establezcan expresamente en los estatutos de la sociedad. Además, de conformidad con el art. 89 LSC, la creación, modificación y extinción anticipada de la obligación de cumplir con las prestaciones accesorias deberá "acordarse con los requisitos previstos para la modificación de los estatutos y requerirá, además, el consentimiento individual de los obligados". Es decir, que será la Junta General la que deba aprobar la modificación estatutaria que incorpore la obligación de firmar y cumplir con lo dispuesto en el protocolo a los estatutos sociales, con el consentimiento de todos los firmantes del documento que vayan a ser obligados al cumplimiento de la prestación accesoria.

En la empresa familiar se podrá incluir estatutariamente una prestación accesoria consistente en que los socios o accionistas actuales deban haber suscrito el protocolo familiar y, en el caso de los futuros, que se adhieran en el momento en el que accedan al capital social, sometiéndose a su contenido contractual en todos los aspectos. También podría incluirse el sometimiento a una eventual modificación futura del protocolo familiar. Asimismo, en los estatutos sociales se podrá prever la exclusión de la sociedad del socio que incumpla el protocolo, habiéndose incorporado la obligación de suscribir el protocolo familiar.

Incorporada a los estatutos sociales, la prestación consistente en aceptar y cumplir lo dispuesto en el protocolo, puede operar a modo de cláusula restrictiva de la transmisión (para alcanzar la condición de socio es necesario adherirse al protocolo) o, también, como fórmula para garantizar su cumplimiento, pudiendo excluir al socio que voluntariamente lo incumpla[199]. Así se dispone en el art. 350 LSC, aunque solo para las S.R.L. Cabe destacar la

---

[199] En función de la dedicación de los socios a la empresa (prestación de servicios en favor de la sociedad o aportación de capital —socios capitalistas—), es habitual que las familias decidan compensar a los primeros respecto a los segundos como forma de premiar la implicación y el esfuerzo por mantener y hacer crecer el proyecto empresarial. Con este objetivo, puede distinguirse la existencia de participaciones con derecho de voto proporcional a su participación en el capital social y participaciones con derecho de voto limitado o con derecho a una mayor participación en los beneficios

exigencia de "voluntariedad" en el incumplimiento, en la que incide también el art. 89.2 LSC, a la hora de determinar las conductas, acciones u omisiones que se van a considerar incumplimientos del protocolo.

Por último, consideramos interesante mencionar que, conforme al art. 88 LSC, en los supuestos de transmisión voluntaria por actos *inter vivos* de participaciones o acciones que tengan aparejada una prestación accesoria, será necesaria la autorización de la sociedad. Salvo disposición contraria de los estatutos, en las S.R.L. será competente para conceder la autorización la Junta General, mientras que en las S.A. lo será el órgano de administración. En cualquier caso, si transcurrido un plazo de dos meses desde que se haya presentado la solicitud para obtener la autorización sin que la sociedad haya contestado, se considerará que la autorización ha sido concedida.

---

de la sociedad. En este caso, en el protocolo deberán establecerse los criterios para la atribución de unas y otras participaciones entre los socios.

Para regular de forma adecuada esta cuestión, además de la creación de participaciones o acciones privilegiadas, podría ligarse el disfrute de tales privilegios al cumplimiento de una prestación accesoria (arts. 86 al 89 LSC), que en este supuesto sería la «prestación de servicios en la empresa familiar». Sería necesario, en su caso, precisar de manera adecuada qué se entiende por "prestación de servicios" con el fin de evitar conflictos hermenéuticos. Dicha prestación accesoria deberá recogerse en los estatutos de la sociedad.

Un ejemplo de previsión en los estatutos sociales de prestaciones accesorias consistentes «en el trabajo personal del socio en favor de la sociedad, o de una sociedad de su grupo» lo encontramos en la STS 216/2013 de 14 de marzo de 2013, en la que se admite el derecho de separación de la sociedad de un socio que voluntariamente decide dejar de prestar servicios por cuenta ajena a la sociedad.

PARTE SEGUNDA.
TRANSMISIÓN DE LA EMPRESA FAMILIAR

Capítulo 4.
Ejecución jurídico-civil del protocolo familiar

4.1. LA EJECUCIÓN DE LO DISPUESTO EN EL PROTOCOLO

El protocolo familiar no despliega por sí mismo la eficacia jurídica plena que pretenden sus firmantes: es menester para ello ejecutar lo dispuesto en el protocolo mediante los correspondientes instrumentos jurídicos, *inter vivos* o *mortis causa,* debidamente documentados conforme a la ley.

En lo que concierne a su esfera societaria, a fin de que el contrato que es el protocolo familiar (*inter partes*) adquiera eficacia frente a terceros, su contenido debe ser trasladado a los estatutos sociales y así tener acceso —previa calificación— al Registro Mercantil.

Asimismo, en el supuesto de que una de las medidas acordadas en el protocolo sea la modificación del órgano de administración (es habitual en este sentido que de un Administrador Único se pase a un Consejo de Administración en el que participe el fundador-promotor de la empresa junto a sus hijos) y/o la delegación de facultades del órgano de administración, deberán otorgarse las correspondientes escrituras públicas notariales con carácter previo a su traslado al Registro Mercantil.

Además, si de las reflexiones estratégicas habidas en el seno de la empresa, se ha acordado algún tipo de reestructuración societaria, habrán de ejecutarse tales operaciones a través de la firma y registro de las escrituras públicas correspondientes.

Por otro lado debe contemplarse, desde la perspectiva civil, la conveniencia de otorgamiento de poderes preventivos en contemplación de posibles supuestos de deterioro repentino de facultades de los socios que les priven de poder gestionar su patrimonio empresarial, temporal o indefinidamente[200]. Además, en su caso, habrán de otorgarse las oportunas capitulaciones

---

200 Conforme la esperanza de vida aumenta, resulta más frecuente que se den situaciones o procesos de pérdida de facultades como consecuencia de enfermedades como el alzheimer o accidentes cardiovasculares. Nuestro ordenamiento jurídico ofrece algunos instrumentos que permiten a las personas anticiparse a dichas situaciones evitando, si acaecen, perjuicios a la empresa.
Los instrumentos más adecuados a los que nos podemos referir en el protocolo familiar son la autocuratela y los poderes preventivos. Puede resultar conveniente recoger

matrimoniales por los socios de la empresa familiar y sus respectivos cónyuges, y darse traslado de los mismos al Registro Civil correspondiente para su inscripción.

La transmisión de la empresa familiar puede articularse en nuestro ordenamiento jurídico civil a través de un negocio jurídico *inter vivos,* como la donación de participaciones o acciones sociales, que anticipa en vida del empresario disponente los efectos sucesorios o bien, más frecuentemente, mediante el otorgamiento de un testamento como negocio unilateral, personalísimo y con efectos *post mortem* en el que aquél dispone *mortis causa* de sus bienes y derechos entre los que se encuentra la empresa de la que es titular.

En aquellos derechos territoriales donde se admiten figuras paccionadas de naturaleza sucesoria[201] (en el ámbito del derecho común el art. 1271.2 CC establece la prohibición de los contratos sobre la herencia futura), a la sucesión por vía testamentaria se añade la delación contractual, como se verá, a través de pactos o contratos sucesorios: instrumentos que presentan, a nuestro juicio, importantes ventajas para el objetivo de garantizar la continuidad y permitir la transmisión indivisa de la empresa familiar.

---

en el protocolo familiar la recomendación de otorgar poder preventivo en aquellos supuestos en que pudiera padecerse una disminución de la capacidad de los afectados, además del alcance de estos poderes y las circunstancias en que devendrían eficaces.

Por supuesto, la mera constancia en el protocolo familiar de un poder no es suficiente para dotarlo de eficacia, sino que, como señalábamos en otro momento y de conformidad con el art. 260 CC, será necesario que se otorgue en escritura pública como parte de la ejecución del protocolo. Otorgado el poder, el notario autorizante lo comunicará de oficio al Registro Civil para que conste en la hoja registral individual del poderdante.

El poderdante podrá fijar en el poder el procedimiento necesario para acreditar que se ha producido una situación de necesidad de apoyo (art. 257 CC), que podrá consistir, por ejemplo, en que deberá estar avalada por dos informes médicos emitidos por dos profesionales distintos. Asimismo, podrá disponer la condición para la extinción de la eficacia del mismo.

El poder preventivo es el instrumento más adecuado por su agilidad para afrontar situaciones sobrevenidas en el menor tiempo posible, máxime a raíz de la reciente modificación del Código Civil en materia de discapacidad por la Ley 8/2021, de 2 de junio, por la que se reforma la legislación civil y procesal para el apoyo a las personas con discapacidad en el ejercicio de su capacidad jurídica.

201 En los derechos civiles de Aragón (arts. 377 a 404 del CDFAr), de las Islas Baleares (arts. 72 a 77 de la CDCB), de Cataluña (arts. 431-1 a 432-5 del CCCat), de Euskadi (arts. 100 a 109 de la LDCV), de Galicia (arts. 209 a 237 de la LDCG) y de Navarra (Leyes 172 a 183 del FNN).

4.2. DERECHO CIVIL APLICABLE

El marco regulatorio de la sucesión de la empresa familiar difiere profundamente dependiendo de cuál sea la ley personal del causante (art. 9.8º CC), por lo que la planificación sucesoria empresarial deberá tener en cuenta este aspecto en la previsión de medidas en el protocolo familiar y, en general, a la hora de adoptar decisiones empresariales o familiares con trascendencia jurídica en la ordenación de la futura sucesión[202]. En lo que se refiere transmisión *inter vivos* o *mortis causa* de la empresa familiar, la imposición o no de un sistema de legítimas más o menos restrictivo condiciona absolutamente al empresario, que ante todo debe conocer su vecindad civil para concretar cuáles son los límites de su facultad de disposición[203].

El núm. 8 del art. 9 CC dispone que "La sucesión por causa de muerte se regirá por la ley nacional del causante en el momento de su fallecimiento, cualesquiera que sean la naturaleza de los bienes y el país donde se encuentren". No obstante, la coexistencia en España de diferentes regímenes jurídicos aplicables en los territorios con derecho foral o especial (amparados por el art. 149.1.8º y la disposición adicional primera de la CE), exigirá atenerse a lo que dispone el art. 14 CC, que establece que la determinación de la aplicación del derecho civil común, o el especial o foral se establece según la vecindad civil.

Conforme a lo dispuesto en el citado art. 14 CC, la vecindad civil se adquiere por dos vías. En el primero de los supuestos es el propio interesado el que solicita el cambio de su vecindad civil transcurridos dos años de su residencia continuada. Sin embargo, en el segundo, la vecindad civil se adquiere automáticamente por la residencia continuada de diez años, sin que se haya declarado una voluntad contraria. La práctica profesional permite constatar que es habitual que los miembros de la familia empresaria desconozcan esta circunstancia, debiendo ser debidamente asesorados en tal sentido por el asesor de la familia, habida cuenta de las diferencias de régimen sucesorio de los distintos territorios españoles.

---

202 M. L. Guardo Galdón, «La empresa familiar y el ejercicio de la planificación sucesoria», en *Dirección, organización del gobierno y propiedad de la empresa familiar*, Tirant lo Blanch, 2015, p. 182.

203 M. T. Hualde Manso, «Patrimonio fiduciario y sucesión en la empresa familiar», en *Los patrimonios fiduciarios y el trust : III Congreso de derecho civil catalán*, Marcial Pons, 2006, p. 629.

4.3. LA TRANSMISIÓN *MORTIS CAUSA* DE LA EMPRESA FAMILIAR COMO UNIDAD INDIVISA: LÍMITES NORMATIVOS

A la hora de planificar la transmisión sucesoria de la empresa familiar deberán tenerse en cuenta las singularidades que concurran en cada familia y organización empresarial, el contexto en el que tiene lugar el proceso sucesorio y los objetivos que se persiguen. Es por ello por lo que, dentro del abanico de fórmulas sucesorias que ofrece el ordenamiento jurídico, deben escogerse aquellas que mejor se acomoden tanto a los objetivos del grupo familiar como a los propios imperativos de la supervivencia empresarial.

4.3.1. El actual sistema de legítimas como límite de la libertad dispositiva mortis causa del empresario familiar

4.3.1.1. La legítima como porción forzosa: concepto y problemática

Las legítimas constituyen un límite a la libertad de testar por lo que pueden representar un obstáculo para la transmisión *mortis causa* de la empresa familiar: en efecto, según establece el art. 763.2 CC, "El que tuviere herederos forzosos solo podrá disponer de sus bienes en la forma y con las limitaciones que se establecen en la sección quinta de este capítulo". El Tribunal Supremo se refiere a este sistema como de "reglamentación negativa"[204], pues la ley permite al causante disponer de sus bienes y derechos (entre ellos, los que configuran la empresa), si bien con la seguridad de cumplirse, voluntariamente y por cualquier título (herencia, legado o donación) el deber impuesto por la existencia de una porción forzosa en favor de determinados parientes legitimarios (art. 806 CC).

El testador no puede privar a los herederos de su legítima salvo por los supuestos expresamente recogidos en el Código Civil ni tampoco podrá im-

---

[204] Según la STS 695/2005 de 28 de septiembre de 2005, "El sistema se califica como de reglamentación negativa , dado que la Ley deja al causante disponer de sus bienes en la confianza de que va a cumplir voluntariamente, y por cualquier título, el deber de atribución y confiere al legitimario (artículo 763.2 del Código Civil [LEG 1889, 27]), para el caso de que se superen en su perjuicio los límites establecidos, la facultad de ejercitar las acciones de defensa cuantitativa de su legítima, con la reclamación del complemento (artículo 815 del Código Civil), la reducción de legados excesivos (artículos 817 y 820 del Código Civil y sentencia de 24 de julio de 1986 [RJ 1986, 4619]) o, en su caso, de las donaciones inoficiosas (artículos 634, 651, 819 y 820 del Código Civil), aunque estén ocultas bajo negocios aparentemente onerosos (sentencia de 14 de noviembre de 1986 [RJ 1986, 6392])".

poner gravamen, condición ni sustitución de ningún tipo sobre la misma (art. 813 CC[205]).

Cuando se trata de la empresa familiar serán herederos forzosos *ex* art. 807 CC:

1.° Los hijos del empresario familiar.

2.° Si no tuviera hijos, sus padres.

3.° El cónyuge viudo.

Se denomina legítima estricta a la parte indisponible de la legítima de los descendientes que necesariamente tendrá que ser atribuida por partes iguales entre los mismos, mientras el tercio de mejora es "una unidad contable, que constituye el máximo en que se puede favorecer a unos legitimarios descendientes frente a los demás" (Torres García y Domínguez Luelmo[206])[207]. El tercio de libre disposición o "tercio libre" es aquella parte de la herencia de la que el causante puede disponer libremente y sin ningún tipo de limitación.

El derecho de usufructo del cónyuge viudo es variable dependiendo de con quién concurra a la sucesión: si concurre con hijos y descendientes, será del tercio destinado a la mejora (art. 834); si no existiendo descendientes concurre con ascendientes, será de la mitad de la herencia (art. 837 CC); y si no existen descendientes ni ascendientes, será de dos tercios de la herencia (art. 838 CC)[208]. La separación judicial o de hecho excluye la condición de legitimario del cónyuge (art. 834 CC).

---

205 En lo que se refiere a la intangibilidad cualitativa de legítima, la Ley 8/2021, de 2 de junio, por la que se reforma la legislación civil y procesal para el apoyo a las personas con discapacidad en el ejercicio de su capacidad jurídica da nueva redacción al segundo párrafo del artículo 813, según el cual: "El testador no podrá privar a los herederos de su legítima sino en los casos expresamente determinados por la ley. Tampoco podrá imponer sobre ella gravamen, ni condición, ni sustitución de ninguna especie, salvo lo dispuesto en cuanto al usufructo del viudo y lo establecido en los artículos 782 y 808".

206 Los autores se refieren a la STS de 22 de noviembre de 1991, que destaca que la finalidad de la mejora es desigualar a los descendientes.
T. F. Torres García; A. Domínguez Luelmo, «La legítima en el código civil (II)», en *Tratado de derecho de sucesiones Tomo II*, Thomson Reuters, 2011, p. 1905.

207 A propósito de la mejora, el art. 828 CC dispone que los legados efectuados por el testador a uno de sus hijos o descendientes se reputarán como mejora únicamente cuando el testador así lo declare expresamente, o cuando excedan de la parte libre.

208 La propuesta de Código Civil de la Asociación de Profesores de Derecho Civil opta por mantener el derecho de la legítima en usufructo del cónyuge viudo, y, además, por permitir su ampliación de forma expresa a voluntad del causante, incluso gravando la legítima de los descendientes.

A la vista de lo expuesto, en el supuesto más habitual en la práctica de un empresario casado con descendientes que quiera planificar la sucesión de la propiedad de la empresa familiar, deberá tenerse en cuenta que solo podrá disponer libremente de un tercio de su patrimonio, mientras que, de los dos tercios restantes, uno de ellos podrá atribuirlo al descendiente o descendientes que elija y el otro forzosamente se repartirá por iguales partes entre los mismos. El cónyuge viudo tendrá, por su parte, derecho a usufructuar el tercio de mejora.

Si no se respetara esta exigencia legal podría considerarse una vulneración del principio de la intangibilidad (cuantitativa) de la legítima: así lo dispone el Tribunal Supremo en la Sentencia 468/2019 de 17 de septiembre de 2019: "mediante la computación se agrega al caudal relicto del causante todas las donaciones realizadas por el mismo en vida; pues, de no llevarse a efecto tal operación, se podría atentar contra el principio de la intangibilidad de las legítimas, que se vería lesionado si el causante dispusiera *inter vivos*, por actos gratuitos, de la totalidad de sus bienes, de manera tal que nada restase para repartir entre sus herederos forzosos, o lo hiciera de forma tal que les quedara a sus legitimarios una participación inferior a la que legalmente les corresponde según su grado parentesco con el causante".

Con el propósito de determinar si los actos dispositivos del testador, tanto *inter vivos* como *mortis causa*, han vulnerado la porción legal forzosa, se habrá de estar a lo dispuesto en el art. 818 CC sobre el cálculo de la legítima. En relación al cómputo de la legítima global, el Alto Tribunal en SSTS 29/2008 de 24 de enero de 2008; 17 de marzo de 1989; 748/2012 de 29 de noviembre de 2012; y 695/2005 de 28 de septiembre de 2005, entre otras, señala expresamente que "El cómputo de la legítima es la fijación cuantitativa de esta, que se hace calculando la cuota correspondiente al patrimonio hereditario del causante, que se determina sumando el *relictum* con el *donatum*[209] ". Además,

---

G. H. GALICIA AIZPURUA Y OTROS, «Título VI. De las sucesiones», en *Propuesta de Código Civil*, Tecnos, 2018, p. 193.

209 Según el art. 1035 CC, tienen el carácter de colacionables los bienes o valores que, por dote, donación u otro título lucrativo hubiera transmitido en vida el causante de la herencia a alguno de sus herederos forzosos, cuando éste concurra a la herencia con otros que también lo sean. Frente a la regla general de colación de todas las atribuciones lucrativas, el Código Civil establece algunas excepciones:
Lo dejado en testamento si el testador no dispusiere lo contrario (art. 1037 CC).
Los gastos de alimentos, educación, curación de enfermedades, aunque sean extraordinarias, aprendizaje, ni los regalos de costumbre (art. 1041.1 CC).
Los gastos realizados por los progenitores y ascendientes para cubrir las necesidades especiales de sus hijos o descendientes requeridas por su situación de discapacidad (art. 1041.2 CC).

en parecidos términos se manifiestan las SSTS de 21 de abril de 1990; 23 de octubre de 1992; y 323/1997 de 21 de abril de 1997.

Si se trata del empresario, el problema surge cuando su voluntad es transmitir la empresa familiar a uno de sus hijos, por consideración a su mayor capacidad o idoneidad para asumir la continuidad en la titularidad y/o por su mayor implicación en la compañía, pero no hay bienes suficientes en el patrimonio familiar para satisfacer las legítimas de quienes no resulten adjudicatarios de los activos y derechos que integran la empresa. En definitiva, en aquellos supuestos, frecuentes, en que la empresa familiar constituya el mayor valor del caudal relicto.

Esta libertad se verá aún más restringida en el supuesto de que el favorecido sea un nieto —descendiente de segundo grado en línea recta descendente— existiendo hijos —primer grado en línea recta descendente— u otros nietos con derecho de representación (*ex* art. 915 CC), y del todo reducida cuando el empresario quiera transmitir *mortis causa* la empresa a un sobrino —pariente colateral de tercer grado— o a su pareja de hecho (que, a efectos sucesorios, se considera un extraño[210]). En este último supuesto, conforme a lo dispuesto en el Código Civil, solo podrá ser beneficiario de un tercio de la herencia, el de "libre disposición".

Los gastos que el progenitor haya hecho para dar a sus hijos una carrera profesional o artística, salvo que el progenitor lo disponga o perjudiquen a la legítima (art. 1042 CC). Los regalos de boda, consistentes en joyas, vestidos y equipos, salvo, en su caso, en la parte que exceda en un décimo o más de la cantidad disponible por testamento (art. 1044 CC).

En lo que se refiere al valor que ha de considerarse a efectos de la colación de donaciones para el cálculo de la cuota legitimaria, caben tres posibilidades: el valor a la fecha de la donación, a la del fallecimiento del causante, o a la de la partición. Por esta última opción se ha decantado la STS 607/2007 de 15 de junio de 2007, según la cual "Para la determinación del valor de las liberalidades o donaciones computables ha de estarse al que tuvieren el día de la partición. Es doctrina común que la reforma en 1981 del art. 818 Cód. civ. produjo el que la valoración de los bienes del causante habría de realizarse en el que tuvieren el día de la partición. -y añade- Todo ello se traduce en una actualización del valor de la liberalidad al momento de la partición, mediante los criterios recogidos en el art. 1045 Cód. civ., pues aunque está referido a la colación no hay obstáculo para aplicarlo a la computación de donaciones por una identidad de razón".

210 El Estado no ha dotado a las parejas de hecho de derechos sucesorios. Sin embargo, las Comunidades Autónomas reconocen ciertos derechos sucesorios en favor de los convivientes supérstites. Según Ayllón, esta situación de desigualdad en la que las parejas de hecho pueden tener o no derechos *mortis causa* dependiendo del territorio donde se encuentren vulnera el principio de igualdad recogido en el artículo 14 CE. J. D. Ayllón García, «Presente y futuro del derecho sucesorio de las parejas de hecho», en *Las legítimas y la libertad de testar.*, Aranzadi, 2019.

En el caso de que el empresario no tuviera descendientes y quiera transmitir la empresa familiar a su cónyuge, ha de tenerse en cuenta que la legítima de los padres del causante es una tercera parte del caudal computable, mientras que si el testador decidiera transmitir la empresa a un tercero (*v.gr.* un sobrino o su pareja de hecho), los padres tendrían derecho a la mitad del *relictum* (descontadas las deudas y añadidas las donaciones colacionables) en concepto de legítima (art. 809 CC). Por lo tanto, el empresario debe conocer que, si a la apertura de la sucesión (en el momento de su fallecimiento) ostenta la vecindad civil de derecho común (art. 9.1 CC) podrá disponer libremente en su favor de los dos tercios y la mitad de la herencia, respectivamente, lo cual plantea problemas en el mencionado caso de que el valor de la empresa absorba la totalidad o la mayor parte del caudal líquido computable.

4.3.1.2. Naturaleza jurídica: ¿*Pars hereditatis* o *pars bonorum*?

En cuanto a la naturaleza jurídica de la legítima, su configuración *ex* art. 806 CC como *pars bonorum*, es decir, como una parte o cuota del activo líquido o neto de la herencia —es decir, con deducción de las deudas y cargas—, con posibilidad de ser percibida por el legitimario no necesariamente a título de herencia sino por cualquier otro título, como legado o donación[211], determina que el legitimario es cotitular directo de los bienes hereditarios e integra la comunidad hereditaria.

Su consideración como *pars hereditatis*, es decir, como parte alícuota del caudal relicto, con su activo y pasivo, a la que tiene derecho el legitimario desde que asume su condición de heredero, es la admitida por la mayor parte de la doctrina[212] y de la jurisprudencia[213]. En consecuencia, la legítima deberá abonarse a los herederos forzosos con bienes de la herencia.

---

211 En este sentido, STS 695/2005 de 28 de septiembre de 2005: "el legitimario que hubiera recibido íntegramente la legítima por herencia, legado o donación, carece del derecho a reclamarla como heredero forzoso, independientemente del título de su atribución por el causante, pues no ha sido favorecido por una delación legal inmediata y directa".

212 Á. ACEDO PENCO, *Derecho de sucesiones. El testamento y la herencia*, Dykinson, 2014; T. CUCURULL POBLET, *El protocolo familiar mortis causa*, cit.; A. DÍEZ PICAZO, L.; GULLÓN BALLESTEROS, *Sistema de Derecho Civil*, cit.; I. GALLEGO DOMÍNGUEZ, «Relevo generacional y transmisión "mortis causa" de la empresa familiar en el Derecho español», cit.; T. F. TORRES GARCÍA; A. DOMÍNGUEZ LUELMO, «La legítima en el código civil (I)», en *Tratado de derecho de sucesiones Tomo II*, Thomson Reuters, 2011; J. VALLET DE GOYTISOLO, «Observaciones en torno a la naturaleza de la legítima», en *Anuario de derecho civil, vol. 39*, 1986.

213 Entre otras, SSTS de 31 de marzo de 1970; 8 de mayo de 1989; 338/1997 de 26 de abril de 1997; y 524/2012 de 18 de julio de 2012.

Por tanto, se excluye la consideración de la legítima como *pars valoris* (que configura al legitimario como titular de un derecho de crédito, de modo que podría satisfacerse con dinero extrahereditario[214]), o como *pars valoris bonorum* (que considera la legítima como una parte alícuota del valor del patrimonio hereditario líquido, quedando los bienes hereditarios afectos al pago de la misma y siendo posible el pago con metálico extrahereditario)[215]. Lo cual no impide que el testador pueda disponer de alguno de sus bienes en su totalidad siempre y cuando se respete la legítima de sus herederos forzosos y esta se pague con bienes de la herencia sin olvidar el principio de equidad (art. 1061 CC)[216].

Sin perjuicio de lo anterior, tanto doctrina como jurisprudencia[217] advierten de la existencia de excepciones a esta regla general, previstas en los arts. 829, 838, 840, 841 y el párrafo 2º, del 1056. 2 CC: las cuales, como veremos, resultan de utilidad para la transmisión de la empresa familiar al permitir el pago de la legítima en metálico, incluso extrahereditario (*pars valoris bonorum).* En algunos de estos supuestos esta consecuencia ocurre con independencia de la voluntad del testador, como es el caso del art. 829 CC (relativo a

---

214 STS 524/2012 de 18 de julio de 2012: "En el segundo submotivo se preguntan las recurrentes si la contadora partidora podía pagar con efectivo metálico ajeno a la herencia, por ser la legítima una *pars hereditatis* y no una *pars valoris.* La asignación de todos los bienes de la herencia a uno de los interesados, con la obligación de pagar las legítimas a los demás, transforma la condición de estos en la de titulares de un derecho de crédito. Esta decisión vulnera asimismo el art. 1061 CC, porque habiendo tres inmuebles en la herencia, pudo respetarse el principio de equidad".

215 El TS ha rechazado expresamente que la legítima del Código Civil sea una *pars valoris* o una *pars valoris bonorum* en su Sentencia de 8 de marzo de 1989.

216 En este sentido, la STS 338/1997 de 26 de abril de 1997.
Además, en referencia al principio de equidad, la STS 2/2008 de 16 de enero de 2008, que reproduce los mismos términos que la Sentencia 1093/2006 de 7 de noviembre de 2006, que a su vez cita la 1115/2004 de 25 de noviembre de 2004, se pronuncia de la siguiente manera: "[...] la partición ha de estar presidida por un criterio de equidad y de observancia de una equitativa ponderación, pero que no se trata de una igualdad matemática absoluta, y asimismo, se condiciona la posibilidad de igualdad por las circunstancias concurrentes en cada caso, y por ello, si bien al partir, los contadores han de procurar cumplir este precepto, ello siempre será sobre la base de que "sea posible", ya que la formación de lotes depende de las circunstancias de cada caso, tanto de los bienes, -naturaleza, calidad, valor, posibilidad de su división, etc.-, como de las partes[...]".

217 Según la citada STS 338/1997 de 26 de abril de 1997:"por tener dicha institución (la legítima) la consideración de *pars hereditatis* y no de *pars valoris,* es cuenta herencial y ha de ser abonada con bienes de la herencia, porque los legitimarios son cotitulares directos del activo hereditario y no se les puede excluir de los bienes hereditarios, salvo en hipótesis excepcionales - arts. 829, 838, 840 y párrafo 2º del artículo 1056 del Código Civil".

la mejora de la cosa determinada), mientras que, en otros, es el propio disponente el que voluntariamente establece que las legítimas se satisfagan con dinero extrahereditario (arts. 1056 y 841 a 847 CC).

4.3.1.3. Intangibilidad de la legítima

Siendo la legítima una institución de derecho necesario, la porción hereditaria resulta intangible tanto cuantitativa como cualitativamente:

La intangibilidad cuantitativa impide al testador privar de la legítima —del *quantum* que corresponda— a los legitimarios (art. 815 CC), fuera de los casos de desheredación previstos en el Código Civil (arts. 813.1 y 848 y ss. CC). La intangibilidad cualitativa se refiere a la necesidad del pago de la legítima a los herederos forzosos en bienes hereditarios, consecuencia de su naturaleza *pars bonorum* o *pars hereditatis* y a la prohibición de su vulneración a través de la realización de actos dispositivos que impidan percibirla de tal forma.

La jurisprudencia ha dado cuenta tanto de la intangibilidad cuantitativa como cualitativa de la legítima en numerosas resoluciones[218]. No obstante, la interpretación y aplicación de los preceptos que regulan la legítima en nuestro ordenamiento jurídico, como ha dispuesto la jurisprudencia[219], debe favorecer la libertad de testar, por lo que la interpretación de las restricciones a dicha libertad ha de ser restrictiva.

---

218 La STS 468/2019 de 17 de septiembre de 2019 afirma en este sentido que "De la legítima se predica, conforme a lo expuesto, su intangibilidad cualitativa (artículo 813 del Código civil) y cuantitativa (artículo 815) y ésta última debe ser respetada en todo caso por el causante; pues de no hacerse así, como dice la STS de 8 de junio de 1999 (RJ 1999, 4103), se conculcaría el ordenamiento sucesorio". En el mismo sentido se expresa la STS 863/2011 de 21 de noviembre de 2011.
También las SSTS 11/2012 de 19 de enero de 2012; 640/2012 de 18 de octubre de 2012; y 248/2018 de 25 de abril de 2018 afirman que "...solo podría impugnarse si se alegara y probara violación de la intangibilidad cuantitativa y cualitativa de la legítima...".

219 La STS 231/2016 de 8 de abril de 2016 transcribiendo la STS de 25 de octubre de 1928, dice lo siguiente: "todas las incapacidades que disminuyen la eficacia del arbitrio libérrimo del que en ejercicio de sus derechos de propiedad dispone de sus bienes para después de la muerte, ha de ser interpretada con criterio restrictivo".
En parecidos términos, la STS 212/2008 de 13 de marzo de 2008: "La interpretación que ha de ser considerada como más acorde con la realidad social actual contraria a limitar al causante sus facultades de disposición sucesoria (artículo 3 del Código Civil [LEG 1889, 27]) y con la jurisprudencia de esta Sala, que sostiene la necesidad de que la institución sea objeto de una consideración restrictiva".

4.3.1.4. Procedencia y utilidad del actual sistema legitimario en el derecho español

La doctrina civilista mayoritaria en nuestro país coincide a la hora de considerar que la institución de la legítima se fundamenta históricamente en la solidaridad dentro de la familia[220] basada en la necesidad de protección que requerían los parientes más allegados del causante y que justificaba una atribución forzosa. Actualmente hay quien considera razonable y justo garantizar a los hijos el derecho a recibir una parte del patrimonio de sus padres y que la ley debe velar por ello. No puede considerarse ésta una exigencia de carácter constitucional. El derecho de sucesiones debe conciliar la libertad de disponer (art. 33 CE) con la necesaria protección de la familia (art. 39 CE), y el sistema de las legítimas tan solo es una de las posibles fórmulas para el logro de esta finalidad[221]. De hecho, se reconoce históricamente la libertad de testar en derechos forales como el navarro[222] y en los municipios en los que rige el Fuero de Ayala[223], en los que la cuestión no se considera afectante al orden público[224].

En el actual proceso de revisión y actualización del derecho de sucesiones, la piedra angular sobre la que se debate la doctrina es la de la libertad de testar y la existencia del sistema de legítimas en el Código civil de 1889. Cada vez son más las opiniones favorables al reconocimiento normativo de una mayor

---

220 H. Mondragón Martín, «La legítima en el derecho español», 2019, Universitat Jaume I; A. Vaquer Aloy, «Acerca del fundamento de la legítima», *Indret*, 2017, p. 19.

221 M. Á. Parra Lucán, «Legítimas, libertad de testar y transmisión de un patrimonio», *AFDUDC*, vol. 13, 2009, p. 500; A. Vaquer Aloy, «Reflexiones sobre una eventual reforma de la legítima», *Indret*, 2007, p. 14.

222 La actual Ley 148 FN dada por la Ley Foral 21/2019, de 4 de abril, de modificación y actualización de la Compilación del Derecho Civil Foral de Navarra o Fuero Nuevo, y que recoge la redacción de la anterior Ley 149 FN declara que "Los navarros pueden disponer libremente de sus bienes sin más restricciones que las establecidas en el título X de este libro".

223 Según dispone el art. 88 de la Ley 5/2015, de 25 de junio, de Derecho Civil Vasco, el derecho civil propio del Valle de Ayala se aplica en todo el término de los municipios de Ayala, Amurrio y Okondo, y en cuatro pueblos pertenecientes al municipio de Artziniega (Mendieta, Retes de Tudela, Santacoloma y Sojoguti). El art. 89 de dicha norma declara la libertad de testar de aquellos que ostenten la vecindad civil ayalesa: "Los que ostenten la vecindad civil local ayalesa pueden disponer libremente de sus bienes como quisieren y por bien tuvieren por testamento, donación o pacto sucesorio, a título universal o singular, apartando a sus legitimarios con poco o mucho".

224 En este sentido, la STS 887/1996 de 15 de noviembre de 1996, que expresamente señala que: "La legítima, por último, no pertenece a materia protegida por el orden público interno".

libertad de testar y, por consiguiente, a favor de la reforma del sistema legitimario codificado, incluso defendiendo la supresión de las legítimas.

Entre los autores que defienden el sistema actual, Garrido de Palma[225], considera que las legítimas siguen teniendo sentido en el contexto actual de familia especialmente en épocas de crisis, habiéndose adaptado la institución a los cambios sociales a través de las sucesivas reformas legales y la interpretación jurisprudencial. Asimismo, se muestra favorable al sistema de legítimas Espejo Lerdo de Tejada[226], que entiende que no se trata de un sistema contrario a la libertad de testar, sino destinado a prevenir abusos en el ejercicio de esa libertad.

Sin embargo, la doctrina mayoritaria[227] en nuestro país se muestra favorable, en mayor o menor medida, a una reforma del Código Civil que reconozca una más amplia libertad de testar[228].

---

225 V. M. GARRIDO DE PALMA, «Soluciones prácticas en materia de legítimas», en *Las legítimas y la libertad de testar. Perfiles críticos y comparados*, Thomson Reuters Aranzadi, 2019, p. 139.

226 ESPEJO LERDO DE TEJADA, MANUEL, «En defensa de la legítima del Código Civil», en *Retos del Derecho de sucesiones en el siglo XXI*, vol. 1, Reus, 2023, p. 119 a 126.

227 M. M. BERMEJO PUMAR, «La legítima. Función y estructura», en *Instituciones de Derecho privado, V. 3*, Civitas, 2005, p. 21; A. CALATAYUD SIERRA, «Consideraciones acerca de la libertad de testar», *Academia Sevillana del Notariado*, vol. Tomo IX, 1995, p. 241 yss.; J. DELGADO ECHEVERRÍA, «Una propuesta de política del derecho en materia de sucesiones por causa de muerte. Resultados y análisis de la encuesta final», en *Derecho de Sucesiones. Presente y futuro. XII Jornadas de la Asociación de Profesores de Derecho Civil*, Servicio de publicaciones de la Universidad de Murcia, 2006, p. 194 y ss.; I. GALLEGO DOMÍNGUEZ, «Relevo generacional y transmisión "mortis causa" de la empresa familiar en el Derecho español», cit., p. 43; I. GOMÁ LANZÓN, «¿Tienen sentido las legítimas en el siglo XXI?», en *Las legítimas y la libertad de testar. Perfiles críticos y comparados*, Thomson Reuters Aranzadi, 2019, p. 61 a 76; J. Á. LLEDÓ YAGÜE, FRANCISCO; FERRER VANRELL, MA PILAR; TORRES LANA, *El patrimonio sucesorio. Reflexiones para un debate reformista*, Dykinson, 2014, p. 173 y ss.; V. MAGARIÑOS BLANCO, «La libertad de testar», *Revista de derecho privado*, 2005, p. 3 y ss.; C. PÉREZ RAMOS, «La autonomía de la voluntad en las sucesiones y la libertad de testar», en *Autonomía privada, Familia y Herencia en el Siglo XXI. Cuestiones actuales y soluciones de futuro*, Thomson Reuters, 2014, p. 107 y ss.; E. ROCA I TRIAS, *Libertad y familia*, Tirant lo Blanch, 2014, p. 194 y ss.; VERDERA SERVER, RAFAEL, *Contra la legítima*, Fundación Notariado, 2022.

228 Una evidencia la proporciona la propuesta de Código Civil de la Asociación de profesores de derecho civil de 2018, en cuya exposición de motivos se justifica con estas palabras: "Conforme a lo que constituye unánime tendencia actual, se ha procedido a una significativa reducción de las legítimas y a una consiguiente ampliación de la libertad dispositiva del causante (...). Esta afirmación no requiere de mayor justificación a la vista de los análisis doctrinales más recientes en la materia y de las últimas reformas acometidas en este punto por los ordenamientos civiles autonómicos (...). Pero también se ha procedido a un cierto debilitamiento de la figura a través de otros expedientes técnicos (...)".

En nuestra opinión, coincidimos con aquellos autores que abogan por la supresión casi total del sistema legitimario. Y decimos "casi" total, porque consideramos ha de mantenerse la cuota legitimaria en favor del cónyuge viudo, que entendemos debe quedar suficientemente protegido en términos patrimoniales al fallecimiento del testador[229]. Como mecanismo de flexibilización, y a fin de evitar aquellas situaciones en las que los nudo propietarios y el usufructuario tienen relaciones conflictivas, existe la posibilidad de conmutar el usufructo de viudedad *ex* art. 839 CC. Proponemos, no obstante, que sería adecuada una modificación del citado precepto en el sentido de ampliar la facultad de adoptar la iniciativa para conmutar el usufructo al cónyuge usufructuario (actualmente, solo se recoge esta facultad en favor de los herederos). Eso sí, manteniendo que será necesario el acuerdo entre los herederos y el cónyuge viudo, y solo en defecto de pacto se pueda acudir a la fijación por parte de los tribunales de la conmutación y de su contenido.

En relación a los descendientes legitimarios, compartimos la idea de que la legítima tuvo su sentido en la época en que fue concebida con la finalidad de proteger a los miembros de la familia y que ninguno de los hijos del causante se viera desamparado. Modelo de familia sustancialmente distinto al actual, en el que los herederos percibían la herencia más jóvenes que hoy en día, donde la edad media de los herederos se sitúa entre los cincuenta y los sesenta años, alcanzada la estabilidad económica y profesional. Entendemos, por tanto, que al menos en la gran mayoría de los casos, la legítima ha perdido su función esencial de amparo y protección de la familia[230].

Asociación de Profesores de Derecho Civil (coord.), *Propuesta de Código Civil*, Tecnos, 2018.

229 Gallego Domínguez se muestra a favor de un aumento de la legítima del cónyuge superviviente. Por el contrario, Arrébola Blanco se muestra en desacuerdo con la ampliación de la legítima del cónyuge superviviente y lo justifica en la evolución social experimentada en los últimos años en materia de igualdad, que ha permitido disminuir significativamente los casos en los que las mujeres viudas se encuentran en estado de necesidad.

Arrébola Blanco, Adrián, «La posición del cónyuge en el sistema legitimario del Código Civil», en *Retos del Derecho de sucesiones en el siglo XXI*, vol. 1, Reus, 2023, p. 174; I. Gallego Domínguez, «Relevo generacional y transmisión "mortis causa" de la empresa familiar en el Derecho español», cit., p. 43.

230 Desde una perspectiva sociológica del derecho, GOMÁ LANZÓN hace un interesante repaso histórico de los diferentes modelos de familia y destaca algunos factores de la realidad familiar actual que difiere de los modelos anteriores. A la vista de lo cual considera que, si la realidad social de la familia ha cambiado, la legítima también debería hacerlo. En opinión de este autor, "carece hoy de sentido el mantenimiento de unas legítimas tan fuertes que no se corresponden a la realidad de la familia actual". En similares términos se pronuncian otros autores.

Por el contrario, respecto al modelo de sociedad actual, la mayor deficiencia que apreciamos en el sistema de legítimas es la imposición a los padres del deber de respetar la legítima de aquellos hijos con los que ya no tienen ninguna relación o que han sido abandonados por ellos[231]. No obstante, en los últimos tiempos, la jurisprudencia ha moderado esta exigencia interpretando el maltrato psicológico como un modo del maltrato de obra a los efectos de la desheredación[232].

M. M. BERMEJO PUMAR, «La legítima. Función y estructura», cit., p. 21 y ss.; A. CALATAYUD SIERRA, «Consideraciones acerca de la libertad de testar», cit., p. 241 y ss.; I. GOMÁ LANZÓN, «¿Tienen sentido las legítimas en el siglo XXI?», cit., p. 61 a 76; V. MAGARIÑOS BLANCO, «La libertad de testar», cit., p. 3 y ss.

231 Da cuenta también de esta deficiencia C. PÉREZ RAMOS, «La autonomía de la voluntad en las sucesiones y la libertad de testar», cit., p. 107 y ss.

232 Aunque el Código Civil no recoja entre sus causas de desheredación (teniendo en cuenta la enumeración taxativa a la que se refiere el art. 848 CC) los malos tratos o injurias graves de palabra, la jurisprudencia ha interpretado el maltrato psicológico como un modo del maltrato de obra a los efectos de la desheredación. En relación a esta cuestión, destaca lo dispuesto en la STS 104/2019 de 19 de febrero de 2019, en la que se afirma que "Entre las iniciativas que propugnan la revisión de la legítima, una de ellas es la tendente a que se extiendan y modernicen los casos legales de desheredación de los legitimarios, pues las modernas estructuras familiares propician e incluso no hacen extrañas, situaciones en las que los progenitores han perdido contacto con alguno o todos de sus hijos.

Otras veces ya no es tanto la pérdida de contacto, sino relaciones entre progenitor e hijo francamente malas. Estas tensiones no son nuevas, pero hoy día pueden haberse incrementado (...) En nuestro Código Civil no ha existido modificación, y ha sido tradicional que la sala, al ser las causas de desheredación de naturaleza sancionatoria, las haya interpretado y aplicado de forma restrictiva. Sin embargo, ha hecho un esfuerzo para adaptar dichas causas a la actual realidad social".

A continuación, el Tribunal cita su Sentencia 258/2014 de 3 de junio de 2014, que supuso un punto de inflexión al calificar el maltrato psicológico como un modo del maltrato de obra a los efectos de estimar que existía en el supuesto justa causa de desheredación de los hijos del testador: el TS en dicha sentencia manifiesta que "(...) conforme la prueba practicada, debe puntualizarse que, fuera de un pretendido abandono emocional, como expresión de la libre ruptura de un vínculo afectivo o sentimental, los hijos, aquí recurrentes, incurrieron en un maltrato psíquico y reiterado contra su padre del todo incompatible con los deberes elementales de respeto y consideración que se derivan de la relación jurídica de filiación, con una conducta de menosprecio y de abandono familiar".

En base a esta valoración, el Tribunal desestima el motivo del recurso razonando que "aunque las causas de desheredación sean únicamente las que expresamente señala la ley (artículo 848 del Código Civil) y ello suponga su enumeración taxativa, sin posibilidad de analogía, ni de interpretación extensiva; no obstante, esto no significa que la interpretación o valoración de la concreta causa, previamente admitida por la ley, deba ser expresada con un criterio rígido o sumamente restrictivo. Esto es lo que ocurre con los malos tratos o injurias graves de palabra como causas justificadas de

En los supuestos —menos frecuentes— en los que un hijo se encuentre en situación de necesidad, se ha planteado la posibilidad de sustituir la legítima por un derecho de alimentos[233]. Como idea nos parece interesante pues, de esta manera, por un lado y de forma general, los testadores tendrían plena libertad para disponer de sus bienes *mortis causa*, y por el otro, únicamente

---

desheredación, (artículo 853.2 del Código Civil), que, de acuerdo con su naturaleza, deben ser objeto de una interpretación flexible conforme a la realidad social, al signo cultural y a los valores del momento en que se producen (...) en la actualidad, el maltrato psicológico, como acción que determina un menoscabo o lesión de la salud mental de la víctima, debe considerarse comprendido en la expresión o dinamismo conceptual que encierra el maltrato de obra (...). En efecto, en este sentido la inclusión del maltrato psicológico sienta su fundamento en nuestro propio sistema de valores referenciado, principalmente, en la dignidad de la persona como germen o núcleo fundamental de los derechos constitucionales (artículo 10 CE (RCL 1978, 2836)) y su proyección en el marco del Derecho de familia como cauce de reconocimiento de los derechos sucesorios, especialmente de los derechos hereditarios de los legitimarios del causante (...)".

En la misma línea se pronunció la STS 59/2015 de 30 de enero de 2015 en relación a la revocación de una donación, que, engañada y "con inevitable afección en el plano psicológico o psíquico", le obligó a hacer el hijo de la donante a su favor.

La STS 401/2018 de 27 de junio de 2018 matiza que la falta de relación ha de ser continuada, imputable al desheredado y ser valorada como causante de una lesión a la salud mental de la víctima. Según la sentencia, la mera ausencia de relación familiar no es suficiente para causar daños psicológicos al testador (en el supuesto de hecho el TS considera que la falta de relación no puede imputarse a la hija, dado que la falta de relación se inició cuando esta tenía nueve años). La STS 419/2022 de 24 de mayo de 2022 confirma el criterio marcado por esta última resolución y se reafirma en que la mera ausencia de relación familiar no es suficiente para justificar la causa de desheredación considerada, debiendo concurrir, además, dos requisitos adicionales: que la ausencia de relación resulte imputable al desheredado y que, de acuerdo con las circunstancias concurrentes, pueda afirmarse la existencia de daños psicológicos para el causante.

Para profundizar sobre esta cuestión recomendamos el trabajo de B. Del Campo Álvarez, «El maltrato psicológico como causa de desheredación en la jurisprudencia del tribunal supremo», en *Las legítimas y la libertad de testar. Perfiles críticos y comparados*, Thomson Reuters Aranzadi, 2019, p. 361 y ss.

233 J. Delgado Echeverría, «Una propuesta de política del derecho en materia de sucesiones por causa de muerte. Resultados y análisis de la encuesta final», cit., p. 122 y ss.; V. Magariños Blanco, «La necesaria libertad de testar», *Diario del Derecho*, 2020; F. Pantaleón Prieto, «Legítimas de alimentos», *Escritura pública, no21*, 2003.

Concretamente, Magariños Blanco hace la siguiente reflexión: "El Estado no puede suplir la voluntad del testador imponiendo cuál debe ser el reparto de sus bienes, pues solo éste puede conocer el comportamiento, aptitud y necesidades de sus sucesores. El legislador solo debe asegurar que se cumpla el deber de alimentar, educar a los hijos y darles una formación integral, que no de enriquecerlos; y también el de ayudar a los padres que lo necesiten".

en los supuestos en los que fuera necesario, surgiría un derecho de alimentos que cubriría la función de proteger a los miembros de la familia que se le atribuye a la legítima.

Sin embargo, como apuntan sus detractores[234], surgen serias dudas a la hora de ponerla en práctica. En primer lugar, ¿qué circunstancias determinarán el nacimiento de este derecho?; ¿Cómo se van a probar esas circunstancias?; ¿Y si estas cambian, se perdería el derecho a los alimentos? Y si vuelven a cambiar, ¿cómo se configuraría tal derecho?; ¿Cómo un derecho de crédito frente a los herederos? Y si estos herederos consumen todos los bienes de la herencia, ¿responderían con sus bienes personales?; ¿Cómo podemos determinar si lo gastado forma parte de la herencia o del patrimonio personal del heredero cuando se trata de dinero en metálico? Y en su caso, ¿qué sucede si se agota el metálico de la herencia, pero existen otros bienes (inmuebles, participaciones, acciones, etc.)?; ¿Se verá forzado a venderlos si no tuviera liquidez en su patrimonio para pagar el derecho de alimentos? Por no hablar de los actos de mala fe que pudieran realizar algunos descendientes excluidos de la herencia con el objetivo de simular que se encuentran en una situación de necesidad y así tener derecho a los alimentos. Demasiadas dudas que, con seguridad, originarían un importante incremento de los conflictos en torno a esta cuestión, y que se trasladarían a los tribunales, aumentando de manera considerable los costes adicionales de transacción (consultas jurídicas, pleitos) y sobrecargando, aún más, el sistema de justicia. Entendemos, por tanto, que existen instituciones en otros ámbitos del derecho más adecuadas para responder frente a estas situaciones de necesidad, sin que sea necesario que se haga a través de este cauce.

---

234 Entre los detractores: M. Á. PARRA LUCÁN, «Legítimas, libertad de testar y transmisión de un patrimonio», cit., pp. 404 y 405; T. F. TORRES GARCÍA, «Legítima, legitimarios y libertad de testar (síntesis de un sistema)», en *Derecho de sucesiones: presente y futuro. Jornadas de la Asociación de Profesores de Derecho Civil*, Servicio de publicaciones de la Universidad de Murcia, 2006, p. 224; A. VAQUER ALOY, «Reflexiones sobre una eventual reforma de la legítima», cit., pp. 14 y 15.
Tanto Torres García como Vaquer Aloy destacan el problema práctico de determinar el momento en que debiera apreciarse tal situación de necesidad, a lo que añaden el excesivo choque con la tradición de las legítimas por cuotas, lo que, según los autores, daría lugar a costes adicionales de transacción (consultas jurídicas, pleitos). Además, el sistema propuesto supondría hacer depender el derecho a la legítima de la situación de necesidad en que se hallara el beneficiario.
Por su parte, Torres García, que tampoco considera que el sistema de alimentos propuesto sea la solución idónea, señala lo siguiente: "El carácter eventual y temporal que los alimentos tienen ya que su función es la de satisfacer necesidades vitales en mayor o menor extensión se contrapone con el carácter permanente de la legítima la cual no responde a ningún presupuesto vital".

En relación a uno de los argumentos planteados en el párrafo anterior (evitar un incremento de los conflictos y consiguiente aumento de costes), cabe preguntarse si existe un mayor o menor nivel de litigiosidad en cuestiones sucesorias en aquellos territorios donde prima la libertad de testar respecto de los territorios de derecho común en que rige el sistema de legítimas[235]. La práctica profesional constata la mayor facilidad para alcanzar acuerdos de repartición de la herencia en Navarra —donde, como veremos en el capítulo 7, la libertad de testar es muy amplia— frente a territorios de derecho común, limitados por las legítimas de descendientes y ascendientes del causante.

Algunos autores que se muestran a favor de mantener el sistema de legítimas en favor de los descendientes también aluden al riego de captación de la voluntad en las personas ancianas[236]. Entendemos que, aun existiendo ese riego, como afirma Gomá Lanzón, se trata de cuestión distinta que poco tiene que ver con la naturaleza de la legítima, sino más bien con el consentimiento (su falta), para lo que existen otros remedios. Sin perjuicio de lo anterior, podríamos defender una modificación del Código Civil que, además de implementar la libertad de testar, incorporara la figura de los pactos sucesorios con el fin de permitir que, antes de que la persona devenga anciana, otorgue su voluntad en pleno uso de sus capacidades. De esta manera, se podrá evitar, precisamente, la captación de la voluntad de aquellas personas que se encuentren en situaciones de vulnerabilidad en las que, en ocasiones, no es fácil probar que sus actos no responden a una voluntad debidamente meditada y real.

---

235 Teniendo en cuenta que a estos datos se les puede imputar otro tipo de variables —que nos llevarían a error— como, por ejemplo, las diferencias culturales entre territorios, se trata de una hipótesis que para ser contrastada deberán emplearse los métodos de investigación adecuados. El resultado de este estudio podría servir como argumento a favor o en contra del actual sistema de legítimas.

236 Pérez Ramos considera que la legítima de los descendientes sigue cumpliendo una función y continúa siendo ajustada a la realidad social, por lo que no entiende que la solución más adecuada sea su supresión, justificando esta opinión por el riesgo de captación de la voluntad en las personas ancianas.
En contraposición a este argumento, Gomá Lanzón considera que, aun existiendo tal riesgo, ello "nada tiene que ver con la naturaleza de la legítima sino con el consentimiento y (que) a su falta deben aplicarse otros paliativos". Además, añade que la libertad de testar "robustece la autoridad parental", en el sentido de que los padres hasta el último momento pueden premiar o castigar la actitud de sus hijos frente a ellos. Tampoco comparte ese argumento MARGARIÑOS BLANCO, que entiende que justificar la existencia de las legítimas por el riesgo de captación de voluntad de las personas ancianas supone una injusta solución generalizadora, que convierte en norma lo que es meramente excepcional.
I. Gomá Lanzón, «¿Tienen sentido las legítimas en el siglo XXI?», cit., pp. 61-76; V. Magariños Blanco, «La libertad de testar», cit.; C. Pérez Ramos, «La autonomía de la voluntad en las sucesiones y la libertad de testar», cit., p. 107 y ss.

En el contexto de la transmisión *mortis causa* de la empresa familiar, la doctrina[237] es unánime al considerar que el sistema legitimario, en cuanto implica una disgregación del patrimonio del causante, dificulta en la mayor parte de los casos la transmisión unitaria de la empresa a la siguiente generación[238]. No obstante, creemos importante poner en valor el art. 1056.2 CC como herramienta de flexibilización de este sistema. Entendemos de gran utilidad la facultad que ofrece al testador: si bien las legítimas continúan siendo un obstáculo para la transmisión de la empresa familiar, este precepto facilita notablemente dicho objetivo. Si la regla de la necesidad de pago de la legítima con bienes hereditarios fuera estricta, ello supondría que el causante propietario de una empresa familiar no podría atribuir las participaciones o acciones de la sociedad familiar al sucesor más apto, so pena de atentar contra la legítima de los herederos forzosos, legitimados para el ejercicio de acciones para la defensa de sus derechos legitimarios.

Como se verá posteriormente, los arts. 821, 829, 841 y ss. y, sobre todo, el mencionado art. 1056.2 CC de manera excepcional permiten el pago de la legítima en efectivo, incluso extrahereditario. Mientras no tenga lugar una modificación del Código Civil que reforme el actual sistema legitimario estos preceptos se presentan a nuestro juicio como instrumentos de los que puede hacerse uso para el logro de la transmisión indivisa de la empresa familiar a la persona o personas que el empresario estime oportuno en atención a los objetivos e intereses de cada unidad familiar y empresarial.

---

237 J. M. BUSTO LAGO, «Las liberalidades en los protocolos familiares y en los pactos de socios», en *Tratado de las liberalidades. Homenaje al Profesor Enrique Rubio Torrano*, Thomson Reuters Aranzadi, 2017, p. 1752; J. J. GARCÍA ROSS; J. TÉLLEZ ROCA, «Aspectos civiles de la sucesión», en *Empresa familiar: aspectos jurídicos y económicos*, Deusto, 2011, p. 685; A. HUERTA TRÓLEZ, «La empresa familiar ante el fenómeno sucesorio», *Revista Jurídica del Notariado*, vol. 50, 2004, pp. 117-118.

238 En este sentido, Olmedo Castañeda considera que la legítima debe ser revisada por el legislador para mejorar la capacidad de autorregulación del empresario a la hora de planificar la sucesión de la empresa familiar, advirtiendo que el sistema de legítimas y la sucesión de la empresa familiar persiguen intereses contrarios: mientras que la legítima pretende la distribución del patrimonio hereditario, para lograr la continuidad del proyecto empresarial se aconseja que la propiedad no se desintegre, para lo que resulta necesario el nombramiento de un único sucesor.
F. J. OLMEDO CASTAÑEDA, *La transmisión de la empresa familiar: claves jurídicas para su éxito*, cit., pp. 98 y 99.

4.3.2. La liquidación previa de la sociedad de gananciales en el contexto de prohibición del testamento mancomunado

En aquellos supuestos en los que el empresario y su cónyuge estén casados bajo el régimen de la sociedad de gananciales, constante ese vínculo, ninguno tendrá la plena titularidad ni, por tanto, pleno poder de disposición sobre los bienes que integran el consorcio conyugal[239]. En consecuencia, mientras no se liquide la sociedad no podrán concretarse los activos que corresponden a cada uno de los cónyuges. Del mismo modo, tampoco el heredero o herederos, podrán conocer los bienes, derechos y otros activos integrantes de su lote hereditario hasta la total liquidación de la sociedad conyugal como consecuencia de la disolución del matrimonio por el fallecimiento de uno de ellos[240].

La STS 21/2018 de 17 de enero de 2018 señala que, tras la disolución de la sociedad de gananciales por muerte de uno de los cónyuges, y hasta la liquidación del patrimonio, existe una comunidad universal (comunidad postganancial) en la que se integran los bienes que conformaban el patrimonio común (art. 1396 CC), de la que son partícipes el viudo y los herederos del premuerto. Para la transmisión de la propiedad sobre un bien concreto de la comunidad postganancial (que pudieran ser las participaciones o acciones de una empresa familiar), es preciso que intervengan todos los partícipes. No obstante, el Alto Tribunal establece que, al contrato obligacional realizado por alguno o algunos de los partícipes, sin participación del resto, no le es de aplicación el régimen de la nulidad, siendo posible la eficacia de la transmisión si se produce la adjudicación del bien a los partícipes que lo otorgaron, sin perjuicio de que los demás partícipes, en defensa de su interés, pudieran ejercitar una acción para que el bien se integre de nuevo en el patrimonio postganancial (lo que, según el TS, no es exactamente una reintegración derivada de la nulidad).

Pueden generarse algunos inconvenientes cuando, disuelto el matrimonio por el fallecimiento de un esposo, se ha de proceder a la liquidación de la sociedad conyugal, lo cual tiene lugar con anterioridad a la adjudicación definitiva de los bienes. Tal y como dispone el art. 1379 CC, "cada uno de los cónyuges podrá disponer por testamento de la mitad de los bienes gananciales"[241]. Por lo tanto, en estos supuestos, los herederos del causante

---

[239] El art. 1377 CC establece que se requiere el consentimiento de ambos cónyuges para realizar actos de disposición a título oneroso sobre bienes gananciales.

[240] V. García Herrera, «La sucesión en la empresa familiar», *Revista Crítica de Derecho Inmobiliario*, vol. 726, 2009, p. 1939.

[241] La herencia no puede comprender la mitad de la comunidad ganancial que corresponde al cónyuge supérstite. En este sentido se ha pronunciado el Tribunal Supremo

adquieren la mitad indivisa (o divisa, si los bienes son divisibles y así lo ha dispuesto el testador) de los bienes que integraban la sociedad conyugal, mientras que la otra mitad corresponderá al cónyuge supérstite. Trasladando estas consecuencias al ámbito de la sucesión de la empresa familiar, en el supuesto de que las participaciones o acciones de una empresa o sociedad mercantil fueran gananciales, la mitad serán propiedad del heredero designado por el empresario, y la otra mitad propiedad del cónyuge (frecuentemente, padre o madre del heredero continuador de la empresa), encontrando en ello un obstáculo para hacer efectiva su voluntad de transmisión indivisa de la empresa o sociedad de forma unitaria.

Por otro lado, la disposición testamentaria de un bien ganancial (en nuestro caso, el conjunto de bienes y derechos que integran la empresa familiar) producirá todos sus efectos, si bien condicionado a que tales activos se hayan adjudicado al cónyuge del causante en las operaciones particionales. En caso contrario, se entenderá únicamente legado el valor que la empresa tuviera al tiempo del fallecimiento (art. 1380 CC). Por lo tanto, el testador no puede tener la certeza de que, el legado de la empresa familiar que sea ganancial (y no su valor), va a ser adjudicado al legatario por él designado, porque dependerá de las operaciones particionales, que tendrán lugar como última etapa de un proceso sucesorio que se inicia con la apertura de la sucesión por fallecimiento del *de cuius*.

Cuando la empresa individual o las acciones o participaciones de una sociedad son gananciales, el testamento conjunto, mancomunado o "de hermandad" (art. 669 CC) prohibido por el derecho común (art. 687 CC) y admitido en algunos derechos forales o especiales como el navarro (Ley 199 a 205 FNN), resulta un instrumento idóneo para asegurar con carácter vitalicio el control de la empresa por el supérstite y la transmisión indivisa de la empresa mediante la institución del continuador de la misma (un hijo o hijos, u otra persona) a la muerte de ambos cónyuges.

El testamento mancomunado se regula en algunos derechos forales (Aragón, Galicia, Navarra[242] y País Vasco) y se permitía en la derogada Ley 49/1981, de 24 de diciembre, del Estatuto de la Explotación Familiar Agraria y de los

en su Sentencia 641/2006 de 15 de junio de 2006, en la que, transcribiendo lo dispuesto en la STS 805/1998 de 7 de septiembre de 1998, establece que "el objeto de una partición hereditaria solo puede recaer sobre bienes de la exclusiva propiedad del testador, y la otra mitad de los bienes gananciales no lo son" —y añade que— "Hacerlo, mezclando bienes privativos y gananciales no es otra cosa que incluir bienes ajenos al patrimonio del causante".

242 En el Fuero Nuevo de Navarra se regula el "Testamento de hermandad" en el capítulo V (Leyes 199 a la 205) cuyas características más interesantes para la planificación sucesoria de la empresa familiar son las siguientes:

Agricultores Jóvenes (art. 22[243]). En nuestra opinión, esta figura tiene una utilidad práctica evidente y supone una solución eficaz para la transmisión de la empresa familiar en aquellos supuestos en que la misma se integra como parte de la sociedad conyugal de gananciales.

Es por ello por lo que cierto sector de la doctrina española aboga por la reforma o derogación del art. 669 CC y la incorporación de esta institución al Código Civil[244].

El testamento únicamente puede revocarse en vida de los otorgantes por todos ellos conjuntamente o por cualquiera de ellos separadamente con conocimiento fehaciente del resto (Ley 201 FNN).
Tanto en los supuestos de fallecimiento como de falta de capacidad de alguno de los cotestadores, el testamento deviene irrevocable (Ley 202 FNN).
De la práctica profesional podemos constatar que prácticamente la totalidad de los matrimonios propietarios de empresas familiares en Navarra que deciden planificar la sucesión del negocio optan por el "testamento de hermandad" a la hora de articular su sucesión *mortis causa*. A través de este instrumento testamentario, los cónyuges se aseguran de que, salvo que en vida sean informados de alguna modificación del testamento (y, en tal caso, podrán actuar en consecuencia), tras su fallecimiento y el de su cónyuge supérstite, la totalidad de la sociedad mercantil familiar se transmitirá en herencia a aquellas personas que ambos esposos hayan decidido conjuntamente.
Por último, a modo de aclaración, hemos de advertir que el testamento de hermandad no es un instrumento exclusivo de aquellos que hayan contraído matrimonio, sino que puede ser otorgado por dos o más personas con independencia de su relación familiar, o incluso sin ella (Ley 199 CC).

243 En concreto, el apartado 1 del precepto señalado decía: "Los cónyuges podrán otorgar testamento abierto mancomunado, a fin de ordenar la sucesión en la explotación familiar agraria en su integridad".

244 En las XII Jornadas de la Asociación de Profesores de Derecho Civil celebradas en abril de 2005 en la Universidad de Murcia sobre la oportunidad de una reforma del Derecho de Sucesiones, una de las propuestas resultantes fue la introducción en el Código Civil de la figura del testamento mancomunado, al menos entre cónyuges.
Asimismo, en la propuesta de Código Civil de la Asociación de Profesores de Derecho Civil de 2018 se acoge "un concepto amplio de testamento mancomunado, caracterizado por la disposición de un solo instrumento". No exige, por tanto, ni unidad de destino, ni atribuciones recíprocas, ni correspectividad o interdependencia entre las disposiciones.
Respecto a esta cuestión, Delgado Echeverría, que rebate los argumentos sostenidos para la prohibición de los testamentos mancomunados en el art. 669 CC y añade otros argumentos en favor de su derogación. J. Delgado Echeverría, «Una propuesta de política del derecho en materia de sucesiones por causa de muerte. Resultados y análisis de la encuesta final», cit., p. 170; G. H. Galicia Aizpurua y otros, «Título VI. De las sucesiones», cit., p. 189; J. R. García Vicente, «El testamento mancomunado: razones para la derogación del artículo 669 del Código Civil», en *Derecho de Sucesiones. Presente y futuro. XII Jornadas de la Asociación de Profesores de Derecho Civil*, Servicio de publicaciones de la Universidad de Murcia, 2006, p. 289 y ss.

Como vía alternativa al testamento mancomunado se plantea[245] la opción de que ambos cónyuges otorguen simultáneamente dos testamentos idénticos o similares que pretendan el mismo objetivo de transmisión íntegra de la empresa familiar, generalmente a uno o varios descendientes ("testamentos simultáneos"). Dado el principio de libre revocabilidad de las disposiciones de última voluntad hasta el momento de la muerte, además del acuerdo que debe existir entre ambos cónyuges en lo que respecta a la sucesión, es preciso que ninguno de ellos revoque su testamento, siendo nula la renuncia a la facultad de revocar. Autores como García Ross y Téllez Roca[246], además de los testamentos simultáneos, proponen como remedio en estos casos la liquidación de la sociedad conyugal con efecto *mortis causa* automático: prever en vida el reparto de los lotes que corresponderán a cada uno de los cónyuges con efecto directo para después de su muerte.

4.4.3. La situación provisional de la herencia yacente

En el sistema romano en el que se basa el derecho sucesorio español, el fallecimiento del causante abre un periodo de herencia yacente durante el cual los llamados a la sucesión (por título testamentario, legal o contractual, en los ordenamientos que lo admitan con mayor o menor amplitud) pueden optar (delación hereditaria, art. 1006 CC) por aceptar o repudiar la herencia (arts. 988 y ss. CC). De esta manera, mientras no tenga lugar ninguno de estos negocios jurídicos los bienes que forman parte del caudal hereditario del causante se mantienen en una situación de titularidad transitoriamente indeterminada.

Esta situación de pendencia en aquellos supuestos en que el *relictum* incluya la empresa familiar, podría poner en riesgo su estabilidad: se trata de un patrimonio dinámico con unas necesidades de gestión y ejercicio que no pueden interrumpirse y que pueden verse perjudicadas con la persistencia temporal de una situación que prescribe la mera conservación de los bienes hereditarios hasta la determinación de su titular o titulares definitivos. Este periodo de tiempo, más o menos largo según las circunstancias concurrentes, puede implicar un cese temporal en la actividad de la compañía con unas consecuencias gravemente perjudiciales para su continuidad y conservación[247]. Hasta la formalización de las correspondientes operaciones particionales y

---

245 N. ÁLVAREZ LATA, *Aspectos civiles de la empresa familiar: economía familiar y sucesión hereditaria*, Netbiblo, 2011, p. 48; I. GALLEGO DOMÍNGUEZ, «Relevo generacional y transmisión "mortis causa" de la empresa familiar en el Derecho español», cit., p. 69.

246 J. J. GARCÍA ROSS; J. TÉLLEZ ROCA, «Aspectos civiles de la sucesión», cit., p. 696.

247 E. GARCÍA ALEMANY, «La sucesión mortis causa en la empresa familiar», en *La empresa familiar*, Dykinson, 2017, p. 646.

consiguiente adjudicación de la empresa al heredero o herederos, se hallará indefinido el o los titulares que van a continuarla.

La situación de indivisión se alargará en el tiempo en aquellos supuestos en que el empresario no haya dispuesto el destino de la empresa mercantil de la que es titular. En estos supuestos en los que no se haya planificado la sucesión de la empresa familiar, la situación de comunidad hereditaria puede dar lugar a una situación de gran incertidumbre en que no se sepa quien va a liderar el proyecto empresarial, cómo debe organizarse el patrimonio o cómo ha de gestionarse la empresa.

Un remedio previsto normativamente para dar solución a esta situación lo encontramos en el apartado 5 del art. 188 RRM, tras su modificación por el apartado séptimo de la disposición adicional segunda del RD 171/2001, de 9 de febrero por el que se regula la publicidad de los protocolos familiares: los estatutos sociales podrán prever la designación de un representante para el ejercicio de los derechos de socio constante la comunidad hereditaria si así fuese establecido en el título sucesorio por el causante titular de las participaciones[248].

Una solución alternativa sería el nombramiento testamentario de albacea por el empresario atribuyéndole facultades de administración del caudal relicto (art. 901 CC), tanto en la situación de herencia yacente como en la de comunidad hereditaria[249].

4.4.4. La revocabilidad esencial de las disposiciones testamentarias

El art. 737 CC establece el carácter esencialmente revocable del testamento· aunque el testador exprese en el mismo su voluntad de no revocarlo.

Esta característica del negocio jurídico testamentario, esencial hasta determinar la nulidad de su renuncia anticipada (arts. 739 y 740 CC), puede suponer "un arma de doble filo" en lo que se refiere a la planificación sucesoria para asegurar la pervivencia y continuidad de la empresa familiar; si, por una parte, determina un mayor control del empresario disponente sobre la sucesión al garantizar que, hasta el final de sus días, podrá revisar sus decisiones sobre el destino del patrimonio empresarial. Desde el punto de vista del llamado (o llamados) a suceder, se plantea el inconveniente del carácter incierto de un llamamiento que, en cualquier momento puede decaer, no

---

[248] En el mismo sentido, C. Camisón Zornoza; A. Ríos Navarro, *El protocolo familiar: metodología y recomendaciones para su desarrollo e implantación*, cit., p. 75.

[249] Propone la misma solución I. Gallego Domínguez, «Relevo generacional y transmisión "mortis causa" de la empresa familiar en el Derecho español», cit., p. 64.

adquiriendo definitiva certeza de su cualidad de continuador de la empresa, con lo que ello conlleva, hasta el momento del fallecimiento del testador, y consiguiente apertura de la sucesión *mortis causa*. Podría así darse el supuesto de que aquel de los herederos, habitualmente uno de los hijos del empresario, que haya dedicado su vida profesional al proyecto empresarial asumiendo mayores responsabilidades que sus hermanos, se encuentre con la realidad de no haber sido designado como sucesor de la empresa en el último testamento otorgado, siendo varios, o de verse en minoría dentro del capital social, y, por tanto, a merced de las decisiones que puedan adoptar otros parientes en la junta de socios.

Pero, por otro lado, esta misma revocabilidad permite adaptar la voluntad del empresario a las circunstancias de cada momento, lo cual supone una flexibilidad a la hora de decidir quién o quiénes considera, en cada caso y en atención a circunstancias que son dinámicas (formación, cualificación profesional, estado de salud, posibles modificaciones en el estado civil de las personas, ...) aquellas personas más aptas e idóneas para el desempeño de tal responsabilidad, revocándose, en su caso, disposiciones anteriormente otorgadas.

Como se ha señalado, el art. 1271 CC impide establecer pactos sobre la herencia futura de una persona. La propia literalidad del precepto ("Sobre la herencia futura no se podrá, sin embargo, celebrar otros contratos que aquéllos cuyo objeto sea practicar entre vivos la división de un caudal y otras disposiciones particionales, conforme a lo dispuesto en el artículo 1056") genera confusión, pues podría dar a entender que la partición realizada conforme el art. 1056.2 CC es un tipo de pacto sucesorio de carácter particional y que supone una excepción a la regla general prohibitiva de los pactos sucesorios[250] dispositivos. No obstante, tal y como señala el Tribunal Supremo en su Sentencia de 6 de marzo de 1945[251], la partición realizada por el testador no constituye una hipótesis de pacto sucesorio, sino un acto unilateral del testador que distribuye su herencia ya por acto *inter vivos*, ya por acto *mortis causa*. Ni en el supuesto de que la partición se instrumente *inter vivos* se le confiere cariz contractual ni carácter irrevocable[252]. Dicho lo cual, consideramos que la posibilidad de dividir la herencia que otorga el art. 1056.2 CC en el ámbito de la empresa familiar, a pesar de su carácter revocable, puede tener un efecto

---

[250] Con posterioridad se analizarán otras figuras que comparten con los contratos sucesorios el carácter paccionado de las disposiciones *mortis causa* como son las promesas de mejorar o no mejorar (art. 826 CC) y las mejoras *inter vivos* (art. 827 CC).

[251] STS de 6 de marzo de 1945.

[252] STS 143/1999 de 23 de febrero de 1999: "El hecho de que el reparto del acervo patrimonial del testador se instrumente por un acto *inter vivos* no le confiere cariz contractual, ni le imbuye de una fuerza vinculante frente al *de cuius*.

positivo sobre la motivación de aquellos descendientes que se hallan de hecho implicados en la compañía y configura un instrumento eficaz para el objetivo de evitar conflictos futuros en el momento de la partición hereditaria.

Dada su naturaleza contractual, los pactos sucesorios (regulados en el ordenamiento foral navarro con la mayor amplitud) se caracterizan por su irrevocabilidad unilateral (Ley 178 FNN), a diferencia de lo que ocurre con el testamento, de forma que, si se pacta *inter vivos* con arreglo a sus disposiciones la transmisión de las participaciones o acciones de la empresa familiar en favor de una o varias personas determinadas, tendrán estas la certeza de llegar a suceder sin quedar el llamamiento al albur del cambio de voluntad del causante. En el supuesto de que los contratantes quieran revocar o modificar el pacto sucesorio, deberán hacerlo por unanimidad (Ley 182 FNN).

En la doctrina española, un amplio sector doctrinal —al que nos sumamos— se muestra actualmente a favor de la inclusión de los pactos sucesorios en el Código Civil[253], especialmente aquellos que en sus trabajos han abordado la transmisión sucesoria y el relevo generacional de la empresa familiar[254], destacando su utilidad para tal fin.

Cualquier tipo de partición es complemento o corolario de una transmisión *mortis causa*. Solo puede producir efectos distributivo-traslativos como resultado del fallecimiento del causante. (-...)

La consecuencia es clara: en cualquier momento puede el que repartió cambiar de decisión, otorgar nuevo testamento, cambiar el destinatario de sus generosidades (en la parte de la herencia de libre disposición) y consecuentemente invalidar la partición (...)".

Corroboran esta tesis las SSTS de 9 de junio de 1903 y de 9 de julio de 1940.

253 J. Delgado Echeverría, «Una propuesta de política del derecho en materia de sucesiones por causa de muerte», en *Derecho de Sucesiones. Presente y futuro. XII Jornadas de la Asociación de Profesores de Derecho Civil*, Servicio de publicaciones de la Universidad de Murcia, 2006, p. 134; «Una propuesta de política del derecho en materia de sucesiones por causa de muerte. Resultados y análisis de la encuesta final», cit., p. 170; G. H. Galicia Aizpurua y otros, «Título VI. De las sucesiones», cit., p. 190; R. Sánchez Aristi, «Propuesta para una reforma del Código Civil en materia de pactos sucesorios», en *Derecho de Sucesiones. Presente y futuro. XII Jornadas de la Asociación de Profesores de Derecho Civil*, Servicio de publicaciones de la Universidad de Murcia, 2006, p. 477 y ss.

Concretamente, en la propuesta de Código Civil elaborada por la Asociación de Profesores de Derecho Civil en el año 2018 se incluyen los pactos sucesorios, aunque "únicamente se admiten los pactos de institución y aquellos que tengan por objeto modificar y extinguir los mismos", no admitiéndose el pacto sobre la herencia de un tercero.

254 J. M. Busto Lago, «Las liberalidades en los protocolos familiares y en los pactos de socios», cit., p. 1770; L. Fernández del Pozo, «El protocolo familiar sucesorio y su ejecución societaria. Un examen especial del Derecho civil catalán», *Revista de derecho mercantil*, vol. 284, 2012, p. 171; M. P. Ferrer Vanrell, «La problemática de los pro-

No obstante, aun cuando el Código Civil prohíbe la sucesión contractual, se puede apreciar en la jurisprudencia cierta línea interpretativa favorable a cualquier resquicio que permita la eficacia de los pactos sucesorios en el ámbito del derecho común español[255].

En nuestra opinión, los pactos sucesorios constituyen un instrumento muy útil para la transmisión de la empresa familiar en aquellos casos en los que se hace preciso dotar de seguridad y motivación a los sucesores que están trabajando en la compañía frente a otros descendientes o personas próximas al testador que no están implicadas en el proyecto empresarial.

La práctica de la asesoría de empresas en Navarra permite observar cierta actitud de recelo que, en algunos casos, muestran los empresarios inmersos en procesos de planificación sucesoria empresarial hacia esta figura de carácter contractual, por temor a "perder el control" sobre sus decisiones. Por el contrario, en otras ocasiones se constata cómo el pacto sucesorio sirve para reforzar la posición de los miembros de la familia que trabajan o dirigen la empresa familiar y consolidar así el proyecto de sucesión empresarial. Es por ello por lo que consideramos que se trata de una figura jurídica eficaz para tales fines que debería estar al alcance de los testadores para aquellos supuestos en los que se estime oportuno.

---

tocolos familiares en el ámbito sucesorio. La sucesión contractual como elemento de firmeza», en *El patrimonio sucesorio. reflexiones para un debate reformista*, Dykinson, 2014, pp. 1505-1507; I. GALLEGO DOMÍNGUEZ, «Relevo generacional y transmisión "mortis causa" de la empresa familiar en el Derecho español», cit., p. 47; F. J. OLMEDO CASTAÑEDA, «Prohibición de los pactos sucesorios en el Derecho común: cuestionamiento de su ratio legis. Propuesta para su admisibilidad», cit., pp. 479-480.

255 Vid. Epíg. 2.6.2.

Capítulo 5.

Instrumentos jurídicos de designación de sucesor de la empresa (I): la transmisión inter vivos de la empresa familiar

5.1. DONACIÓN *INTER VIVOS*

La donación se regula en el título III (arts. 618 a 656) del Código Civil dentro de los diferentes modos de adquirir la propiedad, y se trata de una liberalidad por la cual una persona dispone de manera gratuita de una cosa en favor de otra, que la acepta. Una vez realizada, la donación únicamente podrá revocarse por las causas de revocación legales (arts. 644 y ss. CC).

Esta vía de transmisión de la empresa familiar es más frecuente en el momento de la jubilación del empresario, como consecuencia del incremento de la esperanza de vida que están experimentado nuestras sociedades. Son también habituales los supuestos en que se hace uso de una vía mixta: el empresario dona parte de la propiedad de la empresa familiar y transmite la otra parte por vía testamentaria. La transmisión de la empresa familiar en vida del empresario halla su principal virtud en que permite al empresario elegir el momento más adecuado (por razones fiscales, de mercado o de preparación de los llamados a sucederle) para la sucesión.

Con la finalidad de que el empresario-donante pueda mantener ciertas facultades de control sobre la empresa familiar o ciertos derechos sobre la misma, especialmente de naturaleza patrimonial, es habitual que la donación se realice con reserva de la facultad de disponer (art. 639 CC), con reserva de usufructo (art. 640 CC) o con cláusula de reversión a favor del donante en determinadas circunstancias (art. 641 CC); entre ellas: la premoriencia del donatario, la no consecución de ciertos objetivos en la gestión empresarial o el advenimiento de situación de necesidad económica[256].

En determinadas circunstancias, pueden considerarse como opciones la posibilidad de que el empresario jubilado (i) se reserve el usufructo o (ii)

---

256 J. M. Busto Lago, «Las liberalidades en los protocolos familiares y en los pactos de socios», cit., p. 1767.

done el usufructo de parte de la propiedad a uno de sus sucesores y la nuda propiedad a otro.

(i) El primer caso constituye una alternativa en aquellos supuestos de transmisión de la empresa familiar en que el empresario desee asegurarse ciertos ingresos o rentas en el último tramo de su vida[257].

(ii) El segundo caso manifiesta su virtualidad en aquellos supuestos en los que se revelan diferencias en lo que se refiere a la competencia e intereses entre los hijos u otras personas llamadas a suceder para desempeñar el liderazgo en la dirección y gestión de la empresa familiar cuya continuación se pretende. En estos supuestos, con el objetivo de evitar bloqueos en la sociedad o discrepancias en los órganos sociales

---

257 Los dividendos provienen del resultado de cada ejercicio social o de las reservas de libre disposición que tiene la empresa familiar procedentes de ejercicios anteriores. A la hora de planificar la transmisión de la empresa familiar, el promotor propietario se puede plantear la posibilidad de transmitir únicamente una parte de la propiedad —y en este caso, obviamente, percibiría los dividendos correspondientes a la parte de la propiedad que conserve en su haber (art. 93 LSC)— o la opción de transmitir la nuda propiedad de las participaciones reservándose el usufructo de las mismas. En este segundo supuesto, tal y como señala el art. 127 LSC, el promotor usufructuario tendría derecho a percibir los dividendos acordados por la sociedad mientras que a los sucesores nudo propietarios les corresponderían el resto de derechos del socio y, por tanto, tendrían el control de la sociedad.
Presuponiendo que todos los socios han acordado en el protocolo familiar la distribución de un determinado porcentaje de los beneficios anuales de la empresa, esta opción podría considerarse interesante. Además, puede acordarse en los estatutos de la sociedad un privilegio en el reparto de las ganancias sociales (art. 95 LSC) para las participaciones que ostentan los socios promotores jubilados, de forma que los demás socios no podrán recibir dividendos con cargo a los beneficios mientras no haya sido satisfecho el dividendo privilegiado correspondiente a sus progenitores. En estos supuestos, la sociedad familiar quedará obligada a acordar el reparto de ese dividendo privilegiado si existieran beneficios distribuibles.
No obstante, que una compañía tenga buenos resultados en un determinado momento no garantiza que esto vaya a ser así en el futuro. Por lo tanto, que las necesidades financieras de los promotores dependan de los resultados de la empresa puede no generar la deseada seguridad en los mismos.
Además, desde una perspectiva fiscal, se ha de tener en consideración que el beneficio repartido se ve sometido a una doble tributación: por un lado, a través del impuesto de sociedades, y por el otro, a través del IRPF de los beneficiarios.
Existen otras alternativas que pueden considerar los empresarios que desean mantener sus ingresos. A saber: bonos de fundador, retribución por ostentar un cargo en el Consejo de Administración de la sociedad, ostentar el cargo de «presidente honorífico» de la compañía o percibir el «premio de jubilación». Cada uno de estos instrumentos requiere de su pertinente estudio transversal (mercantil, fiscal y civil), ateniendo a las circunstancias concretas en que se encuentre el empresario, para determinar su idoneidad en cada caso.

> que pudieran afectar negativamente a la organización, puede ser una alternativa eficaz la siguiente: transmitir el usufructo de una parte de la sociedad a aquellos descendientes cuyas capacidades o intereses no sean liderar la empresa, y transmitir el resto de la sociedad (nuda propiedad de la primera parte y plena propiedad de la segunda) a los llamados a suceder al causante en el liderazgo del proyecto empresarial. De esta manera, mientras que los más competentes o interesados en la gestión de la empresa familiar ostentarán los derechos políticos correspondientes al socio, aquellos que están menos implicados tendrán derecho a la parte que les corresponda de los dividendos acordados por la sociedad. Cualquier otra disposición que se quiera incorporar en cuanto a la relación que ha de existir entre el usufructuario y el nudo propietario, se ha de determinar en el título constitutivo de la donación.

Debe tenerse en cuenta lo dispuesto en el art. 636 CC, según el cual nadie puede dar ni recibir por donación más de lo que puede dar o recibir por testamento. En el supuesto de que ello sucediera, tal donación sería inoficiosa en lo que excediera de ese límite. Así, la donación (o parte de ella) realizada en su día por el empresario podrá ser declarada inoficiosa en la medida en que no respete las legítimas o porciones hereditarias que corresponden a los herederos forzosos. El fundamento de esta norma no es otro que el de evitar que, en virtud de actos realizados a título gratuito en vida del empresario a favor de uno de sus legitimarios, este carezca en el momento del óbito de bienes suficientes para cumplir con la legítima o porción forzosa *ex* art. 808 CC. Son los herederos forzosos los facultados por el art. 817 CC para instar a que se reduzca la parte de la donación que mengüe su legítima. La declaración de la inoficiosidad de la donación habrá de hacerse, tal y como señala la jurisprudencia[258], en el momento de efectuarse la partición, a la que habrá de añadirse el valor de los bienes donados al tiempo en que se evalúen los bienes hereditarios (art. 1045 CC).

Por lo tanto, las donaciones que en vida efectúe el empresario tienen una gran repercusión en la planificación de la sucesión de la empresa vía testamentaria, en la medida en que puedan constituir, a tenor de lo dispuesto en el art. 818 CC, donaciones colacionables. Ello implica no solo que deberán

---

[258] STS 766/2005 de 11 de octubre de 2005: "la donación es inoficiosa únicamente cuando excede en su cuantía de lo que el donante podía dar al donatario por testamento y tal determinación hay que remitirla al momento de la partición a la que habrá de traerse el valor de los bienes donados al tiempo en que se evalúen los bienes hereditarios (artículo 1045 CC) a fin de integrar la masa hereditaria con el *relictum* más el *donatum* a efectos de poder calcular las legítimas de los restantes herederos forzosos y comprobar si la donación las ha perjudicado causando su minoración". En el mismo sentido, la STS 323/1997 de 21 de abril de 1997.

tenerse en cuenta para el cálculo de la cuota legitimaria de los herederos forzosos (*relictum* menos las deudas más el *donatum ex* art. 818 CC) sino también que, a la hora de redactarse el cuaderno particional, el heredero forzoso que concurra con otros a una sucesión habrá de agregar a la masa hereditaria (deducidas las deudas y cargas del causante) el valor líquido de las donaciones recibidas del causante (art. 1035 CC) que tengan el carácter de colacionables (art. 1036 al 1045 CC).

Debe distinguirse entre la computación y la imputación de donaciones. La primera es aquella operación contable consistente en la suma del *relictum* (valor de los bienes habiéndose descontado las deudas) al *donatum* (valor de los actos *inter vivos* a título gratuito realizados por el causante). La imputación consiste en calcular el valor porcentual que representan los bienes donados frente al total de la herencia para determinar si las donaciones son inoficiosas y, en su caso, proceder a la reducción.

Respecto al momento al que debe referirse la valoración del *relictum*, el art. 847 CC establece que "se atenderá al valor que tuviesen los bienes, al tiempo de liquidarles la porción correspondiente". Postura que es la mantenida por el Tribunal Supremo en las Sentencias 400/2005 de 25 de mayo de 2005 y 4589/2008 de 7 de marzo de 2008.

Para obtener el *relictum* líquido debe hacerse deducción de deudas y cargas con exclusión de las que se extinguen por razón de la muerte y las impuestas en el testamento (art. 818 CC). Al *relictum* líquido hay que sumar el *donatum* (donaciones colacionables). Se ha planteado la cuestión relativa a la determinación del momento al que debe referirse el valor de los bienes. Caben en este sentido tres posibilidades: el valor a la fecha de la donación, a la del fallecimiento del causante, o a la de la partición (por esta última opción se ha decantado la STS 607/2007 de 15 de junio de 2007).

Una vez calculado el valor del *relictum* líquido más el *donatum*, se procede al cálculo de la "legítima global", que es la cuota que corresponde a cada clase de legitimarios: descendientes, cónyuge o ascendientes. La legítima individual se calculará dividiendo la global por el número de legitimarios que vivan al fallecer el causante, y, en su caso, las estirpes del premuerto, desheredado o indigno de suceder (por derecho de representación *ex* art. 924 y ss. CC).

En segundo lugar, como se ha dicho, se han de tener en cuenta las reglas de imputación de las donaciones que establece el art. 819 CC:

a. Que las donaciones que se hagan a los hijos, sin atribuirles el concepto de mejoras, se imputarán en su legítima.

b. Que las donaciones hechas a extraños se imputarán a la parte de libre disposición.

El mismo precepto incide en que se habrá de reducir la parte de la donación que fuera inoficiosa o excediera de la cuota legitimaria disponible.

En el caso de que existan dos o más donaciones, y excediendo ambas de la parte disponible por el causante, se suprimirá o reducirá en cuanto al exceso la que se haya efectuado con posterioridad (art. 656 CC).

Por último, en relación a la donación de bienes gananciales por uno de los consortes sin la concurrencia del consentimiento del otro, el párrafo segundo del art. 1322 CC declara la nulidad absoluta del acto dispositivo[259]. Por tanto, será nula de pleno derecho la disposición gratuita por acto *inter vivos* de las participaciones o acciones de la empresa familiar sin el consentimiento de ambos cónyuges cuando estas tengan carácter ganancial[260].

5.2. DONACIÓN MODAL U ONEROSA (ART. 619 Y 622 CC)

Los preceptos del Código Civil que dan cobertura legal a la donación modal son el art. 619 y el art. 622. En la donación modal, el donante, además de la voluntad de enriquecer gratuitamente al donatario, también pretende conseguir otro fin que se logra con la imposición de la carga. El TS[261] se refiere a la donación modal como “aquélla en que se impone al donatario un gravamen inferior al valor de lo donado”. La carga o gravamen que el donante

---

259 Sobre la nulidad del acto dispositivo gratuito cuando falta el consentimiento de uno de los cónyuges, M. J. VAQUERO PINTO, «Donación de bienes gananciales», en *Tratado de las liberalidades. Homenaje al Profesor Enrique Rubio Torrano*, Thomson Reuters Aranzadi, 2017, pp. 899-902.

260 Mientras que los actos de disposición a título gratuito de bienes de la sociedad conyugal son radicalmente nulos, los actos de disposición a título oneroso serán meramente anulables, a expensas de lo que diga el otro cónyuge. Así lo expone con claridad la AP de Granada en su Sentencia de 27 de septiembre de 1994, citando la jurisprudencia del Tribunal Supremo en ese sentido: “la disposición a título oneroso de alguno de dichos bienes por uno solo de los cónyuges (sea el marido o la mujer), sin concurrir el consentimiento del otro, no es un acto radicalmente nulo, sino meramente anulable, que puede ser anulado a instancia del cónyuge cuyo consentimiento se haya omitido o de sus herederos, según establece el párr. 1.º del art. 1322 CC, por contraposición a los actos dispositivos a título gratuito, cuya nulidad radical o absoluta declaran expresamente el párr. 2.º del citado precepto y el art . 1378 CC, y como así lo tiene reiteradamente declarado la Sala (SS. 5 mayo 1986, 20 febrero 1988 [RJ 1988/1073], 26 junio 1989 [RJ 1989/4783], 7 junio 1990 y 20 junio y 25 noviembre 1991 [RJ 1991/4527 y RJ 1991/7978])”.

261 SSTS 757/2011 de 21 de octubre de 2011 y 900/2007 de 20 de julio de 2007.

impone al donatario no puede considerarse una contraprestación, pues de lo contrario se convertiría esta clase de donación en un contrato oneroso[262].

En cuanto al contenido de la carga o modo, este puede ser variado[263]. La STS de 21 de octubre de 2011[264], transcribe lo dispuesto en la STS 900/2007 de 20 de julio de 2007[265] y dice lo siguiente: "El modo, carga o gravamen puede ser cualquier tipo de actuación o conducta, aún no evaluable económicamente (Sentencia de 23 de noviembre de 2004 (RJ 2004, 7386)) o puede ser un motivo, finalidad, deseo o recomendación (Sentencias de 11 de diciembre de 1988 y 27 de diciembre de 1994 (RJ 1994, 9780)) o, en definitiva, el cumplimiento de una obligación como determinación accesoria de la voluntad del donante (Sentencia 6 de abril 1999 (RJ 1999, 2656)". Y añade el Tribunal que el incumplimiento de la carga puede dar lugar a la revocación (o más bien la resolución) de la donación modal conforme al art. 647 CC.

En lo concerniente a nuestro caso concreto, puede tratarse de una obligación del donatario sin contenido patrimonial (la carga más habitual es la de atender o cuidar al empresario donante[266]) o con un concreto contenido patrimonial, como podría ser la obligación de asegurar al donante una renta que, en su totalidad (como es lógico, pues en caso contrario estaríamos hablando de un negocio oneroso) deberá ser inferior al valor de los bienes (en nuestro caso, al valor de la empresa familiar) adquiridos por los donatarios.

5.3. DONACIÓN *MORTIS CAUSA* (ART. 620 CC)

La donación *mortis causa* es aquella que espera a producir sus efectos por la muerte del donante, a diferencia de la donación *inter vivos* que produce sus efectos en vida de este. En consecuencia, tanto la donación *mortis causa* como el testamento se encaminan a regular el reparto del patrimonio del donante *mortis causa* o el testador para después de su muerte[267].

---

262 M. N. TUR FAÚNDEZ, «La donación modal u unerosa», en *Tratado de las liberalidades. Homenaje al Profesor Enrique Rubio Torrano*, Thomson Reuters Aranzadi, 2017, p. 708.

263 J. L. LACRUZ BERDEJO, *Elementos de Derecho civil, Tomo V. Sucesiones*, Dykinson, 2009, p. 108.

264 STS 757/2011 de 21 de octubre de 2011.

265 STS 900/2007 de 20 de julio de 2007.

266 M. ALBALADEJO GARCÍA; S. DÍAZ ALABART, *La donación*, Colegio de Registradores de la Propiedad, Mercantiles y de BienesMuebles de España, 2006, p. 475.

267 M. ALBALADEJO GARCÍA, «La donación mortis causa», en *Comentario del Código Civil*, Fundación Registral, Colegio de Registradores de la Propiedad y Mercantiles de España, 2006, p. 1621.

El art. 620 CC en referencia a este tipo de donaciones señala que tienen la misma naturaleza que las disposiciones de última voluntad, y que, por lo tanto, se rigen por las reglas establecidas en sede de sucesión testamentaria[268].

De la interpretación del precepto podemos extraer dos conclusiones:

a) Que dichas donaciones no serán válidas si no se otorgan observando las formalidades exigidas para el testamento (SSTS (1ª) 30.12.2003[269], 28.7.2003[270] y 19.6.2008[271]);

b) Que las donaciones *inter vivos* son irrevocables, mientras que las *mortis causa*, al igual que los testamentos, son revocables hasta el fallecimiento del donante.

Por su parte, el TS en Sentencia de 24 de febrero de 1986 afirma lo siguiente:

> "Lo que caracteriza definitivamente las donaciones con finalidad «mortis causa» es la permanencia en el dominio y libre disposición del donante de la cosa donada y su falta de intención de perderla en caso de vivir, determinando que el donante no transfiere de presente la propiedad de la cosa donada, ni siquiera defiere la transferencia a plazo que pueda transcurrir mientras viva, sino que se fija para el efecto de la donación la época o momento de su fallecimiento, disponiendo así para después de su muerte de algo que le pertenece, sin que pueda alterar la esencia de este concepto la forma empleada para la expresión de la voluntad si ésta es que solamente con posterioridad a la muerte del donante haga suyo el donatario lo que fue objeto de la donación (sentencias mencionadas de 21 3 de enero de 1905 y 8 de julio de 1943), y, por consiguiente, son revocables, al no producir efecto sino después de la muerte del causante, es decir, «post mortem», siendo ineficaces si no se justifican por los medios que regulan el otorgamiento de las disposiciones testamentarias (referidas SSTS de 3 de enero y 12 de febrero de 1905, 24 de abril de 1909, 4 de noviembre de 1926, 17 de marzo de 1941, 8 de julio de 1943 y 19 de junio y 29 de octubre de 1956)".

---

268 Espejo Lerdo de Tejada, tras analizar el estado de la cuestión sobre la interpretación de los preceptos del Código Civil que se ocupan de las donaciones *mortis causa* y revisar la jurisprudencia del TS en esta materia, concluye con una propuesta de nueva redacción para el art. 620 CC que viene a recoger que las donaciones *mortis causa* podrán hacerse entre vivos y se regirán por las disposiciones relativas a las donaciones, salvo aquellas disposiciones que tuvieran por objeto los bienes que queden a la muerte del donante, que en ese caso deberán otorgarse en testamento, y obviamente, gobernarse por lo dispuesto por las reglas de últimas voluntades.
M. Espejo Lerdo de Tejada, «Donaciones mortis causa. Posibilidades actuales en el código civil y propuesta de reforma», en *Derecho de Sucesiones. Presente y futuro. XII Jornadas de la Asociación de Profesores de Derecho Civil*, Servicio de publicaciones de la Universidad de Murcia, 2006.

269 STS 1209/2003 de 30 de diciembre de 2003.

270 STS 801/2003 de 28 de julio de 2003.

271 STS 578/2008 de 19 de junio de 2008.

Si bien las donaciones *mortis causa* pueden ser de gran utilidad en algunos derechos forales o especiales como el navarro[272], en el derecho común han perdido su carácter distintivo y su función, siendo una institución carente de relevancia en la práctica, y que ha sido refundida en la del legado.

En nuestra opinión, si se revistiera a la donación *mortis causa* de un carácter irrevocable sería, junto a los pactos sobre la herencia, una herramienta eficaz para reforzar la posición de los sucesores y dar estabilidad al proyecto empresarial. Con los mismos argumentos que defendíamos la admisibilidad de los pactos sucesorios, entendemos que puede ser una vía útil para algunos supuestos y que sería positivo que estuviera disponible para el testador.

5.4. PROMESAS DE MEJORAR O NO MEJORAR (ART. 826 CC) Y MEJORAS *INTER VIVOS* (ART. 827 CC)

Además de las donaciones *inter vivos* a las que se acaba de hacer referencia, existen otros instrumentos extratestamentarios de transmisión sucesoria de la empresa familiar que excluyen el carácter de revocabilidad esencial del testamento. Se trata de las promesas de mejorar o no mejorar (art. 826 CC) y las mejoras *inter vivos* (art. 827 CC) hechas en capitulaciones matrimoniales, a las que el Tribunal Supremo califica expresamente como "contratos sucesorios"[273].

Estos instrumentos proyectan su virtualidad en la ordenación sucesoria de la empresa familiar y su aplicación es interesante en los supuestos en los que se cumplan las siguientes circunstancias:

---

272 En el Derecho foral navarro se puede pactar la irrevocabilidad de las donaciones *mortis causa*, como se dispone en la Ley 169 FNN: "El donante podrá en cualquier momento revocar libremente la donación, salvo pacto en contrario o renuncia de la facultad de revocar".
Además, debe tenerse en cuenta que los bienes que hayan sido objeto de donación *mortis causa* quedan excluidos del derecho al usufructo de viudedad que ostenta el cónyuge supérstite (Ley 255 FNN), cuestión de gran relevancia en la práctica por las soluciones que ofrece en los supuestos en que se quiera transmitir la totalidad de la propiedad de la empresa familiar a los sucesores con la oposición del otro cónyuge, que aspire a ostentar el usufructo de la misma.

273 El Tribunal Supremo señala expresamente en este sentido en las Sentencias 473/2018 de 20 de julio de 2018 y 134/2019 de 6 de marzo de 2019 que "(…) así como de las escasas excepciones en las que el Código acepta la eficacia de un contrato sucesorio (art. 826, promesa de mejorar en capitulaciones; art. 827, mejora contractual irrevocable; art. 1341, donación en capitulaciones de bienes futuros) (…)".

a. Que el disponente tenga clara la persona que, como sucesor, ha de asumir el control y la gestión de la empresa familiar.

b. Que la empresa no sea el único elemento de la masa patrimonial, ni el más importante.

c. Que se desee dotar de seguridad al mejorado a través de la irrevocabilidad. Se logra de este modo que la persona designada tenga una mayor motivación en el desempeño de sus funciones de liderazgo en la compañía, antes incluso del traslado de poderes.

La promesa de mejorar del art. 826 CC encierra un contrato sucesorio a través del cual el promitente asume una obligación de realizar en el futuro, ya sea por acto *inter vivos* como *mortis causa*, la mejora de un descendiente. Esta promesa deberá para su validez efectuarse en capítulos matrimoniales (que para ser válidos deberán constar en escritura pública *ex* art. 1327 CC) y no podrá ser revocada en posterior disposición testamentaria (art. 826.2 CC).

Por este efecto de irrevocabilidad se aproxima esta figura al pacto sucesorio, pues solo cabe la modificación de las capitulaciones con la concurrencia de ambos cónyuges y, en su caso, "con la asistencia y concurso de las personas que en éstas intervinieron como otorgantes si vivieren y la modificación afectare a derechos concedidos por tales personas" (art. 1331 CC). En consecuencia, este instrumento puede resultar interesante para el empresario al dotar de firmeza y seguridad a la designación efectuada, con la consiguiente motivación que ello puede suponer para el o los sucesores elegidos. Debe dejarse constancia no obstante de que, en la práctica, resultan más frecuentes los procesos de transmisión y sucesión empresarial en los que la empresa es el elemento más relevante, o quizás el único, de los que integran el patrimonio del testador[274]. A la vista de lo cual resultará complicado que concurran los presupuestos mencionados que dan pie a la posibilidad de hacer uso de este precepto para transmitir íntegramente la empresa familiar al o los sucesores elegidos.

Por su parte, la mejora *inter vivos* a la que se refiere el art. 827 CC contempla la donación de bienes por parte del disponente en el momento actual en concepto de mejora. Es decir, el causante puede realizar donaciones en vida en favor de sus descendientes atribuyéndoles el carácter de mejora, por lo que

---

274 Las PYMES representan el 99'80% de las empresas en España según la Secretaría General de Industria y de la Pequeña y Mediana Empresa del Gobierno de España en su informe "Cifras Pyme" de abril de 2024. https://industria.gob.es/es-es/estadisticas/Cifras_PYME/CifrasPYME-abril2024.pdf

deberán imputarse al tercio de mejora (arts. 819.1 y 825 CC) y producirán una reducción en la legítima estricta del resto.

La doctrina mayoritaria[275] considera que, si bien la donación como tal es irrevocable, el art. 827 CC ha de interpretarse en el sentido de que lo que sí es revocable es el carácter de mejora atribuido a dicha donación. Por el contrario, Albaladejo García[276] entiende que el art. 827 CC se trata de una excepción a la regla general de irrevocabilidad de la donación y mantiene que, si esta se ha realizado con carácter de mejora, es revocable la donación misma.

Excepcionalmente, la mejora es irrevocable cuando se formaliza en capitulaciones matrimoniales o por contrato oneroso celebrado con un tercero. Una vez que las donaciones han sido formalizadas con carácter de mejora en capitulaciones matrimoniales, ya no se les puede privar de dicho carácter salvo que se modifiquen conforme a lo dispuesto en el art. 1331 CC. Es decir, con la intervención de todos aquellos que participaron en su otorgamiento.

No obstante los supuestos de irrevocabilidad a los que se refiere el art. 827 CC, la jurisprudencia ha admitido la posibilidad de revocación de las mejoras si en el momento de otorgarlas se ha establecido su revocabilidad, cuando se incumplan por el mejorado las condiciones que se le hayan impuesto[277] o por las mismas causas de extinción de las capitulaciones matrimoniales y donaciones por razón de matrimonio[278].

En relación a la transmisión de la empresa familiar, la mejora *inter vivos* (art. 827 CC) —al igual que la promesa de mejorar o no mejorar del art. 826— cuando la donación con carácter de mejora se formaliza en capitulaciones matrimoniales o por contrato oneroso celebrado con un tercero (y, por tanto, resulta irrevocable), constituye un instrumento que puede emplearse en aquellos supuestos en los que se hace preciso dotar de seguridad y motivación a los sucesores que están trabajando en la compañía frente a

---

275 F. DE P. BLASCO GASCÓ, *La mejora irrevocable*, Tirant lo Blanch, 1990, p. 84; J. L. LACRUZ BERDEJO, *Elementos de Derecho civil, Tomo V. Sucesiones*, cit., p. 339; T. F. TORRES GARCÍA; A. DOMÍNGUEZ LUELMO, «La legítima en el código civil (II)», cit., p. 1914.

276 M. ALBALADEJO GARCÍA, *La mejora*, Servicio de Estudios del Colegio de Registradores, 2003, p. 292.

277 STS de 5 de diciembre de 1930: "el artículo 827 del Código Civil que se cita como infringido, consigna como regla general la revocabilidad de las mejoras aunque se haya verificado con entrega de bienes a menos que se haya hecho por capitulaciones matrimoniales o por contrato oneroso celebrado con un tercero, lo cual no impide el que a instancias de los herederos se pueda resolver ese contrato cuando el mejorado hubiese faltado a las condiciones que se impuso al hacerse la mejora".

278 SSTS de 6 de febrero de 1954 y de 23 de junio de 1960.

otros descendientes o personas próximas al testador que no están implicadas en el proyecto empresarial. No obstante, debemos advertir, al igual que lo hacíamos en el supuesto anterior, de que en la práctica lo habitual es que el valor de la sociedad mercantil exceda al tercio de mejora, por lo que la verdadera utilidad práctica de este precepto a la hora de transmitir íntegra la sociedad se ve reducida a algunos supuestos excepcionales.

Capítulo 6.

Instrumentos jurídicos de designación de sucesor de la empresa (II): la transmisión testamentaria de la empresa familiar.

6.1. EL NEGOCIO JURÍDICO TESTAMENTARIO

En el ordenamiento español del Código Civil el testamento es un negocio jurídico que presenta las siguientes características:

a) Se trata de un negocio *mortis causa* (art. 667 CC).

b) Es unilateral, prohibiendo el Código Civil[279] testar a dos o más personas mancomunadamente o en un mismo instrumento —testamento mancomunado— (art. 699 CC).

c) Es personalísimo, no puede hacerse mediante representante o por medio de comisario o mandatario (art. 670 CC).

d) Es un acto voluntario y libre, adoleciendo de nulidad el otorgado con vicios en el consentimiento (art. 673 CC).

e) Se trata de un negocio solemne, que será nulo si no se respetan las formalidades previstas legalmente (art. 687 CC).

f) Es un acto esencialmente revocable (art. 737 CC).

g) Es un acto no recepticio, pues la declaración de voluntad testamentaria no necesita ser conocida por los interesados para producir sus efectos. La aceptación de los llamados es necesaria para la adquisición de los bienes, no afectando a la eficacia del testamento[280].

---

279 A diferencia de otros ordenamientos forales o especiales dentro del territorio español: Aragón (art. 417 a 422 del Decreto Legislativo 1/2011, de 22 de marzo, del Gobierno de Aragón, por el que se aprueba, con el título de «Código del Derecho Foral de Aragón», el Texto Refundido de las Leyes civiles aragonesas), Galicia (art. 187 a 195 de la Ley 2/2006, de 14 de junio, de derecho civil de Galicia), Navarra (Ley 199 a 205 de la Ley Foral 21/2019, de 4 de abril, de modificación y actualización de la Compilación del Derecho Civil Foral de Navarra o Fuero Nuevo) y País Vasco (art. 24 a 29 de la Ley 5/2015, de 25 de junio, de Derecho Civil Vasco).

280 M. Faus Puyol, «Testamento. Reglas generales», *vLex.es*, 2022.

El contenido posible del testamento es diverso. El instrumento testamentario puede contener:

A) Disposiciones normales o típicas: a) ya sean principales, como la institución de heredero, disposición de legados o imposición de cargas; b) o bien instrumentales o accesorias, como la disposición sobre la administración de bienes dispuestos en favor de menores (art. 205 CC) o personas con necesidades de apoyos (art. 252 CC), fijación de orden de pago de legados, nombramiento de albaceas o contadores-partidores o disposiciones particionales.

B) Otro tipo de disposiciones o declaraciones, como el reconocimiento de hijos extramatrimoniales (arts.120.2º y 741 CC); la desheredación de legitimarios expresando la causa legal en que se apoya (arts. 848 y ss. CC); o la designación de personas que se desea sean nombradas tutores de los hijos (arts. 223 y 234.4 CC), entre otras.

Si una persona fallece sin testamento o este se declara nulo —en todo o en parte— se abre la sucesión intestada conforme a los arts. 912 y ss. CC. La ley llama a los herederos legales teniendo en cuenta el parentesco o el vínculo conyugal, siendo preferida la línea recta respecto de la colateral, y dentro de ella con respeto al principio de proximidad de grado (descendientes, ascendientes si no los hubiera, cónyuge viudo, hermanos e hijos de hermanos, resto de colaterales hasta el grado y, en defecto de todos ellos, el Estado *ex* art. 913 CC). En el caso de la sucesión de la empresa familiar, la estricta aplicación del orden legal sucesorio en defecto de testamento podría, en algunos casos, llevar a consecuencias indeseadas en los supuestos en que los llamados a suceder abintestato al empresario no sean de hecho, por su predisposición o aptitudes, las personas idóneas para la gestión y dirección del negocio familiar.

Por lo tanto, en relación al empresario familiar, el testamento se configura como uno de los instrumentos más importantes con el fin de planificar adecuadamente la sucesión y preservar la continuidad de la empresa en manos de la familia, evitando el riesgo que la sucesión *ab intestato* entraña para la pervivencia de la compañía[281].

---

[281] En referencia al testamento del empresario familiar, Serrano Chamorro afirma en este sentido que "el testamento es instrumento prácticamente imprescindible para asegurar en lo posible la continuidad y cohesión de la empresa familiar tras el fallecimiento del anterior o anteriores titulares; en la misma medida en que la sucesión intestada constituye un peligroso factor de riesgo para que se produzca su extinción o dispersión".

M. E. SERRANO CHAMORRO, «Problemas sucesorios de transmisión de la empresa familiar», *Revista Crítica de Derecho Inmobiliario, No747*, 2015, p. 135.

Se constata la virtud del testamento abierto (art. 695 CC), como modalidad en la que el otorgante designa la persona a la que quiere transmitir la titularidad de la empresa familiar y ordena como crea conveniente la sucesión del resto de su patrimonio, pudiendo incluso efectuar la partición (inventario, avalúo, liquidación y adjudicación de los bienes hereditarios) o establecer reglas particionales conforme a las cuales deben ejecutarse las adjudicaciones. Podrá, además, imponer a los herederos o legatarios instituidos condiciones, tanto suspensivas como resolutorias (art. 790 a 805 CC), que deben ser, conforme a la ley, posibles y lícitas. Las condiciones se convierten en un elemento accesorio del negocio jurídico testamentario que sirven para condicionar la disposición de los bienes de la herencia al cumplimiento de la voluntad del testador. Cuando se trata de la empresa, es frecuente en este sentido introducir condiciones para prevenir la entrada de un tercero ajeno a la familia propietaria en el capital social, para asegurar el cumplimiento de lo establecido en el protocolo familiar o en relación con el deber de asistencia u otra prestación personal o patrimonial vitalicia a favor del cónyuge del empresario.

Con el fin de evitar conflictos de interpretación de la *voluntas testatoris*, conforme a ley de la sucesión (art. 675 CC), es necesario que el testamento se redacte de manera clara y precisa, especificando de manera detallada la voluntad y deseos del otorgante a través de los distintos instrumentos que el ordenamiento jurídico ofrece (condiciones, cargas modales, sustituciones, cláusulas de reversión, etc.) procurando evitar aquellas cláusulas que puedan sembrar dudas acerca de su significado. Al igual que sucede con los protocolos familiares, no existe un modelo idóneo de instrumento testamentario para todos los empresarios, sino que deberá ser diseñado teniendo en cuenta las particulares circunstancias y características de cada familia y de cada empresa.

Por otra parte, la revocabilidad esencial del testamento le convierte en un negocio jurídico flexible y adaptable a los cambios evolutivos que, de forma natural o imprevisible, se producen en el seno de todo sistema familiar (incorporación de nuevos miembros al sistema familiar por matrimonio o convivencia, separaciones, divorcios y ruptura de parejas[282], nacimiento de hijos,

---

[282] En relación a las uniones de hecho, el Tribunal Supremo, en Sentencia 531/2018 de 26 de septiembre de 2018, considera que son ineficaces los legados a favor de quien fue pareja de hecho en el momento de otorgar testamento cuando, en el momento de la apertura de la sucesión, la relación de pareja se ha extinguido. Con el mismo criterio, en relación a las uniones matrimoniales, el TS en su Sentencia 539/2018 de 28 de septiembre de 2018 considera ineficaz la designación como heredero del cónyuge del testador cuando en el momento de la apertura de la sucesión se había producido el divorcio.
Sin perjuicio de lo anterior, con el objetivo de prevenir la aparición de conflictos, es recomendable que el testador otorgue nuevo testamento en los casos de separacio-

discapacidades sobrevenidas, muerte de familiares, etc.) y en el patrimonio del empresario[283].

A continuación, veremos instrumentos y disposiciones que pueden ser útiles para el empresario familiar a la hora de diseñar un testamento a medida que favorezca la continuidad de la empresa familiar en la siguiente generación.

6.2. INSTRUMENTOS Y DISPOSICIONES TESTAMENTARIAS

6.2.1. Supuestos especiales de institución testamentaria de heredero con pago de las legítimas en metálico (arts. 841- 847 CC)

6.2.1.1. Fundamento normativo

La Ley 11/1981, de 13 de mayo, de modificación del Código Civil en materia de filiación, patria potestad y régimen económico del matrimonio reforma, entre otros, los arts. 841 y ss. CC introduciendo la posibilidad de satisfacer la legítima de los herederos forzosos en metálico extrahereditario con ciertas condiciones. Se trata de una de las excepciones antes referidas en que la naturaleza de la legítima como *pars hereditatis* o *pars bonorum* (lo que exige su satisfacción con bienes de la herencia), se transforma en *pars valoris bonorum* (de modo que se permite su pago en dinero en metálico, incluso extrahereditario)[284].

---

nes, divorcios o rupturas de hecho revocando las disposiciones hechas en su momento que ya no se desean.

283 En ocasiones, en el propio desarrollo de la actividad mercantil, se producen operaciones societarias que escinden sociedades con unidades de negocio diferenciadas en las que unos descendientes tienen mayor implicación que otros. En estos casos, el propietario del grupo empresarial puede plantearse la posibilidad de distribuir las sociedades a través del otorgamiento de legados a aquellos hijos o descendientes más implicados en cada una de ellas. Lo mismo puede ocurrir con otros elementos del patrimonio con los que, en ocasiones, alguno de los hijos tiene mayor interés y vinculación.

284 Así lo ha declarado el Tribunal Supremo en su Sentencia 524/2012 de 18 de julio de 2012 que dispone en este sentido que "La configuración legal de la legítima en este caso impide la infracción del art. 841 CC, porque es la propia ley la que produce el cambio de naturaleza de la posición del legitimario en la herencia (...) la ley permite cambiar la cualidad con que el legitimario va a participar en la sucesión y por ello autoriza este legado de crédito. Al ser un acreedor, no se requiere que el dinero que sirve para pagar la legítima forme parte del caudal relicto, teniendo en cuenta, además, el carácter fungible del dinero".

6.2.1.2. Objeto

Este precepto, a diferencia de los arts. 821 y 1056.2 CC, no exige la indivisibilidad o incómoda división de los bienes. Por lo tanto, se puede adjudicar a alguno de los descendientes todo o parte del caudal hereditario, sea este o no indivisible, salvo lo dispuesto en los arts. 845 y 846 CC: es decir, con excepción de los bienes específicamente legados y de aquellos sobre los que exista disposición particional específica del testador[285].

6.2.1.3. Sujetos activos: testador o contador-partidor

Según dispone el art. 841 CC, tanto el testador como el contador-partidor[286] expresamente autorizado por aquel (incluido el contador-partidor dativo al que se refiere el art. 1057 CC), podrá adjudicar los bienes hereditarios o parte de ellos, en su caso la empresa familiar, a alguno o algunos de sus hijos o descendientes, ordenando el pago en metálico de la porción hereditaria de los demás legitimarios[287].

La figura del contador-partidor a la que se refiere este precepto puede resultar útil en aquellos supuestos en los que el empresario prevé su fallecimiento sin tener decidida la persona o personas idóneas para sucederle asumiendo el liderazgo y titularidad de la empresa, otorgando así al contador-partidor la potestad de designar a aquel de los hijos o descendientes que demuestre más aptitudes para asumir su dirección y gestión. No obstante, la autorización por el testador al contador-partidor para el ejercicio de la facultad de los art. 841 y ss. CC, se verá acotada por las propias características de estos preceptos que, como veremos, hacen que esta vía no resulte la más adecuada para transmitir indivisa la empresa familiar.

---

285 T. F. Torres García; A. Domínguez Luelmo, «La legítima en el código civil (II)», cit., p. 134.

286 Serrano Chamorro recuerda que "La figura del contador-partidor dativo se introdujo en el Código como instrumento sencillo que puede evitar la partición judicial cuando no exista acuerdo unánime de los herederos sobre la forma de realizarla". M. E. Serrano Chamorro, «Problemas sucesorios de transmisión de la empresa familiar», cit., p. 133.

287 Lacruz Berdejo advierte de que no puede entenderse que el testador, como regla general y sin darse las circunstancias específicas previstas legalmente, pueda encomendar a un legitimario cualquiera el pago en dinero de la legítima correspondiente al resto. Remarca que, aunque la excepción a la regla de satisfacción individual de los derechos legitimarios con bienes de la herencia sea amplia, no deja de ser una excepción.

J. L. Lacruz Berdejo, *Elementos de Derecho civil, Tomo V. Sucesiones*, cit., p. 516.

Torres García y Domínguez Luelmo[288] señalan que la elección de los adjudicatarios de los bienes solo puede hacerla el testador, ya sea de forma nominativa o señalando las circunstancias que deben reunir los beneficiarios. Advierten de que la elección por parte del contador-partidor entraría en conflicto con la prohibición prevista en el art. 670 CC acorde con el carácter personalísimo del testamento, de modo que "no podrá dejarse su formación, en todo ni en parte, al arbitrio de un tercero, ni hacerse por medio de comisario o mandatario" como "Tampoco podrá dejarse al arbitrio de un tercero la subsistencia del nombramiento de herederos o legatarios, ni la designación de las porciones en que hayan de suceder cuando sean instituidos nominalmente", y que lo que sí puede hacer es valorar la porción pagadera en dinero y formalizar las correspondientes adjudicaciones. A juicio de estos autores, la única posibilidad para designar adjudicatario de los bienes hereditarios se da en el supuesto de la fiducia sucesoria en favor de cónyuge viudo prevista en el art. 831.1 CC, que analizaremos más adelante.

Cuando las operaciones liquidatorias son realizadas por un contador-partidor, decae el sentido y finalidad de la aprobación judicial a la que se refiere el art. 843 CC. Cuando el testador nombra a un contador-partidor dotándole de las facultades previstas en el art. 841 CC pretende evitar precisamente conflictos referidos a la valoración de los bienes. Si se interpretara que las operaciones liquidatorias realizadas por el contador-partidor necesitan la confirmación de todos los legitimarios, o ante la falta de acuerdo, la aprobación de un Juez, su función carecería de utilidad práctica[289].

6.2.1.4. Sujetos pasivos: hijos o descendientes

Adjudicatarios de los bienes hereditarios (y, por tanto, de la empresa familiar), pueden serlo "hijos o descendientes": entendemos que no es necesario que sean necesariamente legitimarios[290]. En consecuencia, como "descendientes", podrán ser beneficiarios de los bienes y obligados a pagar en metálico las legítimas los nietos. Sin embargo, consideramos que quedan excluidos los legitimarios ascendientes[291] y, con más razón, los terceros ajenos al círculo de legitimarios.

---

288 T. F. TORRES GARCÍA; A. DOMÍNGUEZ LUELMO, «La legítima en el código civil (II)», cit., p. 136.

289 *Ibid.*, p. 137.

290 I. GALLEGO DOMÍNGUEZ, «Relevo generacional y transmisión "mortis causa" de la empresa familiar en el Derecho español», cit., p. 54; J. B. VALLET DE GOYTISOLO, «Art. 841», en *Comentarios al Código Civil, 2a edic.*, Ministerio de Justicia, 1993, p. 2078.

291 Torres García y Domínguez Luelmo se muestran a favor de esta hipótesis, mientras que Pantaleón Prieto y López Beltrán de Heredia se muestran en contra.

En cuanto a aquellos que podrán ser los receptores del metálico, el artículo se refiere a "los demás legitimarios". Y de la redacción del artículo podemos deducir que, además de legitimarios, tendrán que ser herederos o legatarios, puesto que el precepto se refiere al pago en metálico de la "porción hereditaria"[292]. Torres García[293] considera que el supuesto de hecho del precepto se limita únicamente a los hijos y descendientes del testador que no tienen la condición de adjudicatarios de los bienes. Y, por lo tanto, entiende que quedan excluidos los ascendientes y el cónyuge supérstite, aun teniendo la categoría de legitimarios[294].

6.2.1.5. Pago en metálico

Tal y como declara el TS[295] "el heredero o contador partidor autorizado para pagar las legítimas en dinero, puede hacerlo con dinero no hereditario". Así se deduce del propio art. 841 cuando recoge la posibilidad de adjudicar "todos los bienes hereditarios", pues si esto se hace con la carga de tener que abonar la legítima en metálico será, obviamente, porque este no existe en la herencia[296]. No obstante, se echa en falta una mayor claridad en este aspecto, que sí encontramos en el art. 1056 CC que expresamente manifiesta que "(...) no será necesario que exista metálico suficiente en la herencia para el pago, siendo posible realizar el abono con efectivo extrahereditario (...)".

Díez Picazo[297] considera que la carga de abonar en metálico extrahereditario o no herencial se puede establecer únicamente cuando, habiendo ad-

---

C. López Beltrán de Heredia, *La conmutación de la legítima*, Tecnos, 1989, p. 32 y ss.; F. Pantaleón Prieto, «Comentario a los arts. 841-847 CC», en *Comentarios a las reformas del Derecho de Familia II*, Tecnos, 1984, p. 143 y ss.; T. F. Torres García; A. Domínguez Luelmo, «La legítima en el código civil (II)», cit., p. 135.

292 En el mismo sentido, H. Mondragón Martín, «La legítima en el derecho español», cit., p. 67.

293 T. F. Torres García, «Legítima, legitimarios y libertad de testar (síntesis de un sistema)», cit., p. 212.

294 La autora justifica su criterio afirmando que "cuando se redactaron los arts. 841 y siguientes CC no se pensó en la legítima de los ascendientes sino que su regulación estuvo presidida por los problemas sucesorios que podrían presentarse al desaparecer del sistema legitimario toda distinción de legítima en base a la calificación de los hijos". Lo cual no impide que se pueda hacer una interpretación extensiva del precepto que incluya la legítima de los ascendientes cuando se cumplan los requisitos subjetivos, pero excluye en todo caso de esta interpretación a la legítima viudal.

295 STS 524/2012 de 18 de julio de 2012.

296 En el mismo sentido, T. F. Torres García; A. Domínguez Luelmo, «La legítima en el código civil (II)», cit., p. 135.

297 A. Díez Picazo, L.; Gullón Ballesteros, *Sistema de derecho civil*, Tecnos, 2003, p. 435.

judicado bienes de la herencia a un descendiente *ex* art. 841, no haya bienes hereditarios o en la cuantía suficiente para cubrir la legítima del resto de legitimarios. Atribuida la empresa familiar a uno de los herederos, si existiese patrimonio suficiente en el caudal hereditario para pagar la porción de la legítima del resto de los legitimarios, no se podrá recurrir a esta opción de pago en metálico extrahereditario.

La Sentencia del TS de 18 julio de 2012[298] alude al pago de las legítimas con dinero a tenor del art. 841 CC. En su fundamento jurídico cuarto, el Tribunal detalla los requisitos necesarios para que se produzca el pago en dinero de las porciones legitimarias de los herederos forzosos:

> *"a) Que el testador lo haya autorizado;*
> *b) Que estén de acuerdo en la conmutación o que se autorice judicialmente;*
> *c) Que se atribuya a los autorizados el patrimonio relicto".*

Torres García y Domínguez Luelmo[299] plantean que, a través de la vía del art. 841 CC, y mediante disposición testamentaria al efecto, se podría proceder en vida del empresario a donar partes de la propiedad de la empresa familiar a la persona elegida como sucesora, y en el momento de la apertura de la sucesión las donaciones —o la parte de las mismas— que resulten inoficiosas con arreglo a lo establecido en el art. 818 CC, no tendrían que hacerse *in natura* fragmentando la sociedad que se pretende mantener indivisa, sino que se permitiría al donatario mantener la totalidad de la misma, satisfaciendo en metálico la cuantía declarada inoficiosa.

6.2.1.6. Posibilidad de exigir que la cuota sea satisfecha en bienes de la herencia

Es importante advertir que, pese al tenor literal del precepto ("ordenando que se pague"), el testador no puede imponer a los legitimarios la aceptación de esta estipulación pues "cualquiera de los hijos o descendientes obligados a pagar en metálico la cuota hereditaria de sus hermanos podrá exigir que dicha cuota sea satisfecha en bienes de la herencia" (art. 842 CC). Es decir, que el pago en metálico de la legítima en el caso contemplado en el art. 841 CC es una facultad, no un deber imperativo al que se encuentran sujetos los herederos[300].

---

298 STS 524/2012 de 18 de julio de 2012.

299 T. F. Torres García; A. Domínguez Luelmo, «La legítima en el código civil (II)», cit., p. 1957.

300 Da cuenta de ello la doctrina. J. J. García Ross; J. Téllez Roca, «Aspectos civiles de la sucesión», cit., p. 675; H. Mondragón Martín, «La legítima en el derecho español», cit., p. 64; D. Oliva Blázquez, Francisco; Pérez Velázquez, Juan Pablo;

Los sucesores de una empresa familiar adjudicada por el causante conforme a lo dispuesto en el art. 841 CC podrán optar por hacer uso de la facultad de pagar la legítima en metálico o exigir que dicha cuota sea satisfecha en bienes de la herencia. Además, esta modalidad de partición requiere de la aceptación o confirmación, expresa y unánime, de todos los hijos o descendientes, o en su defecto, la aprobación por el Letrado de la Administración de Justicia o Notario (art. 843 CC). En consecuencia, si el testador pretende transmitir la empresa familiar indivisa conforme a estos preceptos, no basta con su sola voluntad manifestada en el testamento, sino que deberán aceptar el pago en metálico de la legítima tanto el o los herederos de la empresa como los propios legitimarios. En la práctica esto supone, a efectos de la sucesión del negocio familiar, un claro inconveniente que no favorece el objetivo de continuidad de la empresa familiar en la siguiente generación.

6.2.1.7. Plazo para realizar el pago

El art. 844 CC establece que el adjudicatario de los bienes tiene un plazo máximo de un año desde la apertura de la sucesión para comunicar a los legitimarios su decisión de pagar su legítima en metálico. Inicialmente surgirá una comunidad hereditaria sobre todos los bienes de la herencia, y ésta durará hasta el momento en el que el adjudicatario de los bienes haga uso de la facultad que le confiere el testador, momento en el cual los perceptores del metálico quedarán excluidos de la misma. Esta comunidad se rige por las reglas generales, con la particularidad de que solo uno o algunos de los comuneros (los así señalados en el testamento) tienen la posibilidad de hacerla cesar. Desde que se produzca dicha comunicación se comenzarán a producir los efectos, y el adjudicatario deberá pagar el crédito en el plazo del año siguiente, salvo que las partes acuerden otra cosa. Podrán, no obstante, pactarse plazos distintos con unos y otros perceptores del metálico.

La comunicación debe ser irrevocable y extingue la opción de exigir que la legítima sea satisfecha en bienes de la herencia prevista en el art. 842 CC. Además, produce los siguientes efectos[301]:

a) Marca el *dies a quo* del cómputo del plazo de un año para realizar el pago.

Cadenas Osuna, *Tratado teórico práctico del testamento notarial abierto*, Wolkers Kluwer, 2018, p. 140.

301 T. F. Torres García; A. Domínguez Luelmo, «La legítima en el código civil (II)», cit., p. 136.

b) Impide a los legitimarios acudir al procedimiento para la división de la herencia y reclamar el pago en dinero hasta que no transcurra el plazo para realizar el pago.

c) Fija el día a partir del cual se puede solicitar las garantías mobiliarias o inmobiliarias pertinentes.

d) Transforma la legítima de los receptores del metálico en *pars valoris bonorum*, aunque no elimina definitivamente la reserva de *pars bonorum*.

6.2.1.8. Fijación del *quantum*

El art. 847 CC establece que, para fijar la suma que debe abonarse a los legitimarios, se habrá de tener en cuenta el valor que tuvieran los bienes en el momento de liquidar la porción correspondiente, teniendo en cuenta los frutos o rentas que se hayan producido hasta entonces. En el supuesto de una sociedad mercantil familiar, no se efectuará su valoración o tasación en el momento de la apertura de la sucesión sino en el momento de la liquidación, una vez alcanzado un acuerdo entre los interesados o aprobado por el Letrado de la Administración de Justicia o un Notario. A partir de ese momento, el crédito metálico devengará el interés legal correspondiente.

Mientras que la solución que plantea el art. 847 CC puede ser adecuada para aquellos bienes con cierta estabilidad en el valor o cuyo valor no está ligado al desempeño o mérito de su propietario, en el caso de sociedades mercantiles con una clara influencia de la coyuntura económica y de la capacidad de gestión del empresario, en el tiempo que transcurra desde la apertura de la sucesión hasta el momento de la liquidación se puede producir una fluctuación importante del valor de los activos que integran la empresa que perjudique al adjudicatario de la misma.

En la práctica es habitual que el adjudicatario de la empresa sea quien desempeña el liderazgo en la dirección y gestión de la compañía. Si desde el momento de la apertura de la sucesión hasta que finalmente se liquidan los bienes (momento en que, según el art. 847 CC se ha de proceder a su valoración o tasación) se produce un incremento o disminución del valor de los activos que integran la empresa, esta fluctuación afectará al *quantum* de la legítima que debe abonarse a los legitimarios. Dado que dicha fluctuación depende en buena medida de la capacidad de gestión del adjudicatario durante ese período de tiempo, entendemos que lo más razonable, en el supuesto de que en el patrimonio del testador se integre una sociedad mercantil, es que el valor de esta se calcule en el momento del fallecimiento del testador. De esta forma, las posibles fluctuaciones que desde ese momento puedan producirse en el valor de los activos que integran la empresa no afectarán a los legitimarios sino únicamente al adjudicatario que es quien desempeña el liderazgo en la dirección y gestión la misma.

6.2.1.9. Garantías para el pago

En cuanto a las garantías de cobro de los perceptores del metálico, el art. 844 CC les atribuye las garantías legales establecidas para los legatarios de cantidad. Por lo tanto, les serán de aplicación los arts. 48-50 y 87 LH, que les faculta para obtener anotación preventiva sobre cualquiera de los bienes inmuebles de la herencia[302].

Se considera por parte de la doctrina[303], que compartimos, que los legitimarios excluidos de los bienes pueden también emplear la mención legitimaria del art. 15.1 LH o acudir al art. 80.2 RH (especificación del anterior para el caso regulado en los arts. 841-847 CC). En todo caso, el efecto de ambos preceptos es el mismo: la expresión registral de la legítima no pagada queda reflejada en la inscripción de los bienes que haga el adjudicatario como un elemento de la propia inscripción. De esta manera, la publicidad registral evita que posibles terceros de buena fe adquieran esos bienes a título oneroso[304].

6.2.1.10. Incumplimiento de la obligación de pago en metálico

Si, transcurrido el plazo señalado, no se ha efectuado el pago de la legítima en metálico, caduca la facultad que había sido conferida por el testador o el contador-partidor en favor de los hijos o descendientes y se habrá de proceder a repartir la herencia según las disposiciones generales sobre la partición (art. 844 CC). Es decir, se produce una reversión de los legitimarios no adjudicatarios de los bienes a la posición de herederos forzosos, de modo que podrán pedir la satisfacción de su derecho a la legítima en bienes de la herencia[305]. Por lo tanto, mientras no se realice el pago de la legítima en metálico, permanece latente la reserva *pars bonorum* del art. 806 CC, que resurgirá en el supuesto de impago definitivo.

---

302 M. del C. Gete Alonso y Calera, «Las garantías hipotecarias del legado», *RJC*, vol. 2, 1981, p. 327 y ss.

303 T. F. Torres García; A. Domínguez Luelmo, «La legítima en el código civil (II)», cit., pp. 138-140.

304 Para profundizar más sobre esta cuestión véase L. F. Ragel Sánchez, «La mención de la legítima en el registro de la propiedad por la vía del art. 15 LH», *Revista Aranzadi Doctrinal num.11/2019*, 2019, pp. 16 y 17.

305 Rodríguez Rosado, *Heredero y Legitimario*, Thomson Reuters Aranzadi, 2017, p. 134.

Si bien esta facultad conferida a los legitimarios no puede considerarse estrictamente una garantía, en la práctica cumple la finalidad de reforzar la posición jurídica de los legitimarios frente al adjudicatario de los bienes hereditarios.

6.2.1.11. Limitaciones de los arts. 841-847 CC en la transmisión indivisa de empresas familiares

Los arts. 841-847 CC configuran un instrumento jurídico que permite en la práctica soslayar el carácter de la legítima como *pars bonorum* permitiendo el pago de la porción legitimaria o forzosa de los descendientes del empresario familiar al servicio de la transmisión indivisa de la empresa como unidad empresarial. No obstante, su carácter facultativo para las partes (no se impone al adjudicatario, sino que se le atribuye una simple opción, y en el caso de los legitimarios, si no están conformes, precisa de la aprobación del Letrado de la Administración de Justicia o del Notario) se convierte en muchos casos en la práctica en un inconveniente que no favorece en modo alguno la necesidad de proveer de estabilidad y seguridad la continuidad de la sociedad mercantil[306].

Por este motivo, y por la brevedad del plazo previsto en la ley para proceder al pago de las legítimas en metálico (notablemente inferior al previsto en el art. 1056 CC), esta vía no resulta en la práctica la más adecuada para lograr el objetivo de transmitir indivisa la empresa familiar.

6.2.2. Partición realizada por el propio testador e institución de heredero con adjudicación de la empresa familiar (art. 1056.2 CC)

6.2.2.1. Fundamento normativo

La Ley 7/2003, de 1 de abril, de la Sociedad Limitada Nueva Empresa modificó, además de los art. 1271 y 1406.2 CC, el segundo párrafo del art. 1056.2 CC con el objetivo de dotar al empresario familiar de instrumentos

---

[306] Serrano Chamorro señala que este es el principal motivo por el que el art. 841 CC no haya tenido en la práctica una aplicación muy extendida.
M. E. SERRANO CHAMORRO, «Problemas sucesorios de transmisión de la empresa familiar», cit., p. 133.

adecuados para favorecer la sucesión generacional de la empresa evitando su fragmentación[307].

En su redacción inicial, el art. 1056.2 CC de 1889 establecía que "El padre que en interés de su familia quiera conservar indivisa una explotación agrícola, industrial o fabril, podrá usar de la facultad concedida en este artículo, disponiendo que se satisfaga en metálico su legítima a los demás hijos".

La actual regulación, ofrece en comparación con su predecesora las siguientes particularidades:

a) Sustituye el término "padre" por el de "testador".

b) Se refiere al pago de la legítima de los demás "interesados" sustituyendo la anterior referencia a los "hijos"[308].

c) Sustituye la expresión "explotación agrícola, industrial o fabril", por la de "explotación económica".

d) Se añade al "interés de la familia" el objetivo de la "conservación de la empresa".

e) A la finalidad de "conservar indivisa una explotación", añade la de "mantener el control de una sociedad de capital o grupo de éstas".

f) Contempla expresamente que "no será necesario que exista metálico suficiente en la herencia para el pago".

g) Permite al testador o contador-partidor aplazar el pago hasta un máximo de cinco años, computados desde el momento de la apertura de la sucesión.

---

307 En su Exposición de Motivos, la Ley 7/2003 establece que "teniendo en cuenta la situación y perspectiva de las pequeñas y medianas empresas como factores generadores de riqueza y empleo, y con el objeto de proporcionarles los medios suficientes para que puedan desarrollarse, alcanzar el ámbito internacional y superar los cambios generacionales dentro de las mismas, la presente ley intenta resolver tres problemas que se han identificado en la mayoría de nuestras empresas: las dificultades de financiación, la pérdida del control de la gestión por los socios que ostentan la mayoría y los problemas de supervivencia de la sociedad derivados de la sucesión generacional". A tal fin, introduce "transformaciones en la legislación civil vigente en aquellos preceptos en los que se ordenan las relaciones entre los miembros de una familia y la sucesión de la unidad productiva para dotarla de instrumentos que permitan diseñar, en vida del emprendedor, la sucesión más adecuada de la empresa en todas sus posibles configuraciones: societarias, empresa individual, etc.".

308 La STS de 30 de abril de 1981 efectúa una ampliación de la interpretación del concepto de hijo extendiéndolo a los descendientes en un sentido extenso que comprende los nietos, biznietos u otros descendientes.

h) Admite expresamente el cumplimiento de la obligación de pago de la porción forzosa por cualquiera de las vías que producen la extinción de las obligaciones.

i) Permite que cualquier legitimario exija su legítima en bienes de la herencia cuando "no se hubiere establecido la forma de pago".

j) Dispone que no será de aplicación a la partición efectuada conforme al art. 1056.2 lo dispuesto en los arts. 843 y 844 CC.

6.2.2.2. Sujeto activo

La partición realizada por el testador tiene como principal objetivo evitar la situación, frecuentemente generadora de conflictos, de la comunidad hereditaria. Habiendo el disponente ordenado así su sucesión *mortis causa*, a la muerte del testador cada heredero se convierte en titular, en propiedad exclusiva o proindiviso, de los bienes y derechos concretos que le han sido asignados por el otorgante[309]. Siendo en derecho común un acto *mortis causa*, es esencialmente revocable[310]. En cuanto a su alcance, el Tribunal Supremo[311] considera que, para la validez de la partición así efectuada, no es necesario que se extienda a todo el patrimonio del causante, pudiendo comprender algunos de sus bienes y derechos.

---

309 En relación a esta cuestión, la STS 805/1998 de 7 de septiembre de 1998: "El artículo 1056 del Código Civil (...), faculta al testador para realizar él mismo la partición hereditaria, otorgándole amplias posibilidades para ello, pero siempre con absoluto respeto a las legítimas. Pero, ahora bien, no toda disposición del testador realizada sobre bienes hereditarios, puede estimarse como una auténtica partición hereditaria. Y para delimitar la cuestión existe una «regla de oro», consistente en que la determinación de una verdadera partición se dará cuando el testador ha distribuido sus bienes practicando todas las operaciones -inventario, avalúo, liquidación y formación de lotes objeto de las adjudicaciones correspondientes-, pero cuando, así, no ocurre, surge la figura de las denominadas doctrinalmente normas para la partición, a través de las cuales, el testador se limita a expresar su voluntad para que en el momento de la partición, determinados bienes se adjudiquen en pago de su haber a los herederos que mencione".

310 T. RUBIO GARRIDO, «La partición por el testador: algunos aspectos problemáticos, al hilo de la Sentencia de 4 de noviembre de 2008», *Revista Aranzadi Doctrinal num.8/2009*, 2009, p. 2.

311 La STS 1014/2008 de 4 de noviembre de 2008 dice lo siguiente: "Ha sido una verdadera partición, en el sentido de que la testadora ha partido su patrimonio, aunque no incluya la totalidad del patrimonio hereditario y se haga precisa una nueva partición referida a los bienes no incluidos en la fecha por la testadora". Además, el Tribunal cita en el mismo sentido su Sentencia de 6 de marzo de 1945.

Como se ha indicado, en la nueva redacción del art. 1056.2 CC se sustituye la palabra "padre" por la de "testador": el empleo del término "testador" impone la necesidad de que el vehículo formal adecuado para ejercer la facultad prevista en este precepto sea el testamento. Además, debe tratarse de un testador que tenga herederos forzosos o legitimarios, pues, de no haberlos, no se plantea problema alguno que exija la aplicación del precepto.

Al contrario del art. 841 CC, en el art. 1056.2 CC no se menciona la posibilidad de delegar la facultad de realizar la partición en un contador-partidor. A nuestro juicio[312], si el legislador hubiera pretendido dotar al testador de la posibilidad de autorizar al contador-partidor para realizar la partición conforme al art. 1056.2 CC, así lo hubiera dispuesto expresamente. De hecho, el contador-partidor aparece citado en el cuerpo de dicho precepto otorgándosele la facultad de establecer un aplazamiento del pago en metálico. Dicho lo cual, no entendemos el criterio utilizado por el legislador para excluir esta posibilidad (que sí se recoge en el art. 841 CC), siendo un instrumento que puede ser de gran utilidad, sobre todo en aquellos supuestos en los que el empresario necesite planificar su sucesión sin tener decidida la persona o personas idóneas para sucederle asumiendo el liderazgo y titularidad de la empresa.

6.2.2.3. Sujetos pasivos

El art. 1056.2 CC no se refiere expresamente al adjudicatario de la explotación económica ni aclara su condición, por lo que se ha discutido sobre tres cuestiones: si ha de ser una sola persona o pueden ser varias, quien o quienes pueden ser los adjudicatarios de la explotación económica, y quienes serán los perceptores del metálico hereditario.

En concreto, resulta discutible la expresión utilizada por el legislador cuando dispone que "El testador (...) podrá usar de la facultad concedida en este artículo, disponiendo que se pague en metálico su legítima a los demás interesados".

---

312 La doctrina mayoritaria considera que debe entenderse excluida la posibilidad de facultar al contador-partidor para la partición conforme al art. 1056.2 CC. N. Álvarez Lata, *Aspectos civiles de la empresa familiar: economía familiar y sucesión hereditaria*, cit., pp. 59 y 60; C. M. Díez Soto, «El pago de las legítimas en dinero: un instrumento para planificar la sucesión en la Empresa Familiar», *Revista de empresa familiar*, vol. 1, n.º1, 2011, p. 29; I. Gallego Domínguez, «El relevo generacional en la empresa familiar. La sucesión "mortis causa" y el sistema legitimario español», *Cuadernos de Reflexión de la Cátedra Prasa de Empresa Familiar*, vol. 20, 2015, p. 22.

i. Adjudicatarios de la explotación económica

No hay razón alguna, a nuestro juicio, para considerar que no puedan ser varios los adjudicatarios de la explotación económica[313], posibilidad que, lejos de atentar, favorece el objetivo de la norma, que no es otro que mantener indivisa la empresa o el control de la sociedad en aras a su conservación. De este modo, será menor el importe de las compensaciones en metálico que han de satisfacer los adjudicatarios, por lo que se facilita la continuidad de la empresa en el ámbito familiar.

La norma no se refiere a los adjudicatarios de la explotación económica, lo que dificulta al operador jurídico la tarea interpretativa. El hecho de que la nueva redacción del art. 1056.2 CC haya sustituido la expresión "padre" por la de "testador", y la de "los demás hijos" por la de "los demás interesados", parece indicar que pueden ser adjudicatarios otras personas que no sean los hijos del testador[314].

A la vista de lo cual puede plantearse quiénes serán, entonces, beneficiarios de la adjudicación de la explotación.

Parte de la doctrina[315] considera que, además de los hijos del testador, también podrán ser adjudicatarios sus nietos e incluso sus ascendientes. Sin embargo, la opinión mayoritaria[316] se decanta por considerar que podrán ser

---

313 Existe consenso en la doctrina respecto a esta cuestión. N. ÁLVAREZ LATA, *Aspectos civiles de la empresa familiar: economía familiar y sucesión hereditaria*, cit., pp. 58-59; J. J. GARCÍA ROSS; J. TÉLLEZ ROCA, «Aspectos civiles de la sucesión», cit., p. 695; L. RUEDA ESTEBAN, «La modificación del párrafo segundo del artículo 1056 del Código Civil», en *El patrimonio familiar, profesional y empresarial. Sus protocolos.*, Bosch, 2005; M. E. SERRANO CHAMORRO, «Problemas sucesorios de transmisión de la empresa familiar», cit., p. 113.

314 El término "padre" utilizado por la anterior redacción limitaba tanto el sujeto activo como el pasivo al exigir esa relación de parentalidad en ambas partes.

315 N. ÁLVAREZ LATA, *Aspectos civiles de la empresa familiar: economía familiar y sucesión hereditaria*, cit., pp. 58 y 59; M. L. PALAZÓN GARRIDO, «La conservación de la empresa familiar a través de la facultad contemplada por el nuevo artículo 1056, párrafo segundo del código civil», en *Protección del patrimonio familiar*, Tirant lo Blanch, 2006, pp. 316-319; T. F. TORRES GARCÍA; A. DOMÍNGUEZ LUELMO, «La legítima en el código civil (II)», cit., p. 131.

316 A. FERNÁNDEZ TRESGUERRES, *Transmisión mortis causa de la condición de socio. Un estudio en la Sociedad Limitada Familiar*, Aranzadi, 2008, p. 267; M. P. FERRER VANRELL, «La problemática de los protocolos familiares en el ámbito sucesorio. La sucesión contractual como elemento de firmeza», cit., pp. 1501-1502; I. GALLEGO DOMÍNGUEZ, «El relevo generacional en la empresa familiar. La sucesión "mortis causa" y el sistema legitimario español», cit., p. 56; E. GARCÍA ALEMANY, «La sucesión mortis causa en la empresa familiar», cit., p. 687; V. M. GARRIDO DE PALMA, «Los nuevos artículos 831 y 1056.2º del Código Civil. Algunas aplicaciones», en *Libro homenaje al profesor Manuel*

adjudicatarios de la explotación tanto hijos como descendientes, otros legitimarios e incluso no legitimarios, así como personas ajenas a la familia, fundamentando su opinión en el primero de los objetivos del precepto, "la conservación de la empresa", que podrá alcanzarse con independencia del interés de la familia[317].

En nuestra opinión, debe primar el interés del testador que pretenda dar continuidad a su empresa, con independencia de que esa continuidad se halle o no ligada al interés familiar. De esta manera, el testador estará facultado para buscar a la o las personas más adecuadas para sucederle en la propiedad de la sociedad, sean o no parientes.

ii. Perceptores del metálico

Coinciden los autores[318] en considerar que la nueva redacción del art. 1056 CC[319] presupone que los receptores del metálico hereditario no deben ser necesariamente los hijos del testador, sino cualquier legitimario. Se han generado, no obstante, discrepancias a la hora de considerar si el cónyuge viudo debe entenderse integrado dentro de los legitimarios a los efectos de poder percibir el pago de su legítima en metálico. Mientras que algunos autores[320] entienden que podrá satisfacerse la legítima en metálico al cónyuge viudo ordenando en este caso la capitalización del usufructo viudal (lo justifican en base a la reforma del término "padre", que limitaba tanto el sujeto activo como el pasivo, por el de "testador"), otros[321] se decantan a estos efectos por la opinión opuesta aduciendo que, aunque el cónyuge tiene la categoría de legi-

---

Albaladejo García, Universidad de Murcia, 2004, p. 2027; M. Á. Parra Lucán, «Legítimas, libertad de testar y transmisión de un patrimonio», cit., p. 534; M. E. Serrano Chamorro, «Problemas sucesorios de transmisión de la empresa familiar», cit., p. 113.

317 El otro de los objetivos que menciona la norma es el "interés de su familia", pero la norma establece una conjunción disyuntiva entre ambos, por lo que estos autores entienden que no necesariamente deben darse conjuntamente, sino que el testador podría optar entre uno u otro.

318 N. Álvarez Lata, *Aspectos civiles de la empresa familiar: economía familiar y sucesión hereditaria*, cit., p. 59; A. Batalla de Antonio, «La empresa familiar y el análisis del Art. 1056.2 del Cc», en *El patrimonio sucesorio. Reflexiones para un debate reformista*, Dykinson, 2014, p. 140; I. Gallego Domínguez, «Relevo generacional y transmisión "mortis causa" de la empresa familiar en el Derecho español», cit., p. 56.

319 Recordamos que la nueva redacción del art. 1056.2 sustituyó el término "los demás hijos" por el de "los demás interesados".

320 J. M. Llopis Giner, «La libertad del testador, su facultad de partir, comentario al nuevo artículo 1056.2 del Código Civil», en *La empresa familiar: encrucijada de intereses personales y empresariales*, Thomson Aranzadi, 2004, p. 62; M. E. Serrano Chamorro, «Problemas sucesorios de transmisión de la empresa familiar», cit., p. 113.

321 T. F. Torres García, «Legítima, legitimarios y libertad de testar (síntesis de un sistema)», cit., p. 212.

timario, la delimitación del supuesto de hecho es clara: el hijo o descendiente adjudicatario, así como los demás legitimarios, son los hijos que, al no tener la condición de adjudicatarios, recibirán su porción hereditaria en metálico.

Por nuestra parte, coincidimos con los autores que postulan que, con el cambio del término "padre" por el de "testador", se han ampliado los sujetos que pueden ser beneficiarios del pago de la legítima en metálico. Podrán serlo cualquiera de los legitimarios, lo que incluye también al cónyuge viudo *ex* art. 834 CC, para el que cabe la capitalización del usufructo viudal.

6.2.2.4. Objeto

El precepto se refiere a una "explotación económica" o a una "sociedad de capital o grupo de éstas".

Serrano Chamorro[322] entiende en este sentido que el legislador ha utilizado intencionadamente una expresión tan vaga e indeterminada como la de "explotación económica"[323] con el objetivo de evitar posibles interpretaciones restrictivas y excluyentes de la norma.

Para que la adjudicación sea válida no es suficiente con la existencia de un conjunto de bienes si no está organizado como un conjunto empresarial[324]. Se permite hacer uso de esta facultad tanto al titular de una empresa individual como al socio con posición dominante en una sociedad de capital cuando quieran preservar indivisa una explotación económica o bien mantener su control[325]. Aunque la norma no exige que se trate de una sociedad producti-

---

322 M. E. Serrano Chamorro, «Problemas sucesorios de transmisión de la empresa familiar», cit., p. 114.

323 Llopis Giner sostiene que, dentro del concepto de explotación económica, deben entenderse comprendidos "todos los bienes que la integran, tanto los principales como los accesorios, todo aquello que forma la estructura u organización económica". Aclara además que no se trata de un bien indivisible, en el sentido del art. 1062 CC.J. M. Llopis Giner, «La libertad del testador, su facultad de partir, comentario al nuevo artículo 1056.2 del Código Civil», cit., p. 62.

324 En relación a esta cuestión, la STS de 19 de mayo de 1951 declaró la nulidad de la cláusula testamentaria que hacía uso de la facultad del art. 1056 CC por no haber quedado acreditada la existencia material de una explotación agrícola.

325 El Tribunal Supremo en Sentencia de 28 de mayo de 1958 declaró la nulidad de una cláusula testamentaria que disponía que la totalidad de las acciones en una sociedad anónima se adjudicaran a aquellos herederos que al tiempo del fallecimiento de la testadora fueran titulares en plena propiedad de acciones de la compañía. A juicio del Tribunal, el designio de esta cláusula no se ajustaba a lo dispuesto en el art. 1056 porque no pretendía conservar indivisa una explotación, sino de impedir que pudieran ser accionistas personas extrañas a la familia, lo que se consideraba no estaba amparado por precepto.

va, entendemos que una interpretación finalista del precepto lleva a considerar que la voluntad del legislador no fue la de facilitar la transmisión de sociedades meramente patrimoniales o de tenencia de bienes[326], por lo que el precepto se ha de entender únicamente aplicable a las sociedades productivas[327].

De forma coherente con esta posición, en el caso de que llegara a demostrarse la inexistencia de la explotación económica o de las acciones o participaciones adjudicadas por el testador, la partición deberá declararse nula por falta de objeto, y, en consecuencia, deberá llevarse a cabo una nueva partición conforme a las reglas generales consagradas en los arts.1061 y ss. del Código Civil[328].

El precepto se refiere expresamente a la finalidad concreta de "mantener el control de una sociedad de capital o grupo de estas". Debemos preguntamos qué sucederá en aquellos supuestos en los que el paquete de participaciones o acciones que transmite el testador es más pequeño, y en sí mismo no atribuye facultades de control (supuesto habitual es sucesiones de accionistas o partícipes de societarios pertenecientes a la segunda generación o genera-

---

326 Así se desprende la Exposición de Motivos de la Ley 7/2003, de 1 de abril, de la sociedad limitada Nueva Empresa por la que se modifica la Ley 2/1995, de 23 de marzo, de Sociedades de Responsabilidad Limitada, que modificó el art. 1056 CC: "Por último, se introducen modificaciones en el Código Civil vigente en tres aspectos puntuales en los que se ordenan las relaciones entre los miembros de una familia y la sucesión de la unidad productiva, para dotarla de instrumentos que permitan diseñar, en vida del emprendedor, la sucesión más adecuada de la empresa en todas sus posibles configuraciones: societarias, empresa individual, etc.". Nótese que el legislador se refiere a la "sucesión de la unidad productiva".

327 Palazón Garrido, Fernández Tresguerres, Parra Lucán y Serrano Chamorro opinan que, como la ley no exige que la sociedad sea productiva, debe entenderse que se incluyen también las meramente patrimoniales o de tenencia de bienes. Por el contrario, Espejo Lerdo de Tejada y García Alemany se muestran en contra, por entender que es contrario a la finalidad de la norma —la conservación de la empresa— sin que se pueda calificar como tal a las sociedades simplemente patrimoniales.
M. Espejo Lerdo de Tejada, «La reforma del Código civil por la Ley de la sociedad limitada nueva empresa», en *Homenaje al profesor L. Puig Ferriol*, 2006, p. 1266; A. Fernández Tresguerres, *Transmisión mortis causa de la condición de socio. Un estudio en la Sociedad Limitada Familiar*, cit., p. 274; E. García Alemany, «La sucesión mortis causa en la empresa familiar», cit., pp. 693-695; M. L. Palazón Garrido, «La conservación de la empresa familiar a través de la facultad contemplada por el nuevo artículo 1056, párrafo segundo del código civil», cit., p. 323; M. Á. Parra Lucán, «Legítimas, libertad de testar y transmisión de un patrimonio», cit., p. 535; M. E. Serrano Chamorro, «Problemas sucesorios de transmisión de la empresa familiar», cit., p. 115.

328 V. García Herrera, «La sucesión en la empresa familiar», cit., p. 1938.

ciones posteriores de la empresa). En opinión de Serrano Chamorro[329], puede resultar dudosa la utilización particional del art. 1056, aunque no habría inconveniente en utilizar la vía del art. 841 (y siguientes) del Código Civil.

Asimismo, se habrá de tener en cuenta lo referente a los bienes pertenecientes a la sociedad de gananciales. El tenor literal del art. 1056 CC se refiere a la partición de "sus bienes" (los del testador). Si las acciones o participaciones que se pretenden adjudicar en uso de la facultad que confiere el núm. 2 de este precepto son de naturaleza ganancial, dicha adjudicación únicamente será válida si, una vez liquidada y efectuada la división de la sociedad de gananciales, dichos títulos se atribuyen al haber del testador[330]. Por lo tanto, la partición de los bienes comunes a la sociedad de gananciales no tiene la eficacia directa que prevé el art. 1056 CC, aunque ello no significa que no puedan ser incluidos en la partición[331]. Por lo expuesto, bajo la expresión "sus bienes"

---

329 M. E. SERRANO CHAMORRO, «Problemas sucesorios de transmisión de la empresa familiar», cit., p. 111.

330 V. GARCÍA HERRERA, «La sucesión en la empresa familiar», cit., p. 1941; T. F. TORRES GARCÍA; A. DOMÍNGUEZ LUELMO, «La legítima en el código civil (II)», cit., p. 132.

331 En referencia a esta cuestión, debe destacarse el papel fundamental del art. 1406 CC cuando faculta a cada uno de los cónyuges interesados a optar de manera preferente en su lote de liquidación del patrimonio ganancial por algunos bienes con los que tengan una especial vinculación, entre los que se encuentra "la explotación económica que gestione efectivamente". Se exige por el art. 1406 CC que haya una vinculación previa, esto es, "un estado posesorio o cuasiposesorio (...) respecto de unos determinados bienes comunes en relación de uno de los cónyuges" (De los Mozos) que permita justificar el derecho de atribución preferente.
No obstante, el propio precepto establece el límite de que la adjudicación se ha de realizar "hasta donde alcance" su haber. En consecuencia, no deja de existir un riesgo importante de que el cónyuge que ejerce la actividad empresarial no sea el adjudicatario de todas las participaciones o acciones, pues no siempre hay bienes suficientes en el patrimonio de la sociedad conyugal para compensar al otro cónyuge y no siempre el cónyuge socio puede abonar la diferencia en metálico.
En relación a esta cuestión, la STS 458/2020 de 28 de julio de 2020 discute sobre la posibilidad de que, en el marco de la liquidación de una sociedad de gananciales consecuencia de un divorcio en la que el activo liquidable está formado mayoritariamente por participaciones sociales de una empresa familiar, se adjudiquen las mismas en su totalidad a uno de los excónyuges, en contra de su voluntad, y a pesar de haber declarado que no disponía de dinero suficiente para compensar a su excónyuge por el valor de la mitad de las participaciones sociales gananciales, y tras haber solicitado la venta de las participaciones en pública subasta.
El Tribunal, con el voto particular en contra de tres magistrados, confirma esta posibilidad, pues considera que, de optar por otras alternativas, se produciría un tratamiento injusto hacia la exesposa dadas las circunstancias concurrentes: (i) la posición de socia minoritaria en la que quedaría la exesposa; (ii) la condición de socio y administrador de su exmarido; y (iii) la escasa probabilidad de que concurra un tercero a la subasta pública en semejantes circunstancias, lo que desembocaría en la adquisición

del art. 1056 CC, además del patrimonio privado de cada cónyuge, se podrán considerar incluidos sus derechos sobre los bienes gananciales, si bien, como hemos dicho, tales bienes están pendientes de liquidación y adjudicación definitiva.

El Tribunal Supremo[332] ha declarado la nulidad de la partición de la herencia en la que se incluyen bienes comunes al matrimonio que haya sido practicada sin la previa liquidación de la sociedad de gananciales y sin la intervención del otro cónyuge. Sostiene el Alto Tribunal[333] que la partición realizada por el art. 1056 CC, para ser válida y eficaz, debe referirse a bienes que forman parte del patrimonio del ordenante.

Desde la RDGRN de 13 de octubre de 1916[334], la jurisprudencia[335] de nuestros tribunales venía considerando que la partición hecha por el testador al amparo del art. 1056 CC no podía incluir bienes gananciales. Este criterio jurisprudencial cambia sin embargo en la STS de 12 de marzo de 1993[336] y posteriormente en la de 26 de abril de 1997[337], a partir de las cuales se entiende que a los legados de un bien ganancial se ha de aplicar el art. 1380 CC, de modo que "la disposición testamentaria de un bien ganancial producirá todos sus efectos si fuere adjudicado a la herencia del testador (...)". Así lo indica de nuevo en su Sentencia de 14 de diciembre de 2005[338], reafirmando el fundamento jurídico segundo de la SAP de Almería recurrida:

> "Ciertamente que la sentencia recurrida no concreta los bienes del causante, como pedían los reconvinientes, pero lo justifica acertadamente en el FJ. 2º: «En

---

de las participaciones por los propios socios y por una cantidad muy inferior a la que se habían valorado.

J. L. De los Mozos y de los Mozos, «Comentarios al artículo 1406 del Código Civil», en *Comentarios al Código Civil y Compilaciones Forales*, EDERSA, 1984, p. 505.

332 SSTS de 8 de marzo de 1991 y 641/2006 de 15 de junio de 2006.

333 La STS 805/1998 de 7 de septiembre de 1998 dispone que "hablar de la totalidad de los bienes gananciales como caudal relicto objeto de partición hereditaria, es una posición totalmente improcedente, desde el instante mismo que el objeto de una partición hereditaria solo puede recaer sobre bienes de la exclusiva propiedad del testador, y la otra mitad de los bienes gananciales no lo son", y se remite a la STS de 7 de diciembre de 1988, que proclama "que como requisito condicionante de la validez y eficacia de la partición que contempla el artículo 1056 del Código Civil, es que la misma se refiera a bienes que forman parte del patrimonio del testador que la hace".

334 La RDGRN de 13 de octubre de 1916 establecía expresamente "que es necesario que los bienes distribuidos en una partición testamentaria sean propios del causante".

335 SSTS de 12 de diciembre de 1959; 2 de mayo de 1965; 17 de mayo de 1974; y 3 de marzo de 1980.

336 STS de 12 de marzo de 1993.

337 STS 338/1997 de 26 de abril de 1997.

338 STS 960/2005 de 14 de diciembre de 2005. Y, en el mismo sentido: STS 968/2002 de 17 de octubre de 2002.

orden a la primera de las cuestiones planteadas, esto es, lo que constituye el caudal hereditario del difunto, no pueden concretarse en este momento procesal los bienes que lo componen, como se pretende por los demandados recurrentes, puesto que, no constando en autos que se haya procedido a la liquidación, (teniendo en cuenta, obviamente, su activo y su pasivo), de la sociedad de gananciales del primer matrimonio del causante, ni del contraído con la actora, han de practicarse, en primer lugar, tales liquidaciones, para que pueda procederse después, a la concreta fijación del caudal hereditario del finado, sobre el cual ha de recaer el usufructo de la demandante»".

Como solución a este inconveniente se admite la posibilidad de que, por acto *inter vivos*, los cónyuges liquiden la sociedad conyugal y se adjudiquen los bienes pertenecientes a cada uno de ellos con efectos para después de su muerte[339]. De esta manera, la liquidación previa de la sociedad ganancial convertirá a los bienes o derechos adjudicados a cada cónyuge en privativos, y por lo tanto podrán ser objeto de partición hereditaria sin contravenir lo dispuesto en el art. 1056 CC[340]. En el supuesto de que el adjudicatario de las participaciones o acciones de la sociedad sea uno de los cónyuges, en su testamento podrá disponer la sucesión de la empresa de la manera que estime conveniente. Mientras que, en el supuesto de que las participaciones o acciones de la empresa sean adjudicadas a ambos cónyuges, para que hereden la empresa los sucesores por ellos designados deberán constar de manera precisa las cuotas correspondientes en los respectivos testamentos simultáneos (como es sabido, en el derecho común no es posible testar mancomunadamente o en un mismo instrumento, lo que facilitaría la designación y atribución de cuotas). El Tribunal Supremo[341] ha admitido la validez de la partición de bienes gananciales efectuada por los testadores mediante testamentos iguales y simultáneos.

6.2.2.5. Aspectos formales: necesidad de testamento

La partición hereditaria efectuada en vida del disponente alcanza plena eficacia si viene corroborada *a posteriori* mediante una disposición testamentaria, ya sea previa, simultánea o posterior, que la complete o complemente.

---

339 Obviamente, también podrán disolver y liquidar la sociedad conyugal con efectos en ese momento, y entonces, cada uno de ellos podrá testar disponiendo de los bienes que se le hayan adjudicado (que entonces serán privativos) de la manera que deseen.

340 A. FERNÁNDEZ TRESGUERRES, *Transmisión mortis causa de la condición de socio. Un estudio en la Sociedad Limitada Familiar*, cit., p. 269; V. M. GARRIDO DE PALMA, «Los actuales arts. 831 y 1056.2 del Código Civil», *Revista Jurídica del Notariado*, 2005, p. 268; M. Á. PARRA LUCÁN, «Legítimas, libertad de testar y transmisión de un patrimonio», cit., p. 535.

341 STS 1186/1998 de 21 de diciembre de 1998.

Por lo tanto, podemos decir que el testamento y la partición van de la mano:

- A través del testamento el testador podrá designar un sucesor universal para sus bienes, o asignar a uno de los herederos bienes concretos o unidades patrimoniales con autonomía organizativa y finalidad específica (la empresa familiar, en este caso) instituyéndole heredero en cosa cierta o legatario.
- La partición puede realizarse en el instrumento testamentario o bien aparte, en escritura notarial complementaria o, incluso, como admite la jurisprudencia, en un documento privado (a ella se refiere la norma cuando habla del "acto *inter vivos*" particional distinto del testamento). El detalle del activo y el pasivo del patrimonio del testador y el avalúo, valoración o tasación de los bienes que lo integran no es necesario que consten en el título testamentario. Por lo tanto, la partición puede efectuarse tanto en forma pública como privada, lo que incluye su integración en un protocolo familiar[342].

Resulta una buena práctica que, en la partición, el testador fije las concretas acciones o participaciones sociales que van a ser adjudicadas a cada interesado. De esta manera, siendo lo más exacta y aproximada a una partición típica, los favorecidos podrán adquirir directamente la propiedad de las participaciones o acciones, de forma que podrán cuanto antes ejercer sus facultades como propietarios. Si al momento de su fallecimiento el testador no ha efectuado la partición hereditaria, los interesados se encontrarán, hasta que esta se efectúe y se adjudiquen los bienes, en situación de comunidad hereditaria, con los problemas que puede conllevar esta situación cuando concurren posturas distintas o incluso confrontadas entre los miembros de la comunidad[343].

Es importante destacar que, de acuerdo con lo dispuesto en el inciso final del art. 1056.2 CC, "no será de aplicación a la partición así realizada lo dispuesto en el artículo 843". Es decir, la partición realizada por el propio testador de conformidad con el art. 1056.2 CC, a diferencia de lo que exige la vía del art. 841 CC, no precisa confirmación expresa de los hijos o descendientes

---

342 V. García Herrera, «La sucesión en la empresa familiar», cit., p. 1946; M. E. Serrano Chamorro, «Problemas sucesorios de transmisión de la empresa familiar», cit., p. 126.

343 La STS 1014/2008 de 4 de noviembre de 2008 resalta que la partición hecha por el propio testador no extingue la comunidad hereditaria, sino que la evita, puesto que en ningún momento llega a existir tal comunidad. Cita las Sentencias de 21 de julio de 1986 y 1186/1998 de 21 de diciembre de 1998 que se refieren a la partición hecha por el propio testador como a un "acto de última voluntad, que debe ser respetada, como voluntad soberana del testador, produciendo el efecto de conferir a cada heredero la propiedad de los bienes que le hayan sido adjudicados".

de aquel, ni, en su defecto, aprobación por el Letrado de la Administración de Justicia o Notario[344].

Es esta la principal singularidad que, junto al aumento del plazo para el pago de la legítima en metálico, hace de este precepto una herramienta verdaderamente eficaz para la transmisión y conservación de la empresa familiar, alejándose de la vía del art. 841 CC que precisamente se muestra ineficaz en la práctica por su carácter dispositivo.

6.2.2.6. Finalidad de la partición

De acuerdo con lo que establece el art. 1056.2 CC, el testador que adjudique íntegramente a uno o varios sujetos la explotación económica o el paquete de acciones o participaciones sociales con conmutación en metálico de su legítima a los demás interesados, debe hacerlo "en atención a la conservación de la empresa o en interés de su familia".

Como comentábamos con anterioridad, la norma establece la conjunción disyuntiva «o» entre ambas causas, por lo que entendemos que no necesariamente deben darse conjuntamente, pudiendo el testador optar entre una u otra[345]. Por lo tanto, no se exige que la empresa se conserve en el ámbito familiar, ni que su conservación sea en beneficio de la familia, bastando con que se conserve, garantizándose su pervivencia y continuidad.

No obstante, es difícil valorar cuándo una decisión es en favor de la conservación de la empresa, en interés de la familia[346], o ambas. Se trata de causas

---

344 La jurisprudencia española ha reiterado que la partición hecha por el testador produce el efecto de atribuir de forma directa la titularidad de los bienes relictos a los sucesores adjudicatarios, sin necesidad de partición, ni de aprobación de nadie, y debiendo ser acatada por los interesados: SSTS de 21 de julio de 1986; 36/1994 de 4 de febrero de 1994; 1186/1998 de 21 de diciembre de 1998; y 1014/2008 de 4 de noviembre de 2014.
Concretamente, la STS 1014/2008 de 4 de noviembre de 2014, que repite lo expuesto por la STS 36/1994 de 4 de febrero de 1994, afirma que "la consecuencia de tal estado sucesorio es el mandato que contiene dicho precepto 1056 del Código Civil (LEG 1889, 27), en cuanto obliga a los herederos a pasar por ella. La norma se presenta como imperativa, lo que refuerza el artículo 1058 que señalaba prioridad de la partición testamentaria y que, consecuentemente, ha de ser respetada, salvo que suponga perjuicio a la legítima de los herederos forzosos (artículo 1075 del Código Civil)".

345 En el mismo sentido, M. E. SERRANO CHAMORRO, «Problemas sucesorios de transmisión de la empresa familiar», cit., p. 118.

346 Ni antes ni con la nueva redacción define el Código Civil qué se entiende por el interés de la familia.

con un carácter claramente subjetivo que entrañan dificultades para los tribunales a la hora de valorar si, en la ejecución de las facultades previstas en el art. 1056.2 CC, el testador atendió o no a las finalidades previstas.

Se ha planteado la doctrina qué sucedería si se impugna la partición por entender que no se han cumplido ninguna de las finalidades previstas en la norma, sino que ha obedecido a intereses particulares del testador. La respuesta nos la da la STS de 19 de mayo de 1951[347], que dice lo siguiente: "la voluntad del padre testador de conservar indivisa una explotación agrícola no necesita más fundamento que esa voluntad, lo cual aparece en este caso con toda claridad, por emplear en la cláusula tercera del testamento las mismas palabras del artículo 1.056 mencionado, en modo que no hacen precisa interpretación alguna". Por lo tanto, la mera expresión de la voluntad testamentaria se entiende suficiente para considerar cumplido este requisito[348].

6.2.2.7. Pago en metálico de la legítima

a. Pago en metálico extrahereditario

El art. 1056.2 CC establece que para realizar el pago en metálico de la legítima a los interesados "no será necesario que exista metálico suficiente en la herencia para el pago, siendo posible realizar el abono con efectivo extrahereditario (...)". Es decir, el adjudicatario de la empresa familiar, en el supuesto de que deba pagar su porción hereditaria a los legitimarios, podrá hacerlo con metálico hereditario o con metálico extrahereditario.

Al igual que señalábamos en referencia a la vía del art. 841 CC, lo que en ningún caso puede hacerse es abonar la porción de la legítima con metálico extrahereditario en aquellos supuestos en los que en el patrimonio del testador existan bienes suficientes (además de la explotación económica o de las

---

347 STS de 9 de mayo de 1951.

348 En relación con esta cuestión, Llopis Giner considera que "el legislador no ha pretendido que se convierta a este requisito en una exigencia ética sin trascendencia jurídica", por lo que considera que deberán ser los herederos a quienes corresponda probar que el testador no ha actuado en interés de la conservación de la empresa o de la familia, y a los tribunales valorar la prueba practicada en cada caso concreto.
Por su parte, Serrano Chamorro considera que tal prueba es prácticamente imposible, dada la subjetividad intrínseca de aquello que pueda ser bueno para el interés familiar.
J. M. Llopis Giner, «La libertad del testador, su facultad de partir, comentario al nuevo artículo 1056.2 del Código Civil», cit., pp. 68 y 69; M. E. Serrano Chamorro, «Problemas sucesorios de transmisión de la empresa familiar», cit., p. 118.

acciones o participaciones) para satisfacerla y cubrir la porción hereditaria de los demás interesados en la sucesión[349].

Tampoco será posible que se aplace el pago de la legítima si el abono se quiere llevar a cabo con bienes de la herencia, pues en ese caso, tampoco nos hallaremos ante el supuesto de hecho contemplado en la norma[350].

b. Imputación de la legítima

El precepto no especifica si lo que se debe pagar a los demás "interesados" es la legítima amplia o la estricta, pero entendemos que lo más lógico es pensar que lo que se debe pagar en metálico son las legítimas estrictas[351]. De lo contrario resultaría más complicado para el adjudicatario de la explotación afrontar el pago de la deuda y se pondría en peligro la conservación de la empresa.

De acuerdo con lo expuesto, entendemos que si lo que se pretende es facilitar que el adjudicatario de la empresa pueda pagar en metálico las legítimas, lo más conveniente será que el testador le atribuya toda la parte de la mejora y le asigne toda la parte libre, de forma que únicamente deberá pagar en metálico lo correspondiente a las legítimas estrictas del resto de herederos forzosos.

c. Fijación del quantum de la legítima

El *quantum* de la legítima y de la porción hereditaria de los interesados en la sucesión se fijará de común acuerdo entre estos y el adjudicatario de la empresa familiar, respetando siempre las reglas que se contienen en los art. 818 y ss. CC para la fijación de legítimas. No puede, por tanto, el adjudicatario fijar esa cantidad de manera unilateral.

Asimismo, podrá fijarlo el propio testador o el contador-partidor por él designado en la misma partición de sus bienes, aunque en ambos casos también estarán sujetos a lo dispuesto en los arts. 818 y ss. CC. Si el testador o contador-partidor asigna en metálico un valor inferior a la legítima (computada con

---

349 D. ESPÍN CÁNOVAS, «La conservación de la explotación agraria en el régimen sucesorio del Código Civil español», *RDP*, vol. LXIII, 1979, p. 314; V. GARCÍA HERRERA, «La sucesión en la empresa familiar», cit., p. 1950.

350 E. GARCÍA ALEMANY, «La sucesión mortis causa en la empresa familiar», cit., pp. 703-705.

351 Con el mismo criterio, T. F. TORRES GARCÍA; A. DOMÍNGUEZ LUELMO, «La legítima en el código civil (II)», cit., p. 133. Además, defienden la necesidad de considerar mejorado al adjudicatario.

arreglo a las normas del Código Civil), los legitimarios podrán impugnar la asignación y exigir la rescisión de la partición por lesión de su legítima (arts. 1056.1 y 1075 CC)[352]. Por lo tanto, es esencial la intervención del legitimario o sus causahabientes en la partición, que tiene un interés en preservar la intangibilidad de su legítima[353].

Como alternativa, el testador podrá establecer unos criterios sobre la forma de realizar la valoración (*ex* art. 786.1 LEC), y que la valoración sea realizada por el contador-partidor por él designado. De la misma manera, cabe que los propios interesados nombren a un tercero para que proceda a la valoración conforme a los criterios indicados por el testador.

En los supuestos en los que sea el propio testador el que fije el *quantum* de la legítima en el momento de la partición hereditaria, y especialmente cuando el patrimonio hereditario integre una sociedad mercantil, en el transcurso de tiempo que media desde dicha fijación hasta la apertura de la sucesión por fallecimiento del empresario puede haber una fluctuación del valor del *relictum* que exija modificar ese *quantum* prefijado para cumplir con la legítima. Por este motivo, entendemos que no resulta una buena práctica que sea el testador quien asigne la cantidad a pagar a los legitimarios, siendo más conveniente que el testador se limite a nombrar a un albacea o contador-partidor específico para liquidar las legítimas[354].

---

352 En relación a esta cuestión, la STS 1014/2008 de 4 de noviembre de 2008: "destaca la jurisprudencia (así, sentencias de 21 de julio de 1986 [RJ 1986, 4575]y de 21 de diciembre de 1998 [RJ1998, 9756]) que la partición hecha por el testador se entiende sin perjuicio de las acciones de impugnación que el artículo 1075 en relación con el 1056 del Código civil (LEG 1889, 27) concede a los legitimarios en la hipótesis de que perjudique sus legítimas o aparezca que fue otra la voluntad del testador".

353 En relación a esta cuestión, es interesante la RDGRN de 25 de febrero de 2008: "La legítima en nuestro Derecho común (...) se configura generalmente como una *pars bonorum* o parte de los bienes relictos que por cualquier título debe recibir el legitimario, sin perjuicio de que en ciertos supuestos reciba su valor económico *o pars valoris bonorum.* Por ello debe intervenir el legitimario en la partición, tanto en el inventario como en el avalúo y en el cálculo de la legítima, operaciones todas en las que el legitimario está interesado para preservar la intangibilidad de su legítima".
Parecida, la RDGRN de 1 de marzo de 2006: "La legítima en el Código Civil es *pars bonorum,* debiendo intervenir el legitimario o sus causahabientes en la partición, dado que tanto el inventario de bienes, como el avalúo y el cálculo de la legítima, son operaciones en las que ha de estar interesado el legitimario, para preservar la intangibilidad de su legítima".

354 En el mismo sentido, E. Fosar Benlloch, «La explotación agrícola y el párrafo 2.º del artículo 1056 del Código Covil», *ADC,* vol. 16, 1963, p. 395; E. García Alemany, «La sucesión mortis causa en la empresa familiar», cit., pp. 700-703.

Respecto al momento en que deben valorarse las legítimas y porciones hereditarias de los demás interesados, el Código Civil no dice nada para el supuesto concreto del art. 1056.2. Otros preceptos sí hacen referencia al momento al que debe atenderse para la valoración de los bienes, pero el criterio no es el mismo. Así, la doctrina se debate entre escoger el valor de la explotación económica en el momento de la muerte del testador (art. 818 CC) o en el momento en que se realice la liquidación y la explotación sea adjudicada (art. 847 CC[355])[356], mientras que autores como García Herrera[357] no se decantan por ninguna de ellas, considerando que hay argumentos para la defensa de ambas soluciones.

En la misma línea que hemos mantenido con anterioridad, entendemos que lo más adecuado es que el momento en el que deban valorarse las legítimas y porciones hereditarias de los demás interesados sea cuando fallezca el testador. Justificamos nuestra opinión en que, de este modo, el adjudicatario de la empresa podrá, desde un primer momento, asumir el riesgo y las consecuencias de la marcha de la sociedad y, además, podrá conocer con mayor antelación el importe de la deuda que deberá satisfacer a los legitimarios, facilitando una mejor planificación que favorezca la estabilidad financiera de la sociedad. De lo contrario, creemos que se estará causando un perjuicio al empresario, que incluso podría verse menos motivado a impulsar el crecimiento

---

355 Torres García, Domínguez Luelmo, Reverte Navarro y Serrano Chamorro entienden que, de manera similar a lo previsto en el art. 847, se debe interpretar que, una vez fijadas las cantidades a pagar y hasta que se produzca el pago definitivo, tales cantidades devengan el interés legal. Por el contrario, Sáez-Santurtún Prieto, Rueda Esteban y Huerta Trolez consideran que no debe pagarse el interés legal porque el art. 1056 CC no lo exige.
A. HUERTA TRÓLEZ, «La empresa familiar ante el fenómeno sucesorio», cit., p. 131; A. REVERTE NAVARRO, *Sucesión «mortis causa» en la empresa y sucesión legitimaria: (notas al nuevo artículo 1056. II del Código civil) : discurso leído el día 25 de junio de 2004, en el acto de recepción como académico de número, por el Excmo. Sr. D. Antonio Reverte Navarro,* Real Academia de Legislación y Jurisprudencia de Murcia, 2004, p. 97; L. RUEDA ESTEBAN, «La modificación del artículo 1056 II C. Civil.», *Cuadernos de Derecho y Comercio. Núm. 59,* 2003, p. 132; J. SÁEZ-SANTURTÚN PRIETO, «Intervención notarial en la estructuración de las pequeñas y medianas empresas», *Revista Jurídica del Notariado, núm. IX,* 2008, p. 330; M. E. SERRANO CHAMORRO, «Problemas sucesorios de transmisión de la empresa familiar», cit., p. 125; T. F. TORRES GARCÍA; A. DOMÍNGUEZ LUELMO, «La legítima en el código civil (II)», cit., p. 134.

356 E. GARCÍA ALEMANY, «La sucesión mortis causa en la empresa familiar», cit., pp. 700-703; L. RUEDA ESTEBAN, «La modificación del párrafo segundo del artículo 1056 del Código Civil», cit.; M. E. SERRANO CHAMORRO, «Problemas sucesorios de transmisión de la empresa familiar», cit., p. 125; T. F. TORRES GARCÍA; A. DOMÍNGUEZ LUELMO, «La legítima en el código civil (II)», cit., p. 134.

357 V. GARCÍA HERRERA, «La sucesión en la empresa familiar», cit., p. 1953.

de la empresa, a sabiendas de que, en el momento de la liquidación, los legitimarios van a ser partícipes del incremento del valor que haya experimentado la sociedad como consecuencia de su buen hacer y esfuerzo.

En todo caso, en aras a evitar la previsible conflictividad que puede plantear esta cuestión, se ha de tener presente que los propios testadores pueden precisar el momento en que ha de hacerse la valoración e incluir criterios de valoración o reglas específicas aplicables al caso. La cuestión es, sin duda, de gran relevancia práctica dada la naturaleza de los bienes que integran una empresa o sociedad mercantil cuyo valor puede revalorizarse o depreciarse con el transcurso del tiempo.

d. Plazo para el pago

El art. 1056.2 CC dispone que para el pago con el metálico extrahereditario podrá establecerse un aplazamiento "siempre que éste no supere cinco años a contar desde el fallecimiento del testador".

Con la facultad de pagar con metálico extrahereditario y el aplazamiento del pago por parte del adjudicatario de la empresa, se facilita que este pueda financiar el pago de las legítimas con los rendimientos de la explotación, evitando la necesidad de solicitar financiación externa, o minorando su importe. Esta posibilidad es de una gran utilidad, pues evita que la empresa se tenga que endeudar para realizar dichos pagos y resuelve, al menos en parte, la amenaza que representa el problema financiero que supone la existencia de porciones hereditarias forzosas para la sucesión de la empresa familiar.

El plazo es más extenso del previsto en el art. 844 CC (máximo de dos años desde la apertura de la sucesión), medida que entendemos muy positiva a la hora de proteger el interés de las empresas familiares, pues otorga al adjudicatario de la empresa un margen de tiempo considerable para generar liquidez y cumplir sus obligaciones con los herederos forzosos. Además, nada impide que los interesados de común acuerdo puedan ampliar dicho plazo[358].

García Herrera[359] considera que, aunque el art. 1056.2 CC no diga nada expresamente al respecto, si es posible el aplazamiento también deberá admitirse el fraccionamiento del pago, que ayuda igualmente a que el adjudicatario cumpla con su obligación.

En relación a los intereses que pudieran devengarse en beneficio de los acreedores legitimarios, nada dispone el precepto pero tampoco prohíbe im-

---

[358] T. F. Torres García; A. Domínguez Luelmo, «La legítima en el código civil (II)», cit., p. 134.

[359] V. García Herrera, «La sucesión en la empresa familiar», cit., p. 1954.

ponerlos al testador, por lo que debe entenderse que existe esa posibilidad. Como veíamos antes, entre aquellos autores que defienden la aplicación del art. 847 CC para establecer el momento en que deben valorarse las legítimas, no hay unanimidad a la hora de considerar si, tal y como establece dicho precepto, el crédito devengará el interés legal desde la liquidación y adjudicación.

La norma, finalmente, permite al testador delegar la facultad de aplazar el pago de las legítimas a un contador-partidor designado por él mismo. Además, podrá establecerse por el cónyuge merced a la delegación fiduciaria dispuesta en el art. 831 CC, que veremos más adelante.

f. Formas de pago

En cuanto a las formas en que el adjudicatario puede cumplir con su obligación de pago, el art. 1056.2 CC se refiere a "cualquier otro medio de extinción de las obligaciones". En consecuencia, a estos efectos, debemos tener en cuenta lo dispuesto en el art. 1156 CC que enumera las diferentes causas por las que se extinguen las obligaciones: pérdida de la cosa, condonación de la deuda, confusión de los derechos de acreedor y deudor, compensación y novación.

Dado que la enumeración que hace el art. 1156 CC es meramente ejemplificativa y no taxativa, la obligación de pago del adjudicatario podrá extinguirse por cualquier otro medio, en aplicación del principio de autonomía de la voluntad de las partes. No obstante, cualquiera que sea la forma de pago, es preciso que así haya sido previsto por el propio testador, por el contador-partidor que este haya designado o por el cónyuge viudo (*ex* art. 831 CC), o acordada entre al adjudicatario y los interesados perceptores del metálico. De lo contrario, según el tenor literal del art. 1156 CC, "si no se hubiere establecido la forma de pago, cualquier legitimario podrá exigir su legítima en bienes de la herencia"[360].

6.2.2.8. Garantías de los interesados para el cobro

Una vez ejecutadas las operaciones particionales de conformidad con lo establecido por el testador, el adjudicatario (en este caso, de la empresa familiar) está obligado a satisfacer en metálico la legítima que corresponde a los demás interesados. Cabe preguntarse si, en este caso, los acreedores legitima-

---

360 Al igual que con el art. 841 CC, la legítima mantiene su carácter de *pars bonorum* hasta que no se cumpla con la obligación del pago a los legitimarios.

rios cuentan con algún tipo de garantía para el cobro de sus créditos desde el momento de la apertura de la sucesión por fallecimiento del empresario hasta el de pago efectivo por el adjudicatario. Respecto a esta cuestión, se han de diferenciar dos supuestos:

(i) Que en el capital social de la empresa cuyas acciones o participaciones se adjudican no existan inmuebles susceptibles de inscripción registral. En estos supuestos no habrá garantías reales del pago de dichos créditos[361].

(ii) Que en el activo de la sociedad cuyos títulos se pretenden adjudicar consten bienes inmuebles. Al respecto, el art. 1056.2 CC establece que "No será de aplicación a la partición así realizada lo dispuesto en el párrafo primero del artículo 844". Es decir, que no les corresponderán las garantías legales establecidas para el legatario de cantidad[362]. La doctrina mayoritaria[363] se muestra partidaria de la aplicación de la garantía dispuesta en el art. 15 LH —que permite garantizar el derecho de los legitimarios a través de su mención en la correspondiente inscripción de los bienes hereditarios— por entender que se cumplen los presupuestos a los que se refiere el art. 1056.2 CC:

- Los demás interesados en la sucesión son legitimarios de parte alícuota.
- Dichos interesados no pueden promover el procedimiento para la división de la herencia (arts. 782 a 789 LEC), puesto que la partición ya ha sido previamente efectuada por el testador.
- El adjudicatario está autorizado (en este supuesto, obligado) a pagar las legítimas y porciones hereditarias de los demás interesados en metálico.

La mención a la que se refiere el art. 15 LH podrá ser efectuada de oficio, al tiempo de la inscripción y sobre inmuebles de la sociedad[364].

---

361 V. García Herrera, «La sucesión en la empresa familiar», cit., p. 1956.

362 Anotaciones preventivas a las que se refieren los arts. 42.7º y 48 LH.

363 A. Fernández Tresguerres, *Transmisión mortis causa de la condición de socio. Un estudio en la Sociedad Limitada Familiar*, cit., p. 278; E. Fosar Benlloch, «La explotación agrícola y el párrafo 2.º del artículo 1056 del Código Covil», cit., p. 419; E. García Alemany, «La sucesión mortis causa en la empresa familiar», cit., p. 691; V. García Herrera, «La sucesión en la empresa familiar», cit., p. 1956; M. L. Palazón Garrido, «La conservación de la empresa familiar a través de la facultad contemplada por el nuevo artículo 1056, párrafo segundo del código civil», cit., p. 342; M. Á. Parra Lucán, «Legítimas, libertad de testar y transmisión de un patrimonio», cit., p. 529; Vidal Martínez, Jaime, «Algunos aspectos de la regulación de la sucesión mortis causa en el Código Civil español, que favorecen la creación y mantenimiento de las unidades agrarias», *Revista de derecho privado*, vol. 63, 1979, p. 553.

364 E. García Alemany, «La sucesión mortis causa en la empresa familiar», cit., p. 691.

6.2.2.9. Incumplimiento del pago en metálico

A diferencia de lo dispuesto en el marco del art. 841 CC, en que, si transcurrido el plazo no se ha efectuado el pago de la legítima en metálico, "caducará la facultad conferida a los hijos o descendientes por el testador o el contador-partidor y se procederá a repartir la herencia según las disposiciones generales sobre la partición" (art. 844 CC), el art. 1056 CC no se pronuncia sobre este particular[365]. Entendemos que debe considerarse que, en ambos casos, en los supuestos de falta de pago en metálico de la legítima, opera la reversión del resto de legitimarios a la posición de herederos forzosos, de modo que estos podrán pedir la satisfacción de su derecho en bienes de la herencia[366]. Por lo que en ambos casos permanece latente la reserva *pars bonorum ex* art. 806 CC, que resurgirá en el supuesto de impago definitivo.

6.2.2.10. Análisis comparativo de los arts. 1056 y 841 CC

Si comparamos ambos preceptos, su ámbito y efectos, como instrumentos al servicio de la transmisión sucesoria de la empresa familiar, podemos señalar lo siguiente:

i) Ambos contemplan supuestos que posibilitan el pago en metálico, incluso extrahereditario, de la legítima, porción de bienes (*prima facie pars hereditatis*) que corresponde por ley a aquellos parientes (y cónyuge viudo) que ostentan la condición de herederos forzosos (transformando la misma en *pars valoris bororum*), como excepción a la regla general del pago de la misma con bienes hereditarios.

iii) El plazo para el pago establecido en el art. 1056 CC (máximo de cinco años desde el fallecimiento del empresario-causante) es notablemente superior al previsto en el art. 844 CC (dos años como máximo desde la apertura de la sucesión).

iv) La principal diferencia entre ambos preceptos radica en que, a diferencia de la vía del art. 841 CC, que atribuye al adjudicatario de la empresa una simple opción que deberá ejercitar en un plazo limitado (es potestativa, no se impone al adjudicatario), si bien en el caso de que alguno de los legitimarios no esté conforme requiere aprobación del

---

365 Únicamente faculta a los legitimarios a exigir su legítima en bienes de la herencia en los supuestos en los que no se haya establecido la forma de pago.

366 Coinciden en esta opinión, J. L. LACRUZ BERDEJO, *Elementos de Derecho civil, Tomo V. Sucesiones*, cit., pp. 458 y 463; RODRÍGUEZ ROSADO, *Heredero y Legitimario*, cit., p. 134; M. E. SERRANO CHAMORRO, «Problemas sucesorios de transmisión de la empresa familiar», cit., p. 121.

Letrado de la Administración de Justicia o del Notario), la adjudicación de la empresa hecha por el testador a través de la vía del art. 1056 CC es plenamente vinculante tanto para el adjudicatario como para los herederos forzosos.

v) Mientras que el art. 841 CC contempla como sujetos activos, además de al testador, al contador-partidor testamentario expresamente autorizado y al contador-partidor dativo, el art. 1056.2 CC únicamente hace referencia al testador (sin perjuicio de la limitada facultad que se atribuye al contador-partidor de poder fijar un aplazamiento para el pago hasta cinco años).

vi) A diferencia de lo que sucede con lo dispuesto en el art. 841 CC, que no exige requisito objetivo alguno, el art. 1056 CC se refiere expresamente a una explotación económica o al control de una sociedad de capital.

6.2.2.11. Mejoras necesarias y ventajas del art. 1056.2 CC

A nuestro juicio, la redacción del art. 1056.2 es muy mejorable. Consideramos que no es del todo clara y que deja sin resolver algunas cuestiones de gran calado como quiénes pueden ser los adjudicatarios de la explotación mercantil, si es de aplicación a las sociedades patrimoniales, si cabe su utilización en los supuestos de transmisión de participaciones o acciones que no otorgan el control de la sociedad o el momento de la fijación del *quantum* de la legítima.

Entendemos, también, que se debería incluir en futuras modificaciones la posibilidad de autorizar al contador-partidor para realizar la partición conforme a este precepto, facilitando la planificación testamentaria por parte del empresario en momentos prematuros en lo que todavía no tenga decidida la persona o personas que habrán de sucederle en la empresa.

No obstante, a pesar de su falta de precisión y claridad, consideramos que se trata de la herramienta más hábil para la sucesión de la empresa familiar. Los principales motivos son los siguientes:

a) Su carácter imperativo frente a los adjudicatarios, de forma que no precisa confirmación expresa de los hijos o descendientes del testador, ni, en su defecto, aprobación por el Letrado de la Administración de Justicia o Notario. De esta manera, se cumple con la voluntad del testador y se dota de estabilidad y seguridad a la transmisión de la empresa familiar.

b) La posibilidad de pagar las legítimas en metálico extrahereditario. Así, el testador podrá adjudicar la empresa familiar a aquel sucesor o sucesores que muestran una mayor implicación y aptitud para desempeñar el liderazgo en la dirección y gestión de la compañía, evitando la fragmentación del capital social o la entrada de socios menos adecuados.

c) El plazo de cinco años para el pago de la legítima en metálico, que ofrece al adjudicatario de la empresa un margen de tiempo considerable para generar liquidez y cumplir sus obligaciones con los herederos forzosos.

A nuestro entender, estos motivos convierten a este precepto, en buena parte de los supuestos que nos encontremos en la práctica, en una herramienta verdaderamente eficaz para la transmisión y conservación de la empresa familiar.

6.2.3. Fiducia sucesoria en favor del cónyuge viudo

Tras establecer el art. 830 CC de forma rotunda que "la facultad de mejorar no puede encomendarse a otro", el art. 831 establece una excepción concreta al carácter personalísimo del testamento advirtiendo que, a pesar de lo dispuesto en el precepto precedente, pueden disponerse testamentariamente facultades en favor del cónyuge para que, fallecido el testador, "pueda realizar a favor de los hijos o descendientes comunes mejoras incluso con cargo al tercio de libre disposición y, en general, adjudicaciones o atribuciones de bienes concretos por cualquier título o concepto sucesorio o particiones, incluidas las que tengan por objeto bienes de la sociedad conyugal disuelta que esté sin liquidar".

De este modo, el testador puede delegar para después de su fallecimiento en su cónyuge o en aquella persona con la que tenga descendencia común[367] la facultad de distribuir sus bienes hereditarios (tanto el tercio de mejora como el de libre disposición, incluidos en su caso los bienes comunes de la sociedad de gananciales) mediante adjudicaciones o atribuciones de bienes concretos por cualquier título o concepto sucesorio o a través de la partición.

La norma precisa que estas facultades podrán ejercitarse en uno o varios actos, simultáneos o sucesivos, respetándose en todo caso las legítimas estrictas de los descendientes comunes, así como las mejoras y otras disposiciones

---

[367] Aunque el punto primero del precepto se refiera únicamente al "cónyuge" como beneficiario de las facultades otorgadas por el testador, el punto sexto del mismo precepto establece que el favorecido por la delegación podrá serlo también la persona con la que el disponente tenga descendencia en común, aunque no estén casados ni hayan llegado a convivir. Así, el art. 831.6 CC dice expresamente: "Las disposiciones de los párrafos anteriores también serán de aplicación cuando las personas con descendencia común no estén casadas entre sí".

que el causante haya podido realizar en favor de los mismos. En aquellos casos en que el fiduciario opte por realizar una partición diferida y sucesiva, puede transcurrir un periodo de tiempo mayor o menor entre las adjudicaciones realizadas en vida del disponente y las que procedan a su fallecimiento, así como entre éstas entre sí, si bien habrán de tenerse en cuenta las posibles fluctuaciones del valor de los bienes, especialmente cuando se trate de explotaciones mercantiles.

Esta facultad prevista en el art. 831 CC despliega su virtualidad como instrumento al servicio de la ordenación sucesoria de la empresa familiar en aquellos supuestos en los que el titular de la empresa no haya decidido al tiempo de otorgar testamento la persona o personas que han de sucederle en la compañía. Esto puede suceder bien por ser sus hijos menores de edad o por no haber concluido su formación o porque, por cualquier otra causa, no les encuentre preparados en dicho momento. De este modo, puede posponerse la decisión a aquel momento posterior en que pueda determinarse esta idoneidad delegando la facultad decisoria en el cónyuge supérstite o persona con la que el disponente tenga descendencia en común (incluso sin estar casados ni haber llegado a convivir).

La mayoría de la doctrina[368] considera que las facultades del cónyuge supérstite autorizado por el testador *ex* art. 831 CC son de mayor contenido que las atribuidas al contador-partidor en aplicación del art. 1057 CC, y que, por tanto, se asemejan a las que tiene el propio causante para distribuir su haber hereditario. En consecuencia, se entiende que el cónyuge o persona en quien concurren los requisitos del precepto está facultado, entre otras funciones, para hacer uso de la forma de pago de las legítimas prevista en los arts. 841 y ss. CC y para adjudicar la explotación mercantil en los términos del art. 1056.2 CC, no debiendo necesariamente guardar la escrupulosa igualdad en los lotes a la que se refiere el art. 1061 CC. Garrido de Palma[369] afirma en este sentido que “el ordenante delega en su consorte para que disponga de su herencia con igual amplitud y efectos con los que él puede hacerlo. Y es que el viudo puede por acto *inter vivos* o a causa de muerte disponer de la herencia —ex-

---

368 I. Espiñeira Soto, «Reflexiones prácticas sobre el artículo 831 del Código Civil», 2016, fecha de consulta 20 agosto 2022, en https://www.notariosyregistradores.com/web/secciones/oficina-notarial/varios/reflexiones-practicas-sobre-el-articulo-831-del-codigo-civil/; E. García Alemany, «La sucesión mortis causa en la empresa familiar», cit., p. 707; V. M. Garrido de Palma, «Actualidad de la fiducia sucesoria del artículo 831 del Código Civil», *Revista Jurídica del Notariado*, vol. 83, 2012, p. 353; L. Rueda Esteban, «La facultad de mejora y distribución de la herencia concedida entre cónyuges», 2014, Universidad Complutense de Madrid, pp. 413-414.

369 V. M. Garrido de Palma, «Los actuales arts. 831 y 1056.2 del Código Civil», cit., p. 127.

cepto en la parte en que ya lo haya efectuado el difunto— y ello donando, legando e instituyendo herederos, asignando y transmitiendo bienes y cargas; todo ello sin perjuicio de las legítimas estrictas"[370].

En nuestra opinión, salvo que el testador disponga otra cosa, debe entenderse que su voluntad es la de delegar el pleno uso de sus facultades a su cónyuge supérstite o en aquella persona con la que tenga descendencia común, con las facultades dispositivas que se derivan de los arts. 1056 y 841 y ss. CC.

En el ámbito del derecho común, la delegación testamentaria, al igual que el testamento en el que debe incluirse, es esencialmente revocable (art. 737 CC). Además, se establecen tres causas de extinción de las facultades conferidas al cónyuge (susceptibles de dispensa expresa por el testador): contraer nuevo matrimonio, pasar el sobreviviente a vivir maritalmente con otra persona o tener un hijo no común.

El ejercicio de la delegación es un acto personalísimo, por lo que no se podrá sustituir por otra persona o a su vez subdelegar, debido a la propia naturaleza de sus funciones (no obstante, sí se podrá conferir poder para la realización de algunos actos concretos en la ejecución de las facultades concedidas). En consecuencia, en el supuesto de fallecimiento del cónyuge se extingue la fiducia, sin que pueda ser, en ningún caso, delegada por actos *mortis causa*[371].

En relación a la administración de los bienes, el art. 831.2 CC establece que, mientras el sobreviviente a quien se delegan estas funciones no las ejecute, deberá encargarse de la administración de los bienes sobre los que pendan las facultades a las que se refiere la norma. No obstante, el precepto no concreta el alcance de dicha administración[372].

En lo que se refiere a los bienes sobre los que puede recaer la facultad de delegación, la norma, al enumerar las facultades que podrán conferirse al cónyuge viudo (o persona asimilada a los efectos de este precepto), menciona entre otras las "adjudicaciones o atribuciones de bienes concretos por cualquier título o concepto sucesorio o particiones, incluidas las que tengan

---

370 HUERTA TRÓLEZ se muestra contrario al uso de la facultad que otorga el art. 1056.2 CC por parte del cónyuge viudo y lo justifica en que el cónyuge fiduciario no es ni testador ni contador por él designado.

A. HUERTA TRÓLEZ, «La empresa familiar ante el fenómeno sucesorio», cit.

371 E. GARCÍA ALEMANY, «La sucesión mortis causa en la empresa familiar», cit., pp. 719 y 725.

372 Álvarez Lata considera a estos efectos que debe entenderse tanto la administración ordinaria como la extraordinaria.

N. ÁLVAREZ LATA, *Aspectos civiles de la empresa familiar: economía familiar y sucesión hereditaria*, cit., pp. 56 y 57; J. J. RIVAS MARTINEZ, *Derecho de sucesiones común y foral*, Dykinson, 2009.

por objeto bienes de la sociedad conyugal disuelta que esté sin liquidar". De esta manera, del tenor del precepto se desprende que la facultad del cónyuge fiduciario afecta tanto a los bienes propios del causante como a los integrantes de la sociedad conyugal disuelta y aún no liquidada, o a los que formen parte de una comunidad de bienes en el caso de personas con descendencia común no unidas entre sí por vínculo matrimonial.

Es preciso distinguir la facultad del cónyuge viudo para adjudicar o atribuir los bienes o realizar particiones (incluidas las que tengan por objeto bienes de la sociedad conyugal disuelta que esté sin liquidar), de la liquidación unilateral por el delegado de la sociedad de gananciales: es decir, la posibilidad de hacer adjudicaciones a un descendiente de bienes de la disuelta sociedad de gananciales como acto dispositivo que no precisa de previa liquidación.

En relación a esta cuestión, la AP de Madrid en Sentencia de 30 de diciembre de 2015[373] entiende que el cónyuge puede liquidar unilateralmente la sociedad de gananciales, afirmando en el caso planteado que "las amplias facultades que otorga el art. 831 CC al cónyuge fiduciario, constituyen una verdadera delegación que, de las suyas propias, realiza el propio causante, por lo que puede afirmarse que cuando en el ejercicio de esta delegación el fiduciario ejecuta sus disposiciones, ocupa el lugar que corresponde al testador, asumiendo plenamente sus competencias y facultades, pero teniendo en cuenta que, como declara la STS 805/1998 de 7 de septiembre de 1998, 'el objeto de una partición hereditaria solo puede recaer sobre bienes de la exclusiva propiedad del testador, y la otra mitad de gananciales no lo son (...)' , ello no impide que se permita al testador delegar el ejercicio de la partición de los bienes de su propiedad al cónyuge viudo, que de esta manera queda autorizado a practicar la liquidación de la sociedad de gananciales".

En la práctica notarial, García Alemany[374] pone de manifiesto que es habitual que el causante combine la fiducia del art. 831 CC con el nombramiento en testamento de un contador-partidor o albacea para que, a solicitud del cónyuge fiduciario y junto a este, lleve a cabo la liquidación de la sociedad de gananciales si aquel lo considera oportuno[375].

---

373 SAP de Madrid (Sección 12ª) 461/2015 de 30 de diciembre de 2015.

374 E. García Alemany, «La sucesión mortis causa en la empresa familiar», cit., p. 713.

375 Según Espiñeira Soto es usual que, al ejercitar el cónyuge fiduciario sus facultades sobre bienes objeto de la sociedad de gananciales disuelta —de hacerse por actos *inter vivos*—, haga constar que la mitad indivisa del bien que adjudica o atribuye al descendiente lo es "por acto de adjudicación o atribución en ejercicio de sus facultades fiduciarias" y la otra mitad indivisa "por derecho propio como donación o por otro título o concepto". Y añade otras dos prácticas que son actualmente habituales en las Notarías:

En relación al plazo que tiene el cónyuge fiduciario para el desempeño de sus funciones, el precepto establece que se habrá de estar a lo que fije el causante en su testamento. En su defecto, fija un plazo de dos años, contados desde la apertura de la sucesión o, en su caso, desde la emancipación del último de los hijos comunes.

En cuanto al *quantum* de las legítimas y porciones hereditarias, algunos autores[376] consideran que el cónyuge está facultado para fijarlo merced a la delegación fiduciaria *ex* art. 831 CC siempre que se respete lo dispuesto en los arts. 818 y ss. del mismo cuerpo legal. En la misma línea expuesta, teniendo en cuenta que el fiduciario —como dice la AP de Madrid en la citada sentencia de 30 de diciembre de 2015— "ocupa el lugar que corresponde al testador", consideramos que podrá también perfectamente fijar el *quantum* de las legítimas y porciones hereditarias.

En cualquier caso, el viudo está obligado, en el ejercicio de las facultades que le han sido encomendadas, a respetar "las legítimas estrictas de los descendientes comunes y las mejoras y demás disposiciones del causante en favor de éstos", que se entenderán respetadas en el momento en que hayan sido suficientemente satisfechas (con independencia de que los bienes pertenezcan en todo o en parte solo al cónyuge que ejercite las facultades). En el caso de que no se cumplan, los legitimarios perjudicados podrán pedir que se rescindan los actos del cónyuge en cuanto sea necesario para su cumplimiento.

En cuanto a la determinación del momento a partir del cual puedan los legitimarios reclamar su legítima estricta, entendemos que el plazo que concede el testador al cónyuge fiduciario no debe perjudicar los derechos de los legitimarios, que podrán reclamar en cualquier momento el abono de su porción forzosa[377].

---

a) Que ambos cónyuges en documento independiente hagan la liquidación de la sociedad de gananciales para que esta surta efectos cuando se disuelva por el fallecimiento de uno de ellos y seguidamente otorguen sendos testamentos en los que se confieran las facultades del artículo 831 CC.

b) Que el cónyuge fiduciario ordene una partición conjunta y unitaria del caudal del fallecido y del suyo propio, supuesto para el que no se precisa la previa liquidación de la sociedad conyugal. En este caso, según la autora, "late en el precepto la idea de que el patrimonio familiar se considera como un único patrimonio a efectos sucesorios". I. ESPIÑEIRA SOTO, «Reflexiones prácticas sobre el artículo 831 del Código Civil», cit.

376 E. GARCÍA ALEMANY, «La sucesión mortis causa en la empresa familiar», cit., pp. 700-703; V. GARCÍA HERRERA, «La sucesión en la empresa familiar», cit., p. 1951.

377 Se muestra a favor de esta postura, E. GARCÍA ALEMANY, «La sucesión mortis causa en la empresa familiar», cit., p. 723; V. M. GARRIDO DE PALMA, «Los actuales arts. 831 y 1056.2 del Código Civil», cit.; J. J. RIVAS MARTÍNEZ, «Artículo 831 del Código Civil. Supuesto de legitimario que exige, al fallecimiento del testador, el pago inmediato de su legítima estricta», *El Notario del siglo XXI*, vol. 56, 2014, p. 152.

A nuestro juicio, y pese a la redacción un tanto farragosa del precepto, creemos que es una herramienta útil para aquellos supuestos en los que el testador no tiene decidido en el momento de otorgar testamento quién ha de sucederle al frente de su empresa. De esta manera, podrá delegar dicha facultad en su cónyuge supérstite y aplazar la decisión hasta que sus descendientes alcancen determinada edad o concurran las circunstancias que permitan elegir quien o quienes son los sucesores idóneos para asumir el liderazgo que permita la conservación de la empresa familiar.

6.2.4. La mejora en cosa determinada

El art. 829 CC permite al empresario mejorar en cosa determinada, a título de heredero o de legatario, a uno o varios de sus descendientes a los que haya elegido como sucesor o sucesores de su empresa. Si el valor de la compañía excede del tercio destinado a la mejora y de la parte de legítima correspondiente al mejorado, el designado sucesor deberá "abonar la diferencia en metálico a los demás interesados".

Mientras que, como veíamos en el epígrafe 5.4., la mejora puede disponerse con carácter irrevocable cuando "se haya hecho por capitulaciones matrimoniales o por contrato oneroso celebrado con un tercero" (art. 827 CC), la mejora ordenada por testamento resultará siempre revocable dada la naturaleza y características del instrumento testamentario.

Aunque generalmente se aplica el contenido del art. 829 CC en la adjudicación de legados, no hay inconveniente para entender que el precepto pueda ser aplicable tanto a las mejoras hechas a título de donación, como a las realizadas a título de herencia (en este sentido, Torres García y Domínguez Luelmo[378], cuya opinión suscribimos).

A diferencia de lo que ocurría en el art. 1056 CC, el art. 829 CC no exige expresamente la concurrencia de requisito objetivo alguno. No obstante, la mayor parte de la doctrina[379], entiende necesario que la cosa objeto de la mejora sea indivisible o desmerezca mucho por su división para que se pueda ha-

---

378 T. F. Torres García; A. Domínguez Luelmo, «La legítima en el código civil (II)», cit., p. 129.

379 Rodríguez Rosado, *Heredero y Legitimario*, cit., p. 131; T. F. Torres García; A. Domínguez Luelmo, «La legítima en el código civil (II)», cit., p. 129; J. Vallet de Goytisolo, *Panorama del derecho de sucesiones. Vol. I Fundamentos*, Civitas, 1984, p. 566 y ss.; C. Vattier Fuenzalida, *El pago en metálico de la legítima de los descendientes*, Editorial Reus, 2012, p. 32.Los autores consideran que en el concepto de "cosa" al que alude el precepto debe comprenderse una explotación económica, que normalmente serán indivisibles o desmerecerían mucho con su división.

cer uso de la facultad de proceder al abono de la diferencia de la legítima en metálico (en contra, Gallego Domínguez[380]). Nos decantamos por la primera de las posiciones: el precepto cobra sentido cuando el objeto de la mejora es un bien indivisible o cuyo valor puede desmerecer mucho con su división.

Una cuestión importante a tener en cuenta es la de determinar cómo ha de procederse en cuanto a la imputación del bien dejado en mejora respecto a los tres tercios en los que se divide la herencia (a qué tercio se deben imputar preferentemente los excesos de valor). Existen a estos efectos dos posibles interpretaciones:

a. La interpretación literal considera que el límite a partir del cual procede el pago en metálico es una vez cubierto el tercio de mejora (en primer lugar) y la legítima estricta del mejorado (en segundo). A partir de ahí, el exceso de valor sería pagado en metálico por parte del mejorado.

b. En una interpretación teleológica o finalista del precepto, se entiende que su objetivo es mejorar al elegido en un sentido amplio. En consecuencia, una vez cubiertos por el valor del bien dado en mejora el tercio de mejora y la legítima estricta, el exceso de valor se ha de imputar al tercio de libre disposición[381].

La mayor parte de la doctrina[382] coincide en la necesidad de realizar una interpretación finalista de la norma al ser la que responde de manera más adecuada a la voluntad del testador y la que mejor representa el espíritu y finalidad del precepto. Coincidimos con esta posición destacando que, en relación a la finalidad de conservación de la empresa familiar, resulta sin duda la más favorable. De esta manera, el descendiente del empresario causante que reciba la empresa como mejora, deberá pagar una menor cantidad en metálico al resto de legitimarios por el exceso de valor, evitándose de este modo en muchos casos tensiones financieras que pudieran poner en riesgo la viabilidad de la compañía.

Cuestión distinta es si debe entenderse aplicable a este precepto el pago en metálico extrahereditario de las legítimas estrictas del resto de legitimarios,

---

380 I. GALLEGO DOMÍNGUEZ, «Relevo generacional y transmisión "mortis causa" de la empresa familiar en el Derecho español», cit., p. 53.

381 En los supuestos en los que el testador ya haya dispuesto del tercio de libre en favor de otras personas, estos no podrán recibir su parte *in natura* y deberán recibir el metálico para compensar la diferencia correspondiente. En este sentido, RODRÍGUEZ ROSADO, *Heredero y Legitimario*, cit., p. 131; T. F. TORRES GARCÍA; A. DOMÍNGUEZ LUELMO, «La legítima en el código civil (II)», cit., p. 129.

382 F. J. OLMEDO CASTAÑEDA, *La transmisión de la empresa familiar: claves jurídicas para su éxito*, cit., p. 124; RODRÍGUEZ ROSADO, *Heredero y Legitimario*, cit., p. 131; T. F. TORRES GARCÍA; A. DOMÍNGUEZ LUELMO, «La legítima en el código civil (I)», cit., p. 129.

de modo similar a lo que hemos visto en los arts. 841 y 1056 CC. Rodríguez Rosado y Peña Bernaldo de Quirós[383] consideran en este punto que, cuando el valor de la cosa supere la propia cuota de mejora, la legítima estricta atribuida al mejorado y el tercio de libre elección hasta el punto de extenderse hasta la legítima estricta del resto de legitimarios, el art. 829 CC no es aplicable, debiéndose en última instancia proceder a la venta del bien prevista en el art. 821 CC. Entendemos que ello es lo más acorde con una interpretación sistemática pues, si el testador hubiera deseado otra cosa, hubiera hecho uso de los arts. 841 y 1056 CC.

Una variante que puede resultar interesante en aquellos supuestos en los que el testador quiere proteger al cónyuge supérstite[384] dotándole de los medios económicos suficientes para garantizar su nivel de vida o proteger a uno de sus hijos con discapacidad, es la atribución a los descendientes legitimarios de la nuda propiedad de las participaciones o acciones de la empresa como mejora de la cosa determinada (art. 829 CC) y el usufructo al cónyuge o hijo con discapacidad del empresario con derecho a cobro de los beneficios empresariales repartibles (*ex* art. 475 CC). Esta posibilidad viene refrendada por el art. 787 CC que dispone que “La disposición en que el testador deje a una persona el todo o parte de la herencia, y a otra el usufructo, será válida (...)”.

Esta norma puede ser una alternativa interesante en los supuestos en los que la sociedad familiar se encuentra en formación o no sea el bien más importante o el más valioso de los que integran el patrimonio del empresario (no cumpliéndose los requisitos objetivos del art. 1056.2 CC). No obstante, no es habitual la transmisión de la sociedad en tales circunstancias por lo que rara vez la alternativa ofrecida por el art. 829 CC constituirá un instrumento útil para lograr el objetivo de transmitir indivisa de la empresa familiar y el aseguramiento de su continuidad.

6.2.5. Conmutación del usufructo de viudedad

No en todos los casos resulta recomendable que, en el supuesto de que la empresa familiar se haya adjudicado como mejora de la cosa determinada, el cónyuge viudo mantenga el usufructo de las participaciones o acciones percibiendo los dividendos correspondientes al reparto de beneficios (art. 475

---

383 M. Peña Bernaldo de Quirós, «La naturaleza de la legítima», *ADC*, 1985, p. 901 y ss.

384 No debemos olvidar que el cónyuge viudo que concurra a la herencia con hijos y descendientes del causante tiene derecho al usufructo del tercio de la mejora (art. 834 CC). Por lo tanto, podrá disponerse de la empresa como mejora de la cosa determinada en favor de los hijos y, a su vez, cumplir con el derecho del cónyuge viudo al usufructo del tercio de la mejora.

CC). En ocasiones esta situación puede ser origen de conflictos: así, cuando los descendientes trabajan en la empresa entendiendo que deben ser ellos (y no el viudo del empresario causante) los beneficiarios del resultado de su trabajo, o cuando los hijos del empresario no lo sean también de quien es cónyuge en el momento de su fallecimiento.

Como posible solución a esta situación, el art. 839 CC establece la posibilidad de conmutar el usufructo de viudedad. El precepto concede la iniciativa en favor de los herederos, si bien deberán alcanzar un acuerdo con el cónyuge viudo, y solo en defecto de pacto podrá acudirse a la fijación por parte de los tribunales de la conmutación y de su contenido[385]. Mientras esto no tenga lugar, todos los bienes de la herencia estarán afectos al pago de la parte de usufructo que corresponda al cónyuge.

Las diferentes alternativas de conmutación del derecho de usufructo vitalicio del viudo, que ofrece el propio art. 839 CC, a fin de evitar que dicha carga real grave la empresa familiar son: renta vitalicia, productos de determinados bienes o un capital efectivo.

6.2.6. Legado de cosa específica y determinada

El empresario-testador que quiera conservar indivisa la empresa familiar puede adjudicarla a la persona a la que considere más idónea como legado de cosa específica y determinada (art. 882 CC) con el fin de evitar que forme parte de la comunidad hereditaria, y, por tanto, que participe de la partición. El heredero instituido en la empresa familiar por medio de este precepto será considerado como legatario (art. 768 CC).

No obstante, la virtualidad práctica de este precepto en lo relativo a la empresa familiar se ve mermada si se tiene en cuenta la sujeción del testador al régimen legitimario impuesto por el Código Civil y la circunstancia de ser probable que el valor de la empresa familiar represente, si no todo, quizá la mayor parte del caudal relicto del empresario causante. En consecuencia, en la mayoría de los casos se hará uso de otras vías que doten al disponente de un mayor margen de autonomía y flexibilidad con la finalidad de transmitir indivisa la empresa a la siguiente generación.

---

385 Como ya hemos expresado anteriormente, entendemos que sería conveniente una modificación del citado precepto en el sentido de ampliar la facultad de adoptar la iniciativa para conmutar el usufructo al cónyuge usufructuario.

6.2.7. Imposición testamentaria de la prohibición de partición entre los coherederos en un plazo determinado

El testador puede establecer disposiciones dirigidas a conseguir la indivisión de la empresa o sociedad familiar prohibiendo *ex* art. 1051 CC que se realice la partición entre los coherederos en un determinado plazo. Se trata, como dispone el Tribunal Supremo en Sentencia 1201/2000 de 21 de diciembre de 2000[386], de un modo limitado de mantener la unidad empresarial, pues tal restricción no puede entenderse perpetua.

En relación al plazo durante el que la explotación de la empresa debe permanecer indivisa, la doctrina plantea dudas al respecto. El art. 1051 CC señala que, a pesar de la existencia de tal prohibición, "la división tendrá siempre lugar mediante alguna de las causas por las cuales se extingue la sociedad": el precepto se remite de este modo al art. 1700 CC referente al contrato de sociedad. El problema viene dado por el hecho de que la primera causa enumerada por el art. 1700 CC es la expiración del término por el (la sociedad) que fue constituida y, en su defecto —si no se señala término, ni resulta de la naturaleza del negocio—, por "la voluntad de cualquiera de los socios" (causa cuarta). Esta última nos llevaría a la vigencia del art.1052 CC que establece que "Todo coheredero que tenga la libre administración y disposición de sus bienes podrá pedir en cualquier tiempo la partición de la herencia (...)" y, consiguientemente, a cuestionar la ineficacia de dicha prohibición (en este sentido, Lete Achirica[387]).

En opinión de García Alemany[388] tal remisión resulta forzada si se entiende que "el de sociedad es un contrato con vocación de duración, además, como tal contrato el consentimiento ha de recaer sobre todo su contenido y no parece que ese consentimiento pueda ser suplido por la simple voluntad del testador de que la herencia se mantenga indivisa". El autor concluye en este sentido que "sin contrato entre los socios no puede haber contrato de sociedad".

---

386 La STS 1201/2000 de 21 de diciembre de 2000 dispone lo siguiente: "no es una teoría arriesgada ni exagerada el proclamar que dentro de las facultades dispositivas del testador, esté la de prohibir la división de los bienes hereditarios, que podrá hacerla siempre por tiempo determinado".
En el mismo sentido I. Gallego Domínguez, «Relevo generacional y transmisión "mortis causa" de la empresa familiar en el Derecho español», cit., p. 66; J. Lete Achirica, «Comunidad hereditaria y partición», en *Tratado de derecho de sucesiones Tomo II*, Thomson Reuters, 2011, pp. 2555 y 2556.

387 J. Lete Achirica, «Comunidad hereditaria y partición», cit., pp. 2555 y 2556.

388 E. García Alemany, «La sucesión mortis causa en la empresa familiar», cit., pp. 652 y 653.

A nuestro juicio, la remisión del art. 1051 CC al contrato de sociedad no es acertada pues no responde a la propia finalidad del precepto: mientras que, por un lado, la voluntad del testador es impedir la división de la empresa familiar, por el otro lado, se está facultando a cualquiera de los socios a exigir unilateralmente la extinción de la sociedad.

Por otra parte, se discute si la restricción impuesta por el testador debe hacerse o no por un tiempo determinado, y si está sometida o no a un plazo máximo, en concreto al de 10 años que establece el art. 400 CC para la comunidad de bienes.

El TS ha resuelto sobre esta cuestión en su Sentencia de 21 de diciembre de 2000[389] en un supuesto en el que el testador había prohibido la división de una finca rústica hasta el fallecimiento de su viuda, disponiendo que "El «quid» de la presente contienda judicial (...) consiste en concreto, en determinar si la situación de indivisión hereditaria impuesta expresamente por el testador (...) sobre una determinada finca rústica debe alcanzar solo la duración de diez años, dejando la posibilidad de prórroga cuando medie la voluntad unánime de los coherederos sobre ello, o si dicha situación de indivisión puede perdurar hasta el momento cierto pero incierto en cuanto a su acaecimiento, como es el del óbito de su viuda, todo ello con la limitación que establece el artículo 1051 del Código Civil (...). Pues bien, todo lo anterior aplicado a la presente cuestión, indica que el testador estaba en un perfecto derecho en fijar tal plazo de indivisión y ello obliga a los herederos –hijos–, a la indivisión de la finca –objeto hereditario– hasta que no se produjera el fatal hecho de la muerte de su esposa". Por lo tanto, a tenor de esta sentencia, prevalece la voluntad del testador de prolongar la prohibición de división hasta el óbito de su viuda, sin que ese plazo se vea limitado por el plazo de diez años dispuesto en el art. 400 CC.

La posibilidad del empresario familiar de hacer uso del art. 1051 CC para evitar la división de la compañía puede ser de utilidad en aquellos supuestos en que el testador quiera que la empresa o sociedad se mantenga indivisa, por ejemplo, hasta el momento en que sus hijos cumplan la mayoría de edad o mientras viva el cónyuge viudo. No obstante, conviene cuestionarse la utilidad y conveniencia práctica que pueda derivarse de la imposición de tal obligación de mantenerse unidos a aquellos socios que no lo desean. En nuestra opinión, la participación en un proyecto empresarial junto a otros socios, sean o no familiares, debe ser una decisión personal y en ningún caso una obligación. En consecuencia, el uso por parte del testador de la facultad concedida en el art. 1051 CC puede en muchas ocasiones resultar contraproducente para ambos subsistemas (empresa y familia) siendo mejor para la

389 STS 1201/2000 de 21 de diciembre de 2000.

conservación de la empresa familiar facilitar la participación e integración en el proyecto empresarial de aquellos descendientes que se hallen, considerando todas las circunstancias concurrentes, más implicados con el proyecto.

6.2.8. Sustituciones fideicomisarias

6.2.8.1. Sustitución fideicomisaria ordinaria

La sustitución fideicomisaria, prevista y regulada con ciertas limitaciones en el art. 781 CC, constituye un instrumento que puede ser interesante para facilitar al empresario familiar el control del destino que haya de darse a las acciones o participaciones que integran el patrimonio empresarial y, consiguientemente, a los procesos de toma de decisiones dentro de la compañía. En el ordenamiento jurídico español del Código Civil esta figura presenta importantes límites y condicionantes, temporales y objetivos:

En cuanto a los primeros, los herederos o legatarios designados por el testador (fiduciarios) en el momento del fallecimiento del testador: "Las sustituciones fideicomisarias en cuya virtud se encarga al heredero que conserve y transmita a un tercero el todo o parte de la herencia, serán válidas y surtirán efecto siempre que no pasen del segundo grado, o que se hagan en favor de personas que vivan al tiempo del fallecimiento del testador" (art. 781 CC).

En lo que se refiere a las limitaciones objetivas *ex* art. 782 CC, las sustituciones fideicomisarias no podrán gravar la legítima, con la excepción de que se establezcan en beneficio de uno o varios hijos del testador que se encuentren en una situación de discapacidad, conforme a lo dispuesto en el art. 808 CC. Asimismo, si la sustitución fideicomisaria recae sobre el tercio destinado a mejora, solo puede establecerse a favor de los descendientes.

Si bien en la práctica no es habitual su uso, consideramos que la sustitución fideicomisaria se trata de una herramienta que puede ser útil para el empresario familiar cuya voluntad sea que la empresa permanezca indivisa y dentro de la familia durante dos llamamientos.

6.2.8.2. Sustitución fideicomisaria de legado

En los supuestos en que el empresario testador quiera atribuir a uno de sus hijos la nuda propiedad de las participaciones o acciones de la sociedad familiar asegurando a la vez a las ramas familiares de sus otros hijos (es decir, hijos y descendientes de estos) la percepción de parte de los beneficios de la empresa, puede hacerse uso del conocido como "usufructo sucesivo"[390]: esta figura, que resulta de conjugar lo dispuesto en la segunda parte del art. 787 CC con el art. 781 del mismo cuerpo legal se configura como una sustitución fideicomisaria de legado[391] a la que es de aplicación la limitación del número de usufructuarios sucesivos establecidos por el testador.

6.2.8.3. Fideicomiso de residuo

Sin regulación legal específica en el Código Civil español, se trata de una figura de elaboración jurisprudencial[392] y doctrinal que se ha configurado, como señala la DGRN como aquella institución por la que el testador-fideicomitente dispone una doble o múltiple institución de herederos con carácter sucesivo, por el orden que él señala, de modo que los herederos lo son del fideicomitente, no del fiduciario[393].

Se diferencian a estos efectos dos tipos de cláusulas: la "sustitución preventiva de residuo" y la "sustitución fideicomisaria de residuo".

En la sustitución preventiva de residuo, el fiduciario puede disponer libremente tanto por actos *inter vivos* como *mortis causa*, por lo que es un verdadero heredero que no tiene limitada ninguna de sus facultades. Solo cuando no haya dispuesto de todos los bienes hereditarios en alguna forma podrán tener derecho a los bienes los sustitutos instituidos. Es decir, en los supuestos en los que el fiduciario no ha dispuesto *inter vivos* ni *mortis causa* de la totalidad de los bienes que integran la herencia del fideicomitente, el "resto" no dispuesto es el que se transmite a los designados como fideicomisarios. Se trata de este modo de evitar la sucesión intestada con respecto a los bienes procedentes del patrimonio del causante[394].

La principal diferencia con la sustitución fideicomisaria de residuo es que, en esta segunda, el fiduciario únicamente tiene poder de disposición *inter vivos* y encuentra su fundamento en la finalidad de mantener el patrimonio

---

390 La segunda parte del art. 787 CC se refiere a esta posibilidad y se remite para su aplicación a lo dispuesto en el art. 781 CC: "(...) Si llamare al usufructo a varias personas no simultánea, sino sucesivamente, se estará a lo dispuesto en el artículo 781".

391 N. ÁLVAREZ LATA, *Aspectos civiles de la empresa familiar: economía familiar y sucesión hereditaria*, cit., pp. 54 y 55.

392 Entre otras muchas, SSTS de 13 de diciembre de 1974; 25 de abril de 1983; 773/1994 de 22 de julio de 1994; 29 de diciembre de 1997; 1042/2008 de 7 de noviembre de 2008; 1/2009 de 28 de enero de 2009; y 624/2012 de 30 de octubre de 2012.

393 RDGRN 3552/2020 de 19 de diciembre de 2019.

394 RRDGRN de 29 de noviembre de 1962 y 8593/2017 de 26 de junio de 2017.

hereditario (la empresa familiar, por ejemplo) dentro del círculo familiar del causante.

La DGRN[395] y el TS consagran tal diferenciación. Concretamente, en su Sentencia de 2 de septiembre de 1987[396] el Alto Tribunal entiende que "nos encontramos frente a un fideicomiso de la clase de los de residuo (...) y por virtud del cual el testador, después de instituir heredero a su hijo, dispone unas sustituciones vulgares, y le grava con una sustitución fideicomisaria condicional, para después de su muerte, facultándole no obstante para disponer libremente de los bienes hereditarios por actos *inter vivos*, con la obligación de hacer tránsito al fideicomisario de los que no hubiere dispuesto; no pudiendo entenderse que existió una sustitución preventiva de residuo (...), pues para ello hubiera sido precisa la autorización expresa del testador para disponer por actos *mortis causa*". Y en Sentencia de 12 de febrero de 2002[397] reafirma la distinción entre ambos tipos de fideicomisos al decir que "(...) en el que el fiduciario tiene poder de disposición *inter vivos* (si incluye también la disposición *mortis causa* se trataría de una sustitución preventiva de residuo) del patrimonio hereditario".

Dentro de las sustituciones fideicomisarias de residuo se han distinguido a su vez dos modalidades en función de la mayor o menor amplitud de las facultades dispositivas otorgadas al fiduciario: '*de eo quod supererit*' (de lo que pueda quedar), y '*si aliquid supererit*' (si queda algo)[398].

En el fideicomiso '*de eo quod supererit*' se exime al fiduciario del deber de conservación de los bienes hereditarios únicamente respecto de parte de la herencia, de forma que el fideicomisario tendrá derecho a todo lo que quede de la parte disponible (si quedase alguna parte), y a la íntegra parte de la herencia que por expresa voluntad del testador debía conservarse para entregárselo a aquel. Por lo tanto, el fideicomisario tiene derecho a recibir un mínimo de los bienes fideicomitidos.

Por el contrario, en el fideicomiso '*si aliquid supererit*' se exime al fiduciario del deber de conservación, de forma que podrá disponer de los bienes sin límite alguno y el fideicomisario solo recibirá en su día lo que quede, si es que queda algo.

---

395 La RDGRN 6394/2020 de 28 de enero de 2020 manifiesta lo siguiente: "Así pues, en la sustitución preventiva de residuo, es esencial la facultad que tiene el heredero fiduciario de disponer *mortis causa*, (...) la circunstancia de que la heredera fiduciaria solo esté autorizada a disponer *inter vivos* y a título oneroso, excluye la sustitución preventiva de residuo". En la misma línea, RDGRN 8593/2017 de 26 de junio de 2017.

396 STS de 2 de septiembre de 1987.

397 STS 124/2002 de 12 de febrero de 2002.

398 RDGRN 3552/2020 de 19 de diciembre de 2019.

Este tipo de cláusulas pueden ser interesantes para la empresa familiar en el caso de atribuciones *mortis causa* hechas a hijos de matrimonios divorciados. De esta manera, un progenitor puede dejar en su testamento a su hijo las participaciones o acciones de la sociedad familiar, y en previsión de que este fallezca sin descendencia sobreviviéndole el otro progenitor, y como medio de evitar que pueda llegar a este en todo o en parte la empresa familiar por sucesión abintestato si el fiduciario no ha otorgado testamento o no resulta válido el otorgado, podría nombrar fideicomisarios de residuo a otros hijos o nietos del causante[399]. En concreto, entendemos que, dentro de las sustituciones fideicomisarias de residuo, cobra especial utilidad la modalidad denominada '*de eo quod supererit*'. De esta manera, el fideicomisario (en el supuesto descrito, otros hijos o nietos del causante) tendrán derecho a recibir un mínimo de los bienes fideicomitidos, que, en nuestro caso, podrían ser las participaciones o acciones de la empresa familiar.

6.2.9. La cláusula de opción compensatoria de legítima ('cautela socini') como vía de atribución del usufructo universal al cónyuge sobreviviente

En los casos en que existan legitimarios (habitualmente los hijos y otros descendientes del causante) es frecuente en la práctica que el testador disponga a través de una 'cautela socini' la atribución del usufructo de todos sus bienes (universal y vitalicio) al cónyuge supérstite, estableciendo que el o los legitimarios pueden optar entre su legítima estricta (libre de cargas o limitaciones) o una mayor porción hereditaria pero gravada.

El Tribunal Supremo ha admitido, en general, la posibilidad de gravar o limitar la legítima estricta mediante la denominada 'cláusula de opción compensatoria de legítima', 'cautela socini', 'cautela gualdense' o 'cláusula angélica', mediante la cual el legitimario puede optar entre la legítima estricta que le corresponde (libre de cargas y limitaciones) o una mayor porción hereditaria (si bien con el gravamen). De esta manera, se pretende "compensar" al legitimario por tolerar la imposición de un gravamen sobre su legítima estricta con una cuantía superior a la que le correspondería, advirtiéndole de que, en caso de no aceptar, su atribución patrimonial quedaría reducida a la legítima corta[400]. La validez de esta cláusula exige por ello el ofrecimiento al

---

399 Misma apreciación hace I. GALLEGO DOMÍNGUEZ, «Relevo generacional y transmisión "mortis causa" de la empresa familiar en el Derecho español», cit., pp. 67 y 68.

400 Además, es preciso aclarar que, con que uno de los legitimarios acepte, el exceso sobre la legítima estricta del resto de los legitimarios que no hayan aceptado acrecería a su favor.

legitimario de bienes o derechos que superen la cuantía de la legítima estricta, pues en caso contrario, no tendría sentido la imposición del gravamen.

El Código Civil no contempla de modo expreso esta figura, si bien doctrina[401] y jurisprudencia[402] han considerado que el art. 820.3 CC le da cierta cobertura. Así, el TS dispone expresamente en su Sentencia de 27 de mayo de 2010[403] que "La llamada comúnmente cláusula o *cautela socini* así como *gualdense* (por apoyarse en un dictamen emitido por el jurisconsulto italiano del S. XVI Mariano Socini Gualdense) o *cláusula angélica* (por atribuirse dicha fórmula a Ángelo Ubaldi) es la que puede emplear el testador para, dejando al legitimario una mayor parte de la que le corresponde en la herencia por legítima estricta, gravar lo así dejado con ciertas cargas o limitaciones, advirtiendo que si el legitimario no acepta expresamente dichas cargas o limitaciones perderá lo que se le ha dejado por encima de la legítima estricta".

No obstante, su legalidad ha sido cuestionada, alegándose que podría imponer una condición ilícita (a modo de coacción) o, incluso, constituir un supuesto de fraude de ley[404]. La doctrina discute si la 'cautela socini' atenta a

---

[401] A. Díez Picazo, L.; Gullón Ballesteros, *Sistema de derecho civil*, cit., p. 182; I. Gallego Domínguez, «Relevo generacional y transmisión "mortis causa" de la empresa familiar en el Derecho español», cit., p. 59; L. F. Ragel Sánchez, *La cautela gualdense o socini al artículo 820.3o del codigo civil*, Dykinson, 2004, p. 119.

[402] STS 863/2011 de 21 de noviembre de 2011: "Ciertamente, el artículo 820, número 3º, del Código civil, único que la contempla, se refiere solo al usufructo o renta vitalicia, pero doctrina y jurisprudencia (como la citada sentencia) la aplican a toda carga o limitación que se establezca con tal previsión. La norma del Código civil impone la cautela al caso que contempla; cualquier otra carga o limitación la impone el testador".

La STS 339/2010 de 27 de mayo de 2010, tras definir la 'cautela socini' dispone que "La sentencia de esta Sala de 3 de diciembre de 2001 ha señalado la validez de tal cláusula y asimismo que el legitimario afectado tiene derecho a realizar la opción del art. 820.3".

[403] STS 339/2010 de 27 de mayo de 2010.

[404] La jurisprudencia del Tribunal Supremo ha tenido épocas en las que no admitía este tipo de cláusulas por considerarlas condiciones ilícitas y contrarias a la ley, y que, por tanto, debían entenderse por no puestas conforme al art. 792 CC.

El propio Tribunal da cuenta de esta controversia en su Sentencia 254/2014 de 3 de septiembre de 2014: "Esta polémica tampoco ha sido cerrada o resuelta, con carácter general, por la doctrina jurisprudencial de esta Sala, enfocada, primordialmente, desde la perspectiva casuística de las características del supuesto en cuestión, y centrada particularmente en torno al alcance del condicionante de la prohibición del recurso a la intervención judicial; con pronunciamientos que han ido desde la admisión y validez de esta cautela hasta su inaplicación; SSTS 6 de mayo de 1953 , 12 de diciembre de 1958 , 8 de noviembre de 1967 y 8 de junio de 1999 , entre otras".

Y en la misma línea, en su sentencia de 17 de enero de 2014: "no obstante, tampoco puede desconocerse la polémica que en el ámbito de la doctrina científica acompa-

la necesidad de salvaguardar la intangibilidad cualitativa de la legítima (art. 813.2 CC) que impide establecer sobre la misma gravamen, carga o condición de ningún tipo[405].

El Tribunal Supremo español ha venido reconociendo la existencia de esta cláusula desde hace bastante tiempo, si bien de forma casuística y centrándose en el alcance del condicionante de la prohibición del recurso a la intervención judicial[406]. Resulta interesante el repaso doctrinal sobre esta cuestión contenido en la STS de 30 de enero de 1995[407]: "Según Roca Sastre esta cautela Socini o Gualdense es una cláusula lícita, y añade Vallet de Goytisolo que si al testador no le es lícito gravar la legítima del hijo, en cambio no es ilícito que el hijo acepte cualquier gravamen sobre su legítima. Y continúa Roca, el legislador no se entromete en la libre opción del legitimario. Puig Brutau termina resumiendo que esta cláusula es completamente admisible, y el Tribunal Supremo aceptó su validez en Sentencia de 12 de diciembre de 1958"[408].

ñado la aplicación de esta cautela ante su posible ilicitud por comprometer o grabar, indebidamente, la legítima de los herederos".

405 Que el usufructo del cónyuge viudo comprenda el tercio de mejora y el de libre disposición no entraña ningún inconveniente, pero es en el caso del tercio de la legítima estricta donde se atenta sobre el derecho de los legitimarios.
Así lo dispone el TS en su Sentencia 863/2011 de 21 de noviembre de 2011: "el causante puede poner limitaciones o prohibiciones y dar la opción al legitimario de aceptarlas o verse reducido a percibir la legítima estricta; pero ésta es intocable, intangible. Por tanto, no cabe una prohibición que la afecte y si se trata de prohibir la intervención judicial, nunca podrá impedir que la persona legitimaria acuda a los Tribunales en protección de la legítima estricta".

406 SSTS de 6 de mayo de 1953; 12 de diciembre de 1958; 8 de noviembre de 1967; y 508/1999 de 8 de junio de 1999.

407 STS 51/1995 de 30 de enero de 1995.

408 Otros autores que se han manifestado respecto a esta cuestión son los siguientes: O' CALLAGHAN considera que con la 'cautela socini' no se viola el principio de intangibilidad de la legítima con el que únicamente se pretende asegurar al legitimario un *minimum* de participación en la herencia sin impedir la posibilidad de utilizar una opción que pueda reportarle mayores beneficios que los que su derecho estricto le otorga. Díez Picazo y Gullón Ballesteros se pronuncian a favor de la validez de dicha cláusula hasta el punto de manifestar que no es el testador el que otorga el gravamen, sino la propia ley, por medio del art. 820.3 CC. Campo Álvarez manifestaba recientemente sus dudas respecto a la ausencia de colisión entre la 'cautela socini' y la intangibilidad de la legítima, pues considera que, aunque esta no se produce de forma directa, sí que lo hace de manera indirecta o mediata. Entiende el autor que la 'cautela socini' se trata de un instrumento que pervierte el sistema en aras a satisfacer una necesidad social no correspondida por el legislador, y aboga por su incorporación al Código Civil.
DEL CAMPO ÁLVAREZ, BORJA, «Revisión crítica de la cautela socini», en *Retos del Derecho de sucesiones en el siglo XXI*, vol. 2, Reus, 2023, p. 706 y 721; A. DÍEZ PICAZO, L.; GULLÓN

La Sentencia 254/2014 de 3 de septiembre de 2014 representa un punto de inflexión hacia un reconocimiento abierto y directo de la plena legalidad de la 'cautela socini':

> "La 'cautela socini', al amparo de la voluntad del testador como eje vertebrador de la ordenación dispuesta (STS de 6 de mayo de 2013, núm. 280/2013 (RJ 2013, 8072)) no constituye un *fraus legis* (fraude de ley) dirigido a imponer una condición ilícita (coacción) o gravamen directo sobre la legítima (813 del Código Civil), pues su alcance en una sucesión abierta y, por tanto, diferida, se proyecta en el plano del legitimario configurada como un derecho de opción o facultad alternativa que, sujeta a su libre decisión, puede ejercitar en uno u otro sentido conforme a sus legítimos intereses, esto es, ya aceptando la disposición ordenada por el testador, extremo que ya le sirve para calcular la posible lesión patrimonial de su derecho hereditario, o bien ejercitando la opción de contravenir la prohibición impuesta por el testador y solicitar la intervención judicial en defensa de la intangibilidad de su legítima, decisión que le llevará a recibir únicamente lo que resulte de su legítima estricta, acreciendo el resto a los legitimarios conformes. Libertad de decisión que, en suma, una vez abierta la sucesión puede llevar, incluso, a la propia renuncia de la herencia ya diferida. Desde el plano conceptual señalado no se observa, por tanto, que la potestad dispositiva y distributiva del testador infrinja el límite dispositivo que a estos efectos desempeña la función de la legítima, pues la opción que necesariamente acompaña la configuración testamentaria de esta cautela, determina la salvaguarda de su esencial atribución patrimonial en la herencia, es decir, su derecho a recibir la legítima estricta. Obsérvese, que en el ámbito particional se alcanza la misma conclusión cuando la partición la realice el propio testador (artículo 1056 y 1075 del Código Civil)".

Desde entonces, el Tribunal Supremo viene validando el uso de la 'cautela socini' como disposición testamentaria. Entre otras, SSTS 838/2013 de 10 de junio de 2014; 254/2014 de 3 de septiembre de 2014; 717/2014 de 21 de abril de 2015; y 464/2018 de 19 julio de 2018.

A nuestro juicio, la 'cautela socini' debe considerarse válida pues en ningún caso viola el principio de intangibilidad de la legítima. El legitimario no solo tiene el derecho a su legítima, sino que, además, se le ofrece la posibilidad de optar por una alternativa más beneficiosa para sí mismo. A los legitimarios les corresponde por derecho la legítima estricta: todo lo que exceda de la cual debe considerarse un plus. Dicho lo cual, la aplicación de la 'cautela socini' ofrece al legitimario una situación más favorable de la que le correspondería de partida (se le concede una opción que no tenía), por lo que, en todo caso se podría entender que está siendo incentivado a soportar el usufructo sobre su legítima, en ningún caso coaccionado.

Esta cláusula es muy habitual en la práctica cuando concurren a la herencia el cónyuge sobreviviente con los hijos del causante. De esta manera, en el

---

Ballesteros, *Sistema de Derecho Civil*, cit., p. 182; X. O'Callaghan Muñoz, *Compendio de Derecho Civil. Tomo 5*, EDERSA, 2004, p. 12.

caso de las participaciones o acciones de la empresa familiar, los dividendos corresponderán al cónyuge como usufructuario mientras que la cualidad de socio (derecho a asistir y votar en la Junta General de Socios) la ostentarán los descendientes del causante como nudos propietarios, salvo que los estatutos de la sociedad dispongan otra cosa (art. 127 LSC).

En líneas generales, consideramos positivo que —mediante la 'cautela socini'— el testador pueda disponer del usufructo universal en favor de su cónyuge viudo, asegurando su protección y bienestar hasta el momento de su muerte[409]. Resulta un instrumento especialmente útil en aquellos supuestos en que la empresa familiar es el principal activo del patrimonio del testador, pues permite que sus descendientes ostenten la cualidad de socios liderando la compañía y, a su vez, proteger al cónyuge sobreviviente[410]. No obstante, como ya hemos advertido en más ocasiones dentro de este trabajo, en determinadas circunstancias este tipo de situaciones pueden generar conflictos entre los nudo propietarios y el usufructuario, por lo que conviene reflexionar en cada supuesto concreto la idoneidad de ponerla en práctica. Dicho lo cual, entendemos que ofrece una alternativa que puede ser útil en determinados supuestos y que, en aras a una mayor seguridad jurídica, debiera incorporarse su regulación al Código Civil como facultad en favor del testador.

6.2.10. Delegación de facultades del testador

6.2.10.1. Designación de albacea particular

En el ámbito de la empresa familiar puede resultar beneficiosa la designación por parte del testador-empresario de un albacea (art. 892 CC), como persona que asume el encargo de asegurar el cumplimiento de su voluntad testamentaria conforme a las reglas de administración dispuestas, con el objetivo de garantizar la subsistencia de la sociedad hasta su adjudicación a uno de

---

409 Garrido de Palma señala que la evolución de la 'cautela socini' ha reforzado la posición del cónyuge viudo produciendo un efecto positivo en el ámbito familiar. V. M. GARRIDO DE PALMA, «Soluciones prácticas en materia de legítimas», cit.

410 Se pueden plantear también otras fuentes de ingresos para garantizar que el cónyuge viudo mantenga su nivel de vida al fallecimiento de su cónyuge empresario como la contratación de seguros de vida o de fondos de pensión en favor del cónyuge supérstite, o la adquisición por vía testamentaria de la propiedad de los inmuebles donde la empresa desarrolla su actividad de forma que pueda recibir las rentas por el alquiler.

los coherederos, y evitando así, en la medida de lo posible, los conflictos que pudieran derivarse de la interpretación y ejecución del testamento[411].

El albaceazgo es de carácter personalísimo e indelegable, salvo autorización expresa del testador (art. 909 CC y STS de 2 de junio de 1962[412]), es un cargo gratuito, salvo que el testador establezca la remuneración que entienda conveniente (art. 908 CC), voluntario, ya que no hay ninguna obligación legal de aceptarlo (arts. 899 y 900) y tiene carácter temporal, puesto que, por su propia naturaleza y finalidad, no debe excederse en el tiempo de manera indefinida (art. 910 CC)[413], con posibilidad de poder ser prorrogado, bien por voluntad del testador (art. 905 CC, párrafo primero), de los herederos y legatarios (art. 906 CC) o por decisión judicial (art. 905 CC, párrafo segundo)[414].

El albacea es un ejecutor testamentario que, en primer lugar, tendrá las facultades que le haya atribuido el testador (art. 901 CC) y, subsidiariamente, en los supuestos en los que el disponente se haya limitado a nombrar albacea sin determinación de sus facultades, le corresponderán las establecidas en los arts. 902 y 903 CC. Concretamente, las funciones del albacea son las siguientes:

a) Aquellas facultades que expresamente se le atribuyan en testamento y no sean contrarias a las leyes (art. 901 CC). Por ejemplo, facultades para enajenar bienes más allá de las que otorga el art. 903 CC[415], funciones de administración de la herencia o facultades para la entrega de legados que no consistan en metálico. Especialmente en el caso de la empresa familiar, es conveniente atribuir al albacea facultades de administración del caudal relicto para los supuestos en que puedan existir conflictos familiares tanto en la situación de herencia yacente como en la posterior comunidad hereditaria[416].

---

411 Recomiendan la designación de albacea en el ámbito de la empresa familiar N. Álvarez Lata, *Aspectos civiles de la empresa familiar: economía familiar y sucesión hereditaria,* cit., p. 57; E. García Alemany, «La sucesión mortis causa en la empresa familiar», cit., p. 647; J. J. García Ross; J. Téllez Roca, «Aspectos civiles de la sucesión», cit., pp. 695 y 696; F. J. Olmedo Castañeda, *La transmisión de la empresa familiar: claves jurídicas para su éxito,* cit., pp. 109 y 121.

412 STS de 2 de junio de 1962.

413 La STS de 3 febrero de 1966 dice expresamente: "si el albacea contador no cumple su encargo en el tiempo que al efecto le fue concedido el término queda expirado, y caducado «ipso jure» el albaceazgo, aunque no haya terminado su gestión, pues así se deduce del art. 910".

414 La STS de 13 de abril de 1992 recoge estas características.

415 SSTS de 1 de julio de 1985 y 597/1993 de 9 de junio de 1993.

416 En relación a la posibilidad de que el albacea administre y gestione directamente la empresa, Álvarez Lata considera que estas funciones rebasan ampliamente los márgenes de su ámbito de actuación. La que sí considera incluida dentro del art. 902.4° CC

b) En los supuestos en los que el testador haya nombrado albacea sin determinar las funciones que ha de desempeñar, ostentará las recogidas en los arts. 902 y 903 CC: (i) disponer y pagar los sufragios y el funeral del testador, promoviendo la venta de bienes de la herencia si fuera necesario; (ii) pagar los legados en metálico; (iii) vigilar la ejecución del testamento, defendiendo —siendo justo— su validez en juicio y fuera de él[417]; y (iv) adoptar las precauciones necesarias para la conservación y custodia de los bienes. Asimismo, corresponde al albacea interpretar el testamento[418]. El testador, en el uso de su facultad *ex* art. 901, puede excluir alguna de estas funciones[419].

6.2.10.2. Designación de contador-partidor

No existe para el cargo de contador-partidor[420] una regulación específica en el Código Civil, si bien sus rasgos esenciales han sido definidos por la doc-

---

es la facultad de nombrar un administrador para evitar el riesgo de que la empresa se paralice si no hay acuerdo de los herederos.

Por otro lado, García Alemany considera que la figura del "albacea universal" regulada en el art. 894 CC, precisamente por su carácter de universal, no debería estar limitado en sus facultades a las dispuestas en los arts. 902 y 903, sino que debe entenderse que el testador ha querido atribuirle más facultades, entre las que se incluye la administración de la sociedad.

N. ÁLVAREZ LATA, *Aspectos civiles de la empresa familiar: economía familiar y sucesión hereditaria*, cit., p. 57; E. GARCÍA ALEMANY, «La sucesión mortis causa en la empresa familiar», cit., pp. 647 y 648.

417 Señala la STS de 22 de marzo de 1984 que "La hipótesis prevista en la norma 3ª del art. 902, esto es, de la defensa en juicio de la validez del testamento, tampoco descartaría la *legitimatio ad causam*, cuando menos concurrente, de los herederos".

418 Así se recoge en la STS 291/2008 de 29 de abril de 2008.

Respecto a esta cuestión, Delgado Truyols entiende que "la interpretación del testamento realizada por el albacea crea, en principio, un estatus jurídico que debe ser mantenido en tanto no sea judicialmente impugnado". El autor quiere decir con esto que la interpretación que hace el albacea del testamento debe prevalecer frente a cualquier otro interesado en la sucesión, mientras que no se demuestre judicialmente que el albacea ha infringido la ley o la voluntad del testador. En consecuencia, los herederos deberán acatar dicha interpretación, salvo su derecho a impugnarla ante los tribunales.

Á. DELGADO TRUYOLS, «La partición por el contador partidor y la interpretación del testamento siendo albacea o cuando sólo es contador partidor», en *El patrimonio sucesorio. Reflexiones para un debate reformista*, Dykinson, 2014, p. 1309.

419 I. GALLEGO DOMÍNGUEZ, «Relevo generacional y transmisión "mortis causa" de la empresa familiar en el Derecho español», cit., p. 64.

420 Conviene advertir que los términos contador-partidor y comisario han sido empleados indistintamente y como equivalentes (STS de 17 de diciembre de 1988 y RDGRN

trina y en numerosas sentencias del Tribunal Supremo y resoluciones de la Dirección General de los Registros y del Notariado. Al igual que el albaceazgo, se trata de un cargo: "fiduciario y personalísimo"[421], pues se basa en la confianza del testador y no es delegable en terceros, aunque sí podrá valerse de otros profesionales que le auxilien en aspectos concretos como la elaboración del inventario, valoraciones de bienes, mediciones, proyectos técnicos, y cuestiones similares[422]; voluntario[423]; gratuito, aunque el testador podrá fijar una remuneración; y temporal, pues, aunque el art. 1057 CC no fije plazo (siendo de aplicación por analogía los arts. 904 a 906 CC reguladores del albaceazgo), no puede entenderse que los herederos queden a expensas de la partición indefinidamente[424].

El art. 1057.1 CC dispone expresamente que el testador podrá encomendar la partición "a cualquier persona que no sea uno de los coherederos". Por lo tanto, no podrán asumir tal función ninguno de los coherederos, salvo que hayan renunciado a la herencia[425], el legatario de parte alícuota[426] e, incluso, el cónyuge viudo[427], que es heredero por razón de su cuota usufructuaria. Sí podrá ostentar tal condición, sin embargo, el Notario autorizante del testamento[428].

Como regla general, la partición efectuada por el contador-partidor es equiparable a la realizada por el testador mismo. La fuerza de la partición así realizada, en palabras de Rivas Martínez[429], proviene de la voluntad del

---

de 10 de enero de 2012) como consecuencia de que el art. 1057 CC, en su redacción original, hacía referencia expresa a la figura del comisario como la persona a la que el testador concedía la facultad de hacer la partición. Los autores citados a continuación consideran que lo más apropiado actualmente desde un punto de vista jurídico es utilizar el término contador-partidor, por lo que este es el término que hemos decidido utilizar en este trabajo. D. Oliva Blázquez, Francisco; Pérez Velázquez, Juan Pablo; Cadenas Osuna, *Tratado teórico práctico del testamento notarial abierto*, cit., pp. 218 y 219.

421 RDGRN de 14 de julio de 1943 y J. Vallet de Goytisolo, *Panorama del Derecho de Sucesiones. Vol. II. Perspectiva Dinámica*, Civitas, 1984, p. 900.

422 RDGRN de 25 de mayo de 1906.

423 SSTS de 24 de mayo de 1928 y 18 de julio de 1932.

424 D. Oliva Blázquez, Francisco; Pérez Velázquez, Juan Pablo; Cadenas Osuna, *Tratado teórico práctico del testamento notarial abierto*, cit., pp. 170 y 171.

425 STS de 18 de mayo de 1962.

426 RDGRN de 30 de junio de 1956.

427 R. Herrera Campos, «La comunidad hereditaria y la partición de la herencia», en *Sistema de Derecho Civil. Derecho de Sucesiones*, Dykinson, 1992, p. 301.

428 Art.139.4 RN y STS de 24 de mayo de 1954.

429 J. J. Rivas Martinez, *Derecho de sucesiones común y foral*, cit., p. 1387.

testador y de su fiel cumplimiento. En consecuencia, la partición será eficaz sin necesidad del consentimiento de los herederos ni de los legitimarios[430].

El contador-partidor es también un ejecutor testamentario, teniendo encomendada por el testador "la simple facultad de hacer la partición" (art. 1057.1 CC). Mientras que la doctrina sí que establece diferenciación entre las funciones que han de desempeñar el albacea y el contador-partidor, en ocasiones la jurisprudencia no ha establecido tal disparidad[431].

Ante la ausencia de una regulación más específica del contador-partidor por parte del art. 1057 CC, sus funciones han sido definidas por la jurisprudencia del Tribunal Supremo y algunas resoluciones de la DGRN, pudiendo sistematizarse del modo que sigue:

a) Al contador-partidor le corresponde como función principal la de efectuar todas las tareas instrumentales de la partición[432]: inventario, avalúo, liquidación, colación, formación de lotes y adjudicación.

b) El Tribunal Supremo[433] ha admitido que el contador-partidor está facultado para liquidar la sociedad de gananciales del causante junto con el

430 Á. DELGADO TRUYOLS, «La partición por el contador partidor y la interpretación del testamento siendo albacea o cuando sólo es contador partidor», cit., p. 1306.

431 Así, entre otras, la STS de 5 de febrero de 1908: "el cargo de contador-partidor, encomendado por un testador a determinada persona, no constituye función esencialmente diferente de la de los albaceas, ni se distingue más que por la especialidad del trabajo que se le encomienda".
La STS de 7 de enero de 1942 equipara de tal forma a albaceas y contadores que habla de "albaceas o partidores testamentarios".
En su Sentencia de 23 de mayo de 1958 el Alto Tribunal especifica que, mientras que el testador no disponga otra cosa, el cargo de contador-partidor es inherente al albaceazgo.

432 RRGRN de 14 de abril de 1969 y 11070/2013 de 30 de septiembre de 2013.

433 SSTS de 8 de marzo de 1995; 2 abril de 1996; 968/2002 de 17 de octubre de 2002; y 248/2018 de 25 de abril de 2018.
La Sentencia de 8 de marzo de 1995 señala expresamente que "Es también de tener en cuenta a estos efectos, que si entre las facultades de los albaceas-contadores-partidores entra la de liquidar la sociedad ganancial del causante y el cónyuge viudo (sentencia de 18 de abril de 1928, 10 de enero de 1934 [RJ 1934, 35] y 17 de abril de 1947, además de Ress. DGRN de 14 de marzo de 1903, 30 de abril de 1906, 31 de enero de 1912 y 22 de agosto de 1914), por la misma razón es evidente que en casos como el aquí comprendido deba también liquidar la sociedad de gananciales del primer matrimonio, como trámite previo a la del segundo, con intervención para ello de los partícipes –herederos– de la primera esposa del causante, y en la de la segunda sociedad ganancial de la viuda y herederos del segundo matrimonio, nada de lo cual se ha hecho ni tan siquiera intentado»".

cónyuge supérstite (o los herederos de éste, si falta), como paso previo a la partición de la herencia.

c) El contador-partidor está facultado para realizar la partición conforme al art. 1062 CC, por tratarse de un acto de partición ordinaria el comprendido en dicho precepto[434]. Si bien el testador está sometido al hacer la partición al principio de igualdad de lotes del art. 1061 CC[435], dicho principio cuenta con la excepción que para los bienes indivisibles recoge el art. 1062.1 CC. Tanto la empresa individual como los paquetes de control de una sociedad de capital deben considerarse bienes indivisibles, por lo que el contador podrá adjudicarlos a uno de los herederos, quedando obligado el adjudicatario a pagar a los otros el exceso en efectivo[436]. No obstante, conviene advertir de que el apartado 2 del art. 1062 CC faculta a cualquiera de los herederos a pedir la venta pública

---

[434] RDGRN de 2 de diciembre de 1964.

[435] El principio consagrado en el art. 1061 CC, como ha señalado el TS en numerosas sentencias, "es más facultativo que imperativo", por lo que la formación de los lotes dependerá de las circunstancias de cada caso. Son muchas las sentencias que se refieren a este carácter relativo del art. 1061 del CC. Así, por ejemplo, SSTS de 25 de junio de 1977; 14 de julio de 1990; 7 de enero de 1991; 28 de mayo de 1992; y 563/2006 de 1 de junio de 2006.

Sin perjuicio de lo anterior, el TS en Sentencia 458/2020 de 28 de julio de 2020, tras reafirmarse en la "imperatividad relativa" del art. 1061 advierte de que con carácter general no se puede sostener la aplicación meramente facultativa de este principio. El TS dice así:

"5. Podemos referirnos a una imperatividad relativa, de modo que, en los supuestos en que no existan bienes de la misma naturaleza, calidad y especie, que posibiliten la adjudicación igualitaria, pero que permitan la partición heterogénea, la atribución de bienes de distinta clase, evitando la indeseable proindivisión, es perfectamente factible en derecho, pues la igualdad, que impone el art. 1061 del CC, sólo es observable en tanto cuanto sea posible.

6. Ahora bien, de dicha jurisprudencia no puede obtenerse tampoco la falsa conclusión de que el contador tenga las manos libres para prescindir, de forma absoluta y sin justificación, de lo establecido en tal precepto, privándole de cualquier clase de significado y eficacia normativa, salvo que, en la partición de la herencia, el causante, dentro de sus amplias facultades legales, le dispense de su aplicación, lo que no es el caso. En este sentido, señala la Sentencia 399/2012, de 15 de junio, en la interpretación de la igualdad cualitativa proclamada por el precitado art. 1061 del CC, que:

'[...] con carácter general, no se puede sostener la aplicación meramente facultativa de este principio, pues hay supuestos en donde se aprecia claramente su carácter imperativo (contadores encargados de hacer la partición, personas sujetas a la patria potestad o a la tutela y supuestos de partición o división judicial), no obstante, por mor de propia concreción material, inclusive dicha nota de imperatividad en su aplicación tampoco puede resultar absoluta sino relativa'".

[436] I. Gallego Domínguez, «Relevo generacional y transmisión "mortis causa" de la empresa familiar en el Derecho español», cit., p. 65.

en subasta con admisión de terceros y el reparto del dinero obtenido. A nuestro juicio, esto hace desaconsejable en la práctica totalidad de los supuestos el uso de este precepto para trasladar la empresa familiar. Supone un riesgo inasumible si lo que pretende el testador es garantizar la continuidad de su proyecto empresarial.

a) El contador-partidor puede ser autorizado por el testador para hacer uso de la facultad que confiere el art. 841 y ss. CC para adjudicar los bienes hereditarios ordenando que se paguen en metálico las legítimas[437]. No obstante, como ya hemos advertido con anterioridad, esta no es la vía más adecuada para transmitir la empresa familiar.

b) La DGRN[438] ha admitido la entrega de legados por el contador partidor cuando no hay perjuicio para las legítimas. También recoge esta facultad el art. 81 b) del Reglamento Hipotecario.

c) Al igual que el albacea, el contador-partidor puede interpretar el testamento[439], subsanando o corrigiendo, cuando fuera necesario, los defectos u omisiones en que hubiera podido incurrir el testador[440].

d) Hacer adjudicaciones para el pago de deudas[441].

e) En cuanto a la conmutación del usufructo del cónyuge viudo, la jurisprudencia[442] ha venido resolviendo que no puede hacerla solo el conta-

---

437 La DGRN en su Resolución de 13 de mayo de 2003 denegó la inscripción de una escritura de partición otorgada por un contador-partidor que, sin habérsele atribuido por el testador facultades para ello, asignó todos los bienes de la herencia al heredero-legitimario más favorecido, imponiéndole la obligación de pagar en dinero extrahereditario sus legítimas al resto de herederos.

438 RDGRN de 29 de marzo de 2004.

439 Las SSTS de 28 de junio de 1956; 31 de marzo de 1968; 169/1997 de 27 febrero de 1997 y RRDGRN 10697/2013 de 11 de septiembre de 2013; 11070/2013 de 30 de septiembre de 2013; y 7180/2018 de 16 de mayo de 2018, entre otras, han reconocido las facultades interpretativas del testamento del contador partidor.

440 STS de 24 de febrero de 1968.

441 Á. DELGADO TRUYOLS, «La partición por el contador partidor y la interpretación del testamento siendo albacea o cuando sólo es contador partidor», cit., p. 1306.

442 STS de 24 de noviembre de 1960; RRDGRN 18 de diciembre de 2002; y 17 de mayo de 2002.

No obstante, la RDGRN 4280/2017 de 4 de abril de 2017 admite, con ciertas limitaciones, la posibilidad de delegación en el contador partidor de la facultad de conmutación. Dice la DGRN: "Y en cuanto al contador-partidor se ha determinado por la doctrina, como regla general, que no puede decidir por sí solo la conmutación; por excepción, lo puede hacer si el causante la impone o le faculta expresamente; si lo ha hecho indicando el medio solutorio, en cuyo caso el contador deberá proceder a la conmutación con ese medio; si se limita a autorizarla o a indicarla simplemente, sin especificar la prestación sustitutoria, el contador deberá cumplir lo ordenado en el

dor-partidor, siendo necesaria la intervención y consentimiento de los herederos[443].

Por último, cabe señalar que el Tribunal Supremo[444] ha entendido que los herederos pueden, de común acuerdo, prescindir de la partición realizada por el contador-partidor, aunque no se haya incluido expresamente esa cláusula en el testamento.

6.2.10.3. Designación de albacea universal o albacea contador-partidor

Tanto las funciones del albacea particular como las del contador-partidor pueden hacerse coincidir en una misma persona (o personas), apareciendo entonces la figura que se conoce como "albacea universal" o "albacea contador-partidor" (art. 894 CC). A esta figura se refiere el TS[445] en varios pronunciamientos, sosteniendo que "En el ámbito de la ejecución testamentaria la existencia de un albacea universal conforme al art. 894, es decir, investido de todas las facultades precisas para cumplir la voluntad del *de cuius* hasta la adjudicación y entrega de los bienes y por tanto las de contar y partir".

A modo de conclusión, en el ámbito de la empresa familiar, donde podría en algunos casos resultar compleja la interpretación de algunas cláusulas testamentarias relativas a un caudal relicto heterogéneo por su composición de bienes, derechos, activos y deudas de diversa naturaleza, procedencia y orden de prelación, entendemos resulta positivo la designación de uno o varios albaceas, contadores o albaceas universales que ejecuten la voluntad del testador conforme a sus instrucciones[446]. Además, resulta conveniente acotar lo máximo posible las facultades que estos pueden desempeñar, con el objetivo de evitar que se generen conflictos en torno a esta cuestión.

---

testamento, quedando a salvo el derecho del cónyuge supérstite o de los herederos para reclamar, caso de perjuicio para sus derechos legitimarios ...".

443 Para profundizar más sobre esta cuestión, F. Mariño Pardo, «La conmutación del usufructo del viudo: el artículo 839 del Código Civil. La afección real de los bienes al pago de la legítima del viudo: párrafo 2º del artículo 839 del Código Civil. El artículo 840 del Código Civil: concurrencia del viudo con hijos sol», *Blog Iuris Prudente*, 2017.

444 SSTS de 20 de octubre de 1992 y 120/1997 de 22 de febrero de 1997.

445 SSTS de 15 de abril de 1982 y 22 de marzo de 1984.

446 Se muestra muy a favor del nombramiento de un albacea universal por parte del testador-empresario I. Gallego Domínguez, «Relevo generacional y transmisión "mortis causa" de la empresa familiar en el Derecho español», cit., p. 63.

6.2.10.4. Nombramiento de factor-gerente

Además del albacea o contador-partidor, algunos autores[447] recomiendan el nombramiento por parte del empresario en vía testamentaria de un factor de comercio o gerente para la empresa, confiriéndole los correspondientes poderes conforme al Código de Comercio.

En derecho civil la regla general es que todo apoderamiento se extingue por la muerte del poderdante. Sin embargo, en el derecho mercantil rige el principio de subsistencia y continuación de los poderes mercantiles, mientras no sean revocados, y no obstante la muerte del otorgante, conforme a lo dispuesto en el art. 290 CCo.

Entendemos por nuestra parte que esta figura del factor-gerente que administre la sociedad puede resultar útil en supuestos de previsibles conflictos familiares tanto durante la fase de pendencia propia de la herencia yacente como en la de comunidad hereditaria. De esta manera, el factor-gerente nombrado por el testador se hará cargo de la administración de la empresa en ambos casos hasta la total ejecución de las últimas voluntades del empresario causante manifestadas en el instrumento testamentario.

6.2.11. Especial régimen de administración de bienes dejados en testamento a menores sujetos a patria potestad

Los hijos menores de edad no emancipados están sujetos a la patria potestad de los padres (art. 154 CC)[448], como regla general conjunta: ambos padres son los representantes legales de los menores y los administradores de su patrimonio (arts.164 y ss. CC). No obstante, el CC establece una serie de excepciones a la administración de los padres: el art. 164.2.1° CC resulta interesante cuando se transmite *mortis causa* la empresa familiar a algún hijo sometido a la patria potestad por su menor edad pues exceptúa de la administración paterna "Los bienes adquiridos por título gratuito cuando el disponente lo hubiere

---

[447] J. P. FERNÁNDEZ GIMENO, «La empresa familiar y el derecho de sucesiones. Actualización del estado de la cuestión.», cit., p. 230; E. GARCÍA ALEMANY, «La sucesión mortis causa en la empresa familiar», cit., pp. 647 y 648; F. J. OLMEDO CASTAÑEDA, *La transmisión de la empresa familiar: claves jurídicas para su éxito*, cit., p. 109.

[448] La Ley 8/2021, de 2 de junio, por la que se reforma la legislación civil y procesal para el apoyo a las personas con discapacidad en el ejercicio de su capacidad jurídica ha derogado el art. 171 CC que recogía la patria potestad prorrogada y la patria potestad rehabilitada. En la Exposición de Motivos de esta Ley se dice que se trata de figuras demasiado rígidas y poco adaptadas al sistema de promoción de la autonomía de las personas adultas con discapacidad que se propone.

ordenado de manera expresa", debiéndose cumplir estrictamente la voluntad de éste en cuanto a la administración de estos bienes y el destino de sus frutos.

Se admite de este modo que el testador pueda establecer normas especiales de administración de bienes dejados a los hijos menores sometidos a patria potestad, como una regla especial que permite sustraer facultades incardinadas en la patria potestad como función propia de los padres a favor de administradores designados por el empresario en su testamento. Para que tenga lugar dicho efecto, la jurisprudencia exige que sea clara la intención de exclusión de la administración de los padres respecto a los bienes de que se trata, y la designación de la persona[449] que, en su lugar, debe realizar dicha actividad[450].

En la práctica profesional resulta habitual hacer uso de este tipo de disposiciones testamentarias en los supuestos en que el testador quiera evitar que sea el cónyuge supérstite la persona que administre la sociedad familiar si fallece siendo sus hijos menores de edad[451]. Realidad constatada por el mismo Tribunal Supremo, que en Sentencia de 6 de octubre de 2005 expone que "Con frecuencia, el testador quiere excluir de la administración de bienes, otorgados a título de institución o legado a un heredero o legatario, respectivamente, a su padre o madre, cónyuge, hijos del testador, o al yerno o nuera, en quienes no tiene confianza por uno u otro motivo, por lo cual prevé la administración por otras personas en las que sí se fía".

En todo caso, la actuación de los administradores deberá someterse, en primer lugar, a la voluntad del testador *ex* art. 164.1 y, en su defecto, a las normas generales a las que están sujetos quienes administran bienes ajenos. En relación con esta cuestión, la STS de 16 de abril de 1998[452] afirma que "Sometida la administración de los designados albaceas a las reglas generales, es

---

449 En ocasiones el testador decide que no sea una sino varias las personas que de manera mancomunada asuman la administración de los bienes de la empresa familiar. En estos casos, es importante advertir del peligro de bloqueo que podría existir en los supuestos en que las personas designadas sean un número par. Conviene, por tanto, dotar de los instrumentos adecuados para resolver este tipo de situaciones.

450 STS 724/2005 de 6 de octubre de 2005.

451 Es frecuente que sea el cónyuge consanguíneo a la familia propietaria el que trabaje en la empresa familiar, mientras que el otro se mantenga al margen. En estos casos el testador suele designar como administrador a alguno de sus hermanos que trabajan o están involucrados en la sociedad.

Con más motivo se suelen utilizar este tipo de disposiciones en los casos de separaciones o divorcios con hijos comunes, con el fin de apartar al ex cónyuge de la administración de los bienes de la empresa familiar adquiridos por los hijos del progenitor premuerto.

452 STS 335/1998 de 16 de abril de 1998.

claro que, de acuerdo con el art. 1720 del Código Civil, vienen obligados los administradores a rendir cuenta de sus operaciones y, no estableciéndose en las disposiciones testamentarias normas especiales acerca del tiempo en que habría de realizarse esa dación de cuentas, la misma ha de hacerse al finalizar el encargo recibido como último acto de su administración; será a través de la detallada y justificada rendición de cuentas al final de la administración cuando pueda apreciarse si los designados han cumplido sus funciones de acuerdo con las instrucciones del testador y con la diligencia de un buen padre de familia; a idéntica solución se llega desde el art. 168 del Código Civil si se entiende que se trata de una administración derivada de la exclusión de la que hubiera correspondido a la madre de los herederos menores de edad, aunque en este caso se prolongaba esa administración hasta los veintitrés años".

Se ha discutido por la doctrina si estas especiales disposiciones sobre la administración de los bienes podrán alcanzar a los bienes que reciban los descendientes en pago de su legítima[453].

---

[453] Entiende que la prohibición de administrar alcanzará también a los bienes recibidos en pago de la legítima el TS en su Sentencia 724/2005 de 6 de octubre de 2005: "autorizada doctrina científica, atañente a la interpretación del artículo 813 del Código Civil, se ha pronunciado afirmativamente sobre este tema, más que por los términos del artículo 164.1, porque en el número 2º del precepto, que se refiere precisamente a la legítima estricta del desheredado, se atribuye por orden preferencial la administración de los bienes a «la persona designada por el causante», y sólo «en su defecto», al «otro progenitor», es decir, a quién ostenta la administración legal, cuyo planteamiento es aceptado por esta Sala".
En la misma línea, señala Linacero de la Fuente que "Partiendo del silencio del CC en esta materia la doctrina mayoritaria (De Prada, Vallet, Garrido de Palma, Ventoso Escribano) entiende que la prohibición de administrar alcanzará también a los bienes recibidos en pago de la legítima". M. LINACERO DE LA FUENTE, «Capítulo XIII. La patria potestad», en *Tratado de Derecho de Familia*, Tirant lo Blanch, 2016, p. 393.
Por el contrario, la RDGRN 9911/2013 de 12 de julio de 2013 excluye del sometimiento a un régimen especial de administración los bienes atribuidos a los menores que afecten a su legítima: "Ciertamente el Código Civil establece normas imperativas para la disposición de bienes de menores (artículo 166 y concordantes del Código Civil). También la legítima es materia indisponible, tanto en su aspecto cualitativo como cuantitativo, salvo los supuestos expresamente contemplados en la ley (artículos 820.2; 841, 1056.2, 823 todos ellos del Código Civil). Ambas regulaciones, interpretadas conjuntamente, han motivado una interpretación restrictiva del artículo 164 del Código Civil, que establece los casos en los que los bienes relictos quedan exceptuados de la administración paterna, incluyendo en primer lugar (...) Lo que no cabe es que el régimen de administración dispuesto por el causante, que tenderá a ser amplio y dinámico, pueda incidir en la modificación de las reglas dispositivas de los bienes de menores, y en la prohibición de gravamen, cualitativo y cuantitativo, sobre la legítima de un menor".

En la práctica es común que el testador empresario se plantee la posibilidad de fijar un régimen de administración de los bienes de la empresa que devenga eficaz en el momento en que el sucesor cumpla una determinada edad (superior a la mayoría de edad legalmente establecida)[454]. No obstante, entendemos que solo podrá el testador disponer de la administración de los bienes de esa manera en la parte de la herencia imputable a la parte de libre disposición, no con cargo a la legítima. No obstante, propone Gallego Domínguez[455] como solución para afectar a la legítima la utilización de una 'cautela socini', de forma que el testador obligaría al legitimario a optar entre la legítima estricta sin limitación alguna o una porción mayor de tal legítima sujeta a la limitación señalada.

En nuestra opinión, y tratándose de menores de edad, entendemos que los bienes recibidos en pago de la legítima deben ser administrados, tal y como señala el art. 164.1, conforme a la voluntad del disponente. Es decir, por la persona que el testador haya considerado más adecuada para hacerlo.

454 Generalmente los titulares de empresas familiares entienden que, por el hecho de alcanzar la mayoría de edad (18 años *ex* art. 315 CC), sus descendientes no tienen aún la madurez, formación ni la experiencia necesarias para hacerse cargo de la administración de la empresa. Por este motivo, suelen fijar una edad superior para asumir la administración de la empresa, en una horquilla entre los 24-28 años, que se considera suficiente para la terminación de sus estudios y la necesaria toma de contacto con la experiencia profesional.

455 I. Gallego Domínguez, «Relevo generacional y transmisión "mortis causa" de la empresa familiar en el Derecho español», cit., p. 63.

Capítulo 7.

Instrumentos jurídicos de designación de sucesor de la empresa (III): la transmisión contractual de la empresa familiar en los derechos forales. Especial referencia al derecho civil de Navarra.

7.1. LA LIBERTAD DE TESTAR COMO MARCO PARA LA TRANSMISIÓN DE LA EMPRESA FAMILIAR EN NAVARRA

Como hemos podido concluir del estudio realizado hasta el momento, el sistema de legítimas del Código Civil (arts. 806 a 822 CC), pese a las herramientas previstas para su flexibilización (principalmente la recogida en el art. 1056.2 CC), es el principal obstáculo a la transmisión indivisa de la empresa familiar.

Por el contrario, el Derecho civil navarro se basa, como es sabido, en el principio de libertad civil (ley 7 FN), que se encuentra plasmado en el párrafo primero de la ley 148 FN, de la que resulta el carácter excepcional de las limitaciones a la facultad de disponer a las que se refiere el Titulo X. La citada ley 148 establece que los navarros pueden disponer libremente de sus bienes sin más restricciones que las establecidas en dicho Título X. Con la expresión "pueden disponer libremente" se proclama con firmeza la libertad de la voluntad del disponente a la hora de ordenar su sucesión *mortis causa.* No obstante, si bien no indica de manera directa los límites de esta libertad, se remite a los que contiene el Título X del Fuero Nuevo. Estos límites son; el usufructo de viudedad (capítulo I), la legítima formal de los descendientes (capítulo II), la obligación de alimentos a los hijos y descendientes del causante (capítulo III), la reserva del bínubo (capítulo IV) y la reversión de bienes (capítulo V).

En Navarra, tal y como ocurre en otras regiones forales[456], existe una amplia libertad para testar, en cuyo fundamento encontramos el objetivo de conservar el patrimonio familiar en la familia.

---

[456] Cabe aclarar, no obstante, que, además de en el derecho navarro, tan solo en los municipios en los que rige el Fuero de Ayala se reconoce históricamente la libertad de testar en el art. 89 de la Ley 5/2015, de 25 de junio, de Derecho Civil Vasco. Salvo esta

En la nueva redacción actualizada y reformada del Fuero Nuevo, la legítima navarra se mantiene en su configuración tradicional, o lo que es lo mismo, como institución meramente formal, pues no tiene contenido patrimonial exigible[457] ni atribuye la cualidad de heredero, si bien se suprime la fórmula hasta ahora recogida en la ley 267 por su obsolescencia y confusión a la que se podía prestar[458]. La legítima foral permite disponer *mortis causa* libremente de todos los bienes, siempre que el disponente cumpla con un mero trámite formal, que es el de mencionar a los legitimarios, sin necesidad de realizarles ningún tipo de atribución, sino únicamente para asegurar que los ha tenido presentes. El testador podrá, por tanto, apartar de la herencia a un legitimario con absoluta libertad, con la única condición de que deberá cumplir con ese concreto trámite formal de la mención. La finalidad de este formalismo es la de asegurar que la no atribución de bien o porción alguna al legitimario por parte del testador no es consecuencia de un olvido, del error o de la ignorancia de su existencia, sino de su propia y cierta voluntad[459].

La ausencia de legítima con contenido material exigible ofrece una amplia libertad dispositiva *mortis causa* al ordenante, lo que le otorga a su voluntad un alcance extraordinariamente amplio a la hora de designar sucesor. En lo que se refiere a la conservación indivisa de la empresa familiar, esta circunstancia supone una indudable ventaja respecto al sistema de legítimas regulado en el Código Civil[460].

Así, la institución legitimaria se concibe como un medio idóneo para la conservación de la propiedad en el seno de la familia, y por ello es perfectamente conciliable con la libertad de testar. Tanto en testamento como en los pactos sucesorios, únicamente deberán ser instituidos en la legítima foral los

---

excepción, en el resto del territorio vasco se establece una legítima única en favor de los hijos o descendientes de un tercio del caudal hereditario (art. 49).

457 En este sentido, Hualde Manso señala lo siguiente: "Esta legítima foral quedó así sin contenido material siendo una limitación a la libertad sucesoria simplemente formal puesto que ni las monedas mencionadas existen ni la robada en monte comunal es posible entregar por no ser dueño de ella el testador". T. HUALDE MANSO, «La legítima en Galicia y en Navarra», en *Tratado de derecho de sucesiones Tomo II*, Thomson Reuters, 2011, p. 2163.

458 Tras la modificación y actualización del Fuero Nuevo de Navarra efectuada por la Ley Foral 21/2019, de 4 de abril, se añade a la redacción original de la ley 267 FN el siguiente párrafo: "La atribución de la 'legítima navarra' con esta sola denominación u otra semejante a los legitimarios designados de forma individual o colectiva en el acto de disposición cumple las exigencias de su institución formal".

459 T. HUALDE MANSO, «La legítima en Galicia y en Navarra», cit., p. 2163; J. VALLET DE GOYTISOLO, *Panorama del derecho de sucesiones. Vol. I Fundamentos*, cit., p. 449.

460 En comparación con los ordenamientos jurídicos que recogen la legítima material, el derecho navarro supone una simplificación del sistema y de la dinámica sucesoria.

descendientes (ley 268 FN) y, como ya hemos advertido, carece de contenido patrimonial exigible. De esta manera, se permite al causante realizar un reparto desigual entre los legitimarios e, incluso, desheredar totalmente a alguno o a todos ellos, transmitiendo el patrimonio en su totalidad a persona o personas distintas a los propios legitimarios[461].

El disponente no tiene que asignar necesariamente la legítima foral al legitimario en quien concurra alguno de los cinco supuestos previstos en la ley 269 FN: cuando el disponente haya dotado a los legitimarios, les haya atribuido cualquier liberalidad a título *mortis causa*, les haya desheredado por justa causa, o cuando los legitimarios hayan renunciado a la herencia o en el supuesto de que hayan premuerto al causante siempre que no tengan descendencia. El encontrarse ante alguna de estas circunstancias de excepción previstas en la ley 269 FN implica que la no mención de uno (o más) de los legitimarios no conlleva preterición y, por lo tanto, el legitimario carece de legitimación para impugnar el testamento, pacto sucesorio o disposición *mortis causa* por tal motivo[462].

La Ley Foral 21/2019 incorpora como novedad en la institución de la legítima una regla aplicable en exclusiva a los testamentos no notariales en los que el testador por ignorancia, por falta de conocimientos técnicos o por motivos similares, no instituye en la legítima foral a uno o más legitimarios. El párrafo tercero de la ley 271 FN[463] evita que, como consecuencia de una estricta aplicación de las consecuencias que acarrea la preterición, esa falta de atribución de la legítima anule total o parcialmente la institución de heredero. El legislador ha entendido que, dadas las circunstancias que concurren en el acto por la falta de asistencia jurídica que proporciona el notario, la falta de atribución de la legítima navarra, no debe tener como consecuencia la existencia de preterición. No, obstante, la norma sí que exige que los legitimarios hayan sido contemplados en el testamento, entendiendo que esta contemplación o mención de los legitimarios ha de interpretarse como la simple mención del nombre del legitimario/s o del grupo genérico de los legitimarios (mis hijos). De esta manera, no será necesario para evitar la preterición que el testador

---

461 Es doctrina común del Tribunal Supremo que “tienen los padres navarros libertad absoluta de disponer como quisieren de sus bienes, aunque sea en favor de extraño, con tal que dejen a sus hijos la legítima foral consistente en cinco sueldos y una robada de tierra en los montes comunes” (SSTS 28 de junio de 1864 y 1 de febrero de 1913).

462 M. T. Hualde Manso, «Título X. De las limitaciones a la libertad de disponer. Capítulo II y III (leyes 267 a 272)», en *Comentarios al Fuero Nuevo: compilación del Derecho Civil Foral de Navarra*, Thomson Reuters Aranzadi, 2020, p. 1076.

463 El párrafo tercero de la ley 271 FN dice expresamente que “No se considerarán preteridos los legitimarios a quienes se contemple en los testamentos no otorgados ante Notario aun cuando no se les instituya formalmente en la legítima”.

atribuya formalmente la legítima navarra ni utilice otra fórmula semejante a la prevista en la ley 267 FN, sino que la simple mención o indicación de sus hijos y/o descendientes (ya sea nominativamente o colectivamente) será suficiente para entender que los ha tenido presentes[464]. La propia Ley 21/2019 señala en su exposición de motivos que se pretende relajar la formalidad de la institución de la legítima para aquellos testamentos otorgados sin intervención notarial.

En el ámbito de la transmisión de la empresa familiar, con la incorporación del citado párrafo tercero de la ley 271 FN se evita que, en los testamentos no otorgados ante Notario en los que el testador haya contemplado genéricamente a los legitimarios, aun no habiendo atribuido la "legítima navarra" a todos o a alguno de ellos, se produzca un efecto indeseado por el propio causante a la hora ordenar su sucesión testamentaria. Por el contrario, cabe advertir de que, en el supuesto de que el testador no contemple dicha mención genérica de los legitimarios, cabrá la preterición y, por lo tanto, aquel o aquellos legitimarios que hayan sido excluidos de la herencia podrán impugnar el testamento, pacto sucesorio o disposición *mortis causa* por tal motivo.

7.2. EL USUFRUCTO DE VIUDEDAD COMO LÍMITE A LA LIBERTAD DE DISPONER EN LA PLANIFICACIÓN SUCESORIA DE LA EMPRESA FAMILIAR

7.2.1. Planteamiento

Como ya hemos advertido, el Fuero Nuevo de Navarra recoge los límites a la libertad sucesoria en el Título X (De las limitaciones a la libertad de testar) del Libro II (De las donaciones y sucesiones), regulando en el primero de sus capítulos el usufructo de viudedad. Llama la atención que, mientras que por un lado el Fuero Nuevo instituye el principio de libertad civil y declara la libertad de los navarros para disponer de sus bienes, por el otro regula esta figura que supone una importante limitación a la libertad de disponer *mortis causa*.

Tras la modificación prevista en la Ley Foral 21/2019 el usufructo de fidelidad pasa a denominarse usufructo de viudedad con la finalidad, tal y como se señala en la Exposición de Motivos de la Ley, de adaptarlo a su nueva regu-

---

464 M. T. HUALDE MANSO, «Título X. De las limitaciones a la libertad de disponer. Capítulo II y III (leyes 267 a 272)», cit., p. 1085.

lación y de rescatar su denominación anterior en derecho navarro[465]. La ley 253 FN conceptualiza el usufructo de viudedad como el derecho del cónyuge viudo a adquirir el usufructo sobre todos los bienes y derechos que pertenecían al premuerto en el momento de su fallecimiento[466].

La ley 254 contiene una relación de causas de exclusión del usufructo de fidelidad, entre las que queremos destacar la siguiente: que el sobreviviente se encuentre en el momento del deceso separado legalmente o de hecho del premuerto. Esta previsión incluye exclusivamente la separación, puesto que el divorcio causa la disolución del matrimonio y, por tanto, desaparece la condición de cónyuge. Mientras que en la separación legal será precisa la existencia de una sentencia firme, en el supuesto de la separación de hecho, resultará imprescindible probar si se estaba o no en tal condición[467]. Se excluye, por tanto, de este derecho al cónyuge divorciado, al separado tanto legalmente como de hecho o a aquél cuyas nupcias hubieran sido declaradas nulas.

Persiste, no obstante, la falta de regulación por la normativa foral de otra cuestión en relación con la situación de crisis matrimonial y que puede generar cierto conflicto[468]: se trata del fallecimiento del cónyuge no separado de hecho en fase de tramitación de la separación judicial o divorcio. Esta situación puede permitir que el cónyuge supérstite goce del usufructo de viudedad en perjuicio de los nudo propietarios, dado el carácter personalísimo de estas acciones. En la última reforma del Fuero Nuevo se ha perdido una buena

---

465 Torres Lana advierte de que, según autores de consagrado prestigio (Sancho Rebullida, Lacruz Berdejo, Arregui Gil y Salinas Quijada), la denominación tradicional ha sido la de fealdat, fidelidad. J. Á. Torres Lana, «Título X. De las limitaciones a la libertad de disponer. Capítulo I (leyes 253 a 266)», en *Comentarios al Fuero Nuevo: compilación del Derecho Civil Foral de Navarra*, Thomson Reuters Aranzadi, 2020, p. 1015.

466 La Ley Foral 21/2019 incorpora a la ley 253 en su segundo párrafo una previsión en relación a los miembros sobrevivientes de una pareja estable constituida conforme a lo previsto en el título VII del libro I del Fuero Nuevo. Dicho párrafo se remite en lo referente al usufructo de viudedad a lo dispuesto en la ley 113 FN y, por lo tanto, en los supuestos de extinción de la pareja estable por fallecimiento (o declaración de fallecimiento) de uno de los convivientes, el sobreviviente solo tendrá derecho al usufructo de viudedad si así se lo hubieran otorgado entre sí los miembros de la pareja o por cualquiera de ellos en favor del otro, conjunta o separadamente, por testamento, pacto sucesorio, donación *mortis causa*, etc. Es decir, para que el sobreviviente ostente el derecho de viudedad respecto al patrimonio del premuerto es necesaria la actuación consciente y voluntaria de éste.

467 J. Á. Torres Lana, «Título X. De las limitaciones a la libertad de disponer. Capítulo I (leyes 253 a 266)», cit., p. 1021.

468 Esta cuestión ya la apuntaba M. Á. Egusquiza Balmaseda, «Usufructo legal de fidelidad y derecho de igualación de los hijos de anterior matrimonio en Navarra y derechos sucesorios de la pareja supérstite en el País Vasco», en *Tratado de derecho de sucesiones Tomo II*, Thomson Reuters, 2011, p. 2357.

oportunidad para contemplar en estos casos la sucesión procesal de los herederos en defensa de sus intereses o, lo que entendemos que resultaría más adecuado, la previsión en la ley 254 como causa de exclusión del usufructo de la admisión a trámite de la demanda de separación, divorcio o nulidad, interpuesta por uno o ambos cónyuges[469].

La regulación del usufructo de viudedad en el Derecho común del Código Civil[470] difiere notablemente de la regulación contenida en algunos derechos forales[471]. En el Fuero Nuevo de Navarra el usufructo de viudedad es un usu-

---

469 El derecho aragonés sí recoge esta causa de extinción del usufructo de viudedad en el párrafo segundo del art. 276 del Código del Derecho Foral de Aragón: "Se extingue también por la admisión a trámite de la demanda de separación, divorcio o nulidad, interpuesta por uno o ambos cónyuges, a menos que pacten su mantenimiento mientras el matrimonio subsista. El derecho de viudedad nace de nuevo cuando el proceso finaliza en vida de ambos cónyuges sin sentencia firme estimatoria, se reconcilian los cónyuges separados, o así lo pactan éstos".

470 El derecho al usufructo del cónyuge viudo en el Código Civil se recoge en los arts. 834 al 840, y difiere en función de la concurrencia de legitimarios: el usufructo será del tercio destinado a la mejora cuando concurre a la herencia con hijos o descendientes (art. 834 CC); de la mitad de la herencia cuando no existan descendientes, pero sí ascendientes (art. 837 CC); y de dos tercios de la herencia cuando no existan descendientes ni ascendientes (art. 837 CC).

471 A continuación, referimos un resumen de las especialidades que presentan en esta cuestión algunos derechos forales y especiales:
País Vasco. La Ley 5/2015, de 25 de junio, de Derecho Civil Vasco en su art. 52 establece que al cónyuge viudo o miembro superviviente de la pareja de hecho le corresponde el usufructo de la mitad de todos los bienes del causante si concurriere con descendientes, mientras que, en defecto de descendientes, el usufructo será de dos tercios de los bienes.
Cataluña. En la Ley 10/2008, de 10 de julio, del libro cuarto del Código Civil de Cataluña, relativo a las sucesiones (art. 452-1), se atribuye tanto al cónyuge viudo como al conviviente en pareja estable la "cuarta viudal", que, pese a su denominación, no se corresponde con la cuarta parte del caudal relicto, sino que dicho porcentaje actúa como límite máximo. Cabe destacar que este derecho nace cuando el cónyuge viudo o el conviviente en pareja estable no tenga recursos económicos suficientes para satisfacer sus necesidades, y con el propósito de atender las mismas, con el límite máximo señalado.
Galicia. La Ley 2/2006, de 14 de junio, de Derecho civil de Galicia (arts. 228, 253 y 254) regula, por un lado, un usufructo voluntario del cónyuge viudo, que los cónyuges podrán pactar sobre la totalidad o parte de la herencia, y, por otro lado, la legítima del cónyuge viudo. Si concurre con descendientes del causante, dicha legítima se corresponde con una cuarta parte del haber hereditario, mientras que, si no concurre con descendientes, se corresponderá con la mitad del capital.
Aragón. El art. 192 del Código del Derecho Foral de Aragón señala que la celebración del matrimonio atribuye a cada cónyuge el usufructo de viudedad sobre todos los bienes del que primero fallezca, con independencia del régimen económico de su

fructo universal[472], pues se extiende "sobre todos los bienes y derechos", es decir, a la totalidad del patrimonio del premuerto, incluyendo tanto los bienes muebles como los inmuebles[473]. No obstante, como veremos más adelante, la ley 255 FN incorpora una serie de bienes que quedan excluidos del usufructo de viudedad y que dan margen al empresario para planificar la sucesión de su patrimonio empresarial evitando que se vean afectados por el usufructo.

El usufructo viudal participa de la naturaleza y características propias que corresponden a todo derecho de usufructo, aplicándosele, por lo tanto, las reglas generales previstas para el usufructo en el capítulo I del Título IV del libro tercero (ley 408 y ss.) del Fuero Nuevo en aquellas cuestiones que no se hayan regulado expresamente en sede sucesoria (así se dispone expresamente en la ley 266 FN). Consecuentemente, se trata de un derecho real *in re aliena* que atribuye por medio de la ley el uso y disfrute sobre todos los bienes y derechos del causante, sin facultarle para su disposición, salvo que esta facultad le sea voluntariamente otorgada por el disponente conforme a la ley 264.2 FN.

Constituye, además, un derecho *ex lege* que otorga a su titular un "beneficio legal ajeno totalmente a la voluntad del causante", según reconoció la SAP de Navarra de 1 de octubre de 1999[474].

---

matrimonio y como efecto de la celebración de éste en todo caso. Por tanto, el rasgo característico de la legítima aragonesa estriba en que, con anterioridad al fallecimiento de cualquiera de los cónyuges, el usufructo viudal es operativo en su modalidad de derecho expectante o afectación real de los bienes objeto del usufructo futuro. De esta manera, si se enajenan los bienes sin el conocimiento o renuncia al derecho expectante por parte del otro cónyuge, al morir el cónyuge en cuestión el usufructo podría hacerse efectivo sobre aquellos bienes.

Islas Baleares. El apartado tercero del art. 45 del Decreto Legislativo 79/1990, de 6 de septiembre, por el que se aprueba el texto refundido de la compilación del derecho civil de las Islas Baleares establece que, cuando concurren descendientes en la herencia, la legítima vidual es el usufructo de la mitad del haber hereditario, mientras que, si el cónyuge concurre con los padres, el usufructo es de dos tercios. En el resto de supuestos el usufructo será universal.

472 Egusquiza Balmaseda señala que el usufructo vidual navarro "Tiene por objeto el patrimonio íntegro del difunto y todos sus bienes, puede recaer sobre cualquier tipo de estos, ya sean fructíferos o productivos como no fructíferos; y afectar a todo derecho, incluso aunque sea el de la nuda propiedad, si bien en este caso el efectivo disfrute se producirá cuando cese el gravamen de uso y disfrute previamente impuesto".
M. Á. Egusquiza Balmaseda, «Usufructo legal de fidelidad y derecho de igualación de los hijos de anterior matrimonio en Navarra y derechos sucesorios de la pareja supérstite en el País Vasco», cit., p. 2361.

473 Esta amplitud, contrasta con la vista en los arts. 834 a 840 CC (v. cita epig. 6.2.5).

474 SAP 239/1999 de 1 octubre de 1999.

7.2.2. Derechos del usufructuario sobre las acciones y participaciones sociales

De la experiencia práctica en el asesoramiento jurídico a empresas familiares en Navarra, podemos afirmar que el usufructo de viudedad supone, en algunos supuestos, el escollo más importante que se encuentra el empresario que quiere transmitir *mortis causa* toda o parte de la propiedad a sus hijos.

Como ya hemos advertido previamente, el usufructo de viudedad no es cualitativamente distinto al usufructo voluntario y, en consecuencia, el titular del usufructo viudal ostenta las mismas facultades que cualquier otro usufructuario. El régimen general del usufructo se regula en el capítulo I del Título IV del libro tercero del Fuero Nuevo, si bien este régimen no es completo. En lo que se refiere al usufructo que recaiga sobre acciones, participaciones o cuotas sociales en sociedades colectivas, comanditarias o sociedades civiles, la ley 418 FN se remite a lo establecido en la ley 258 FN en sede de usufructo de viudedad. Sorprende que dicha norma se haya situado de tal manera, y no dentro del régimen general comprendido en las leyes 408 y siguientes para el usufructo voluntario, donde entendemos que debiera estar su ubicación.

El citado precepto 258 FN se remite a su vez al capítulo I del título IV del libro tercero del Fuero Nuevo disponiendo que el sobreviviente tendrá todos los derechos que, en general, corresponden al usufructuario en dicho capítulo y los que, en su caso, voluntariamente, le hubiesen sido concedidos por el premuerto o hubieran sido pactados. Dentro de este régimen general, cabe destacar lo dispuesto por la ley 415.2 FN, que atribuye al usufructuario la propiedad de los frutos producidos de acuerdo con el sistema establecido por las leyes 353 y 354 FN. Por lo tanto, el usufructuario de acciones o participaciones sociales, tendrá derecho a percibir, en su caso, los dividendos que correspondan a la cuota de participación que representen los títulos.

Además, cuando el usufructo de viudedad recae sobre acciones de S.A. (y, en la medida en que sea aplicable por su naturaleza, al usufructo que recae sobre participaciones de S.R.L. y de cuotas sociales en sociedades colectivas, comanditarias o sociedades civiles), y siempre que en los estatutos, pactos o acuerdos sociales no se haya dispuesto otra cosa, la ley 258 prevé que se han de observar una serie de reglas: en primer lugar, en el caso de que el nudo propietario no ejercite su derecho preferente para suscribir nuevas acciones, el usufructuario podrá suscribirlas por sí mismo a nombre del nudo propietario, previo abono de los desembolsos y gastos correspondientes, y en caso de no ejercitar esta facultad podrá exigir el valor de los derechos de suscripción que se hubieren enajenado; en segundo lugar, el usufructo se extiende a las nuevas acciones que se suscriban, no obstante el usufructuario deberá hacerse cargo de abonar al nudo propietario todos los desembolsos y gastos que la suscripción le hubiere reportado, y si no lo hace en el plazo de treinta días desde que el nudo propietario se lo haya requerido, no obtendrá el usufructo sobre las nuevas acciones, y en tal caso le corresponderá el importe de los derechos de suscripción realizados por el nudo propietario. En los supuestos en que el usufructuario deba indemnizar al nudo propietario por los gastos y desembolsos ocasionados, no ostentará derecho de reembolso; en tercer lugar, en caso de sustitución de títulos o de amortización de acciones, el usufructo recaerá por subrogación sobre los nuevos títulos o el importe de la amortización; y, por último, en el supuesto de que el usufructo recaiga sobre obligaciones que posteriormente sean convertidas en acciones, el usufructo recaerá sobre esas acciones, y será de aplicación lo dispuesto en las reglas anteriores.

Cabe destacar que la norma establece como primera fuente de este específico régimen la autonomía privada, manifestada en los estatutos sociales, los pactos entre socios o los acuerdos sociales, y que solo en defecto de regulación privada, se aplican las reglas señaladas.

En el momento de planificar la sucesión de la empresa familiar, cobra especial relevancia el derecho del usufructuario a los dividendos acordados por la sociedad durante el usufructo. De esta manera, en aquellos supuestos en los que el empresario testador, constante su matrimonio, transmita por herencia o legado las participaciones o acciones de su negocio a sus descendientes, estos serán los nudo propietarios de las mismas, mientras que el cónyuge viudo ostentará el usufructo vitalicio, y, por lo tanto, tendrá derecho a los dividendos acordados por la sociedad. Piénsese en aquellos supuestos en los que, en el momento del óbito, el promotor de la sociedad empresarial se encontraba desde hace algún tiempo en situación de jubilación, mientras que alguno o algunos de sus hijos trabajan y participan en los órganos de dirección y gestión empresarial. E, incluso, en aquellos supuestos en los que, a la hipótesis anterior, se le añade la circunstancia de que el cónyuge viudo del empresario promotor no es progenitor de los descendientes del causante. Con frecuencia, en estos supuestos, los hijos que desarrollan su actividad en la empresa y que, por tanto, son partícipes de los resultados de la misma, entienden que deben ser ellos los beneficiarios de los dividendos.

7.2.3. Disposiciones especiales sobre el usufructo de viudedad

7.2.3.1. Renuncia anticipada al usufructo

El usufructo de viudedad es renunciable anticipadamente si se otorga en escritura pública, tanto antes como después del matrimonio. Esta posibilidad, que contrasta con la radical prohibición y consecuente nulidad con la que la misma conducta se prevé en el art. 816 CC, se admite expresamente en el párrafo cuarto de la ley 253 FN. La renuncia previa exige, por principio, que el derecho al usufructo no haya nacido todavía, es decir, que no se haya producido la premoriencia o declaración de fallecimiento del cónyuge o pareja[475].

La facultad de renunciar a este derecho da cuenta del vigor que despliega el principio de libertad civil en el ordenamiento civil Navarro, incluso respecto a estas normas imperativas que limitan la libertad de disponer del causante[476]. Tal y como ha sostenido la STS de 7 de julio de 1978[477], esta renuncia válidamente realizada resulta irrevocable y, por lo tanto, su rehabilitación es imposible.

Al tiempo de planificar la sucesión del empresario, y con la finalidad de evitar las desavenencias que pudieran derivarse de una situación como la descrita previamente entre los descendientes del empresario y el usufructuario, puede plantearse la renuncia anticipada del usufructo, válida conforme a la ley 253 FN. Dicha renuncia puede realizarse de forma previa o posterior al matrimonio o, en su caso, de la constitución de la pareja estable.

Por otro lado, teniendo en cuenta, como se ha dicho, que el usufructo vidual es universal y que tiene por objeto el patrimonio íntegro del difunto, no cabe la renuncia anticipada al usufructo sobre bienes concretos de la herencia, como podrían ser, en el supuesto que nos incumbe, las acciones o participaciones sociales de la empresa familiar.

Del tenor legal del último párrafo de la ley 17[478] cabe entender que la validez de la renuncia requiere del empleo de una determinada forma pública —y, más específicamente, la escritura pública—, aunque no se utilice la expresión "exigir" ni otra parecida[479]. En relación a este aspecto, se ha de tener en cuenta que, se excepciona al principio de libertad de forma recogido en el párrafo primero de la ley 17 FN, lo dispuesto en su último párrafo: "En los casos en que la ley civil navarra exija cierta forma se considerará de solemnidad". En consecuencia, las renuncias anticipadas al usufructo legal de fidelidad que no

---

475 No debe confundirse, por tanto, esta renuncia previa a la que se refiere la ley 253 FN con la renuncia como causa de extinción del usufructo, es decir, una vez que ya se ha constituido, a la que se refiere la ley 261.2 FN.

476 M. Á. EGUSQUIZA BALMASEDA, «Usufructo legal de fidelidad y derecho de igualación de los hijos de anterior matrimonio en Navarra y derechos sucesorios de la pareja supérstite en el País Vasco», cit., p. 2355.

477 STS de 7 de julio de 1978.

478 Último párrafo de la ley 17 FN: "En los casos en que la ley civil navarra exija cierta forma se considerará de solemnidad".

479 En este sentido, M. Á. EGUSQUIZA BALMASEDA, «Usufructo legal de fidelidad y derecho de igualación de los hijos de anterior matrimonio en Navarra y derechos sucesorios de la pareja supérstite en el País Vasco», cit., p. 2355; J. Á. TORRES LANA, «Título X. De las limitaciones a la libertad de disponer. Capítulo I (leyes 253 a 266)», cit., p. 1019.

cumplan con esta exigencia formal serán nulas, conforme a lo previsto por la ley 19 FN que prevé tal sanción para las declaraciones de voluntad "que estén prohibidas por la ley"[480]. Como se puede observar, en Navarra el principio de libertad civil tiene como contrapeso un mayor rigor formal, de esta manera se garantiza aquel y se confiere al sistema una especial firmeza probatoria.

Asimismo, la declaración de voluntad por la que se renuncia no debe adolecer de vicios. Las renuncias que sean otorgadas por error, dolo, violencia o intimidación serán anulables conforme a lo dispuesto en la ley 19 FN. Esta acción de anulabilidad "prescribirá"[481] a los cuatro años (párrafo primero de la ley 31 FN), iniciándose su cómputo desde "el momento en que cesó la violencia o intimidación o desde que quien prestó el consentimiento viciado tuvo conocimiento del error o el dolo" (párrafo segundo de la ley 31 FN)[482].

Partiendo de la premisa de que la renuncia al usufructo viudal es un acto jurídico que debe realizarse sin vicios en la voluntad del otorgante, nada impide que el empresario que desea planificar su sucesión ofrezca al cónyuge viudo una situación más favorable de la que tenía de partida a cambio de la renuncia anticipada al usufructo. A modo de ejemplo, esta situación más favorable podrá contemplar la transmisión ya sea *inter vivos* o *mortis causa*[483], de parte de la plena propiedad del patrimonio del empresario familiar que no incluya las participaciones o acciones de la sociedad. No obstante, en cada supuesto particular, y dependiendo las circunstancias que concurren y de la propia idiosincrasia de las personas que intervienen, los acuerdos que se alcancen en lo referente a esta cuestión serán diferentes.

---

480 Misma consideración tiene E. Rubio Torrano, «Título III. Del ejercicio de los derechos y de las declaraciones de voluntad (leyes 14 a 22)», en *Comentarios al Fuero Nuevo: compilación del Derecho Civil Foral de Navarra,* Thomson Reuters Aranzadi, 2020, p. 70.

481 Arcos Vieira afirma que el plazo es de prescripción y no de caducidad (STSJ de Navarra de 8 de septiembre de 2014 y SAP de Navarra de 28 de septiembre de 2018), frente a las dudas que suscita respecto a esta cuestión el art. 1301 CC.
M. L. Arcos Vieira, «Título IV. De la prescripción extintiva y de la caducidad de las acciones. Capítulo I (leyes 23 a 37)», en *Comentarios al Fuero Nuevo: compilación del Derecho Civil Foral de Navarra,* Thomson Reuters Aranzadi, 2020, p. 104.

482 La Ley Foral 21/2019 Ley Foral 21/2019 ha incorporado este segundo párrafo al citado precepto relativo a la determinación del *dies a quo* con la finalidad de excluir esta cuestión de la aplicación del nuevo criterio general que se recoge en la ley 23 FN.

483 Con el objetivo de generar seguridad en el cónyuge que renuncia a su derecho pueden utilizarse instrumentos de carácter irrevocable como los pactos sucesorios o la donación *mortis causa.*

7.2.3.2. Exclusión de determinados bienes

Como ya se ha señalado previamente, el carácter del usufructo es universal pues se extiende sobre todos los bienes y derechos pertenecientes al premuerto, a lo que la ley 255 añade "aunque estén afectados a llamamiento, reversión o restitución". No obstante, esta regla no es absoluta, pues el citado precepto recoge una serie de supuestos excepcionales en los que los bienes quedan excluidos del usufructo de viudedad. Egusquiza Balmaseda[484] afirma que estas excepciones tienen un carácter particular que exige una interpretación restrictiva, de tal manera que no se consideren excluidos del usufructo viudal otros bienes o derechos que los referidos en la propia norma.

Según expone Torres Lana[485] la *ratio* empleada para determinar la exclusión de algunos bienes ha sido objeto de discusiones doctrinales, pero el criterio más seguro y acorde al Derecho histórico (aunque, según el autor, discutible desde la perspectiva actual), ha sido el de considerar que solo pueden ser objeto del usufructo aquellos bienes sobre los que el premuerto ostenta facultades dispositivas plenas, es decir, aquellos que no están gravados de tránsito a otra persona (así las SSTS 9 de noviembre de 1963 y 22 de diciembre de 2020). Sin embargo, este no es el único fundamento.

Sin ánimo de extendernos en todos ellos, sino únicamente en aquellos que resultan de una mayor utilidad en lo que a la planificación sucesoria de la empresa familiar se refiere, cabe citar los bienes excluidos que se recogen en los apartados, 1, 3 y 4, esto es: "los bienes sujetos a sustitución fideicomisaria, salvo que el disponente establezca lo contrario", "los bienes que el premuerto hubiere recibido por título lucrativo y con expresa exclusión del usufructo de viudedad" y "los bienes que hubieren sido objeto de donación *mortis causa*".

En relación a los bienes sujetos a sustitución fideicomisaria, la voluntad del disponente prevalece sobre la regla general del precepto, que podrá tanto excluir los bienes, como extender el usufructo a aquellos ordenando su inclusión. En estos supuestos, el premuerto no ostenta plenas facultades dispositivas, puesto que, se hayan gravadas de tránsito hacia otras personas. Estos bienes, sobre los que el individuo premuerto ostentaba una titularidad fiduciaria, deben ser obligatoriamente guardados y conservados por el heredero fiduciario, para posteriormente ser entregados al designado como destinatario, el heredero fideicomisario. Constituyen, por tanto, activos sujetos al propósito

---

484 M. Á. EGUSQUIZA BALMASEDA, «Usufructo legal de fidelidad y derecho de igualación de los hijos de anterior matrimonio en Navarra y derechos sucesorios de la pareja supérstite en el País Vasco», cit., p. 2361.

485 J. Á. TORRES LANA, «Título X. De las limitaciones a la libertad de disponer. Capítulo I (leyes 253 a 266)», cit., p. 1024.

que el disponente quiso asignarles con la sustitución, según lo permite la ley 224 del FN[486].

La sustitución fideicomisaria se regula en el capítulo III del libro II del Fuero Nuevo (leyes 224 a 238). Conforme a la ley 220 FN, el disponente tiene libertad para ordenar sustituciones fideicomisarias en cualquier acto de liberalidad, ya sea *inter vivos* o *mortis causa*. Es decir, podrá hacerlo tanto por vía testamentaria, como a través de una donación *inter vivos*.

Es preciso tener en cuenta que, mientras que el Fuero Nuevo no impone una limitación al número de llamamientos sucesivos que se pueden hacer a favor de personas vivas o al menos concebidas, en relación a las sustituciones a favor de personas no nacidas ni concebidas, la norma impone el límite de que "no podrán exceder del cuarto llamamiento". Aquellas sustituciones que excedan de dicho límite se entienden por no realizadas (ley 224 FN). Nanclares Valle[487] señala que la falta de límites en los llamamientos de fideicomisarios sucesivos a favor de personas que vivan o, al menos, estén concebidas responde a que "no existe riesgo de sustraer bienes del tráfico jurídico, ni de manera indefinida ni temporalmente muy extensa". Por el contrario, en las sustituciones a favor de personas que no existen, sí que existe ese riesgo, razón por la cual el Fuero Nuevo fija el límite de los cuatro llamamientos.

Mediante esta facultad que tiene el disponente de ordenar sucesivos llamamientos puede decidir el destino futuro de sus bienes durante un período muy prolongado de tiempo. Se trata, por lo tanto, de una herramienta que puede resultar de utilidad al fin de preservar la empresa familiar dentro del seno de la familia empresaria durante sucesivas generaciones[488].

La segunda de las citadas excepciones, prevista por el número 3 de ley 255, permite al ordenante transmitir unos determinados bienes "por título lucrativo" excluyendo expresamente el usufructo de viudedad. Es decir, el empresario ordenante, por voluntad propia unilateral, podrá disponer de sus bienes aplicando esta fórmula tanto en los supuestos en los que quiera disponer de sus participaciones o acciones en vida como tras su fallecimiento. En este su-

---

486 En este sentido, M. Á. Egusquiza Balmaseda, «Usufructo legal de fidelidad y derecho de igualación de los hijos de anterior matrimonio en Navarra y derechos sucesorios de la pareja supérstite en el País Vasco», cit., p. 2362.

487 J. Nanclares Valle, «Título VIII. De las sustituciones (leyes 220 a 239)», en *Comentarios al Fuero Nuevo: compilación del Derecho Civil Foral de Navarra*, Thomson Reuters Aranzadi, 2020, pp. 899-900.

488 Si bien en la práctica supondría una *rara avis*, es preciso aclarar, no obstante, que la norma no limita su ámbito de aplicación a las sustituciones fideicomisarias familiares, sino que es posible disponer de los bienes —en este caso, la empresa familiar— al margen de la línea familiar.
En este sentido se pronuncia la doctrina. *Ibid.*

puesto, al igual que ocurría con los bienes sujetos a sustitución fideicomisaria, el premuerto tampoco ostentaba la plenitud de sus facultades dispositivas.

De nuevo nos encontramos con un reconocimiento de la prevalencia de la voluntad del disponente cónsono con el alcance que el Fuero Nuevo reconoce al principio de libertad civil (ley 7 FN). Se aplicará a cualquier liberalidad, ya sea *inter vivos* o *mortis causa*. Para que opere será preciso que el testador o donante haya manifestado de forma expresa que esa era su voluntad, habitualmente en el propio testamento o en la escritura de donación, pues la interpretación estricta que se ha de hacer de las causas de exclusión impide que pueda valorarse la voluntad implícita o no manifiesta con ese efecto de exclusión[489].

Esta opción puede resultar de utilidad en aquellos supuestos en los que, al tiempo de planificar la sucesión de la empresa familiar, el empresario promotor que decida transmitir sus participaciones o acciones a sus descendientes quiera evitar que, al fallecimiento de éstos, el cónyuge supérstite (si lo hubiera) adquiera el usufructo sobre las mismas. Es decir, para lograr el objetivo de que el pleno dominio de su participación en la sociedad sea transmitido a los descendientes de sus descendientes. Nótese que esta alternativa puede destinarse a evitar que los cónyuges de los descendientes del ordenante adquieran el usufructo sobre las participaciones o acciones, pero no así el propio cónyuge del ordenante, que no se verá afectado en cuanto a su derecho, salvo que dichos bienes societarios hayan sido transmitidos previamente al ordenante bajo esa expresa exclusión.

La última de las excepciones mencionadas, prevista por el número 4 de la citada ley, excluye expresamente los bienes que hayan sido objeto de una donación *mortis causa*. Las donaciones *mortis causa* se regulan en el título III del libro II del Fuero Nuevo (leyes 165 a 171) y se definen como aquellas donaciones que se hacen en consideración al fallecimiento del donante, es decir, cuando la adquisición de los bienes donados queda diferida a la muerte de aquél, momento en que esta se produce (ley 165 FN). Estos activos no forman parte del caudal relicto conforme a lo dispuesto en la ley 170 FN y el donatario tomará posesión de los mismos de forma directa sin que intervengan los herederos o albaceas testamentarios.

En cuanto a la forma de las donaciones *mortis causa*, estas deben otorgarse en escritura pública, al igual que su revocación, precisándose únicamente la asistencia de testigos en los supuestos previstos en la ley 185 FN en sede de testamentos. En contraposición a la regulación (art. 620 CC) e interpretación[490]

---

489 Así lo advierte M. Á. EGUSQUIZA BALMASEDA, «Usufructo legal de fidelidad y derecho de igualación de los hijos de anterior matrimonio en Navarra y derechos sucesorios de la pareja supérstite en el País Vasco», cit., p. 2362.

490 Así lo dispone expresamente la STS de 24 de febrero de 1986.

de las donaciones *mortis causa* prevista en el derecho común, donde, al igual que los testamentos, son revocables hasta el fallecimiento del donante, en el Fuero Nuevo este instrumento puede dotarse de un carácter irrevocable. La ley 169 FN[491] establece que el donante podrá en cualquier momento revocar la donación, con la excepción de que se haya pactado lo contrario o se haya renunciado a la facultad de revocar.

Al contrario de lo que advertíamos en el supuesto anterior, esta alternativa sí que es de utilidad en aquellos supuestos en los que el empresario ordenante quiera evitar que su propio cónyuge adquiera al usufructo sobre las participaciones o acciones de la empresa al tiempo de su fallecimiento. De esta manera, en vida del empresario, éste podrá disponer de sus activos societarios en favor de sus descendientes mediante una donación *mortis causa*, de forma que, estos bienes, que quedarán diferidos a la muerte del donante, serán excluidos del usufructo de viudedad conforme a la ley 255.4 FN y adquiridos en plena disposición por los donatarios. Además, el carácter irrevocable que, mediante pacto o renuncia a la facultad de revocar, se puede dotar a estas donaciones, resulta una herramienta eficaz para reforzar la posición de los sucesores y dar estabilidad al proyecto empresarial.

7.2.3.3. Conmutación del usufructo en caso de empresas familiares

El legislador navarro parece mostrarse conocedor de la problemática ya señalada en aquellos supuestos en los que el cónyuge viudo adquiere el usufructo de la empresa familiar, mientras que los descendientes del empresario heredan la nuda propiedad de la misma. Esta sensibilidad se desprende de la novedad introducida por la ley 256 FN en su versión actualizada y modificada por la Ley Foral 21/2019, al prever de forma expresa la facultad, ordenada por el disponente o pactada de mutuo acuerdo entre usufructuario y nudos propietarios de conmutación del usufructo en caso de empresas familiares transmitidas *mortis causa* a uno o varios descendientes por una renta mensual a favor de aquél y a cargo de éstos. El precepto dispone bajo el título "Conmutación del usufructo en caso de empresas familiares" que "Cuando sea objeto de sucesión la empresa familiar y tenga lugar en favor de descendientes, el disponente podrá establecer, en testamento o escritura pública[492], la conmu-

---

491 Mientras que en la redacción original de la ley 169 FN se contemplan dos modalidades de revocación, la expresa y la tácita, en la Ley Foral 21/2019 el legislador ha optado únicamente por la revocación expresa, suprimiendo la tácita.

492 En opinión de Torres Lana, teniendo en cuenta que la voluntad prevalece frente al tenor legal, se ha de considerar que el disponente podrá usar, además del testamento y la escritura pública mencionados en el párrafo primero del precepto, otras herramientas tales como el testamento mancomunado, otros tipos de pactos sucesorios o

tación del usufructo de viudedad por una renta mensual a cargo del nudo propietario"[493].

No se puede entender el carácter imperativo de la ley 256 en cuanto a la exigencia de que el disponente que haga uso de la facultad para conmutar el usufructo de viudedad que se le otorga, deba hacerlo necesariamente por la mencionada renta mensual[494]. El disponente puede, por tanto, establecer otras formas de conmutación a la prevista. En este sentido, Torres Lana[495] declara que "Pese a su estilo pretendidamente imperativo —el uso del futuro: «será», «se revisará»— la norma es claramente supletoria tanto respecto a la naturaleza de la contraprestación —renta u otra— como a su contenido. Las reglas referentes a dicho contenido solo son aplicables en defecto de pacto entre nudo propietarios y usufructuario. Así, hay que entenderse que, cuando se pacte la conmutación a cambio de una renta, la cuantía de ésta será la pactada y no necesariamente la prevista legalmente (...). La previsión legal sólo entra en juego, bien cuando las partes expresamente la admiten o incluyen en su acuerdo, bien cuando omiten toda referencia a ella, supuesto que será insólito, por no decir anómalo". Resulta esta, sin duda, la interpretación que responde de una manera más adecuada al fin de la norma, que no es otro que favorecer la sucesión y conservación de la empresa familiar.

El párrafo segundo de la ley determina cómo se ha de calcular la renta ("La renta será equivalente al rendimiento medio de la empresa en los cinco años anteriores al fallecimiento"); fija un criterio de actualización ("se actualizará anualmente conforme al índice de precios al consumo"); y establece la posibilidad de fianza ("podrá ser objeto de afianzamiento en aquellos supuestos en que el adquirente proceda a su posterior transmisión"). Además, el precepto señala que la renta se habrá de revisar en caso de que exista una alteración de

---

la donación *mortis causa*. Sin embargo, el autor entiende que no queda justificada la exigencia de escritura pública si la conmutación es ordenada en un instrumento no testamentario. Dice lo siguiente "No hay, por tanto, una razón convincente para exigir el otorgamiento de una escritura pública para realizar un acto que perfectamente puede constar en otro tipo de instrumentos privados". J. Á. TORRES LANA, «Título X. De las limitaciones a la libertad de disponer. Capítulo I (leyes 253 a 266)», cit., p. 1028.

493 La conmutación del usufructo de viudedad ya se recogía en otras legislaciones forales: Ley 5/2015, de 25 de junio, de Derecho Civil Vasco (art. 53); Ley 10/2008, de 10 de julio, del libro cuarto del Código Civil de Cataluña, relativo a las sucesiones (art. 442-5); Ley 2/2006, de 14 de junio, de derecho civil de Galicia (art. 256).

494 Contrasta en esta cuestión la norma foral con el art. 839 CC, cuya configuración tiene un carácter más abierto a la hora de ofrecer un mayor abanico de alternativas diferentes: "una renta vitalicia, los productos de determinados bienes, o un capital en efectivo".

495 J. Á. TORRES LANA, «Título X. De las limitaciones a la libertad de disponer. Capítulo I (leyes 253 a 266)», cit., p. 1028.

las circunstancias concurrentes, y que su extinción tendrá lugar por las mismas causas que el usufructo[496].

Respecto al cálculo de la renta, se echa en falta una mayor precisión a la hora de determinar los criterios que se han de considerar para obtener el "rendimiento medio de la empresa en los cinco años anteriores al fallecimiento". ¿Cómo se ha de calcular? Según entendemos nosotros, se trataría de la suma del resultado del ejercicio social —pérdidas y ganancias después del pago de impuestos— de los últimos cinco años dividida entre 5 para obtener la media. Esa cantidad habría de actualizarse anualmente conforme al IPC anual.

Por otro lado, y partiendo de esa premisa, cabe reflexionar sobre la situación en la que se encontrarían los nudo propietarios en aquellos supuestos en los que el rendimiento de la empresa decreciera notablemente a partir del fallecimiento del promotor. En estos supuestos, los nudo propietarios están obligados a hacerse cargo de una renta por un importe superior al de los beneficios sociales, con la consecuente tensión financiera para su patrimonio y el de la propia sociedad mercantil, que se verá descapitalizada.

Por último, la ley 256 FN dispone que la conmutación también podrá producirse si así lo pactan el usufructuario y el nudo propietario. Es decir, mientras que el párrafo primero de la ley atribuye al disponente la facultad para imponer la conmutación del usufructo, el último párrafo permite que sean los propios herederos y el viudo —nudos propietarios y usufructuario respectivamente— quienes convengan la conmutación del usufructo con absoluta libertad, pudiendo pactar la sustitución del mismo por cualquier otro activo, sin que necesariamente sea la renta a la que se refiere el precepto.

En el supuesto de que exista una pluralidad de herederos que conformen una comunidad hereditaria, entendemos que será precisa para proceder a la conmutación la voluntad unánime de todos ellos. La sustitución por completo de uno o varios objetos patrimoniales por otros diferentes implica un acto de disposición que, por lo tanto, estará sometido a la regla de la unanimidad (ley 372 FN)[497].

---

496 Las causas de extinción del usufructo se disponen en la ley 261 FN, que enumera las siguientes: 1) Por muerte del usufructuario; 2) Por renuncia expresa en escritura pública; y 3) Por contraer el usufructuario matrimonio, constituir pareja estable o convivir maritalmente con otra persona, salvo pacto o disposición en contrario del premuerto.

497 Misma consideración tiene J. Á. Torres Lana, «Título X. De las limitaciones a la libertad de disponer. Capítulo I (leyes 253 a 266)», cit., p. 1029.

7.2.3.4. Enajenación del usufructo de viudedad y de los bienes usufructuados

De la naturaleza personalísima del usufructo de viudedad, se deriva su carácter inalienable, pues únicamente puede ser titular del mismo el cónyuge o miembro supérstite de la pareja estable. No obstante, no se ha de confundir la inalienabilidad del propio derecho de usufructo con la de los bienes que son objeto de éste. La propia norma establece que los nudos propietarios y el usufructuario, de manera conjunta, podrán enajenar o gravar el pleno dominio de los bienes sobre los que recae el usufructo (ley 253.III FN). La inalienabilidad del derecho implica, por tanto, como advierte el AAP de Navarra de 1 de diciembre de 1998[498], la imposibilidad de transmitirlo a otro sujeto, en atención a "la naturaleza, origen y finalidad del usufructo de fidelidad, íntima y personalmente ligado a la persona del viudo o viuda y vinculado a los bienes del fallecido en atención a la relación conyugal extinguida por el fallecimiento".

Como consecuencia de este carácter inalienable, el usufructo legal de fidelidad se entiende, además, inembargable. Así lo ha considerado el AAP de Navarra de 18 de junio de 2000[499] que, no obstante, matiza la valoración reconociendo la susceptibilidad del embargo de "una concreta manifestación" de ese derecho, es decir, de las facultades de disfrute sobre un bien concreto. La doctrina del auto se encuentra en consonancia con la normativa procesal que dispone expresamente que no pueden ser embargables aquellos "bienes expresamente declarados inembargables por alguna disposición legal" (art. 605.4º LEC).

La regulación de la enajenación de los bienes usufructuados se recoge en la ley 253.III referenciada; en la ley 259.4 y en la 264.2. Si bien podría decirse que la regla general es la prohibición de enajenar bienes usufructuados, la propia regulación establece las siguientes excepciones: el pacto conjunto entre los nudos propietarios y el usufructuario (ley 253.III y ley 264.2 FN), la autorización o el pacto con el disponente (ley 264.2 FN)[500] o la excepcional autorización para enajenar que, incluso sin o contra la voluntad de los nudo propietarios, tiene el usufructuario que se vea en la necesidad para poder pagar las deudas exigibles del premuerto (ley 259.4 FN).

La obligación principal que se impone al usufructuario es la de no realizar actos de enajenación ni gravar los bienes usufructuarios, salvo las excepciones

---

498 AAP de Navarra 110/1998 de 1 de diciembre de 1998.

499 AAP de Navarra 48/2000 de 19 de junio de 2000.

500 En el título empleado para legitimar la disposición de los bienes usufructuados se recogerán frecuentemente las determinaciones y la amplitud de la facultad concebida, siendo necesario atenerse a lo previsto en el mismo.

ya señaladas. La ley 261.2 FN establece que el usufructuario que, fuera de los supuestos autorizados, enajenare o gravare los bienes usufructuados perderá el usufructo de viudedad a petición de los nudo propietarios. Es decir, el incumplimiento de la obligación legitima a los nudo propietarios para instar la privación del usufructo vidual. Sin embargo, lo dispuesto en la citada norma no pretende atacar el acto de disposición realizado por el usufructuario sin el consentimiento de los nudo propietarios, ni discute su validez y eficacia, pues este acto se regirá por las reglas generales sobre disposición de bienes sin facultad para ello. Es decir, este acto no será impugnable porque quebrante la prohibición de disponer, sino porque concurran en el mismo causas genéricas de impugnación[501]. En consecuencia, teniendo en cuenta que la causa de privación opera a instancia de parte, será posible que el incumplimiento de la prohibición general de disponer de los bienes usufructuados carezca por completo de consecuencias sancionadoras ante la inactividad de los nudo propietarios.

Debido al carácter personalísimo de la facultad de instar la privación dispuesta en la ley 262, los únicos que están legitimados activamente para ejercitarla son los nudo propietarios, que podrán actuar conjuntamente o de manera individual en interés de los demás. En el supuesto de que se reconozca y conceda la privación, las consecuencias serán irreversibles y afectarán al usufructo viudal en su plena extensión[502]. La privación permitirá al nudo propietario consolidar su dominio pleno sobre los bienes que quedaron grabados por el usufructo vidual.

En cuanto a la posición de los nudo propietarios, estos poseen el estatus general que implica la titularidad de la propiedad de los bienes frente al usufructuario viudal, y les corresponderán, por lo tanto, los derechos y deberes dominicales que les son propios (ley 408 FN). Así, pueden disponer y gravar su nuda propiedad, y enajenar o gravar los bienes objeto de usufructo previo pacto con el titular de este derecho[503].

---

501 M. Á. Egusquiza Balmaseda, «Usufructo legal de fidelidad y derecho de igualación de los hijos de anterior matrimonio en Navarra y derechos sucesorios de la pareja supérstite en el País Vasco», cit., p. 2382.

502 J. Á. Torres Lana, «Título X. De las limitaciones a la libertad de disponer. Capítulo I (leyes 253 a 266)», cit., p. 1054.

503 Egusquiza Balmaseda advierte de que la sentencia que dirima las disputas sobre las causas de extinción tendrá carácter declarativo y los efectos de su pronunciamiento serán *ex tunc*.
M. Á. Egusquiza Balmaseda, «Usufructo legal de fidelidad y derecho de igualación de los hijos de anterior matrimonio en Navarra y derechos sucesorios de la pareja supérstite en el País Vasco», cit., p. 2375.

7.2.3.5. Extinción del usufructo de viudedad

En primer lugar, se han de diferenciar las causas de extinción del usufructo de viudedad a las que se refiere la ley 261 FN, de las causas de privación del mismo a las que se refiere la ley 262 FN. En el primer caso, el usufructo se extingue de forma automática en el momento en que surge o aparece la causa legalmente establecida, y la sentencia que dirima las disputas sobre las causas de extinción tendrá carácter declarativo y los efectos de su pronunciamiento serán *ex tunc*. En el segundo caso, como ya hemos visto en el epígrafe anterior en referencia a la enajenación o gravamen de los bienes usufructuados (ley 262.2 FN), las causas de privación no actúan de forma automática, sino que son los nudo propietarios los que deben solicitarlo. Es decir, la ley 262 otorga a los nudo propietarios un poder para que éstos insten, a su voluntad, la privación del usufructo vidual. En este supuesto la pérdida del derecho no se produce de manera automática por la concurrencia de las circunstancias que señala la ley, y solo la decisión judicial producirá tal consecuencia con efectos *ex nunc*[504].

Las causas por las que se extingue el usufructo de viudedad enumeradas por la ley 261 son las siguientes:

1. En primer lugar, por el fallecimiento del cónyuge usufructuario. Asimismo, aunque no se mencione de manera expresa en este apartado la extinción del usufructo viudal por la declaración de fallecimiento, debe entenderse incluido en virtud a su régimen general (art. 195 y 196 CC).

2. En segundo lugar, por la renuncia expresa del usufructuario en escritura pública. Mientras que, como hemos visto anteriormente, la ley 253 FN se refiere a una renuncia previa que exige que el derecho no haya nacido todavía (es decir, que no se haya producido la premoriencia o declaración de fallecimiento del cónyuge o pareja), la renuncia a la que hace referencia la ley 261 FN se produce *a posteriori*. Es decir, cuando se ha producido el fallecimiento o la declaración de fallecimiento del cónyuge o pareja y, en consecuencia, el derecho ya ha nacido. Además, cabe destacar que, mientras que en el supuesto de la renuncia previa únicamente se exige que la renuncia sea en "escritura pública", en el caso de la renuncia *a posteriori* la norma exige que la renuncia sea "expresa" y

---

[504] *Ibid.*, p. 2378.

en "escritura pública"[505]. Como recuerda la STS de 7 de julio de 1978 la renuncia que se efectúe válidamente será irrevocable[506].

3. Y, por último, el usufructo se extinguirá si el usufructuario contrae matrimonio[507], se constituye en pareja estable o convive maritalmente con otra persona[508]. No obstante, la propia ley 261 y la ley 264 FN otorgan al premuerto la facultad de mantener vigente el usufructo de viudedad a pesar de la concurrencia de cualquiera de los supuestos mencionados en esta tercera causa de extinción. La dispensa puede hacerse mediante pacto o decisión unilateral del premuerto. Cabe destacar, como novedades de la Ley Foral 21/2019, que incluye la constitución de pareja estable y la convivencia marital como supuestos dispensables de la extinción del usufructo a voluntad del disponente. En estos supuestos el principio de autonomía se aplica con toda su amplitud, pues no está sujeto a otras limitaciones que las previstas por la ley 7. En consecuencia, no parece haber inconveniente en que el causante pueda autorizar *in genere* una o varias nupcias, parejas o uniones y no exclusivamente una. En opinión

---

505 Coincidimos con Torres Lana en que estaría más justificada la renuncia "expresa" en el supuesto de la renuncia previa, si bien entendemos que, dada la trascendencia del acto jurídico, estaría justificada su exigencia en ambos supuestos.
J. Á. Torres Lana, «Ley 261», en *Comentarios al Fuero Nuevo*, Thomson Reuters Aranzadi, 2020, p. 1048.

506 STS de 7 de julio de 1978.

507 La extinción del usufructo deviene automáticamente desde el momento en el que el cónyuge supérstite contrae matrimonio válido y eficaz, reconocido como tal por el ordenamiento jurídico español, ya sea en forma civil (art. 49.1 CC), en forma canónica (art. 29.2 en relación con el art. 60 CC), en forma religiosa inscrita o autorizada por el Estado (art. 49.2 y 59 CC), o celebrado en el extranjero y reconocido en España (art. 49, párr.2º CC). No obstante, es preciso aclarar que, aunque sea el hecho mismo de la celebración del nuevo matrimonio lo que extingue de forma automática el usufructo de viudedad, la oponibilidad a los terceros de buena fe de dicha extinción, y subsiguiente consolidación de la titularidad dominical, dependerá de la inscripción de las nupcias en el Registro Civil (art. 61 CC).
J. Á. Torres Lana, «Título X. De las limitaciones a la libertad de disponer. Capítulo I (leyes 253 a 266)», cit., p. 1048.

508 Tras la modificación prevista en la Ley Foral 21/2019 la vida marital del usufructuario, que hasta ese momento era causa de privación del usufructo, se ha trasladado a las causas de extinción del mismo.
La doctrina ya venía demandando que, si el matrimonio y la pareja estable podían otorgar el derecho de usufructo vidual, lo coherente era que la constitución de una y otra relación tuviera iguales consecuencias en la extinción de este derecho.
M. Á. Egusquiza Balmaseda, «Usufructo legal de fidelidad y derecho de igualación de los hijos de anterior matrimonio en Navarra y derechos sucesorios de la pareja supérstite en el País Vasco», cit., p. 2381.

de Torres Lana[509], el causante también podrá otorgar un tratamiento diferente al matrimonio y a la unión de hecho, por ejemplo, autorizando uno y prohibiendo la otra, o viceversa. Sin embargo, plantea sus dudas en cuanto a la posibilidad de excluir una o varias de las formas matrimoniales admitidas por el derecho español y admitir solo otra u otras. Es preciso señalar, también, que las fórmulas de dispensa pueden ser muy diversas, y en algunos casos, plantear dudas a la hora de interpretar la voluntad del causante. Con el objetivo de evitar conflictos en base a su interpretación, pueden emplearse formas más expresivas y sencillas de inferir.

Además, aunque la ley 261 no lo diga, a estas causas específicas de extinción del usufructo de viudedad habrá que añadirse el resto de las causas establecidas con carácter general por la ley 421 FN.

La legitimación para ejercitar la acción que persiga la declaración del efecto extintivo ya producido corresponde a todos los que acrediten un interés legítimo (nudo propietarios, albaceas, fiduciarios-comisarios, etc.). En cuanto a los efectos de la extinción del usufructo de viudedad, ni la ley 261 ni la 421 establecen nada al respecto. Habrá que acudir, por lo tanto, a criterios lógicos para establecerlas. El primer y principal efecto será la extinción del usufructo de viudedad y la consolidación del pleno dominio en los que hasta entonces eran los nudo propietarios; en segundo lugar, la recuperación de la posesión por los mismos; y en tercer lugar, la eventual liquidación de la gestión posesoria, de acuerdo a las normas generales contenidas principalmente en las leyes 352 y 362.

7.3. LOS PACTOS SUCESORIOS EN EL DERECHO CIVIL DE NAVARRA

7.3.1. Introducción

En relación a la ordenación de la sucesión *mortis causa* de la empresa familiar, se ha destacado por la doctrina la utilidad del pacto sucesorio como instrumento jurídico privado de designación del o de los continuadores del negocio. Se trata de un instrumento de gran utilidad en aquellos supuestos en los que se hace preciso dotar de seguridad y motivación a los sucesores que están trabajando en la compañía frente a otros descendientes o personas próximas al testador que no están implicadas en el proyecto empresarial. El

---

509 En este sentido se pronuncia J. Á. TORRES LANA, «Título X. De las limitaciones a la libertad de disponer. Capítulo I (leyes 253 a 266)», cit., p. 1063.

pacto sucesorio tiene, en estos supuestos, indudables ventajas para la compañía, que se ve reforzada por cuanto la aceptación de los designados dota de seguridad al proceso de transmisión generacional. El efecto de irrevocabilidad que caracteriza la delación contractual coadyuva a un efecto positivo en los favorecidos cual es el de evitar suspicacias y motivarlos para el cargo o cometido que están llamados a desempeñar. Además, puede tener un efecto positivo en los diferentes *stakeholders* de la empresa, pues transmite la certeza de que existe una pretensión de dar continuidad al proyecto empresarial a través de los sucesores designados.

El pacto o contrato sucesorio es un negocio jurídico *mortis causa* de naturaleza contractual que se caracteriza por la irrevocabilidad de sus efectos a través del cual varias voluntades quedan vinculadas al objeto de instituir uno o más herederos (partes del contrato o bien ajenos al mismo), realizar atribuciones a título particular (legados) o efectuar disposiciones recíprocas.

La doctrina, en un intento de abarcar todas las modalidades de que es susceptible[510], ha definido la delación contractual como aquella ordenación *mortis causa* en la que la voluntad del ordenante queda vinculada a otra voluntad (o voluntades), no pudiendo revocarse dicha ordenación, por tanto, por el causante de modo unilateral (como sucede con el testamento).

El pacto sucesorio (Lacruz Berdejo y Sancho Rebullida)[511] es, así, una disposición por causa de muerte que produce un vínculo obligatorio actual entre el instituyente y la contraparte que recibe su voluntad (el instituido o tercero), no pudiendo revocarse dicha ordenación por el causante unilateralmente. Para Díez Picazo y Gullón Ballesteros[512] el pacto sucesorio es aquel "negocio jurídico bilateral que produce sus consecuencias respecto de la herencia de la persona", no tratándose, como recuerda este autor, "de un contrato puramente obligacional ni tampoco con efectos reales, pues no origina desplazamientos patrimoniales".

En este sentido, la naturaleza del pacto o contrato sucesorio, al menos en aquellos supuestos en que convergen disposiciones recíprocas o correspectivas de varios disponentes u ordenantes, adoptadas unas en respuesta a las de las otras, o incluso condicionadas por ellas, es la de un negocio *mortis causa,* pero en el que la prevalencia del elemento sucesorio frente al contractual le otorga ciertas características que le diferencian del contrato y del acto jurídico

---

510 Las tres categorías fundamentales a las que se refiere la doctrina son el pacto adquisitivo o de *succedendo,* el pacto renunciativo o de *non succedendo* y el pacto sobre la herencia de un tercero o pacto de *hereditate tertii.*

511 J. L. Lacruz Berdejo, *Elementos de Derecho civil, Tomo V. Sucesiones,* cit., p. 291.

512 L. Díez Picazo; A. Gullón Ballesteros, *Sistema de Derecho Civil. Vol IV. Tomo 2. Derecho de sucesiones,* Tecnos, Madrid, 2017, p. 207.

testamentario, dotándole de una especificidad innegable. Esta cualidad específica explica que, allá donde es admitido de forma amplia y genérica (como en el ordenamiento civil navarro), esté dotado de una normativa propia de carácter complejo y peculiar, tanto en atención al elemento consuetudinario como a la finalidad social que está llamado a cumplir[513].

Estos instrumentos sucesorios contractuales se contemplan de forma muy diferente en el Código Civil (que, como regla general los prohíbe: art. 1271.2 CC) y en aquellos ordenamientos jurídicos de los territorios de derecho foral o especial que los regulan con mayor o menor amplitud y efectos (Navarra, Aragón, Cataluña, Baleares, País Vasco y Galicia). En efecto, en el derecho común, tal y como señalábamos en el epígrafe 4.4.4., el art. 737 CC establece el carácter esencialmente revocable de todas las disposiciones testamentarias, mientras que el citado art. 1271.2 CC impide establecer pactos sobre la herencia futura de una persona.

El principal argumento empleado para la prohibición en el Código Civil español se sustenta en que el carácter irrevocable del pacto sucesorio (que resulta de su bilateralidad) lleva consigo la quiebra de la libertad dispositiva, que en el derecho común pretende salvaguardarse hasta el fallecimiento del causante a través de la revocabilidad esencial del testamento[514]. Junto a este argumento jurídico, se incluyen otros de carácter ético-moral, aducidos por los juristas medievales en relación al *pactum de hereditate tertii* por el cual un eventual heredero dispone de la herencia futura (es decir, de la herencia de una persona viviente): se invoca en este sentido el "votum mortis"[515] como argumento ético que sustenta, también, la conveniencia de su prohibición. García-Goyena[516], que recurre a los principios de moralidad que ya se encon-

---

513 J. L. MEZQUITA DEL CACHO, «De los pactos o contratos sucesorios», en *Comentarios al Fuero Nuevo. Compilación del Derecho Civil Foral de Navarra*, Aranzadi, 2002, p. 523.

514 No obstante, respecto de los pactos positivos o *de succedendo*, según García Granero, el argumento fundamental fue que este principio jamás se encuentra sancionado en las fuentes romanas con una prohibición genérica, sino que los juriconsultos y los emperadores se limitaron a dar, en los casos singulares en que concurrían los presupuestos, un motivado parecer negativo, según las circunstancias lo exigiesen.
J. GARCÍA-GRANERO FERNÁNDEZ, «Título IV De los pactos o contratos sucesorios, Capítulo I Disposiciones Generales, Ley 172 Concepto, Ley 173 Capacidad, Ley 174 Forma, Ley 175 Pactos contenidos en capitulaciones y Ley 176 Interpretación e integración», en *Comentarios al Código Civil y Compilaciones Forales*, EDERSA, 1978, p. 125.

515 *Votum captandae mortis alterius, o votum corvinum* ("pacto de los cuervos"), considerado intrínsecamente inmoral.

516 En el comentario al art. 994 del Proyecto del Código Civil de 1851, que es el precedente del vigente art. 1271 CC, García Goyena indicaba que "aunque la sola esperanza puede ser materia u objeto de los contratos, se hace esta excepción por respeto a los principios de moralidad y a los sentimientos de naturaleza (...). Esta especie de

traban en el Derecho romano, parece temer el riesgo de que el instituido heredero por contrato en vida del causante, o el que pacta sobre la herencia de una persona viva, se vea tentado a desear y provocar la muerte del instituyente con el fin de heredar lo suyo lo antes posible.

En cuanto a la regulación de la delación contractual en otros ordenamientos jurídicos de los territorios de derecho foral o especial: en el País Vasco la Ley 5/2015, de 25 de junio, de Derecho Civil Vasco, regula los pactos sucesorios en el capítulo III (arts. 100 a 109); Galicia regula los pactos sucesorios en el capítulo III de la Ley 2/2006, de 14 de junio, de derecho civil de Galicia (arts. 209 a 227); y en Aragón se regula la sucesión paccionada en el Título II del Código del Derecho Foral de Aragón (arts. 377 a 404). En cuanto a la Islas Baleares, la delación contractual se regula en la Ley 8/2022, de 11 de noviembre, de sucesión voluntaria paccionada o contractual de las Illes Balears, que ha optado por separar los pactos sucesorios por islas, distinguiendo los que son de aplicación en Mallorca y Menorca, de los de Eivissa y Formentera[517].

En relación a la sucesión paccionada de la empresa familiar, merece una mención especial el Código Civil de Cataluña, que regula los pactos sucesorios en los arts. 431-1 a 431-30. En particular, es preciso destacar que, en el párrafo segundo de su art. 431-25, se regula el heredamiento (o pacto sucesorio de institución de heredero) otorgado en atención al mantenimiento o la continuidad de una empresa familiar o de un establecimiento profesional. Este heredamiento se puede complementar con el pacto de renuncia a la legítima futura (art. 451-26.2.c), si bien acotado al suplemento de la legítima, siempre que no sea lesionada en más de la mitad del justo valor que tendría en el momento en que se renunció (art. 451-26.3 CCC)[518]. El art. 431-6 CCC establece que las cargas que pueden imponerse a los favorecidos en el pacto sucesorio, pueden consistir, entre otras, en "el mantenimiento y continuidad de una empresa familiar o en la transmisión indivisa de un establecimiento

---

pactos presenta el espectáculo aflictivo de un pariente desnaturalizado, hasta consultar con sombría y ansiosa curiosidad el libro oscuro de los destinos, para formar combinaciones vergonzosas sobre los tristes cálculos de una presencia criminal, y para entreabrir, por decirlo así, la tumba bajo los pies de un pariente, quizás de un bienhechor".

F. García Goyena, *Concordancias, motivos y comentarios del Código Civil español, T. III*, 1852, pp. 529 y 531.

517 En la exposición de motivos de la referida ley balear se destaca la ordenación de la sucesión en vida como un medio para evitar litigios familiares en el momento de la apertura de la sucesión. Justifica así la regulación de la sucesión contractual con el objetivo de ofrecer seguridad jurídica e incentivar el uso de estos pactos.

518 En este sentido, M. P. Ferrer Vanrell, «La problemática de los protocolos familiares en el ámbito sucesorio. La sucesión contractual como elemento de firmeza», cit., p. 1508.

profesional". Además, podrá hacerse constar la existencia de los pactos sucesorios otorgados con dicha finalidad en el Registro Mercantil con el alcance y de la forma que establece el Real Decreto 171/2007, de 9 de febrero, por el que se regula la publicidad de los protocolos familiares (v. cita epig. 4.4.4.).

Como podemos observar, otros ordenamientos forales o civiles, a diferencia de lo que ocurre en el Código Civil español, tienen como tradición jurídica el mantenimiento del patrimonio familiar en un único heredero, y por este motivo regulan instituciones, como los pactos o contratos sucesorios, que en su origen fueron creadas para dar continuidad a la "casa".

Como ya adelantábamos en el epígrafe 4.4.4., en la actualidad, la doctrina mayoritaria[519] aboga por la necesidad de reformar el Código Civil admitiendo la delación contractual como forma de deferirse la sucesión junto con la vía testamentaria y antes de que entre en juego supletoriamente la legal, intestada o abintestato, al menos en lo que respecta a los pactos de institución.

7.3.2. Breve apunte histórico

En Navarra, si bien durante la Edad Media tuvo lugar un largo periodo de romanización, el derecho germánico se ha conservado libre del influjo de los derechos romano y canónico[520]. Los derechos germánicos, a diferencia de los que reciben la influencia del derecho romano, acogen la delación contractual como uno de los modos de deferirse la sucesión, por lo que su conservación en la comunidad foral ha favorecido la pervivencia consuetudinaria de un sistema sucesorio de delación contractual entre los descendientes que se erige en vía jurídica de salvaguarda de la continuidad y pervivencia generacional de

---

519 La Propuesta de Código Civil (2018) de la Asociación de Profesores de Derecho Civil hace referencia a ellos en el Cap. III del T.VI. Se advierte en su Exposición de Motivos que "no ha de esperarse ruptura o quiebra alguna respecto del actual régimen, puesto que el criterio seguido en orden a su revisión ha sido, en todo momento, el de mínima intervención. Así, los objetivos se han cifrado ante todo en mejorar el tratamiento sistemático de la materia (colmando a la par ciertas importantes lagunas), en incorporar algunas figuras e instituciones cuya exclusión del Código hace tiempo que dejó de tener sentido y en pulir la regulación de las ya existentes, especialmente en lo que se refiere a sus aspectos técnicos. En este mejoramiento se han tomado en consideración, como no podía ser menos, la jurisprudencia y la doctrina de los autores, pero también las soluciones ofrecidas por los restantes ordenamientos sucesorios españoles, remozados en su práctica totalidad tras la entrada en vigor de la Constitución".

AA.VV, *Propuesta de Código Civil,* Tecnos, 2018, p. 188.

520 Para profundizar sobre esta cuestión, se recomienda la lectura de F. SALINAS QUIJADA, *Estudios de Historia del Derecho Foral de Navarra,* Diputación Foral de Navarra, 1978, p. 118; *Derecho Civil de Navarra,* Diputación Foral de Navarra, 1983, pp. 141-197.

los elementos patrimoniales y morales de la familia, pilar básico de la organización social.

Esta costumbre pronto pasó a ser ley escrita. Así lo atestiguan las fuentes históricas de la regulación navarra de los pactos sucesorios que remiten a la legislación de las antiguas Cortes del *Reyno* de Navarra, que exige *ad solemnitatem* la escritura "autorizada por escribano público" para la validez de los contratos sucesorios de institución (Ley 11 de las Cortes de Pamplona de 1576 y Ley 54 de las Cortes de Pamplona de 1580). Esta exigencia formal pervive a través de la práctica notarial y se mantiene intacta en la regulación foral posterior a la codificación: el Proyecto de Fuero Recopilado de 1959 exige, con carácter general para todos los pactos sucesorios, la escritura pública como forma esencial, y así sucede igualmente con la Recopilación Privada de 1971 que, en su ley 174, establece claramente que "son nulos los pactos sucesorios no otorgados en escritura pública". Del mismo modo que la ley 155 dispone bajo el ladillo "Renuncia de herencia futura" que "Es válida la renuncia o transacción sobre herencia futura, siempre que se otorgue en escritura pública".

La Compilación de Derecho civil o Fuero Nuevo de Navarra aprobada por Ley 1/1973, de 1 de marzo, recibe ambos preceptos y mantiene su contenido, salvo un cambio de redacción en la ley 174 para admitir como instrumentos vehiculares de estos pactos las "capitulaciones matrimoniales o en otra escritura pública". A su vez, la reforma de la Compilación efectuada por Ley Foral 1/1987, de 1 de abril, dividió la ley 155 en dos preceptos (leyes 155 y 156) que, sin alteración, reproducen por separado los dos enunciados comprendidos en el texto anterior[521].

A finales de la última década, la Ley Foral 21/2019, de 4 de abril, de modificación y actualización de la Compilación del Derecho Civil Foral de Navarra o Fuero Nuevo modificó la Compilación de Derecho civil de Navarra o Fuero Nuevo de 1973. No obstante, en lo que se refiere a los pactos sucesorios, la nueva regulación no afecta, en lo sustancial, a esta institución. El Fuero Nuevo regula de modo genérico y muy amplio los contratos o pactos sucesorios[522], siendo el navarro de los derechos civiles autonómicos españoles el que admite con una mayor amplitud dicha institución.

Esta regulación que antaño servía a los esquemas de una familia extensa regida por principios morales y religiosos específicos, hoy día se adapta y sirve

---

521 J. García-Granero Fernández, «Título IV De los pactos o contratos sucesorios, Capítulo I Disposiciones Generales, Ley 172 Concepto, Ley 173 Capacidad, Ley 174 Forma, Ley 175 Pactos contenidos en capitulaciones y Ley 176 Interpretación e integración», cit., pp. 199-200.

522 P. de Barrón Arniches, «La legítima y el pacto de Non Succedendo en el Derecho Foral de Navarra», *Revista jurídica de Navarra,* vol. nº22, 1996, pp. 223-232.

a nuevas funcionalidades a través del rotundo efecto de irrevocabilidad que proporciona la delación contractual, entre ellas, a la conservación económica de patrimonios familiares y la garantía de continuidad de las empresas de base familiar.

La propia Exposición de Motivos de la Ley Foral 21/2019 recuerda que la sociedad navarra ha experimentado hondas transformaciones en el ámbito familiar durante los últimos años que han provocado un alejamiento entre la realidad social y la regulación de sus instituciones[523]. La norma reconoce la heterogeneidad de la familia navarra y articula "el ordenamiento civil navarro, de una parte, como expresión de la protección de la institución familiar, y de otra, desde el principio de no discriminación de la familia por razón de su origen (artículo 39 CE), entroncables en el derecho civil propio tanto desde el principio de libertad civil como de la tradicional regulación de la relación familiar en general y particular vinculada a la Casa". El espíritu actualizador de la Ley Foral 21/2019 es, por tanto, adecuar el derecho civil foral a la realidad social navarra, intentando mantener dentro del sistema normativo foral el equilibrio con la tradición.

Efectivamente, el modelo de familia occidental ha experimentado profundos cambios, que han permeabilizado en Navarra. En la actualidad, son habituales las unidades familiares en las que conviven, en el tiempo y el espacio, hermanos de diferente padre o madre, o personas sin descendencia con los hijos de sus parejas de hecho. En ocasiones, estos individuos que no tienen vínculos de consanguinidad pueden establecer lazos afectivos más intensos que otros a los que les une una relación de parentesco.

A diferencia del derecho común, en casi todas las instituciones familiares y sucesorias del Derecho navarro se refleja esa fuerte aspiración a conseguir la perpetuación de la familia gracias al mantenimiento de sus valores y tradiciones, y a través de la conservación o indivisión de su patrimonio. Está aspiración se refleja en su máxima expresión en la ley 127 FN que recoge el principio fundamental de la unidad y continuidad de la *Casa* según el cual, en la interpretación de todos los pactos y disposiciones voluntarias, costumbres y leyes, se observará el principio fundamental de unidad del patrimonio y de todas las empresas mediante las que se desarrollen las actividades económicas del mismo, así como el de su continuidad y conservación en el seno de la fa-

[523] El modelo de familia extensa, que ha sido tradicional en Navarra, se ve afectado por las modulaciones impuestas por la adaptación a una realidad social actual cada vez más homogénea territorialmente, caracterizada por la nuclearización de la familia, el debilitamiento de lazos y la aparición de nuevos modelos familiares (familias monoparentales, reconstituidas, familias fundadas en parejas del mismo sexo, etc.).

milia[524]. Abordaremos con mayor profundidad la institución de la Casa en el derecho navarro más adelante en el epígrafe 7.4.

Para dar cumplimiento a este principio garantizador de la conservación y transmisión de los elementos patrimoniales y morales de la familia y de la *Casa* navarra, ha jugado históricamente un papel indiscutible la sucesión paccionada, que proporciona el esquema idóneo para asegurar la continuidad de la explotación familiar agraria o de la empresa familiar a través de la designación de un único sucesor, elegido de entre los hijos en base a sus cualidades y aptitudes, o al que se capacita especialmente a lo largo del tiempo para la asunción de estas responsabilidades.

7.3.3. La delación contractual en el derecho civil de Navarra

El actual Fuero Nuevo, al igual que su predecesor, regula con amplitud y de forma genérica la delación contractual en las leyes 172 y siguientes, sin circunscribirla al ámbito familiar (no se inserta dentro del Libro I con la rúbrica "De las personas, de la familia y de la casa navarra", ubicación sistemática de la regulación de las relaciones familiares junto con el Derecho de la Persona, sino en el Libro II con título "De las donaciones y sucesiones", de contenido patrimonial). Esta institución, en palabras de su Exposición de Motivos, ha sido "especialmente elaborada por los juristas de Navarra", y es una figura compleja y controvertida, que ha sido regulada de forma, no solo diversa sino dispar, en los distintos ordenamientos jurídicos que la han contemplado sin prohibirla.

El Libro II de la Compilación navarra de 1973 ("De las donaciones y Sucesiones") se abre con el Título I sobre "Principios Fundamentales", entre los cuales figura el que la ley 148, apartado 2°, enuncia en relación a los modos de ordenar la sucesión: "Las disposiciones a título lucrativo pueden ordenarse por donación *inter vivos* o *mortis causa*, pacto sucesorio, testamento y demás actos de disposición reconocidos en esta Compilación. Sólo en defecto de estas disposiciones se aplicará la sucesión legal". Principio que se reafirma en sede de sucesión legal, la cual (ley 300 FN) "tiene lugar siempre que no se haya dispuesto válidamente de toda la herencia o parte de ella por testamento, por pacto sucesorio o por cualquier otro modelo de deferirse la sucesión confor-

---

[524] Cabe destacar que en su redacción original el principio de unidad y continuidad de la *Casa* se encontraba en la ley 75 inserta en el Titulo VII con la rúbrica "De los principios fundamentales del régimen de bienes en la familia" del Libro primero. Mientras que en dicha redacción se hacía referencia a "la unidad de la Casa y de sus explotaciones agrícolas, ganaderas y forestales", en la redacción actual se ha sustituido tal referencia por la del elemento patrimonial y empresarial.

me a esta Compilación". Asimismo, con carácter general la ley 320 se refiere a la "adquisición de la herencia deferida por pacto sucesorio".

En cuanto a la regulación de la delación contractual, el Fuero Nuevo incluye un sistema orgánico, coherente y completo, que excluye, por ello, en lo posible, la apelación al Código Civil y a las leyes del derecho común (que prohíben, como hemos visto, la sucesión contractual) como Derecho supletorio ni tampoco con fines hermenéuticos o de interpretación en caso de duda en algún precepto de la Compilación navarra. Tampoco cabrá alegar, en concepto de Derecho comparado o análogo, las Compilaciones o leyes de otras regiones españolas que, bajo diferentes denominaciones y formas, admiten y regulan la sucesión contractual, pues todas ellas responden a criterios más restrictivos que los que inspiran el Derecho navarro. Por lo tanto, los vacíos legales que pudiera contener el Fuero Nuevo respecto a la regulación de los pactos sucesorios deberán ser integrados por los propios medios recogidos en la Compilación navarra, como son la tradición jurídica navarra (ley 1 FN), los principios generales de Derecho natural o histórico que informan el total ordenamiento civil navarro (ley 4 FN) y la racional extensión analógica de sus disposiciones (ley 5 FN)[525].

El ordenamiento foral navarro es el más permisivo de los ordenamientos civiles españoles en materia de sucesión contractual y el que lleva más lejos el principio de libertad dispositiva. Precisamente, la delación contractual adquiere especial relevancia en el marco de un sistema sucesorio caracterizado, entre otras singularidades, por esa amplia libertad dispositiva que, como veíamos anteriormente, se deriva de la ausencia de legítima con contenido material exigible, lo que otorga a la voluntad del ordenante un alcance extraordinariamente amplio a la hora de designar sucesor[526].

---

[525] J. GARCÍA-GRANERO FERNÁNDEZ, «Título IV De los pactos o contratos sucesorios, Capítulo I Disposiciones Generales, Ley 172 Concepto, Ley 173 Capacidad, Ley 174 Forma, Ley 175 Pactos contenidos en capitulaciones y Ley 176 Interpretación e integración», cit., pp. 97-98.

[526] Prueba de ello es que el contrato sucesorio típico en Navarra haya sido el pacto de institución de heredero único a favor del hijo o hija que «casa para la Casa», con donación universal de todos o parte de los bienes de los instituyentes e incorporando como cláusula habitual la convivencia entre todos ellos, de tal forma que los instituyentes («amos viejos») fueran atendidos por el instituido y su cónyuge («amos jóvenes»).

F. J. OLMEDO CASTAÑEDA, «Prohibición de los pactos sucesorios en el Derecho común: cuestionamiento de su ratio legis. Propuesta para su admisibilidad», cit., pp. 462-463.

7.3.3.1. Capacidad para otorgar pacto sucesorio

En el Fuero Nuevo se incorporan las reglas específicas sobre la capacidad exigida para otorgar pacto sucesorio en la ley 173, que establece que "los otorgantes de cualesquiera pactos sucesorios deben ser mayores de edad", si bien añade que, para los pactos contenidos en capitulaciones matrimoniales, se habrá de observar lo dispuesto en la ley 83 FN.

En relación a la capacidad de los otorgantes de pactos o contratos sucesorios, debemos distinguir, siguiendo a la doctrina (Mezquita Del Cacho, García-Granero Fernández y Font Segura), dos aspectos: el primero de ellos, la cuestión referente a la determinación del estatuto regulador de la capacidad cuando se da un conflicto de leyes internacional o interregional (es decir, provocado por la distinta nacionalidad o vecindad civil de los otorgantes); y en segundo lugar, el del criterio sustentado sobre la capacidad por el Derecho material interno.

En lo que concierne al primero de los aspectos, aun teniendo en cuenta el carácter mixto del pacto sucesorio (por un lado, concurre la naturaleza contractual del acto y la formalización entre vivos del mismo, mientras que, por otro, se atiene a la muerte de una persona como causa o como objeto), se ha de señalar que, como regla general, rige el criterio de la aplicación de la ley personal. Es decir, prima el criterio de la consideración causal de los pactos sucesorios en atención a la muerte de una persona, dejando en un segundo plano, a estos efectos, su vertiente contractual. Así resulta de lo dispuesto en los arts. 9.8 y 16 CC, que asume la ley 10 FN en lo no previsto especialmente por el Fuero Nuevo añadiendo la invocación del principio de reciprocidad, lo cual conduce a la aplicación del Fuero Nuevo a todos los pactos sucesorios previstos y regulados en dicho cuerpo legal en la determinación de la clase de capacidad requerida para los distintos sujetos que en ellos intervienen[527].

En lo que se refiere al segundo de los aspectos, como hemos señalado, la ley 173 FN establece, como regla general y con fundamento en la especial gravedad que deriva de la naturaleza irrevocable del pacto sucesorio, la exigencia

---

527 No obstante, en los conflictos complejos por pluralidad de instituyentes con leyes personales diferentes podría darse el supuesto de que tal criterio de solución (aplicación de la ley personal del otorgante o disponente) sea válido sólo en cuanto a las disposiciones ordenadas por uno de ellos (el aforado navarro), y el aplicado a las disposiciones otorgadas por el otro tuviera que ajustarse a la ley personal de éste, salvo si en ella la sucesión contractual fuera una institución desconocida pero no prohibida, en cuyo caso la aplicación del Derecho navarro se mantendría para ambos.
J. L. Mezquita del Cacho, «Título IV. De los pactos o contratos sucesorios (leyes 172 a 183)», en *Comentarios al Fuero Nuevo. Compilación del Derecho Civil Foral de Navarra*, Thomson Reuters Aranzadi, 2020, p. 738.

de la mayoría de edad como capacidad necesaria para otorgar pactos sucesorios, y excepciona de este principio general a aquellos pactos que se acuerden en capítulos matrimoniales, remitiéndose a lo dispuesto en la ley 83 FN. Dicha ley en su párrafo segundo establece que "Podrán otorgar capitulaciones matrimoniales los cónyuges y las personas que, teniendo capacidad para ello, vayan a contraerlo. Para las disposiciones que impliquen cualesquiera actos de los previstos en la ley 48 por parte de un otorgante menor de edad en favor del otro se estará a lo dispuesto en la misma". A su vez, el último párrafo de la ley 48 con la rúbrica "Capacidad del menor emancipado" establece que "El menor emancipado puede realizar por sí toda clase de actos y contratos, incluso comparecer en juicio, excepto tomar dinero a préstamo, avalar o afianzar, enajenar o gravar bienes inmuebles, establecimientos mercantiles o industriales, o sus elementos esenciales, u objetos de valor extraordinario; para estos actos al igual que para la comparecencia en juicio que verse sobre los mismos o tenga por objeto bienes de las clases indicadas, requerirá la asistencia de uno cualquiera de sus progenitores y, a falta de ellos, de su representante legal".

Se trata, por tanto, de diferenciar los pactos con transmisión actual de bienes, cualesquiera que sean la naturaleza mueble o inmueble de éstos o el valor de los transmitidos, en el caso de que alguno de los cónyuges otorgantes no hayan alcanzado la mayoría de edad, y sean por tanto menores (emancipados o no), que requerirá la asistencia o complemento de capacidad de sus representantes legales titulares de la patria potestad o curadores y, por otro lado, los pactos sucesorios sin transmisión actual de bienes, único supuesto admitido en la generalidad de ordenamientos forales pero históricamente muy infrecuente en Navarra, que amplía dicha capacidad al menor emancipado, aún sin complemento de capacidad.

Resulta razonable dotar de un régimen excepcional a aquellos cónyuges o prometidos capaces de contraer matrimonio pero menores de edad teniendo en cuenta, por un lado, que en la sociedad actual no es en absoluto frecuente que se den estos supuestos, y, por el otro, la especial relevancia que se deriva del carácter irrevocable de los pactos sucesorios[528].

---

[528] La razón por la cual la mayoría de edad establecida para todos los otorgantes de los diversos tipos extracapitulares de pactos sucesorios es más exigente que los 14 años requeridos para otorgar testamentos no ológrafos se justifica por la diferencia fundamental entre la revocabilidad inherente a las disposiciones testamentarias (que solo se condiciona relativamente en el testamento de hermandad) y la irrevocabilidad que, por contraste, es propia de los contratos sucesorios.

7.3.3.2. Carácter personalísimo

La mencionada ley 173 FN en su párrafo segundo reconoce que el otorgamiento del pacto sucesorio es un acto personalísimo. No obstante, permite que se delegue en otra persona su formalización "siempre que en el correspondiente instrumento de poder conste esencialmente el contenido de la voluntad".

En opinión de Mezquita del Cacho[529], para que se entienda cumplida la esencialidad requerida por la norma, en el poder delegatorio tienen que estar definidos los siguientes aspectos: la clase de pacto de que se trate, la ocasión concreta, la personalidad del otro contratante, los bienes o derechos que constituyan su objeto y la circunstancia de que estos sean o no transmitidos *in actu.* Esas precisiones sirven para determinar el alcance del pacto a otorgar por delegación.

Aunque se han suscitado dudas sobre el alcance de la exigencia de esta ley, tanto García Granero[530] como Mezquita del Cacho[531], cada uno de ellos con fundamentos distintos, coinciden en considerar que se refiere a toda clase de pactos sucesorios sin excepción y a todo sujeto otorgante de los mismos.

Por último, ambos juristas coinciden en considerar que, aunque no se diga nada en el texto de la norma, el instrumento delegatorio debe otorgarse en escritura pública como requisito formal *ad solemnitatem* por tratarse de un acto *predispositorio* del pacto sucesorio que el delegado ha de otorgar. Pacto que, como veremos a continuación, precisa de esa forma como condición legal de validez.

7.3.3.3. Forma

Los contratos sucesorios son actos formales o solemnes que han de constar necesariamente en capitulaciones matrimoniales o en otra escritura pública. Esta exigencia de forma solemne o esencial (forma *dat esse rei* o *ad solemnitatem*), cuya ausencia o defecto determina la nulidad de pleno derecho del negocio jurídico, responde a la trascendencia y rotundidad de los efectos que

---

529 J. L. Mezquita del Cacho, «Título IV. De los pactos o contratos sucesorios (leyes 172 a 183)», cit., p. 740.

530 J. García-Granero Fernández, «Título IV De los pactos o contratos sucesorios, Capítulo I Disposiciones Generales, Ley 172 Concepto, Ley 173 Capacidad, Ley 174 Forma, Ley 175 Pactos contenidos en capitulaciones y Ley 176 Interpretación e integración», cit., pp. 191-192.

531 J. L. Mezquita del Cacho, «Título IV. De los pactos o contratos sucesorios (leyes 172 a 183)», cit., p. 740.

conlleva el pacto o contrato sucesorio. Se explica, por lo tanto, por reunir los máximos controles subjetivos, objetivos y técnico-jurídicos de la voluntariedad y conciencia plena del acto de su otorgamiento y por implicar el máximo nivel de garantía de la seguridad jurídica para unos pactos que vinculan la voluntad con carácter irrevocable.

La ley 174 FN dispone en este sentido que son nulos los pactos no otorgados en capitulaciones matrimoniales o en otra escritura pública. Es decir, de la regulación de este precepto[532] se desprende la necesidad de que los pactos sucesorios se formalicen en escritura pública, ya se contengan en capítulos matrimoniales, o se limiten a ordenar la sucesión *mortis causa* por vía contractual[533].

---

532 En cuanto a las fuentes históricas de esta regulación Navarra, García-Granero, en su exhaustivo estudio acerca de los pactos y contratos sucesorios en este territorio foral, referencia la legislación de las antiguas Cortes del Reyno de Navarra, que muestra la exigencia de escritura autorizada por escribano público para la validez de los contratos sucesorios de institución (Ley 11 de las Cortes de Pamplona de 1576 y Ley 54 de las Cortes de Pamplona de 1580).
El Proyecto de Fuero Recopilado de 1959 exige, con carácter general para todos los pactos sucesorios, esta forma esencial, y así sucede igualmente con la Recopilación Privada que, en su Ley 174, establece claramente que "son nulos los pactos sucesorios no otorgados en escritura pública". Y la ley 155 dispone bajo la rúbrica "Renuncia de herencia futura" que "Es válida la renuncia o transacción sobre herencia futura, siempre que se otorgue en escritura pública".
El Fuero Nuevo de 1973 recibe ambos preceptos y mantiene su contenido, salvo un cambio de redacción en la ley 174 para decir "en capitulaciones matrimoniales o en otra escritura pública".
A su vez, la Reforma del FN por Ley Foral 1/1987, de 1 de abril, dividió dicha ley 155 para formar las leyes 155 y 156 que, sin alteración, reproducen por separado los dos enunciados comprendidos en el texto anterior.
J. GARCÍA-GRANERO FERNÁNDEZ, «Título IV De los pactos o contratos sucesorios, Capítulo I Disposiciones Generales, Ley 172 Concepto, Ley 173 Capacidad, Ley 174 Forma, Ley 175 Pactos contenidos en capitulaciones y Ley 176 Interpretación e integración», cit., pp. 199-200.

533 En el caso de que el contrato sucesorio se hubiese contenido en un documento notarial que constituyese un acta y no fuera escritura pública, siempre y cuando se deba a error, entiende la doctrina que se admite subsanación. Si no se subsanase, se podría admitir el documento como escritura (pese a la calificación como acta) siempre que su contenido reúna los requisitos y solemnidades exigidos para la escritura pública.
En relación a la presencia de testigos instrumentales en el acto de otorgamiento de pactos sucesorios, tras la Ley (estatal) de 1 de abril de 1939, que suprimió la necesidad de su presencia, salvo ciertas circunstancias excepcionales, en las escrituras públicas que contuvieran actos concertados entre vivos (por lo tanto los pactos o contratos sucesorios), no es necesaria hoy su presencia, en Navarra ni en el resto de territorios forales, aun cuando las normas de Derecho civil especial pudieran disponer lo contrario (lo que no es el caso). Esto es así puesto que la regulación de los registros e

Este requisito formal está extendido en los ordenamientos que admiten la delación contractual, tanto en extranjeros (como el alemán o el suizo), como en los de los territorios forales, si bien con diversa amplitud en unos u otros[534]. Destaca, por tanto, la unanimidad de los derechos civiles forales a la hora de imponer la exigencia de escritura pública notarial como requisito formal esencial para la validez de los pactos sucesorios[535].

Los negocios jurídicos en que los pactos sucesorios pueden ser instrumentados son admitidos con gran amplitud ya que se admite su otorgamiento en capitulaciones matrimoniales, «donaciones para la familia y para la unidad y continuidad del patrimonio familiar»[536], entregas de dotes y dotaciones, re-

---

instrumentos públicos es, como sabemos, una competencia legislativa que el artículo 149.1.8° CE atribuye con carácter exclusivo al Estado español, estando excluida su posibilidad de regulación por los ordenamientos forales o especiales.

J. L. Mezquita del Cacho, «Título IV. De los pactos o contratos sucesorios (leyes 172 a 183)», cit., pp. 741-742.

534 J. García-Granero Fernández, «Título IV De los pactos o contratos sucesorios, Capítulo I Disposiciones Generales, Ley 172 Concepto, Ley 173 Capacidad, Ley 174 Forma, Ley 175 Pactos contenidos en capitulaciones y Ley 176 Interpretación e integración», cit., pp. 195-197.

535 Véanse los siguientes preceptos legales:

Art. 100 de la Ley 5/2015, de 25 de junio, de Derecho Civil Vasco.

Art. 431-7.1 de la Ley 10/2008, de 10 de julio, del libro cuarto del Código Civil de Cataluña, relativo a las sucesiones.

Art. 211 de la Ley 2/2006, de 14 de junio, de derecho civil de Galicia.

Art. 377 del Código del Derecho Foral de Aragón.

Art. 5 (islas de Mallorca y Menorca) y 52 (islas de Eivissa y Formentera) de la Ley 8/2022, de 11 de noviembre, de sucesión voluntaria paccionada o contractual de las Illes Balears.

En cuanto al derecho común, Olmedo Castañeda propone como *lege ferenda* para una futura reforma del derecho de sucesiones en el Código Civil español, además de la admisión de la delación contractual, la exigencia *ad solemnitatem* de que los pactos sucesorios deban formalizarse en escritura pública ante notario por las garantías que esta ofrece.

F. J. Olmedo Castañeda, «Prohibición de los pactos sucesorios en el Derecho común: cuestionamiento de su ratio legis. Propuesta para su admisibilidad», cit., p. 480.

536 Hasta el 15 de octubre de 2019, las donaciones *propter nuptias* se regulaban en las leyes 112 y ss. de la Ley 1/1973 de 1 de marzo, por la que se aprueba la compilación del derecho civil foral de Navarra o Fuero Nuevo. La Ley Foral 21/2019, de 4 de abril, de modificación y actualización de la Compilación del Derecho Civil Foral de Navarra o Fuero Nuevo suprime esta terminología y ahora se habla de «donaciones para la familia y para la unidad y continuidad del patrimonio familiar» reguladas en las Leyes 120 y siguientes. En el preámbulo de la Ley se dice lo siguiente:

"Las hasta ahora denominadas «donaciones *propter nuptias*» pasan a integrar el título X con el nombre «donaciones para la familia y para la unidad y continuidad del patrimonio familiar» como consecuencia de la adaptación de su contenido, no ya solo

nuncias de derechos hereditarios o en cualesquiera otros actos referentes a la sucesión *mortis causa* de una persona viva[537].

Si lo formalizado es un pacto sucesorio inserto en un documento privado y se pretendiera dotarle de validez mediante protocolización, reconocimiento o elevación a documento público, Mezquita del Cacho[538] entiende que, la simple protocolización, aun siendo consentida por una pluralidad de partes, no revestiría de la forma idónea pues su continente es *per se* un documento notarial calificado de acta y no de escritura pública, y las solemnidades de una y otra son totalmente diferentes. A su parecer, ni la escritura de reconocimiento de documento privado (art. 1224 CC), ni la elevación a público del documento privado que admite el Reglamento Notarial son aptas para reparar el vicio formal originario. Lo justifica advirtiendo de que, en los supuestos en que el consentimiento mismo no se admite sin una forma sustancial, y por lo tanto se tiene por inexistente, se ha de aplicar el principio jurídico de que lo que no existió no se puede reconocer ni reconvertir. Además, con efectos «ex nunc» y sin posible retroactividad.

Íntimamente relacionado con esta cuestión, es preciso abordar el supuesto más habitual en la práctica en relación a la planificación sucesoria de la empresa familiar: la formalización de un pacto sucesorio inserto en un protocolo familiar[539].

---

a las distintas realidades familiares, sino también a la igualmente distinta economía familiar que ha superado su carácter agrícola y ganadero para extenderse al ámbito empresarial.

De esta manera y ante la confusión de varias figuras en la actual regulación, y la ausencia de una clara diferenciación entre unas y otras, se ha comenzado por distinguir entre donaciones por constitución de una nueva familia y donaciones que pretenden la finalidad de continuar con el patrimonio o actividad empresarial familiar. Así mismo, se diferencian las donaciones que realizan los cónyuges o miembros de la pareja entre sí y, dentro de las mismas, las otorgadas por razón del inicio de la convivencia de las que se hacen para mantener un equilibrio patrimonial durante su vigencia e, incluso, tras su cese, asumiendo con ello las interpretaciones y diferenciaciones realizadas en jurisprudencia y doctrina".

537 J. GARCÍA-GRANERO FERNÁNDEZ, «Título IV De los pactos o contratos sucesorios, Capítulo I Disposiciones Generales, Ley 172 Concepto, Ley 173 Capacidad, Ley 174 Forma, Ley 175 Pactos contenidos en capitulaciones y Ley 176 Interpretación e integración», cit., p. 200.

538 J. L. MEZQUITA DEL CACHO, «Título IV. De los pactos o contratos sucesorios (leyes 172 a 183)», cit., p. 742.

539 Algunos autores como Jordá Capitán o Ferrer Vanrell proponen la instrumentalización de los pactos sucesorios en los que el empresario familiar designa su sucesor en la propiedad de la compañía a través de los protocolos familiares, de manera que lo dispuesto en el mismo en relación a esta cuestión devenga irrevocable.

A pesar del principio interpretativo para el mantenimiento de la unidad y continuidad de la Casa (o empresa familiar) que dispone la ley 127 FN, la jurisprudencia (v. cita epig. 7.4.) es clara a la hora de afirmarse en la aplicación prioritaria de la ley 7 FN, que somete la autonomía de la voluntad a ciertos límites. La proclamación por la ley 174 FN de la solemnidad de los contratos sucesorios, que deben constar necesariamente en capitulaciones matrimoniales o en otra escritura pública para su validez, supone un límite formal a esa amplia libertad dispositiva de la que puede presumir el derecho navarro.

Como ya hemos visto en el epígrafe 3.2.2. de este trabajo, el Real Decreto 171/2007, de 9 de febrero, por el que se regula la publicidad de los protocolos familiares la normativa contempla la posibilidad de formalizar el protocolo familiar en documento público notarial. Sin embargo, la mera protocolización del negocio jurídico reviste la forma de un documento notarial calificado de acta, y no la forma de escritura pública que se requiere para que los pactos sucesorios tengan validez. En este sentido, con los mismos fundamentos expuestos por Mezquita del Cacho, consideramos que el vicio formal que adolece en estos casos el protocolo familiar resulta irreparable. La mera protocolización del protocolo no ofrece las mismas garantías para los contrayentes que la escritura pública[540], y siendo el contrato sucesorio un negocio jurídico de una enorme trascendencia para los otorgantes, entendemos que dicho requisito formal está sobradamente justificado.

7.3.3.4. Efectos: la irrevocabilidad relativa del pacto o contrato sucesorio y sus potencialidades en la sucesión de la empresa familiar

La principal distinción entre la sucesión contractual y la testamentaria radica en la irrevocabilidad del pacto o contrato sucesorio, establecida por la ley 178 FN. A diferencia del testamento (el mancomunado o de hermandad tiene un régimen jurídico diferente)[541], que por su propia naturaleza puede

---

M. P. Ferrer Vanrell, «La problemática de los protocolos familiares en el ámbito sucesorio. La sucesión contractual como elemento de firmeza», cit., p. 1507; E. R. Jordá Capitán, «Sobre el instrumento de los pactos sucesorios en la sucesión de la empresa familiar», cit., p. 4.

540 El otorgamiento del protocolo ante Notario o la elevación a público de su contenido proporcionará los efectos de fe pública acerca de la identidad de sus firmantes y de su contenido en el momento concreto de la firma. Lo cual no significa, como se deduce del art. 145 del RN, que dicho contenido sustantivo sea necesariamente ajustado a derecho.

541 El testamento mancomunado o de hermandad puede revocarse en vida de los otorgantes por todos ellos conjuntamente o por cualquiera de ellos separadamente con conocimiento fehaciente del resto (Ley 201 FNN). Devendrá irrevocable tanto en los

ser revocado en cualquier momento antes del óbito del causante, el efecto característico del pacto sucesorio es su irrevocabilidad. Dicho efecto surge de la misma naturaleza contractual del acto, en virtud de la cual la voluntad del disponente queda vinculada con la de otra persona hasta el punto de hacer imposible la revocación unilateral de este vínculo creado. De este modo dispone la ley 178 bajo el título "irrevocabilidad" que "Los nombramientos de heredero pactados entre dos o más personas en beneficio mutuo o en beneficio de un tercero son irrevocables. A los nombramientos contractuales de heredero otorgados unilateralmente se aplicará lo dispuesto para la aceptación en la ley 122".

No obstante, tal y como apunta la doctrina, la irrevocabilidad del pacto sucesorio no es de carácter absoluto. Mezquita del Cacho[542] recuerda que, en los contratos sucesorios, los principios de *paramiento* (Ley 7) y de libertad de disposición a título lucrativo (ley 148) dotan a la irrevocabilidad de la ordenación contractual de la sucesión de un carácter relativo. Admite la irrevocabilidad como un principio general, pero que incorpora una serie de salvedades legales e ilimitadas excepciones convencionales que pueden ser establecidas en el propio pacto. García Granero, siguiendo a Vismara, considera que, puesto que los elementos esenciales de los pactos de institución se dan también en los renunciativos, y en el Derecho navarro, en los pactos dispositivos de la herencia futura a un tercero que sean consentidos por el causante, estas clases de pacto sucesorio deben ser, igual que aquélla, consideradas irrevocables, como principio general, si bien con un criterio o en unos términos relativos[543]. Por su parte, Aizpún Tuero[544] entiende que la irrevocabilidad no debe ser considerada como un requisito fundamental del pacto sucesorio (la nota característica del pacto es la bilateralidad, de la cual se deriva la irrevocabilidad), pues existe la posibilidad de revocación, ya sea porque así se haya acordado en el propio pacto, ya por el mutuo disenso posterior de los propios pactantes.

---

supuestos de fallecimiento como de falta de capacidad de alguno de los cotestadores (Ley 202 FNN).

542 J. L. MEZQUITA DEL CACHO, «Título IV. De los pactos o contratos sucesorios (leyes 172 a 183)», cit., p. 750.

543 J. NAGORE YÁRNOZ, «Título IV De los pactos o contratos sucesorios, Capítulo II Disposiciones especiales sobre pactos de institución, Ley 178 Irrevocabilidad, Ley 179 Efectos, Ley 180 Derecho de transmisión, Ley 181 Cláusulas de sustitución, Ley 182 Revocación y modificación y Ley 183 Promesa de nombrar heredero», en *Comentarios al Código Civil y compilaciones forales*, vol. 37, Tomo 1, EDERSA, 1998, p. 260.

544 R. AIZPÚN TUERO, «El pacto sucesorio en el derecho civil navarro», *Principe de Viana, no6 no21*, 1945, p. 598.

En este sentido, la ley 182 del FN aprobada por la Ley 21/2019 bajo la rúbrica "Revocación y modificación" dispone lo siguiente: "Los pactos sucesorios no podrán ser revocados ni modificados sin el consentimiento de todos sus otorgantes declarado en acto "inter vivos" o "mortis causa"[545]. Las disposiciones contenidas en pactos sucesorios quedarán revocadas por premoriencia del instituido, salvo el derecho de transmisión, cuando proceda, conforme a lo dispuesto en la ley 180. Estas disposiciones serán revocables por las causas previstas para las donaciones para la familia en la ley 126, y el ejercicio de la acción por los instituyentes se ajustará a lo dispuesto en la misma. Si se hubieren ordenado en capitulaciones se estará a lo establecido en la ley 86". Esta ley complementa a la 178 al subordinar el principio de irrevocabilidad al todavía más esencial de la autonomía de la voluntad, en los supuestos en que sean las partes las que libremente hayan convenido en modificarlo o en extinguirlo, ya sea porque de forma posterior han cambiado su voluntad, o porque en el propio pacto original se incorporó la reserva de dicha posibilidad por alguna de las partes.

La irrevocabilidad del contrato sucesorio surge de su naturaleza bilateral como negocio jurídico. Este efecto se manifiesta de manera diferente dependiendo de si el nombramiento de heredero se ha realizado de forma unilateral o si ha sido realizado por dos o más personas, bien mutuamente o bien conjuntamente en favor de un tercero:

a) En el supuesto de nombramientos hechos unilateralmente, la irrevocabilidad no tiene plena eficacia jurídica desde el mismo nombramiento, sino que este efecto nace en el preciso momento en que la aceptación llega a conocimiento del instituyente o instituyentes (la ley se remite para su aplicación a lo dispuesto en la ley 122 en cuanto al tiempo, forma y aceptación de las donaciones por razón de familia). Dicha aceptación podrá hacerse en el mismo momento o bien en respuesta al requerimiento formulado por acta por el disponente u ordenante o sus herederos, lo cual permite que sea incluso tras el fallecimiento del instituyente[546].

---

545 Un ejemplo relativo a la revocabilidad del pacto sucesorio de institución, que se entiende procedente debido a la concurrencia de todos los otorgantes en la modificación, lo encontramos en la STSJ de Navarra 2/1999 de 27 de febrero de 1999. El mismo Tribunal en su sentencia 4/2006 de 4 de abril de 2006 declara expresamente: "el referido nombramiento de heredero pactado era irrevocable, salvo que concurriese el consentimiento de todos los otorgantes en contrario, lo que permitiría su revocación o modificación".

546 J. Nagore Yárnoz, «Título IV De los pactos o contratos sucesorios, Capítulo II Disposiciones especiales sobre pactos de institución, Ley 178 Irrevocabilidad, Ley 179

b) En los supuestos de nombramientos pactados por dos o más personas, bien entre sí para beneficio mutuo, o bien conjuntamente a favor de un tercero, el contrato es irrevocable sin necesidad de la aceptación del nombrado o instituido. En este caso, la expresión de las voluntades de los instituidos conforma suficiente vinculación, lo que configura el efecto de irrevocabilidad característico del contrato sucesorio[547]. Desde el mismo nombramiento el pacto tendrá plena eficacia jurídica, sin que la premoriencia del instituido pueda invalidar la designación ni la transmisión patrimonial a los descendientes que al fallecer los instituyentes representen al nombrado.

La ley 179 FN reconoce la doble posibilidad de pactos sucesorios *sin* transmisión actual de bienes y pactos *con* transmisión actual de bienes, consagrando así al Derecho foral navarro como el más permisivo y el que en términos más amplios regula la sucesión contractual de entre todos los ordenamientos especiales o forales españoles que la permiten. Este amplio reconocimiento del principio de libertad dispositiva ha sido considerado como "suicida" por el derecho común español, que entiende que una privación tan amplia y definitiva de medios materiales compromete el ejercicio de esa misma libertad[548].

Los efectos del pacto sucesorio están estrechamente relacionados con las dos modalidades del pacto a las que se refiere la ley 179 FN, que constituyen dos figuras con naturaleza propia y diferenciada, y que, por lo tanto, provocan efectos potencialmente distintos. A continuación, analizaremos cada una de ellas:

A. Pactos sucesorios sin transmisión actual de bienes

En esta modalidad de pactos, la obligación del instituyente u ordenante implica que, habiendo celebrado un contrato sucesorio en el que ha nombrado a un heredero contractual, no puede designar a otro heredero a menos que el designado inicialmente renuncie a su condición. Además, tampoco podría, sin contar con el consentimiento de éste, transmitir por título lucrativo bienes o derechos a otras personas[549]. De este modo, el instituyente conserva-

---

Efectos, Ley 180 Derecho de transmisión, Ley 181 Cláusulas de sustitución, Ley 182 Revocación y modificación y Ley 183 Promesa de nombrar heredero», cit., p. 263.

547 *Ibid.*, pp. 262-263.

548 Da cuenta de ello J. L. MEZQUITA DEL CACHO, «Título IV. De los pactos o contratos sucesorios (leyes 172 a 183)», cit., p. 753.

549 Este tipo de pactos contienen simples llamamientos a la sucesión futura de una persona, y se hallan muy próximos a los testamentos (salvo en la irrevocabilidad), sobre todo a los de hermandad.

rá la propiedad de sus bienes hasta el momento de su fallecimiento, pero no podrá disponer de ellos a título lucrativo sin consentimiento del instituido.

La posición del instituido es, pese a la señalada irrevocabilidad, la menos firme, por cuanto el efecto principal en su favor es el de la seguridad jurídica de un nombramiento que ya no puede frustrar el instituyente a su arbitrio[550]. Por ello se establece que los pactos sucesorios sin transmisión actual de bienes confieren únicamente la cualidad de heredero contractual, cualidad que será inalienable e inembargable. Sin embargo, la sucesión contractual así ordenada no deparará al instituido la titularidad actual de los bienes de que el ordenante haya dispuesto onerosamente ni los que les hubiesen sustituido por subrogación real, en su caso[551].

Con este tipo de pacto sucesorio se elimina, por tanto, la facultad de disponer a título lucrativo[552] del instituyente, salvo que el instituido lo consienta[553]. En cambio, para realizar actos de disposición de los bienes cuya propiedad conserva a título oneroso, esta ley no establece ningún tipo de limitación, sin

---

550 J. NAGORE YÁRNOZ, «Título IV De los pactos o contratos sucesorios, Capítulo II Disposiciones especiales sobre pactos de institución, Ley 178 Irrevocabilidad, Ley 179 Efectos, Ley 180 Derecho de transmisión, Ley 181 Cláusulas de sustitución, Ley 182 Revocación y modificación y Ley 183 Promesa de nombrar heredero», cit., p. 266.

551 Según Mezquita del Cacho la sucesión contractual sin transmisión actual de bienes constituye una categoría que, por la seguridad jurídica que tienen sus efectos de futuro trasvase patrimonial por causa de muerte y las consiguientes expectativas de los beneficiarios designados, constituye, junto con el testamento de hermandad, la donación *mortis causa*, el usufructo de disposición y el fideicomiso de residuo, un ambiguo grupo de figuras de transición y transacción entre la sucesión voluntaria unilateralmente ordenada y otro grupo de figuras formado, por un lado, por las donaciones entre vivos en general y las universales, y por otro lado, por el nombramiento o institución contractual de heredero que incorpore transmisión actual de bienes. J. L. MEZQUITA DEL CACHO, «Título IV. De los pactos o contratos sucesorios (leyes 172 a 183)», cit., pp. 752-753.

552 Al respecto de este tema no hay que perder de vista que esta prohibición legal de disponer bienes a título lucrativo abarca también las formas simuladas de enajenación onerosa que pretendan en realidad encubrir donaciones, terreno en el que podemos encontrarnos con casos problemáticos, debido a la existencia de figuras intermedias en las que no es sencilla la distinción entre lo oneroso y lo lucrativo, tales como compraventas o permutas amistosas, donaciones onerosas o remuneratorias, en las que haya clara desproporción entre el valor de los servicios impuestos o recompensados o entre el de las cargas modales establecidas a favor del donante y el valor del bien donado.

553 Las disposiciones a título lucrativo efectuadas por el instituyente sin el consentimiento del instituido son nulas conforme a lo dispuesto en la ley 19 FN ("son nulas las declaraciones de voluntad... que estén prohibidas por la ley"), correspondiendo la legitimación para el ejercicio de la acción de nulidad al instituido y sus causahabientes, incluso en vida del instituyente.

perjuicio de que el instituyente pueda imponérselas a sí mismo, claro está, en el ejercicio de su libertad civil.

Llevado al ámbito de la sucesión de la empresa familiar, piénsese en aquel promotor que decide otorgar pacto sucesorio en el que lega las participaciones o acciones de su negocio a aquel de sus descendientes que está asumiendo el liderazgo de la compañía con el claro objetivo de generar confianza y seguridad en éste. Si bien no existe una transmisión actual de los títulos, y el empresario mantiene el control sobre la sociedad y continúa percibiendo sus frutos en forma de dividendos, el descendiente instituido como sucesor tendrá la seguridad de que la empresa no será transmitida a título lucrativo a ninguno de sus hermanos o personas próximas a su progenitor. Dicho progenitor sí que podrá disponer de la empresa a título oneroso, pero esto no suele ser lo más habitual cuando existe ya un miembro de la familia que se considera capacitado para asumir el relevo.

Por último, es preciso mencionar la ley 183, referente a la "promesa de nombrar heredero", que se remite a la disposición relativa a los pactos sucesorios sin transmisión actual de bienes de la ley 179 en relación a sus efectos.

B. Pactos sucesorios con transmisión actual de bienes

Tal y como señala el párrafo segundo de la ley 179, en los pactos sucesorios con transmisión actual de bienes "el instituyente podrá reservarse la facultad de disponer por cualquier título o sólo por título oneroso. Los actos de disposición no reservados serán nulos sin el consentimiento expreso del instituido y sus causahabientes, incluso en vida del instituyente".

Se trata de contratos de institución de heredero con una donación adjunta, lo que da lugar a un negocio mixto de *institutio heredis* y *donatio bonorum* cuyo otorgamiento produce, desde ese mismo momento, una transmisión patrimonial[554].

En estos pactos sucesorios se distinguen dos variantes, según sean con transmisión inmediata solo de la nuda propiedad y reserva del usufructo vitalicio a favor de los donantes o, por el contrario, con transmisión actual del pleno dominio. Ahora bien, en ambos casos la transmisión patrimonial se halla condicionada o restringida por razón de ciertas reservas a favor de los

---

554 J. GARCÍA-GRANERO FERNÁNDEZ, «Título IV De los pactos o contratos sucesorios, Capítulo I Disposiciones Generales, Ley 172 Concepto, Ley 173 Capacidad, Ley 174 Forma, Ley 175 Pactos contenidos en capitulaciones y Ley 176 Interpretación e integración», cit., pp. 228-229.

donantes[555], o por limitaciones o prohibiciones de disponer o, finalmente, por cargas modales impuestas al donatario. La reserva con la que ha sido, y aún hoy es contemplada esta modalidad de pactos sucesorios que conllevan una donación adjunta (al entenderse que pueden llevar a un estado de desposesión patrimonial tal en el instituyente o instituyentes que suponga una real anulación de la voluntad) carece de sentido cuando se constata que no se da tal desposesión total de recursos por parte de los donantes-instituyentes, no tanto por la acción reductora que nace de no haberse reservado el donante bienes suficientes para atender a sus necesidades (ley 159 FN), sino sobre todo por la posibilidad (muy practicada en Navarra) de que los instituyentes-donantes se hayan reservado ciertos derechos o poderes de disposición, o hayan establecido limitaciones o prohibiciones de disponer, o cargas modales al instituido-donatario. Estas reservas y cláusulas[556] están reguladas en términos muy amplios en la compilación, pues este tipo de contratos pueden contener

---

555 Mezquita del Cacho señala que, si bien la razón de ser de estas reservas sobre disposiciones a título oneroso fue, en los tiempo de máxima vigencia de la institución de la Casa casi como patrimonio afectado a un fin económico y familiar, el principio de unidad y pervivencia de la misma, en la actualidad, en que la institución de la Casa ha perdido notoriedad, estas reservas apuntan a otras finalidades como planes de pensiones, rentas vitalicias u otras previsiones para seguros o para coberturas asistenciales.
J. L. Mezquita del Cacho, «Título IV. De los pactos o contratos sucesorios (leyes 172 a 183)», cit., p. 756.

556 Los pactos más usuales en la práctica jurídica navarra son:
Reserva de usufructo, pues se transmite la nuda propiedad de los bienes donados con derecho a consolidar el pleno dominio una vez extinguido el usufructo que los donantes se reservan vitaliciamente.
Reserva de libre disposición. Esta cláusula relativa a la reserva es frecuente que se incorporé a favor de los instituyentes, para que éstos puedan disponer de los bienes futuros, o de los presentes que no estén comprendidos en el rolde o inventario de los bienes donados, o de ciertos bienes presentes, o, por último, de algunas cantidades con cargo al patrimonio de la *Casa*. Aun cuando la donación fuere universal de bienes presentes y futuros, la adquisición de estos últimos por el donatario no es inmediata ni automática, sino que tiene lugar tan solo al fallecimiento del donante (ley 123.2), precepto que viene a presumir que, en cuanto a los bienes futuros, la donación lleva implícita una reserva vitalicia del dominio a favor del donante, que por sí solo podrá disponer *inter vivos* y a título oneroso, pero nunca a título lucrativo, sea *inter vivos o mortis causa*, en términos que impliquen contravención o fraude de la institución universal establecida en el nombramiento de heredero y donación.
Reserva sobre entierro y funerales, es decir, la reserva expresa, bastante frecuente, de que los donantes puedan ordenar en testamento lo relativo a entierro y funerales y que, en defecto de tal disposición, el heredero instituido vendrá obligado a costearlos "conforme al uso del lugar y según corresponda al nivel económico familiar", previsión que, si bien en sede de donaciones «Donaciones para la familia y para la unidad y continuidad del patrimonio familiar», contiene la ley 123.6 FN.

cualesquiera disposiciones *mortis causa*, con las sustituciones, modalidades, reservas, cláusulas de reversión, cargas y obligaciones que los otorgantes establezcan.

El empresario-instituyente podrá, en estos supuestos, otorgar pacto sucesorio en el que transmita en ese momento las acciones o participaciones —de forma que perderá su condición de propietario sobre las mismas, ya sea conservando o no el usufructo— al progenitor elegido para sucederle en la empresa, pudiendo reservarse o no la facultad de disponer por título oneroso o lucrativo. Las facultades que se reserve el progenitor instituyente determinarán la seguridad que sobre la propiedad del patrimonio empresarial tendrá el sucesor instituido.

7.3.4. Clases de pactos sucesorios. De institución de heredero, de renuncia y dispositivos de la herencia de un tercero

Además de los pactos de institución, se contemplan expresamente en la versión actualizada y reformada del Fuero Nuevo, reubicando con mejor sistemática los que en el texto de 1973 aparecían dispersos a lo largo de la compilación, los "pactos de no succedendo" (renunciativos o de renuncia a la sucesión). Así, bajo la rúbrica "Renuncia a la herencia futura. Forma" se dispone que "Es válida la renuncia o transacción sobre herencia futura siempre que se otorgue en escritura pública" (ley 156 FN). En tal caso, el renunciante quedará excluido de la sucesión deferida por la Ley; no obstante, podrá aceptar las disposiciones que en su favor ordenare el causante (ley 157 FN).

Reserva sobre prohibición de disponer. Cuando los donantes transmiten al donatario la nuda propiedad y se reservan de forma vitalicia el usufructo, aunque parezca contrario a la estricta técnica jurídica según la cual cada uno de ellos podrían por sí solos disponer sus respectivos derechos, en la práctica no es así, como lo corroboran muchas escrituras en Navarra, pues los donantes (en la terminología jurídica navarra, "amos viejos o dueños" de la Casa) son siempre en vida "señores, mayores y poderosos de sus heredades", lo que encierra una potestad familiar en cuanto al régimen y ordenación del entramado personal y patrimonial de la Casa que impone la exigencia del concurso y consentimiento de donantes y donatarios para la realización de actos de disposición y gravamen, como consagra el número 11 de la ley 123 FN: "Si se hubiere pactado la convivencia entre donatarios y donantes, reservándose éstos el usufructo de los bienes donados, ninguno de ellos sin consentimiento de los otros podrá enajenar la nuda propiedad ni ceder el disfrute ni gravar sus respectivos derechos".

J. GARCÍA-GRANERO FERNÁNDEZ, «Título IV De los pactos o contratos sucesorios, Capítulo I Disposiciones Generales, Ley 172 Concepto, Ley 173 Capacidad, Ley 174 Forma, Ley 175 Pactos contenidos en capitulaciones y Ley 176 Interpretación e integración», cit., pp. 230-236.

Es decir, que dentro de la categoría legal genérica de pactos o contratos sucesorios en Navarra se incluyen, además de los pactos de institución o modificativos ("pactos de *succedendo*"), los pactos renunciativos o abdicativos ("pactos de *non succedendo*") y los pactos dispositivos de la herencia futura a un tercero ("de hereditate tertii").

La doctrina navarra hace referencia en su observación de la realidad práctica de la sucesión contractual a la diferencia entre los pactos sucesorios *puros*[557] y los negocios jurídicos *mixtos* (conexos con otros actos jurídicos), que se instrumentan con frecuencia mucho mayor que aquéllos: la figura consuetudinaria navarra de la donación *propter nuptias* (ahora, «donaciones para la familia y para la unidad y continuidad del patrimonio familiar») es casi siempre un negocio mixto de una donación de bienes y una institución de heredero, de forma que, al acto principal de designación contractual de heredero, se adiciona un negocio jurídico que, en cierta medida, anticipa la transmisión sucesoria, es decir, una donación *inter vivos*, que puede ser universal de todos los bienes presentes y futuros o solo de aquéllos, y que, según los casos, contiene o no reservas de usufructo u otros derechos vitalicios así como reserva de libre disposición en cuanto a determinados bienes. De este modo, no quedan diferidos todos los efectos del contrato sucesorio (a pesar de su naturaleza de negocio *mortis causa*) al momento de la muerte del instituyente, como mencionan algunos autores, pues algunos claramente se anticipan a este momento y tienen lugar en vida del mismo.

7.3.4.1. Pactos de institución de heredero ("pactos de succedendo"): el sucesor de la empresa familiar

En Navarra, la regulación del contenido de los pactos de institución se hace con detalle en el capítulo II del título IV con la rúbrica "Disposiciones especiales sobre pactos de institución". La ley 177 FN establece lo siguiente: "Los pactos sucesorios pueden contener cualesquiera disposiciones *mortis causa* a favor de los contratantes, de uno de ellos o de tercero, a título universal o singular, con las sustituciones, modalidades, reservas, cláusulas de reversión, cargas y obligaciones que los otorgantes establezcan. La institución podrá hacerse determinando en el propio pacto las personas llamadas a la herencia o estableciendo las reglas conforme a las cuales debe ésta deferirse en lo futuro

557 Instituciones recíprocas en un mismo instrumento, y de modo irrevocable, entre marido y mujer como únicos y universales herederos; pacto irrevocable entre cónyuges disponiendo la ordenación conjunta de sus respectivas sucesiones *mortis causa* sin intervención alguna de los llamados a estas herencias; o, con la mayor frecuencia en la praxis notarial, escrituras de renuncia de herencia futura sin contener el propio acto entrega de dotación o compensación económica alguna al renunciante.

o delegando en una o más personas la facultad de ordenar la sucesión. Los pactos de institución pueden asimismo implicar simples llamamientos a la sucesión o contener también transmisión actual de todos o parte de los bienes".

En referencia a este último párrafo, anticipo de la ley 179 FN, una particularidad que define y singulariza especialmente el pacto de institución navarro, es que, como hemos visto, en Navarra los efectos del pacto sucesorio no tienen por qué diferirse en todo caso al momento de la muerte del causante, haciendo nacer en algunos casos para instituido e instituyente una situación jurídica generadora de efectos *inter vivos* cuando se articula un negocio *mixto* de «donación para la familia y para la unidad y continuidad del patrimonio familiar» e institución contractual, que limita las facultades de libre disposición del instituyente (además de la procedencia del derecho de transmisión a favor de los descendientes del heredero instituido que premuere al instituyente).

La ley 160 del Fuero Nuevo aprobado por Ley Foral 21/2019, bajo la rúbrica "Donaciones universales", establece que "Las donaciones universales sólo serán válidas cuando se hagan por razón de la unidad y continuidad del patrimonio o empresa familiar y de la Casa (...)". A estas donaciones se aplicará lo dispuesto en las leyes 121, 123 y 128, y deberán otorgarse en la forma prevista en la ley 122 en sede de donaciones «donaciones para la familia y para la unidad y continuidad del patrimonio familiar».

En definitiva, el empresario puede utilizar esta vía como instrumento de salvaguarda de la unidad y continuidad del patrimonio o empresa familiar y de la Casa, siempre que se formalice *ad solemnitatem*, obteniendo el donatario o donatarios universales la motivación e incentivo que supone, ya no solo saberse heredero en vida (con efectos de irrevocabilidad), sino ejercer anticipadamente dichas responsabilidades, generalmente junto al empresario instituyente y bajo su dirección, dotando al proceso sucesorio de continuidad, transparencia, motivación y seguridad.

7.3.4.2. Pactos de no suceder ("pactos de non succedendo"): la renuncia a la sucesión de la empresa familiar

El pacto renunciativo o abdicativo ("pactum de *non succedendo*") puede ser definido[558] como aquel por el cual un heredero presunto conviene con el *de cuius* la renuncia formal e irrevocable a los derechos que, por disposición le-

[558] J. GARCÍA-GRANERO FERNÁNDEZ, «Título IV De los pactos o contratos sucesorios, Capítulo I Disposiciones Generales, Ley 172 Concepto, Ley 173 Capacidad, Ley 174 Forma, Ley 175 Pactos contenidos en capitulaciones y Ley 176 Interpretación e integración», cit., p. 147.

gal o voluntaria (testamentaria o contractual) pueden corresponder al renunciante en la futura sucesión *mortis causa* del propio causante. Renuncia que no es un acto unilateral del renunciante, sino un verdadero pacto o contrato entre éste y el instituyente, que será revocable en tanto no conste la aceptación del causante[559].

A diferencia de los pactos de institución, los pactos renunciativos no tienen sede sistemática propia en el Fuero Nuevo. Sin embargo, se encuentran regulados, aparte de en las «Disposiciones generales», contenidas en el Capítulo I, que se aplican a todos los pactos sucesorios, en otros lugares del Fuero Nuevo: concretamente, los que abordaban la posibilidad de la autoexclusión de la sucesión legal (leyes 155,156 y 301 FN), la renuncia de los derechos derivados de la reserva del bínubo (ley 276 FN) y los que se refieren a la renuncia al usufructo de fidelidad (ley 253 FN).

Los pactos de renuncia a la herencia futura se regulan en la redacción actualizada y reformada del Fuero Nuevo expresamente bajo la rúbrica "Renuncia a la herencia futura. Forma", según la cual "Es válida la renuncia o transacción sobre herencia futura siempre que se otorgue en escritura pública" (ley 156). A continuación, la ley 157 contempla el efecto[560] fundamental de la renuncia sobre herencia futura: la exclusión de la sucesión legal, que se reitera en la ley 301 que, bajo la rúbrica "Personas excluidas" establece que "Quedan excluidas de la sucesión legal las personas que hubieren renunciado a su derecho, tanto en vida del causante como después de la muerte de éste". No obstante, la ley 157 añade que el renunciante "podrá aceptar las disposiciones que en su favor ordenare el causante"[561].

---

559 Solución que viene impuesta por aplicación analógica de la doctrina legal sobre las donaciones *inter vivos* (ley 161 FN).
Ibid., nota 15.

560 Y sobre esta base, García Granero precisa con detalle las consecuencias jurídicas de la renuncia en el orden legal de los llamamientos sucesorios:
a) Si los renunciantes fueren sólo uno o varios de entre los llamados a suceder, la exclusión del renunciante producirá un incremento cuantitativo en las cuotas de los restantes o, en su caso, del único heredero restante (ley 314);
b) Si los renunciantes son todos los herederos que constituyen un orden determinado de llamamientos, al no haber lugar a los derechos de representación y de acrecer, resultarán llamados a la sucesión los herederos del siguiente orden legalmente establecido, según se trate de bienes no troncales (ley 304) o troncales (ley 307).
c) En cualquier caso, y salvo pacto en contrario, la renuncia a la herencia futura se entiende circunscrita a la sucesión legal y no se hace extensiva a la sucesión voluntaria (ley 156).
Ibid., pp. 162-163.

561 Barrón Arniches, entiende que, si bien el principio básico de libertad civil (ley 7 FN) del ordenamiento navarro ampara cualquier tipo de acuerdos sucesorios entre parti-

Por lo tanto, la renuncia vincula a sus efectos, tanto al renunciante, como a sus causahabientes a título legal o voluntario, frente al causante y a los herederos testamentarios o legales de este. Sin embargo, no vincula al propio causante que, conforme al segundo inciso de la ley 157 podrá ordenar disposiciones lucrativas de cualquier orden a favor del renunciante, y este, aceptarlas. Es decir, el primer inciso implica la renuncia a la sucesión legal, que comprende únicamente la prevista por la ley para cuando no sea dispuesta ninguna voluntaria y la legítima foral que, como hemos visto, carece de contenido patrimonial[562].

Se predican igualmente de estos pactos renunciativos las notas características de actos *mortis causa*[563], bilaterales, formales e irrevocables[564], el objeto de los cuales es una sucesión futura o no abierta, y que pueden tener por objeto cualesquiera derechos sobre la herencia: legítimas, derechos de sucesión legal y derechos de suceder por testamento o en virtud de contrato, tanto a título universal como particular.

En congruencia con el principio de válida renunciabilidad de los derechos de la ley 9 FN, en el ordenamiento navarro no hay excepciones ni restriccio-

---

culares, incluidos los renunciativos, estos resultan superfluos e innecesarios. El único sentido que atribuye a las leyes 156 y 156 FN es el de "elaborar un régimen jurídico completo de la sucesión paccionada", que dote de coherencia interna al sistema sucesorio del Fuero Nuevo.

P. DE BARRÓN ARNICHES, «La legítima y el pacto de Non Succedendo en el Derecho Foral de Navarra», cit., p. 232.

562 A. PANIZA FULLANA, «Título I. Principios fundamentales (leyes 148 a 157)», en *Comentarios al Fuero Nuevo: compilación del Derecho Civil Foral de Navarra*, Thomson Reuters Aranzadi, 2020, p. 680.

563 Si bien aquí la *contemplatio mortis* tiene distinto significado que en los pactos de institución, pues el renunciante renuncia a un derecho propio, "no ya para la época de su propia muerte sino para la época de la muerte del otro contratante, por lo que pierde sus derechos limitadamente a aquella particular herencia renunciada, en cuando que será deferida" (García Granero). No obstante lo cual, no deja de producir efectos la renuncia aún antes del momento de esa apertura, ya que, desde el mismo momento de ser otorgado el contrato (de renuncia), el renunciante queda apartado o excluido de la futura sucesión.

564 El pacto renunciativo, al igual que el resto de pactos sucesorios, es irrevocable. Pero la revocabilidad únicamente afecta al renunciante, no al causante, que puede disponer libremente de su herencia en favor de quien hizo la renuncia.

J. GARCÍA-GRANERO FERNÁNDEZ, «Título IV De los pactos o contratos sucesorios, Capítulo I Disposiciones Generales, Ley 172 Concepto, Ley 173 Capacidad, Ley 174 Forma, Ley 175 Pactos contenidos en capitulaciones y Ley 176 Interpretación e integración», cit., p. 161.

nes sobre lo que cabe contractualmente renunciar en el plano sucesorio[565]. Es renunciable en Navarra a través de pacto o contrato sucesorio tanto la herencia voluntaria, ya sea testamentaria o contractual, como la sucesión legal, en cuyo caso, como hemos visto, la renuncia a la sucesión futura no se extiende a la sucesión voluntaria ya otorgada ni impedirá aceptar al renunciante disposiciones que haga a su favor el mismo causante después de la renuncia.

Incluso puede renunciarse de forma anticipada por pacto a la legítima foral, aún carente de contenido material exigible y siendo puramente formal[566], en cuyo caso excusa de esta mención formal e impide la impugnación del testamento por causa de preterición. Además, también cabrá la renuncia a los derechos derivados de la reserva del bínubo mediante convenio entre todos ellos y el bínubo y de conformidad con el principio de libertad (ley 276) o la renuncia preventiva del usufructo del viudo en escritura anterior o posterior al matrimonio prevista en la ley 253 FN[567].

En cuanto a la forma, la jurisprudencia[568] ha seguido el criterio de que la escritura pública notarial se exija *ex lege* con la calidad de forma constitutiva

---

565 J. L. Mezquita del Cacho, «Título IV. De los pactos o contratos sucesorios (leyes 172 a 183)», cit., p. 735.

566 A pesar de ello coincidimos con García Granero cuando considera que, si bien es cierto que la renuncia de herencia futura tiene escasa trascendencia en relación a la legítima foral navarra, de contenido puramente formal y sin ningún contenido material exigible por los herederos forzosos, en ningún modo pueden derivase las consecuencias que extrae De Barrón Arniches cuando afirma que dicha institución no es necesaria en Navarra "por la inexistencia de una legítima material de la que los legitimarios puedan desprenderse" y que "de hecho, no se practica habitualmente en esta región", por lo que concluye en la innecesariedad de la regulación de los pactos renunciativos en el seno de la absoluta libertad de testar de que gozan los navarros. Como afirma en este punto García Granero, Notario de intensa trayectoria en nuestra región foral, "estas palabras evidencian ignorancia de la práctica consuetudinaria sobre los *pacta de non succedendo,* los cuales, desde hace siglos, rara vez dejan de figurar en las capitulaciones matrimoniales, las entregas de dotes y dotaciones y otras escrituras públicas y que tienen por objeto los derechos que al renunciante pudieren corresponder en la herencia del dotante y, en general, en la Casa nativa".
P. de Barrón Arniches, «La legítima y el pacto de Non Succedendo en el Derecho Foral de Navarra», cit., p. 232; J. García-Granero Fernández, «Título IV De los pactos o contratos sucesorios, Capítulo I Disposiciones Generales, Ley 172 Concepto, Ley 173 Capacidad, Ley 174 Forma, Ley 175 Pactos contenidos en capitulaciones y Ley 176 Interpretación e integración», cit., pp. 155-156.

567 Respecto al usufructo de viudedad, sólo su renuncia preventiva, en escritura anterior o posterior al matrimonio prevista en la ley 253 es verdadero pacto sucesorio renunciativo de sucesión futura; y no la referida en la ley 261.2, que es renuncia extintiva a la sucesión en tal derecho, ya adquirida o al menos diferida.

568 La SAP de Navarra 144/2006 de 20 noviembre de 2006, interpretando la anterior ley 155, cuyo contenido coincide con la vigente ley 156, considera que para que sea

ad substantiam et solemnitatem para toda renuncia de herencia, futura o ya deferida. La escritura pública no es presumible *iuris et iure*, sino solo *iuris tantum*, que el notario ha efectuado su función con la debida enjundia. Por lo tanto, en el supuesto de impugnación, el Tribunal no puede ni debe abstenerse y considerar incuestionable toda escritura, que habrá podido verse afectada por algún vicio de consentimiento en la voluntad[569].

La renuncia a la sucesión voluntariamente deferida puede tener por objeto derechos sucesorios que, a título universal o particular, estén atribuidos al renunciante en actos de ordenación por causa de muerte, bien sean donaciones *mortis causa*, contratos sucesorios, etc., pero carecería de sentido si tuviera por objeto derechos establecidos en actos de última voluntad libremente revocables como testamentos, codicilos o memorias testamentarias otorgadas por una sola persona, y solo lo tendría respecto de los contratos sucesorios o los testamentos mancomunados o de hermandad, que no pueden ser revocados *ad nutum* por uno solo de los otorgantes[570].

---

válida la renuncia, ha de ser expresa, indubitable y constar en escritura pública. E implícito a todo ello, que sea personal y esté exenta de vicios de la voluntad.

569 A. PANIZA FULLANA, «Título I. Principios fundamentales (leyes 148 a 157)», cit., p. 677.

570 Y, más en concreto, la renuncia anticipada de un legado establecido en contrato sucesorio, testamento u otro acto de última voluntad, dejará sin efecto el legado.
En la hipótesis de pluralidad de herederos instituidos, sea en pacto sucesorio o en testamento, si sólo uno o varios renunciaren, se producirá el acrecimiento en beneficio de los restantes coherederos o, en su caso, a favor del único heredero restante (ley 312 FN).
En el caso de renuncia al nombramiento de heredero único previamente instituido en contrato sucesorio, este contrato quedará sin efecto alguno y, en consecuencia, el instituyente, o instituyentes si fueren varios, recobran plena libertad para disponer y poder efectuar nuevo nombramiento de heredero (ley 182 FN).
Un efecto similar se producirá cuando renunciare el heredero único instituido por los cotestadores en testamento de hermandad que, por fallecimiento de cualquiera de ellos, hubiere devenido irrevocable para el supérstite, pues éste, a consecuencia de tal renuncia, quedará en libertad para testar nuevamente y nombrar otro heredero.
Finalmente, de acuerdo con García Granero, entendemos que la renuncia puede referirse también a la posibilidad de que el renunciante sea instituido conforme a un llamamiento sucesorio colectivo pendiente aún de concreción o determinación. Como ejemplo en este sentido, cita el autor navarro un pacto sucesorio por el que se establezca que uno de los hijos del matrimonio que es causa de la donación universal *propter nuptias* será instituido único heredero de la Casa, nombramiento que efectuarán ambos cónyuges de común acuerdo, o sólo el sobreviviente por sí y como fiduciario-comisario del premuerto, o en caso de fallecimiento de ambos, los más próximos Parientes Mayores. En el caso de que ninguno de los hijos desee entroncarse y casar para vivir en la Casa, no es infrecuente que todos los hijos renuncien conjuntamente y de modo irrevocable al derecho de cualquiera de ellos a ser instituido heredero úni-

Los pactos renunciativos generalmente suelen ir ligados a otros actos que producen inmediatos efectos *inter vivos*, como por ejemplo, las entregas de dotaciones al hijo o hija que sale de la *Casa* familiar para vivir una vida independiente o casarse o vincularse en unión no matrimonial con otra persona, en las cuales el mismo instrumento o carta de pago de la dotación suele contener la renuncia irrevocable por parte del dotado a todos los derechos que pudieran corresponderle en la herencia paterna y materna o a cualesquiera otros derechos en la *Casa*.

7.3.4.3. Pactos dispositivos de la herencia futura a un tercero ("de hereditate tertii")

Los pactos dispositivos de herencia futura a un tercero se regulan, aunque de manera concisa, en el último párrafo de la ley 172, al exigir que en ellos se dé el consentimiento del potencial causante. Como consecuencia de esta concisión y brevedad, la regulación de estos pactos deberá ser interpretada a través de la costumbre y, supletoriamente, de las normas generales del fuero sobre el conjunto de los actos de última voluntad (ley 176).

García Granero[571] admite que la doctrina es prácticamente unánime en considerar que los pactos dispositivos sobre herencia de un tercero no son pactos sucesorios en el sentido propio del término, sino que deben ser consideramos como pertenecientes al Derecho de obligaciones. Este autor, sin embargo, defiende el criterio sistemático empleado por el Fuero Nuevo cuando existe consentimiento del causante, solución inspirada en el derecho justinianeo, en Las partidas y en el Código suizo, y por reunir estos pactos las características esenciales —actos *mortis causa*, cuyo objeto es la herencia futura, de naturaleza bilateral o contractual, y habitualmente, de carácter irrevocable— de los contratos sucesorios.

7.3.5. La regulación civil navarra de la delación contractual y su virtualidad al servicio de la conservación y transmisión indivisa de empresas familiares

Hace ya tres décadas, la Comisión Europea en su Recomendación de 7 de diciembre de 1994, sobre la transmisión de las pequeñas y medianas em-

---

co, con lo cual dejan sin efecto tal llamamiento sucesorio vinculante y los cónyuges quedan liberados de tal condicionamiento y pueden disponer con absoluta libertad. J. García-Granero Fernández, «Título IV De los pactos o contratos sucesorios, Capítulo I Disposiciones Generales, Ley 172 Concepto, Ley 173 Capacidad, Ley 174 Forma, Ley 175 Pactos contenidos en capitulaciones y Ley 176 Interpretación e integración», cit., pp. 164-165.

571 *Ibid.*, pp. 118-119 y 165-166.

presas, y las recomendaciones del Foro sobre transmisión de empresas (The European Forum on the Transfer of Business) celebrado en Lille en 1997, venían recomendando a los Estados miembros la supresión de las prohibiciones legales de los pactos sucesorios, por ser unos instrumentos que facilitan la continuidad de la empresa familiar. Asimismo, en la comunicación de la Comisión Europea sobre la transmisión de las pequeñas y medianas empresas (98/C93/02), publicada en el Diario Oficial de las Comunidades Europeas C93/2, de 28-03-98, se insiste en lo nocivo para la empresa familiar de la prohibición de los pactos sucesorios, y se insta a los estados miembros que los prohíben, entre los que se incluye España, a reflexionar sobre la posibilidad de admitirlos.

Como hemos visto a lo largo de este trabajo, el Código Civil sigue sin admitir este tipo de pactos, aunque la doctrina mayoritaria se muestra partidaria de una reforma legislativa. En territorios como Navarra o Aragón, donde la delación contractual ha gozado de una tradición consolidada, el cambio del modelo económico que se ha operado sobre todo en la segunda mitad del siglo XX, ha provocado una reducción importante del uso del pacto sucesorio como instrumento para la transmisión del patrimonio familiar[572], si bien sigue siendo una herramienta de gran utilidad cuando este patrimonio está integrado por activos empresariales.

La delación contractual adquiere especial relevancia en el marco de un sistema sucesorio como el navarro caracterizado, entre otras singularidades, por la amplia libertad dispositiva *mortis causa* que se deriva de la ausencia de legítima con contenido material exigible, lo que otorga a la voluntad del ordenante un alcance extraordinariamente amplio a la hora de designar sucesor.

En Navarra han jugado históricamente un papel indiscutible la sucesión paccionada y las donaciones nupciales (otorgadas antes o después de contraídas nupcias) como negocios jurídicos que proporcionan los esquemas idóneos para lograr la finalidad de asegurar la continuidad de la explotación familiar agraria, ganadera, o en general la empresa familiar a través de la designación de un único sucesor. Este sucesor es elegido generalmente de entre los hijos habidos del matrimonio en base a sus cualidades y aptitudes, o por ser aquél que ha mostrado interés en el negocio y ha optado por formarse y capacitarse a lo largo del tiempo para la asunción de la dirección[573].

---

572 A. M. URRUTIA BADIOLA, «La sucesión contractual en Euskadi, Navarra y Aragón. Cuestiones de interés notable», en *El patrimonio sucesorio: reflexiones para un debate reformista*, Dykinson, 2014, p. 1447.

573 En este sentido se pronuncia, entre otros, Font I Segura, en referencia a las potencialidades de la sucesión contractual, que entiende que el pacto sucesorio se trata de un negocio jurídico útil para la transmisión *mortis causa* de la empresa familiar,

Se ha dicho, y con razón, que la institución de la sucesión paccionada que, por su aceptación o rechazo, ha dividido a los ordenamientos jurídicos comparados, ha sido ciertamente "una fórmula de continuidad estable en la explotación de la propiedad inmueble rural a lo largo de las generaciones". Esta estabilidad matrimonial se mantenía como resultado de la voluntad negocial de cada generación, que venía enmarcada en el respeto a unos principios básicos consuetudinarios. Era costumbre que, de entre todos los hijos del matrimonio, uno de ellos fuera el elegido para permanecer, junto a su consorte, en la Casa de sus ascendientes, "sucediéndoles en la dirección de su actividad; lo cual evitaba que se fragmentasen esos patrimonios tan trabajosamente formados, y mermase su ideal rentabilidad productiva"[574].

Trasladando estos esquemas a la realidad actual de una sociedad navarra tecnologizada, en la que las explotaciones agropecuarias, ya minoritarias, conviven con organizaciones empresariales de base familiar en otros sectores de actividad, ha de tenerse en cuenta la virtualidad de la delación contractual para lograr el objetivo de vehiculizar una transmisión sucesoria de la empresa que optimice la designación de sucesor con la garantía de continuidad, conservación y creación de valor a través de las generaciones.

La clave de bóveda del pacto sucesorio como instrumento de sucesión de la empresa familiar es la elección del momento idóneo además de la designación de la persona llamada a asumir el relevo generacional del empresario. Ambos van de la mano: el tiempo es factor clave, pues en muchos casos condiciona la elección de sucesor o sucesores. El pacto sucesorio, por el efecto de irrevocabilidad que lleva aparejado, podría en algunos casos no convenir a los intereses del empresario en los primeros estadios de desarrollo de la organización empresarial, o cuando (por la razón que fuere), no se está en condiciones de designar heredero continuador de la empresa: no hay hijos u otros descendientes, o son aún menores, o no han adquirido aún las condiciones para el ejercicio de las funciones directivas del negocio (o no lo ve así el ordenante), etc. Pero llegado ese momento, adquirida esa certeza, el factor motivacional y la seguridad que proporciona la delación contractual son ambos elementos generadores de múltiples ventajas en varios niveles: por la seguridad y prevención de conflictividad que proporciona en el subsistema familiar el pacto de relevo generacional frente a fórmulas unilaterales y expuestas a la revocabilidad, por el incentivo personal de orden motivacional

---

superando de este modo los problemas que acarrea el testamento para llevar a cabo tal transmisión y las limitaciones intrínsecas del protocolo familiar como instrumento de planificación sucesoria.

A. Font i Segura, «La ley aplicable a los pactos sucesorios», *Indret: Revista para el Análisis del Derecho*, vol. Nº 2, 2009, p. 4.

574 J. L. Mezquita del Cacho, «De los pactos o contratos sucesorios», cit., p. 522.

en el designado como sucesor, por la seguridad preventiva que proporciona dotar a la empresa de un marco firme de planificación de recursos (personales y materiales) con dimensión temporal e incluso por sus beneficios para el tejido empresarial de nuestras sociedades, en su mayoría PYMES, que demandan un marco que otorgue seguridad jurídica a la vez que fórmulas flexibles en un contexto de cambio tecnológico.

De este modo concluimos enumerando las siguientes ventajas de los instrumentos contractuales *mortis causa* cuando de la sucesión de empresas familiares se trata:

Planificación ordenada del fenómeno sucesorio. Otorgado el pacto sucesorio o aceptada la donación de empresa o parte de ella por razón de la familia, se despejan las dudas entre posibles sucesores (generalmente descendientes de primer grado), evitándose conflictos en el seno de la familia. Piénsese en aquellos supuestos en los que el promotor de la sociedad está casado en segundas o posteriores nupcias, y los hijos de su primer matrimonio son los que llevan tiempo incorporados a la actividad empresarial. O aquellos supuestos en los que uno de los hijos del empresario promotor está dedicado plenamente a la actividad de la empresa mientras que otro no ha mostrado ningún tipo de interés. La delación contractual es un excelente remedio para evitar suspicacias y generar confianza y seguridad en estos casos.

Planificación estratégica empresarial. La delación contractual complementa de forma idónea en lo que se refiere a la sucesión de la empresa familiar los protocolos familiares como pactos de organización en los que se prevén cláusulas que los socios se obligan a respetar, dotando de orden y coherencia al conjunto de actividades desarrolladas y de recursos personales, materiales e inmateriales puestos al servicio de la actividad empresarial;

Ejercicio de la autonomía de la voluntad al servicio de la seguridad preventiva. La libertad civil, pese al efecto de irrevocabilidad, se reafirma desde el momento en que normativamente el instrumento capitular o la escritura de donación universal o negocio a través del cual se instrumente la delación contractual permiten, a través de la amplitud y variedad de sus pactos, condiciones y cargas modales, instrumentar al detalle la sucesión a través de previsiones de naturaleza sucesoria, familiar y personal que favorecen la transmisión indivisa de las pequeñas y medianas empresas familiares mediante la designación del continuador de las mismas, pudiendo preverse igualmente estructuras disipativas de los conflictos que pudieran suscitarse y vías alternativas al foro para la resolución de las controversias que se pudieran plantear.

El efecto de estabilidad económica social. Las fórmulas de transmisión contractual de la herencia, anticipando la transmisión de los bienes, dotan de seguridad y confianza a la conservación de empresas y favorecen la generación de confianza y seguridad en un tejido empresarial basado en la pequeña y mediana empresa familiar.

El efecto motivacional en el designado sucesor. El pacto sucesorio, más si es con transmisión actual de bienes como permite el derecho navarro, incentiva personal y profesionalmente al elegido para tal función, máxime ante un futuro cada vez más incierto y cambiante, que exige una continua adaptación y actualización en habilidades y competencias técnicas, económicas y digitales. Saberse designado en vida sucesor, continuador de la empresa o patrimonio familiar, o instituido heredero y ello de forma irrevocable (a través de pactos sucesorios o donaciones universales) puede representar no solo un factor de seguridad ante un futuro sucesorio incierto sino un potente acicate para el adecuado desempeño de una función exigente de las más altas cotas de dedicación y entrega en las complejas sociedades modernas[575].

7.4. LA "CASA" EN DERECHO NAVARRO: PRINCIPIO INTERPRETATIVO PARA EL MANTENIMIENTO DE LA UNIDAD Y CONTINUIDAD DE LA EMPRESA FAMILIAR

El texto original del Fuero Nuevo de 1973, en su ley 48[576] recogía la institución de "La Casa" en los siguientes términos: "La casa, sin constituir persona jurídica, tiene su propio nombre y es sujeto de derechos y obligaciones respecto a las relaciones de vecindad, prestaciones de servicios, aprovechamientos

---

575 Para los donatarios, saberse designados herederos contractuales, con o sin transmisión de bienes, supone ya *per se* un estímulo y aliciente potente de confianza y seguridad en orden a la asunción de responsabilidades de gestión del patrimonio familiar, máxime si tenemos en cuenta la inexistencia de un sistema de porciones legitimarias de contenido material exigible.

576 La ley 48 FN se refiere a la institución, tradicional en Navarra, de la "Casa", como entidad que, sin constituir persona jurídica, tiene su propio nombre y es sujeto de derechos y obligaciones respecto a las relaciones de vecindad, prestaciones de servicios, aprovechamientos comunales, identificación y deslinde de fincas, y otras relaciones establecidas por la costumbre y usos locales, correspondiendo el gobierno de la misma a los denominados "Amos", a los que se encomienda el mantenimiento de su unidad y la conservación y defensa de su patrimonio y nombre.

La Casa es una realidad sociológica y jurídica en Navarra que, en palabras de Salinas Quijada, "enraiza la familia a la tierra, la sujeta, y con la familia, sus costumbres y tradiciones; lo que no sucede con una familia inestable que yendo de un lado para otro pierde toda garantía de perennidad mediante la dispersión y la disolución" y que viene a constituir una unidad de destino con proyección de futuro dotada de una firme voluntad de permanencia, una síntesis orgánica integradora de diversos elementos subjetivos y objetivos; de familia y de patrimonio; de personas, elementos patrimoniales y valores morales —SAP Navarra de 18 de enero de 2000—.

comunales, identificación y deslinde de fincas, y otras relaciones establecidas por la costumbre y usos locales"; y establecía la unidad y continuidad de la casa como principios fundamentales del ordenamiento navarro en la ley 75, que decía así: "En la interpretación de todos los pactos y disposiciones voluntarias, costumbres y leyes se observará el principio fundamental de la unidad de la Casa y de sus explotaciones agrícolas, ganaderas y forestales, así como el de su continuidad y conservación en la familia".

La versión actualizada y reformada del Fuero Nuevo, lejos de relegarla a un segundo plano, recupera el protagonismo de la tradicional institución de "La Casa navarra", que recoge el Título XI, dividiéndose en cinco Capítulos: "La Casa y su transmisión mediante donación ordenada para su unidad y continuidad" (leyes 127 y 128); "De la sociedad familiar de conquistas" (leyes 129 a 133); "De las comunidades familiares" (leyes 134 a 136);"Del acogimiento a la Casa y de las dotaciones" (leyes 137 y 138) y "De los parientes mayores" (leyes 139 a 147).

El contenido de las reformadas leyes 48 y 75 se recoge actualmente en la ley 127 FN, en una redacción más completa que la de sus predecesoras. La ley 127 FN se refiere a la institución de la "Casa Navarra" de la siguiente manera: "La Casa Navarra identifica por su nombre a la comunidad o grupo familiar que la habita o depende de sus recursos y a los bienes que integran su patrimonio en las relaciones de vecindad, prestaciones de servicios, identificación de fincas y otras relaciones establecidas por la costumbre y usos locales y por las normas".

En cuanto a la descripción de los elementos personales y patrimoniales que la integran, si bien la redacción original de la ley 75 FN ya incluía dentro de esta entidad patrimonial, no solo la casa como lugar donde se habita, sino también sus "explotaciones agrícolas, ganaderas y forestales", tras la reforma se adapta su redacción a la nueva economía familiar que, superado su carácter agrícola y ganadero, se extiende al ámbito empresarial industrial y del sector servicios. De esta manera, se refiere expresamente a "la unidad de su patrimonio y el de todas las empresas mediante las que se desarrollen las actividades económicas del mismo".

En Navarra, la Casa ha sido un factor decisivo, no solo para mantener la unidad del patrimonio familiar, sino también para preservar determinados valores y convicciones morales, que históricamente se han arraigado al concepto más tradicional de la familia como grupo humano. Desde esta perspectiva, se ha entendido que junto a los bienes materiales que integran el patrimonio de la Casa, se encuentra otro patrimonio de carácter moral, de mayor importancia, que constituye un conjunto de valores espirituales, de tradiciones y de recuerdos (García Granero)[577]. Este patrimonio moral y cultural de la "Casa Navarra" puede plasmarse en el protocolo familiar dentro del contenido sin fuerza legal o con fuerza moral al que nos referíamos en el capítulo 2.5 y transmitirse así generacionalmente. Entendemos, por tanto, que el protocolo familiar se configura como el instrumento idóneo para cumplir con esta importante función.

La casa es considerada como un ente unitario integrado por un conjunto de personas y un patrimonio, bajo el que subyace la existencia de relaciones familiares que son consustanciales a ella. En este contexto, el principio de unidad y continuidad de la Casa resulta fundamental al objeto de mantener la permanencia de los bienes vinculados a esta. Tal como señala la STSJ de Navarra de 13 de febrero de 2018[578], con cita de la doctrina contenida en la dictada por el mismo Tribunal en fecha de 17 de marzo del 2004[579]: "el principio de unidad de la Casa que comprendía la arraigada preocupación por la pervivencia de la familia y la conservación y continuidad de su patrimonio en ella, es un principio básico común a la generalidad de las instituciones civiles forales surgidas en torno al modelo familiar troncal, latente en su regulación legal y en los usos y costumbres que han inspirado su desarrollo en capitulaciones y pactos sucesorios".

Este principio se manifiesta, como señaló en su momento García Granero y recoge nuevamente Pérez de Ontiveros Baquero[580], en un doble sentido: por un lado, como elemento creador de diversas instituciones jurídicas genuinamente forales; y, por el otro, como principio interpretativo de todos los pactos y disposiciones voluntarias relacionadas con la Casa, y de las costumbres y leyes que le sean de aplicación.

Podemos encontrar una clara referencias a este doble aspecto en el que se manifiesta el principio de la unidad y continuidad de la casa y su conservación en la familia en Derecho navarro en la STSJ de Navarra de 31 de octubre de 1991[581]. En el fundamento tercero de esta sentencia se destaca el valor de este principio como elemento inspirador de determinadas instituciones jurídicas propias de Navarra, y destaca, asimismo, el alcance de la anterior ley 75 como norma interpretativa. De esta manera, el tribunal resalta su importan-

---

577 M. C. Pérez de Ontiveros Baquero, «Título XI. La Casa navarra. Capítulo I (leyes 127 y 128)», en *Comentarios al Fuero Nuevo: compilación del Derecho Civil Foral de Navarra*, Thomson Reuters Aranzadi, p. 568.

578 STSJ de Navarra 2/2018 de 13 de febrero de 2018.

579 STSJ de Navarra de 17 de marzo del 2004.

580 M. C. Pérez de Ontiveros Baquero, «Título XI. La Casa navarra. Capítulo I (leyes 127 y 128)», cit., p. 571.

581 STSJ de Navarra de 31 de octubre de 1991. En similares términos se pronuncia la STSJ de Navarra 10 de diciembre de 1991.

cia como criterio hermenéutico, señalando expresamente lo siguiente: "Es principio del Derecho navarro el referente al mantenimiento de la unidad del patrimonio de la familia que comporta la conservación del patrimonio y solar familiar, recogido ya en el Fuero de Navarra y la Novísima Recopilación de Navarra, y reconocido por la doctrina de la Audiencia de Pamplona y del Tribunal Supremo, recogido ya en la Sentencia de la Sala 1.º de 28 de Mayo de 1928. Este principio de mantenimiento de la familia troncal navarra tendente a la conservación del patrimonio familiar indiviso mediante diversas (...) ha permitido la existencia de explotaciones agrícolas y ganaderas en condiciones aptas para el mantenimiento de la economía navarra, y cuya pervivencia no va en contra de la situación presentada tras la incorporación a la Comunidad Económica Europea (...). El principio del mantenimiento del patrimonio familiar y de la unidad de la Casa que venimos expresando queda plasmado en la Ley 75 del Fuero Nuevo, que abriendo la Rúbrica del Título VII sobre los principios fundamentales del régimen de bienes en la familia, indica que el principio de unidad de la Casa, y por tanto de la conservación y mantenimiento del patrimonio familiar, es principio de interpretación de pactos, contratos y leyes a ello atinentes, de donde se deriva que, aun cuando no se trata de norma de aplicación directa y que requiere un equilibrado y ponderado análisis, no deja de ser cierto que supone norma de interpretación de las instituciones jurídicas que afecten al régimen de bienes en la familia".

De la misma manera, la STSJ de Navarra 9/2004 de 17 de marzo, manifiesta que: "El principio de 'unidad de la Casa', que compendia la arraigada preocupación por la pervivencia de la familia y la conservación y continuidad de su patrimonio en ella, es un principio básico común a la generalidad de las instituciones civiles forales surgidas en torno al modelo familiar troncal, latente en su regulación legal y en los usos y costumbres que han inspirado su desarrollo en capitulaciones y pactos sucesorios. En cuanto tal, la unidad de la Casa' representa, tanto en el ámbito personal como en el patrimonial de la familia troncal: a) un principio general de derecho integrador de su ordenación jurídica, conforme a la Ley 4 del Fuero Nuevo y b) un criterio hermenéutico para la interpretación o exégesis de las disposiciones normativas o voluntarias atinentes a ella, sancionado como tal en la Ley 75 de la misma Compilación".

La propia regla de interpretación recogida en la norma despliega, a su vez, su eficacia en un doble sentido:

Así, de un lado, el principio de unidad de la casa y de continuidad y conservación en la familia se ha de emplear para interpretar los pactos y disposiciones voluntarias, y de otro, las costumbres y normas de derecho positivo. En consecuencia, como señala Pérez de Ontiveros, "la importancia del precepto ha de buscarse en la formulación de un criterio unificador en la integración de unos u otros, que se sitúa en un plano superior a cualquier otro criterio que pueda emplearse". No obstante, en ambos casos el criterio de interpretación será únicamente eficaz cuando existen dudas hermenéuticas, es decir, no será eficaz cuando resulta clara la voluntad de las partes en los pactos o cláusulas objeto de interpretación, o bien, cuando sea claro el contenido normativo de la ley que se pretenda aplicar[582].

En consecuencia, se puede afirmar que la vigencia de este principio no afecta en absoluto a la preponderancia de la autonomía privada como fuente prioritaria del ordenamiento navarro y como fundamento regulador de los intereses individuales o familiares de los sujetos. Así lo señaló la STS de 20 de diciembre de 1990[583]: "Se trata, pues, de un criterio hermenéutico aplicable en el caso de que existan dudas sobre lo verdaderamente querido por las partes, las que en este caso no concurren a la vista de la claridad con que aparece redactada la repetida norma C., lo que conduce en definitiva a la aplicación prioritaria de Ley 7 de la Compilación o Fuero Nuevo de Navarra de acuerdo con el cual conforme al principio paramiento fuero bienza' o paramiento ley vienze', la voluntad unilateral o contractual prevalece sobre cualquier fuente de Derecho, salvo que sea contrario a la moral o al orden público, vaya en perjuicio de tercero o se oponga a un precepto prohibitivo de esta Compilación con sanción nulidad".

Doctrina consolidada del TSJ de Navarra, como puede observarse, entre otras en la Sentencia antes citada 9/2004, de 17 de marzo de 2004[584], que manifiesta lo siguiente: "Sin embargo, ni en su función integradora, ni en su función hermenéutica, puede imponerse al contenido de la norma jurídica aplicable al caso o a la voluntad expresada en pactos u otras disposiciones relativas al régimen de bienes en la familia: en cuanto a la función integradora, porque su aplicación presupone la existencia de una laguna' en la ordenación o reglamentación jurídica de la relación litigiosa, incompatible con la posible oposición a la norma o la declaración de voluntad en cuestión (cfr. S. 3 diciembre 1958, del TS); en cuanto a la función hermenéutica, porque -como expresamente advierten la sentencia del TS de 20 de diciembre de 1990 (RJ 1990, 10314) y la de este Tribunal Superior de 27 febrero 1999 (RJ 1999, 3418), en relación a la Ley 75 -su aplicación requiere también la existencia de dudas' sobre el sentido de la norma o de lo realmente querido por los otorgantes en su disposición". El mismo tribunal se reitera en su integridad en la sentencia 2/2018 de 13 de febrero, y en la más reciente, 7/2022 de 22 junio[585], en la que

---

582 M. C. Pérez de Ontiveros Baquero, «Título XI. La Casa navarra. Capítulo I (leyes 127 y 128)», cit., p. 571.

583 STS de 20 de diciembre de 1990.

584 TSJ de Navarra 9/2004 de 17 de marzo de 2004.

585 TSJ de Navarra 2/2018 de 13 de febrero de 2018 y 7/2022 de 22 junio de 2022.

añade que “el recurso a este principio general tiene sentido para la resolución de dudas y lagunas en la interpretación o aplicación de disposiciones legales y voluntarias referidas al régimen patrimonial y sucesorio de la familia troncal; pero no, cuando el tenor de esas disposiciones permite fijar con certidumbre el sentido y alcance del mandato legal o la voluntad declarada en ellas”.

En el ámbito en el que nos encontramos en este trabajo, y en relación al protocolo familiar, testamento, pacto sucesorio o cualquier otro negocio jurídico relativo a la planificación sucesoria, se ha de aplicar el criterio interpretativo para el mantenimiento de la unidad y continuidad de la empresa familiar al que alude la ley 127 FN. Eso sí, la aplicación de este criterio de interpretación quedará supeditado a otro principio, el relativo al “paramiento fuero vienze” o “paramiento ley vienze” que dispone la ley 7 y, por lo tanto, habrá de atenerse en todo caso a la voluntad manifestada por los otorgantes con los límites establecidos. Es decir, el criterio hermenéutico al que hacemos referencia será eficaz únicamente cuando lo dispuesto en el negocio jurídico de que se trate dé lugar a dudas acerca de su contenido.

Referencias Bibliográficas

AA.VV, *Propuesta de Código Civil*, Tecnos, 2018.

Acedo Penco, Á., *Derecho de sucesiones. El testamento y la herencia*, Dykinson, 2014.

Adame Martínez, F.; Cárdenas Armesto, L.; Hidalgo Parejo, A.; Juárez González, J. M.; Luján Mascareno, O.; Martín Domínguez, E.; y otros, *Los estatutos de la empresa familiar*, AEDAF Secciones, 2017.

Aizpún Tuero, R., «El pacto sucesorio en el derecho civil navarro», *Principe de Viana, no6 no21*, 1945.

Albaladejo García, M., «La donación mortis causa», en *Comentario del Código Civil*, Fundación Registral, Colegio de Registradores de la Propiedad y Mercantiles de España, 2006.

Albaladejo García, M., *La mejora*, Servicio de Estudios del Colegio de Registradores, 2003.

Albaladejo García, M.; Díaz Alabart, S., *La donación*, Colegio de Registradores de la Propiedad, Mercantiles y de BienesMuebles de España, 2006.

Álvarez de Linera Granda, P., «El Protocolo Familiar en los Códigos europeos de Buen Gobierno para empresas no cotizadas y de familia», *LA LEY mercantil*, vol. 90, 2022.

Álvarez de Linera Granda, P., *Protocolo Familiar, naturaleza jurídica y eficacia procesal*, Ediciones Akal, 2020.

Álvarez Lata, N., *Aspectos civiles de la empresa familiar: economía familiar y sucesión hereditaria*, Netbiblo, 2011.

Álvarez Lata, N., «Empresa familiar y planificación sucesoria. Un acercamiento a los protocolos familiares como instrumentos de esa ordenación», en *La familia en el derecho de sucesiones: cuestiones actuales y perspectiva de futuro.*, Dykinson, Madrid, 2010.

Álvarez Lata, Natalia, «Dos reglas sobre la interpretación estricta de la cláusula penal. Comentario a la STS de 11 de diciembre de 2018 (RJ 2018, 5435)», *Cuadernos Civitas de jurisprudencia civil*, n.º 111, 219d. C., pp. 139-152.

Amat Salas, J., «Modelos de protocolos familiares (I). El protocolo familiar-empresarial», en *El protocolo familiar*, Deusto, 2007, pp. 105-106.

Arbesú Riera, C., *El Consejo de Familia y su función de gobierno en la empresa familiar*, EUNSA, 2017.

Arcos Vieira, M. L., «Título IV. De la prescripción extintiva y de la caducidad de las acciones. Capítulo I (leyes 23 a 37)», en *Comentarios al Fuero Nuevo: compilación del Derecho Civil Foral de Navarra*, Thomson Reuters Aranzadi, 2020.

Arrébola Blanco, Adrián, «La posición del cónyuge en el sistema legitimario del Código Civil», en *Retos del Derecho de sucesiones en el siglo XXI*, vol. 1, Reus, 2023, pp. 149-186.

Asociación de Profesores de Derecho Civil (coord.), *Propuesta de Código Civil*, Tecnos, 2018.

Ayllón García, J. D., «Presente y futuro del derecho sucesorio de las parejas de hecho», en *Las legítimas y la libertad de testar.*, Aranzadi, 2019.

Badenas Carpio, J. M., «Notas sobre el significado jurídico del protocolo familiar», *Actualidad Civil*, vol. 3/2001.

BARBA DE VEGA, J., «Prestaciones accesorias», en *La sociedad de responsabilidad limitada*, Thomson Aranzadi, 2006.

BAREA MARTÍNEZ, M. T., *El control notarial de los límites del protocolo familiar*, Real academia de jurisprudencia y legislación, 2018.

DE BARRÓN ARNICHES, P., «La legítima y el pacto de Non Succedendo en el Derecho Foral de Navarra», *Revista jurídica de Navarra*, vol. nº22, 1996.

BATALLA DE ANTONIO, A., «La empresa familiar y el análisis del Art. 1056.2 del Cc», en *El patrimonio sucesorio. Reflexiones para un debate reformista*, Dykinson, 2014.

BERMEJO PUMAR, M. M., «La legítima. Función y estructura», en *Instituciones de Derecho privado, V. 3*, Civitas, 2005.

BLASCO GASCÓ, F. DE P., *La mejora irrevocable*, Tirant lo Blanch, 1990.

BONARDELL LENZANO, R.; CABANAS TREJO, R., «Artículo 36», en *Comentarios a la Ley de Sociedades Anónimas*, Tecnos, 2011.

BOSCH CARRERA, A., «Publicidad y acceso a los registros del protocolo familiar», en *El protocolo familiar*, Deusto, 2007.

BUSTO LAGO, J. M., «Las liberalidades en los protocolos familiares y en los pactos de socios», en *Tratado de las liberalidades. Homenaje al Profesor Enrique Rubio Torrano*, Thomson Reuters Aranzadi, 2017.

CALATAYUD SIERRA, A., «Consideraciones acerca de la libertad de testar», *Academia Sevillana del Notariado*, vol. Tomo IX, 1995.

CALAVIA MOLINERO, J. M., «Sociedad holding familiar: Protocolo familiar y estatutos sociales», en *Fundación Antonio Lancuestra: La empresa familiar*, Escola Universitaria d'Estudis Empresarials (UB), 2001.

CAMISÓN ZORNOZA, C.; RÍOS NAVARRO, A., «El protocolo familiar como instrumento de alineamiento de los intereses económicos y jurídicos en la dirección de la empresa familiar», en *Dirección, organización del gobierno y propiedad de la empresa familiar*, Tirant lo Blanch, 2015.

CAMISÓN ZORNOZA, C.; RÍOS NAVARRO, A., *El protocolo familiar: metodología y recomendaciones para su desarrollo e implantación*, Tirant lo Blanch, 2016.

CARBAJO CASCÓN, F.; PINDADO, J., «El proceso de sucesión en la empresa familiar», *La Ley*, 2014.

CARRASCO PERERA, A., *Derecho de contratos*, Thomson Reuters, Cizur Menor, 2010.

CASADO BURBANO, P., *Los principios registrales mercantiles*, CRPME, 2002.

CASANOVA ASENCIO, A. S., «La cláusula penal en las propuestas de modernización del Código Civil: posibles soluciones a dilemas actuales», *La Ley*, 2021.

CASILLAS BUENO, J. C.; DÍAZ FERNÁNDEZ, M. DEL C.; RUS RUFINO, S. I.; VÁZQUEZ SÁNCHEZ, A., *La gestión de la empresa familiar. Conceptos, casos y soluciones*, Ediciones Paraninfo, 2014.

CORONA, J.; MARTÍ, N.; ROCA, M., «Protocolo familiar», en *Manual de la Empresa Familiar*, Ediciones Deusto, 2005.

CORONA RAMÓN, J., «Introducción a los aspectos legales del protocolo familiar», en *El protocolo familiar*, 2007.

CORONA RAMÓN, J. F.; BERMEJO SÁNCHEZ, M., «El protocolo familiar», en *Empresa familiar: análisis estratégico*, Ediciones Deusto, 2017.

Corona Ramón, J.; Téllez Roza, J., «El protocolo familiar», en *Empresa familiar: aspectos jurídicos y económicos*, Ediciones Deusto, 2011.

Crespo Hergueta, C., «Los pactos parasociales: naturaleza, validez, eficacia y registrabilidad en las SL», *Editorial Jurídica Sepin*, 2020, fecha de consulta 1 febrero 2022, en https://blog.sepin.es/2020/01/pactos-parasociales-naturaleza-validez-eficacia-registrabilidad/.

Cucurull Poblet, T., *El protocolo familiar mortis causa*, Dykinson, 2015.

De los Mozos y de los Mozos, J. L., «Comentarios al artículo 1406 del Código Civil», en *Comentarios al Código Civil y Compilaciones Forales*, EDERSA, 1984.

Del Campo Álvarez, B., «El maltrato psicológico como causa de desheredación en la jurisprudencia del tribunal supremo», en *Las legítimas y la libertad de testar. Perfiles críticos y comparados*, Thomson Reuters Aranzadi, 2019.

del Campo Álvarez, Borja, «Revisión crítica de la cautela socini», en *Retos del Derecho de sucesiones en el siglo XXI*, vol. 2, Reus, 2023, pp. 705-726.

Delgado Echeverría, J., «Una propuesta de política del derecho en materia de sucesiones por causa de muerte», en *Derecho de Sucesiones. Presente y futuro. XII Jornadas de la Asociación de Profesores de Derecho Civil*, Servicio de publicaciones de la Universidad de Murcia, 2006.

Delgado Echeverría, J., «Una propuesta de política del derecho en materia de sucesiones por causa de muerte. Resultados y análisis de la encuesta final», en *Derecho de Sucesiones. Presente y futuro. XII Jornadas de la Asociación de Profesores de Derecho Civil*, Servicio de publicaciones de la Universidad de Murcia, 2006.

Delgado Truyols, Á., «La partición por el contador partidor y la interpretación del testamento siendo albacea o cuando sólo es contador partidor», en *El patrimonio sucesorio. Reflexiones para un debate reformista*, Dykinson, 2014.

Díaz Gómez, M. A.; Díaz Gómez, E., «Reflexiones sobre el Real Decreto español 171/2007, de 9 de febrero, por el que se regula la publicidad de los protocolos familiares en las sociedades familiares», *Pecvnia*, vol. 38/2011, 2011.

Díaz-Regañon García-Alcalá, C., «Artículos 1.281 a 1.289», en *Comentarios al Código Civil*, Thomson Reuters, 2009.

Díez Picazo, L., *Fundamentos de Derecho civil patrimonial*, Civitas, 2007.

Díez Picazo, L.; Gullón Ballesteros, A., *Sistema de Derecho Civil*, Tecnos, 2001.

Díez Picazo, L.; Gullón Ballesteros, A., *Sistema de derecho civil*, Tecnos, 2003.

Díez Picazo, L.; Gullón Ballesteros, A., *Sistema de Derecho Civil. Vol IV. Tomo 2. Derecho de sucesiones*, Tecnos, Madrid, 2017.

Díez Soto, C., «El protocolo familiar», en *La gestión de las empresas familiares: un análisis integral*, Thomson Reuters, 2009.

Díez Soto, C., «El protocolo familiar: naturaleza y eficacia jurídica», en *Régimen jurídico de la empresa familiar*, Thomson Reuters, 2009, p. 180.

Díez Soto, C. M., «El pago de las legítimas en dinero: un instrumento para planificar la sucesión en la Empresa Familiar», *Revista de empresa familiar*, vol. 1, n.º1, 2011.

Egusquiza Balmaseda, M. Á., «Usufructo legal de fidelidad y derecho de igualación de los hijos de anterior matrimonio en Navarra y derechos sucesorios de la pareja supérstite en el País Vasco», en *Tratado de derecho de sucesiones Tomo II*, Thomson Reuters, 2011.

Escuin Ibañez, I., «La empresa familiar en el marco del Derecho de sociedades», en *La gestión de las empresas familiares: un análisis integral*, Thomson Reuters, 2009.

Espejo Lerdo de Tejada, M., «Donaciones mortis causa. Posibilidades actuales en el código civil y propuesta de reforma», en *Derecho de Sucesiones. Presente y futuro. XII Jornadas de la Asociación de Profesores de Derecho Civil*, Servicio de publicaciones de la Universidad de Murcia, 2006.

Espejo Lerdo de Tejada, M., «La reforma del Código civil por la Ley de la sociedad limitada nueva empresa», en *Homenaje al profesor L. Puig Ferriol*, 2006.

Espejo Lerdo de Tejada, Manuel, «En defensa de la legítima del Código Civil», en *Retos del Derecho de sucesiones en el siglo XXI*, vol. 1, Reus, 2023, pp. 97-148.

Espín Cánovas, D., «La conservación de la explotación agraria en el régimen sucesorio del Código Civil español», *RDP*, vol. LXIII, 1979.

Espiñeira Soto, I., «Reflexiones prácticas sobre el artículo 831 del Código Civil», 2016, fecha de consulta 20 agosto 2022, en https://www.notariosyregistradores.com/web/secciones/oficina-notarial/varios/reflexiones-practicas-sobre-el-articulo-831-del-codigo-civil/.

Faus Puyol, M., «Testamento. Reglas generales», *vLex.es*, 2022.

Feliu Rey, J., *Los pactos parasociales en las sociedades de capital no cotizadas*, Marcial Pons, Madrid, 2012.

Fernández de la Gándara, L.; Gallego, E., *Fundamentos de Derecho Mercantil*, Tirant lo Blanch, 2000.

Fernández del Pozo, L., *El nuevo Registro Mercantil: sujeto y función mercantil registral. Crítica general sobre su ámbito institucional*, Centro de Estudios Registrales, 1990.

Fernández del Pozo, L., *El protocolo familiar. Empresa familiar y publicidad registral*, Thomson Reuters-Civitas, 2008.

Fernández del Pozo, L., «El protocolo familiar sucesorio y su ejecución societaria. Un examen especial del Derecho civil catalán», *Revista de derecho mercantil*, vol. 284, 2012.

Fernández Del Pozo, L., *Publicidad material y fe pública en el Registro Mercantil*, Marcial Pons, 2013.

Fernández Gimeno, J. P., «La empresa familiar y el derecho de sucesiones. Actualización del estado de la cuestión.», en *Dirección, organización del gobierno y propiedad de la empresa familiar*, Tirant lo Blanch, 2015.

Fernández Gimeno, J. P., «Notas sobre el tratamiento jurídico de la empresa familiar», en *Estudios jurídicos en homenaje a Vicente L. Montés Penadés*, 2011, pp. 1057-1085.

Fernández Tresguerres, A., «Protocolo familiar: un instrumento para la autorregulación de la sociedad familiar», *Revista de Derecho de Sociedades*, vol. 19, 2002.

Fernández Tresguerres, A., *Transmisión mortis causa de la condición de socio. Un estudio en la Sociedad Limitada Familiar*, Aranzadi, 2008.

Fernández-Rodríguez, C., *El Registro Mercantil*, Marcial Pons, 1998.

Fernández-Sancho Tahoces, A. S., «La sucesión en la empresa familiar: el protocolo familiar y su publicidad registral», *RDP*, n.º 23/2009, 2009.

Ferrer Vanrell, M. P., «La problemática de los protocolos familiares en el ámbito sucesorio. La sucesión contractual como elemento de firmeza», en *El patrimonio sucesorio. reflexiones para un debate reformista*, Dykinson, 2014.

Font i Segura, A., «La ley aplicable a los pactos sucesorios», *Indret: Revista para el Análisis del Derecho*, vol. Nº 2, 2009.

Fosar Benlloch, E., «La explotación agrícola y el párrafo 2.º del artículo 1056 del Código Covil», *ADC*, vol. 16, 1963.

Galeote Muñoz, M. P., *Sindicatos de voto*, Tirant lo Blanch, 2008.

Galicia Aizpurua, G. H.; Díaz Martínez, A.; Martínez Espín, P.; Asúa González, C. I.; González Carrasco, C.; Carballo Fidalgo, M., «Título VI. De las sucesiones», en *Propuesta de Código Civil*, Tecnos, 2018.

Gallego Domínguez, I., «El relevo generacional en la empresa familiar. La sucesión "mortis causa" y el sistema legitimario español», *Cuadernos de Reflexión de la Cátedra Prasa de Empresa Familiar*, vol. 20, 2015.

Gallego Domínguez, I., «La empresa familiar. Su concepto y delimitación jurídica.», *Cuadernos de Reflexión de la Cátedra PRASA de Empresa Familiar*, vol. 14, 2012.

Gallego Domínguez, I., «Relevo generacional y transmisión "mortis causa" de la empresa familiar en el Derecho español», *Revista electrónica de direito*, 2020.

Gallo Laguna de Rins, M. A.; Tomaselli, S., «Estructura y contenido de los protocolos familiares», en *El protocolo familiar*, Ediciones Deusto, 2007.

Gallo Laguna de Rins, M. A.; Ward, J., «Protocolo Familiar», *Nota técnica de la división de investigación del IESE DGN-448*, 1991.

García Alemany, E., «La sucesión mortis causa en la empresa familiar», en *La empresa familiar*, Dykinson, 2017.

García Goyena, F., *Concordancias, motivos y comentarios del Código Civil español, T. III*, 1852.

García Herrera, V., «La sucesión en la empresa familiar», *Revista Crítica de Derecho Inmobiliario*, vol. 726, 2009.

García Ross, J. J.; Téllez Roca, J., «Aspectos civiles de la sucesión», en *Empresa familiar: aspectos jurídicos y económicos*, Deusto, 2011.

García Vicente, J. R., «El testamento mancomunado: razones para la derogación del artículo 669 del Código Civil», en *Derecho de Sucesiones. Presente y futuro. XII Jornadas de la Asociación de Profesores de Derecho Civil*, Servicio de publicaciones de la Universidad de Murcia, 2006.

García-Granero Fernández, J., «Título IV De los pactos o contratos sucesorios, Capítulo I Disposiciones Generales, Ley 172 Concepto, Ley 173 Capacidad, Ley 174 Forma, Ley 175 Pactos contenidos en capitulaciones y Ley 176 Interpretación e integración», en *Comentarios al Código Civil y Compilaciones Forales*, EDERSA, 1978.

Garcimartín Alférez, F. J., «Derecho de sociedades: problemas de ley aplicable», en *Instituciones de Derecho privado*, Thomson Civitas, 2003.

Garrido de Palma, V. M., «Actualidad de la fiducia sucesoria del artículo 831 del Código Civil», *Revista Jurídica del Notariado*, vol. 83, 2012.

Garrido de Palma, V. M., «La familia empresaria ante el Derecho», en *El patrimonio familiar, profesional y empresarial. Sus protocolos.*, Bosch, 2005.

Garrido de Palma, V. M., «La publicidad del protocolo familiar», *RJC*, vol. 1/2008, 2008.

Garrido de Palma, V. M., «Los actuales arts. 831 y 1056.2 del Código Civil», *Revista Jurídica del Notariado*, 2005.

GARRIDO DE PALMA, V. M., «Los nuevos artículos 831 y 1056.2° del Código Civil. Algunas aplicaciones», en *Libro homenaje al profesor Manuel Albaladejo García*, Universidad de Murcia, 2004.

GARRIDO DE PALMA, V. M., «Soluciones prácticas en materia de legítimas», en *Las legítimas y la libertad de testar. Perfiles críticos y comparados*, Thomson Reuters Aranzadi, 2019.

GETE ALONSO Y CALERA, M. DEL C., «Las garantías hipotecarias del legado», *RJC*, vol. 2, 1981.

GOMÁ LANZÓN, I., «El protocolo familiar», en *El patrimonio familiar, profesional y empresarial. Sus protocolos.*, Thomson Civitas, 2006.

GOMÁ LANZÓN, I., «¿Tienen sentido las legítimas en el siglo XXI?», en *Las legítimas y la libertad de testar. Perfiles críticos y comparados*, Thomson Reuters Aranzadi, 2019.

GONZÁLEZ-MENESES GARCÍA-VALDECASAS, M., «Principios y fundamentos del Registro Mercantil», en *Instituciones de Derecho privado*, Thomson Civitas, Madrid, 2005.

GORTÁZAR LORENTE, C., «Principales aspectos jurídicos y societarios del protocolo familiar», Deusto, 2007.

GUARDO GALDÓN, M. L., «La empresa familiar y el ejercicio de la planificación sucesoria», en *Dirección, organización del gobierno y propiedad de la empresa familiar*, Tirant lo Blanch, 2015.

HANDLER, W., «Methodological Issues and Considerations in Studying Family businesses», *Family Business Review*, vol. 2, n.° 3, 1989, pp. 257-276.

HERRERA CAMPOS, R., «La comunidad hereditaria y la partición de la herencia», en *Sistema de Derecho Civil. Derecho de Sucesiones*, Dykinson, 1992.

HUALDE MANSO, M. T., «Patrimonio fiduciario y sucesión en la empresa familiar», en *Los patrimonios fiduciarios y el trust : III Congreso de derecho civil catalán*, Marcial Pons, 2006.

HUALDE MANSO, M. T., «Título X. De las limitaciones a la libertad de disponer. Capítulo II y III (leyes 267 a 272)», en *Comentarios al Fuero Nuevo: compilación del Derecho Civil Foral de Navarra*, Thomson Reuters Aranzadi, 2020.

HUALDE MANSO, T., «La legítima en Galicia y en Navarra», en *Tratado de derecho de sucesiones Tomo II*, Thomson Reuters, 2011.

HUERTA TRÓLEZ, A., «La empresa familiar ante el fenómeno sucesorio», *Revista Jurídica del Notariado*, vol. 50, 2004.

JIMÉNEZ PARÍS, T. A., «La publicidad de los derechos reales y el registro de la propiedad en España», *Repositorio institucional de la UCM*, 2016.

JORDÁ CAPITÁN, E. R., «Sobre el instrumento de los pactos sucesorios en la sucesión de la empresa familiar», *La Ley*, 2018.

LACRUZ BERDEJO, J. L., *Elementos de Derecho civil, Tomo V. Sucesiones*, Dykinson, 2009.

LETE ACHIRICA, J., «Comunidad hereditaria y partición», en *Tratado de derecho de sucesiones Tomo II*, Thomson Reuters, 2011.

LINACERO DE LA FUENTE, M., «Capítulo XIII. La patria potestad», en *Tratado de Derecho de Familia*, Tirant lo Blanch, 2016.

LLEDÓ YAGÜE, FRANCISCO; FERRER VANRELL, MA PILAR; TORRES LANA, J. Á., *El patrimonio sucesorio. Reflexiones para un debate reformista*, Dykinson, 2014.

Llopis Giner, J. M., «La libertad del testador, su facultad de partir, comentario al nuevo artículo 1056.2 del Código Civil», en *La empresa familiar: encrucijada de intereses personales y empresariales*, Thomson Aranzadi, 2004.

López Beltrán de Heredia, C., *La conmutación de la legítima*, Tecnos, 1989.

López López, A. M., *Fundamentos de derecho civil*, Tirant lo Blanch, Valencia, 2012.

Luquin Bergareche, R., «Actualidad de la empresa familiar: protocolos, planificación estratégica y cláusulas ADR como instrumentos jurídicos de continuidad y empowerment», *Aranzadi civil-mercantil. Revista doctrinal*, vol. 11, 2017.

M. Barruetabeña Zenekorta, «La mediación en el contexto de los protocolos familiares», *La Ley*, 2015.

Madridejos Fernández, A., «Los pactos parasociales», *AAMN*, vol. XXXVI, 1996.

Magariños Blanco, V., «La libertad de testar», *Revista de derecho privado*, 2005.

Magariños Blanco, V., «La necesaria libertad de testar», *Diario del Derecho*, 2020.

Mariño Pardo, F., «La conmutación del usufructo del viudo: el artículo 839 del Código Civil. La afección real de los bienes al pago de la legítima del viudo: párrafo 2º del artículo 839 del Código Civil. El artículo 840 del Código Civil: concurrencia del viudo con hijos sol», *Blog Iuris Prudente*, 2017.

Martínez Echezarraga, J., «Introducción al protocolo familiar y al consejo de familia», en *El protocolo familiar. La experiencia de una década*, Ediciones Deusto, 2007.

Máximo Juárez, J., «El protocolo familiar: valor y eficacia jurídica, coordinación del protocolo familiar con los estatutos sociales y con la organización jurídica personal de sus miembros», en *El protocolo familiar. Consejos prácticos para su elaboración*, AEDAF Secciones, 2019.

Mezquita del Cacho, J. L., «De los pactos o contratos sucesorios», en *Comentarios al Fuero Nuevo. Compilación del Derecho Civil Foral de Navarra*, Aranzadi, 2002.

Mezquita del Cacho, J. L., «Título IV. De los pactos o contratos sucesorios (leyes 172 a 183)», en *Comentarios al Fuero Nuevo. Compilación del Derecho Civil Foral de Navarra*, Thomson Reuters Aranzadi, 2020.

Mondragón Martín, H., «La legítima en el derecho español», 2019, Universitat Jaume I.

Moreno Utrilla, D., «La publicidad del protocolo familiar», *Revista de San Telmo*, vol. 24, 2007.

Morgado Panadero, P.; Chamorro y Zarza, J. A.; Ávila de la Torre, A.; Calvo San José, M. J.; García Sánchez, I. M.; Lozano García, M. B.; y otros, *Practicum empresa familiar*, Thomson Reuters, 2015.

Nagore Yárnoz, J., «Título IV De los pactos o contratos sucesorios, Capítulo II Disposiciones especiales sobre pactos de institución, Ley 178 Irrevocabilidad, Ley 179 Efectos, Ley 180 Derecho de transmisión, Ley 181 Cláusulas de sustitución, Ley 182 Revocación y modificación y Ley 183 Promesa de nombrar heredero», en *Comentarios al Código Civil y compilaciones forales*, vol. 37, Tomo 1, EDERSA, 1998.

Nanclares Valle, J., «Título VIII. De las sustituciones (leyes 220 a 239)», en *Comentarios al Fuero Nuevo: compilación del Derecho Civil Foral de Navarra*, Thomson Reuters Aranzadi, 2020.

Navarro Matamoros, L., *La libertad contractual y flexibilidad tipológica en el moderno Derecho europeo de sociedades: La SAS francesa y su incidencia en el derecho español*, Comares, 2009.

O'CALLAGHAN MUÑOZ, X., *Código civil. Comentado y con jurisprudencia*, La Ley, 2004.

O'CALLAGHAN MUÑOZ, X., *Compendio de Derecho Civil. Tomo 5*, EDERSA, 2004.

OLIVA BLÁZQUEZ, FRANCISCO; PÉREZ VELÁZQUEZ, JUAN PABLO; CADENAS OSUNA, D., *Tratado teórico práctico del testamento notarial abierto*, Wolkers Kluwer, 2018.

OLMEDO CASTAÑEDA, F. J., *La transmisión de la empresa familiar: claves jurídicas para su éxito*, Tirant lo Blanch, 2019.

OLMEDO CASTAÑEDA, F. J., «Prohibición de los pactos sucesorios en el Derecho común: cuestionamiento de su ratio legis. Propuesta para su admisibilidad», *ADC*, vol. LXXII, 2019.

PALAZÓN GARRIDO, M. L., «La conservación de la empresa familiar a través de la facultad contemplada por el nuevo artículo 1056, párrafo segundo del código civil», en *Protección del patrimonio familiar*, Tirant lo Blanch, 2006.

PANIZA FULLANA, A., «Título I. Principios fundamentales (leyes 148 a 157)», en *Comentarios al Fuero Nuevo: compilación del Derecho Civil Foral de Navarra*, Thomson Reuters Aranzadi, 2020.

PANTALEÓN PRIETO, F., «Comentario a los arts. 841-847 CC», en *Comentarios a las reformas del Derecho de Familia II*, Tecnos, 1984.

PANTALEÓN PRIETO, F., «Legítimas de alimentos», *Escritura pública, no21*, 2003.

PARRA LUCÁN, M. Á., «Legítimas, libertad de testar y transmisión de un patrimonio», *AFDUDC*, vol. 13, 2009.

PAVÓN SÁEZ, M., «Entendiendo la empresa familiar y a la familia empresaria», en *El protocolo familiar. Consejos prácticos para su elaboración*, AEDAF Secciones, 2019, pp. 202-251.

PAVÓN SÁEZ, M., *Protocolo Familiar: estructura y contenido*, Francis Lefebvre, 2018.

PAZ-ARES RODRÍGUEZ, J., «El enforcement de los pactos parasociales», *AJUM*, vol. 5/2003.

PEÑA BERNALDO DE QUIRÓS, M., «La naturaleza de la legítima», *ADC*, 1985.

PERDICES HUETOS, A., «Lecciones: validez, eficacia y oponibilidad de los pactos parasociales, en una cáscara de nuez», *Almacen De Derecho*, 2016, fecha de consulta 1 febrero 2022, en https://almacendederecho.org/lecciones-validez-eficacia-y-oponibilidad-de-los-pactos-parasociales-en-una-cascara-de-nuez.

PÉREZ DE ONTIVEROS BAQUERO, M. C., «Título XI. La Casa navarra. Capítulo I (leyes 127 y 128)», en *Comentarios al Fuero Nuevo: compilación del Derecho Civil Foral de Navarra*, Thomson Reuters Aranzadi.

PÉREZ GIMÉNEZ, M. T., «El protocolo familiar como instrumento de estabilización para la familia empresaria», en *Sentencias de Tribunales Superiores de Justicia, Audiencias Provinciales y otros Tribunales 2008*, Aranzadi, 2009.

PÉREZ GIMÉNEZ, M. T., «La mediación en el marco del protocolo familiar», *La Ley*, 2010.

PÉREZ RAMOS, C., «La autonomía de la voluntad en las sucesiones y la libertad de testar», en *Autonomía privada, Familia y Herencia en el Siglo XXI. Cuestiones actuales y soluciones de futuro*, Thomson Reuters, 2014.

PORTILLO CABRERA, ESTEFANÍA; MARTÍNEZ BASCUÑANA, PALOMA, «La existencia de una diferencia extraordinariamente elevada entre la pena pactada y el daño real sufrido como criterio de moderación de la cláusula penal. Análisis de la sentencia de la sala de lo civil del Tribunal Supremo nº 317/2022, de 20 de abril», *Revista Aranzadi Doctrinal num.4/2023*, 2023.

Ragel Sánchez, L. F., *La cautela gualdense o socini al artículo 820.3o del codigo civil,* Dykinson, 2004.

Ragel Sánchez, L. F., «La mención de la legítima en el registro de la propiedad por la vía del art. 15 LH», *Revista Aranzadi Doctrinal num.11/2019,* 2019.

Ramírez Pascual, B., *La estructura fiscal óptima en la empresa familiar,* Wolters Kluwer, 2021.

Reverte Navarro, A., *Sucesión «mortis causa» en la empresa y sucesión legitimaria: (notas al nuevo artículo 1056. II del Código civil) : discurso leído el día 25 de junio de 2004, en el acto de recepción como académico de número, por el Excmo. Sr. D. Antonio Reverte Navarro,* Real Academia de Legislación y Jurisprudencia de Murcia, 2004.

Rivas Martínez, J. J., «Artículo 831 del Código Civil. Supuesto de legitimario que exige, al fallecimiento del testador, el pago inmediato de su legítima estricta», *El Notario del siglo XXI,* vol. 56, 2014.

Rivas Martinez, J. J., *Derecho de sucesiones común y foral,* Dykinson, 2009.

Roca i Trias, E., *Libertad y familia,* Tirant lo Blanch, 2014.

Roca Sagarra, J.; Martí Picó, N., «Aspectos jurídicos complementarios del protocolo familiar: testamento, capitulaciones matrimoniales y modificaciones estatutarias», en *El protocolo familiar,* Deusto, 2007.

Roca Sastre, R.; Puig Brutau, J., *Estudios de Derecho privado,* Thomson Reuters, 2009.

Rodríguez Rosado, *Heredero y Legitimario,* Thomson Reuters Aranzadi, 2017.

Rodríguez Tapia, J. M., «Artículo 1.154. Modificación de la pena por el juez», en *Código Civil comentado,* Thomson Reuters-Civitas, 2011.

Rodríguez-Aparicio, A., «El protocolo familiar», en *El buen gobierno de las empresas familiares,* Thomson Aranzadi, 2004.

Rojí Buqueras, J. M., «La mediación en los conflictos societarios en la empresa familiar», *LA LEY mediación y arbitraje,* vol. 3, 2020.

Rojo Fernández-Río, A. J., «El Registro Mercantil», en *Lecciones de Derecho Mercantil,* Thomson Civitas, 2007.

Romagosa Danés, A., «La mediación en la empresa familiar», *La Ley,* 2016.

Rubio Garrido, T., «La partición por el testador: algunos aspectos problemáticos, al hilo de la Sentencia de 4 de noviembre de 2008», *Revista Aranzadi Doctrinal num.8/2009,* 2009.

Rubio Torrano, E., «Título III. Del ejercicio de los derechos y de las declaraciones de voluntad (leyes 14 a 22)», en *Comentarios al Fuero Nuevo: compilación del Derecho Civil Foral de Navarra,* Thomson Reuters Aranzadi, 2020.

Rueda Esteban, L., «La facultad de mejora y distribución de la herencia concedida entre cónyuges», 2014, Universidad Complutense de Madrid.

Rueda Esteban, L., «La modificación del artículo 1056 II C. Civil.», *Cuadernos de Derecho y Comercio. Núm. 59,* 2003.

Rueda Esteban, L., «La modificación del párrafo segundo del artículo 1056 del Código Civil», en *El patrimonio familiar, profesional y empresarial. Sus protocolos.,* Bosch, 2005.

Sáez-Santurtún Prieto, J., «Intervención notarial en la estructuración de las pequeñas y medianas empresas», *Revista Jurídica del Notariado, núm. IX,* 2008.

Salinas Quijada, F., *Derecho Civil de Navarra,* Diputación Foral de Navarra, 1983.

SALINAS QUIJADA, F., *Estudios de Historia del Derecho Foral de Navarra*, Diputación Foral de Navarra, 1978.

SÁNCHEZ ARISTI, R., «Propuesta para una reforma del Código Civil en materia de pactos sucesorios», en *Derecho de Sucesiones. Presente y futuro. XII Jornadas de la Asociación de Profesores de Derecho Civil*, Servicio de publicaciones de la Universidad de Murcia, 2006.

SÁNCHEZ AYUSO, I., «Arbitraje, mediación y jurisdicción», en *El protocolo familiar: Consejos prácticos para su elaboración*, AEDAF Secciones, 2019.

SÁNCHEZ CALERO, F., *Principios de derecho mercantil*, Thomson Reuters, Cizur Menor, 2009.

SÁNCHEZ CRESPO, A. J., *El protocolo familiar*, Sánchez Crespo Abogados y Consultores, 2009.

SÁNCHEZ-CRESPO, A. J., «El gobierno de la familia empresaria y de la empresa familiar», en *La empresa familiar: manual para empresarios*, Deusto, 2005.

SÁNCHEZ-CRESPO, A. J., *El protocolo familiar. Una aproximación práctica a su preparación y ejecución*, Cámara Oficial de Comercio e Industria de Madrid, 2013.

SÁNCHEZ-CRESPO CASANOVA, A. J., «El protocolo familiar como instrumento para gestionar el cambio generacional», *Boletín del Ilustre Colegio de Abogados de Madrid*, vol. núm.27. 3ª, 2003.

SERRANO CAÑAS, J. M., *El cambio generacional en empresas familiares*, Marcial Pons, Madrid, 2013.

SERRANO CHAMORRO, M. E., «Problemas sucesorios de transmisión de la empresa familiar», *Revista Crítica de Derecho Inmobiliario, No747*, 2015.

SERRANO GÓMEZ, E., «Los protocolos familiares», *vLex*, 2011.

SHANKER, M.; ASTRACHAN, J., «Myths and Realities: Family Business Contribution to the U.S. Economy: A Framework for Assessing Family Business Statistics"», *Family Business Review*, vol. 9, n.º 2, 1996, pp. 107-124.

TORRES GARCÍA, T. F., «Legítima, legitimarios y libertad de testar (síntesis de un sistema)», en *Derecho de sucesiones: presente y futuro. Jornadas de la Asociación de Profesores de Derecho Civil*, Servicio de publicaciones de la Universidad de Murcia, 2006.

TORRES GARCÍA, T. F.; DOMÍNGUEZ LUELMO, A., «La legítima en el código civil (I)», en *Tratado de derecho de sucesiones Tomo II*, Thomson Reuters, 2011.

TORRES GARCÍA, T. F.; DOMÍNGUEZ LUELMO, A., «La legítima en el código civil (II)», en *Tratado de derecho de sucesiones Tomo II*, Thomson Reuters, 2011.

TORRES LANA, J. Á., «Ley 261», en *Comentarios al Fuero Nuevo*, Thomson Reuters Aranzadi, 2020.

TORRES LANA, J. Á., «Título X. De las limitaciones a la libertad de disponer. Capítulo I (leyes 253 a 266)», en *Comentarios al Fuero Nuevo: compilación del Derecho Civil Foral de Navarra*, Thomson Reuters Aranzadi, 2020.

TUR FAÚNDEZ, M. N., «La donación modal u unerosa», en *Tratado de las liberalidades. Homenaje al Profesor Enrique Rubio Torrano*, Thomson Reuters Aranzadi, 2017.

URÍA MERUÉNDANO, R.; MENÉNDEZ MENÉNDEZ, A.; GARCÍA DE ENTERRERÍA LORENZO, J., «La sociedad anónima. Fundación», en *Curso de Derecho Mercantil*, Aranzadi, 2006.

URRUTIA BADIOLA, A. M., «La sucesión contractual en Euskadi, Navarra y Aragón. Cuestiones de interés notable», en *El patrimonio sucesorio: reflexiones para un debate reformista*, Dykinson, 2014.

Vallejo Martos, M. C., «Cuando definir es una necesidad. Una propuesta integradora y operativa del concepto de empresa familiar», *Investigaciones europeas de dirección y economía de la empresa,* vol. 11, n.º 3, 2005, pp. 151-171.

Vallet de Goytisolo, J., «Observaciones en torno a la naturaleza de la legítima», en *Anuario de derecho civil, vol. 39,* 1986.

Vallet de Goytisolo, J., *Panorama del derecho de sucesiones. Vol. I Fundamentos,* Civitas, 1984.

Vallet de Goytisolo, J., *Panorama del Derecho de Sucesiones. Vol. II. Perspectiva Dinámica,* Civitas, 1984.

Vallet de Goytisolo, J. B., «Art. 841», en *Comentarios al Código Civil, 2a edic.*, Ministerio de Justicia, 1993.

Valmaña Cabanes, A. J., «El régimen jurídico del protocolo familiar», 2013, Universitat Rovira I Virgili.

Valverde Huerta, A., «Derechos y obligaciones individuales de los socios», en *El protocolo familiar: Consejos prácticos para su elaboración,* AEDAF Secciones, 2019.

Vaquer Aloy, A., «Acerca del fundamento de la legítima», *Indret,* 2017.

Vaquer Aloy, A., «Reflexiones sobre una eventual reforma de la legítima», *Indret,* 2007.

Vaquero Pinto, M. J., «Donación de bienes gananciales», en *Tratado de las liberalidades. Homenaje al Profesor Enrique Rubio Torrano,* Thomson Reuters Aranzadi, 2017.

Vattier Fuenzalida, C., *El pago en metálico de la legítima de los descendientes,* Editorial Reus, 2012.

Vela Sánchez, A. J., «La familia: concepto doctrinal y constitucional», *vLex.*

Verdera Server, Rafael, *Contra la legítima,* Fundación Notariado, 2022.

Vicent Chuliá, F., «Organización jurídica de la sociedad familiar», *Revista Aranzadi de Derecho Patrimonial,* vol. 5, 2000.

Vicent Chuliá, F., «Protocolo familiar, organización jurídica y relevo generacional de la empresa familiar», en *La empresa familiar y su relevo generacional,* Marcial Pons, Madrid, 2011.

Vidal Martínez, Jaime, «Algunos aspectos de la regulación de la sucesión mortis causa en el Código Civil español, que favorecen la creación y mantenimiento de las unidades agrarias», *Revista de derecho privado,* vol. 63, 1979.

Viera González, A., «Empresa y protocolo familiar, ¿un problema de política legislativa?», en *Estudios de Derecho de sociedades y Derecho concursal. Libro homenaje al Profesor Rafael García Villaverde,* Marcial Pons, 2007.

Zugaza Salazar, J. M., «Orientaciones para elaborar un protocolo familiar», en *El protocolo familiar. La experiencia de una década,* Ediciones Deusto, 2007.

Referencias jurisprudenciales

I. Tribunal Supremo (Sala Primera, de lo Civil)

STS 28 de junio de 1864
STS de 9 de junio de 1903
STS de 5 de febrero de 1908
STS de 4 de mayo de 1910
STS de 1 de febrero de 1913
STS de 8 de octubre de 1915 (TOL5.048.722)
STS de 2 de octubre de 1926
STS de 24 de mayo de 1928
STS de 25 de octubre de 1928 (TOL5.036.540)
STS de 5 de diciembre de 1930 (TOL5.031.622)
STS de 18 de julio de 1932
STS de 16 de mayo de 1940
STS de 9 de julio de 1940
STS de 7 de enero de 1942
STS de 6 de marzo de 1945 (TOL4.458.418)
STS de 25 de abril de 1951
STS de 9 de mayo de 1951
STS de 19 de mayo de 1951 (TOL4.449.720)
STS de 6 de mayo de 1953 (TOL4.446.619)
STS de 6 de febrero de 1954
STS de 24 de mayo de 1954 (TOL4.385.388)
STS de 28 de junio de 1956 (TOL4.379.869)
STS de 23 de mayo de 1958 (TOL4.351.224)
STS de 28 de mayo de 1958 (TOL4.351.239)
STS de 12 de diciembre de 1958
STS de 13 de mayo de 1959 (TOL4.349.221)
STS 1291/1959 de 5 de noviembre de 1959
STS de 12 de diciembre de 1959 (TOL4.349.439)
STS de 23 de junio de 1960
STS de 24 de noviembre de 1960
STS de 27 de septiembre de 1961 (TOL4.337.541)
STS de 18 de mayo de 1962 (TOL4.334.140)
STS de 2 de junio de 1962 (TOL4.333.333)
STS de 3 de marzo de 1964 (TOL4.324.728)
STS de 21 de abril de 1964

STS de 2 de mayo de 1965
STS de 3 de febrero de 1966 (TOL4.305.548)
STS de 7 febrero 1966
STS de 8 de noviembre de 1967
STS de 24 de febrero de 1968 (TOL4.292.496)
STS de 31 de marzo de 1968
STS de 31 de marzo de 1970 (TOL4.284.202)
STS de 17 de mayo de 1974
STS de 28 de junio de 1974
STS de 13 de diciembre de 1974 (TOL4.253.683)
STS de 25 de junio de 1977 (TOL4.247.369)
STS de 7 de julio de 1978 (TOL2.189.362)
STS de 3 de marzo de 1980 (TOL1.740.711)
STS de 30 de abril de 1981 (TOL1.739.595)
STS de 15 de abril de 1982 (TOL1.738.983)
STS de 19 de mayo de 1982 (TOL1.739.297)
STS de 25 de abril de 1983 (TOL1.738.744)
STS de 22 de marzo de 1984 (TOL1.738.041)
STS de 9 de febrero de 1985 (TOL1.736.535)
STS de 1 de julio de 1985 (TOL1.737.030)
STS de 8 de noviembre de 1985 (TOL1.737.003)
STS de 24 de febrero de 1986 (TOL1.734.435)
STS de 21 de julio de 1986 (TOL1.734.780)
STS de 10 de noviembre de 1986 (TOL1.735.795)
STS de 17 de noviembre 1986 (TOL1.733.633)
STS de 2 de septiembre de 1987 (TOL1.739.880)
STS de 15 de diciembre de 1987 (TOL1.738.372)
STS de 7 de diciembre de 1988 (TOL1.733.976)
STS de 17 de diciembre de 1988 (TOL1.733.521)
STS de 8 de marzo de 1989 (TOL1.732.241)
STS 293/1989 de 7 de abril de 1989 (TOL1.732.671)
STS de 8 de mayo de 1989 (TOL3.248.740)
STS de 17 de marzo de 1989 (TOL1.732.112)
STS 141/1990 de 15 de febrero de 1990
STS de 21 de abril de 1990
STS de 14 de julio de 1990 (TOL1.730.656)
STS de 20 de diciembre de 1990 (TOL1.730.656)
STS de 7 de enero de 1991 (TOL1.728.242)
STS de 8 de marzo de 1991
STS de 22 de noviembre de 1991 (TOL1.728.561)

STS de 13 de abril de 1992 (TOL1.659.718)
STS de 28 de mayo de 1992 (TOL1.661.753)
STS de 20 de octubre de 1992 (TOL1.661.261)
STS de 23 de octubre de 1992 (TOL178.449)
STS de 12 de marzo de 1993 (TOL1.664.430)
STS 597/1993 de 9 de junio de 1993
STS 908/1993 de 9 de octubre de 1993 (TOL1.663.237)
STS 36/1994 de 4 de febrero de 1994 (TOL1.664.854)
STS 773/1994 de 22 de julio de 1994 (TOL1.665.528)
STS 51/1995 de 30 de enero de 1995 (TOL1.667.023)
STS 194/1995 de 8 de marzo de 1995
STS 216/1995 de 16 de marzo de 1995
STS de 2 abril de 1996 (TOL1.659.365)
STS 887/1996 de 15 de noviembre de 1996 (TOL5.119.348)
STS 47/1997 de 27 de enero de 1997 (TOL5.114.293)
STS 120/1997 de 22 febrero de 1997 (TOL5.114.353)
STS 169/1997 de 27 febrero de 1997 (TOL5.114.527)
STS 323/1997 de 21 de abril de 1997
STS 338/1997 de 26 de abril de 1997 (TOL5.119.575)
STS 718/1997 de 22 de julio de 1997 (TOL5.156.500)
STS de 29 de diciembre de 1997 (TOL216.369)
STS 335/1998 de 16 de abril de 1998 (TOL169.708)
STS 825/1998 de 18 de abril de 1998
STS 805/1998 de 7 de septiembre de 1998 (TOL5.156.964)
STS 825/1998 de 18 de septiembre de 1998 (TOL5.157.006)
STS 1186/1998 de 21 de diciembre de 1998 (TOL5.119.726)
STS 1206/1998 de 29 de diciembre de 1998 (TOL5.119.776)
STS 143/1999 de 23 de febrero de 1999 (TOL5.120.723)
STS 508/1999 de 8 de junio de 1999 (TOL2.552.723)
STS 1201/2000 de 21 de diciembre de 2000 (TOL4.964.520)
STS 1139/2001 de 30 de noviembre de 2001 (TOL4.924.482)
STS 124/2002 de 12 de febrero de 2002 (TOL4.975.255)
STS 968/2002 de 17 de octubre de 2002 (TOL4.975.114)
STS 801/2003 de 28 de julio de 2003 (TOL305.412)
STS 1209/2003 de 30 de diciembre de 2003 (TOL340.947)
STS 1115/2004 de 25 de noviembre de 2004 (TOL538.268)
STS 400/2005 de 25 de mayo de 2005 (TOL656.569)
STS 695/2005 de 28 de septiembre de 2005 (TOL725.216)
STS 724/2005 de 6 de octubre de 2005 (TOL725.225)
STS 766/2005 de 11 de octubre de 2005 (TOL731.282)

STS 960/2005 de 14 de diciembre de 2005 (TOL795.292)
STS 563/2006 de 1 de junio de 2006 (TOL952.773)
STS 641/2006 de 15 de junio de 2006 (TOL961.851)
STS 1093/2006 de 7 de noviembre de 2006 (TOL1.022.988)
STS 607/2007 de 15 de junio de 2007 (TOL1.123.884)
STS 776/2007 de 9 de julio de 2007 (TOL1.143.870)
STS 900/2007 de 20 de julio de 2007 (TOL1.123.956)
STS 1229/2007 de 29 de noviembre de 2007 (TOL1.213.872)
STS 2/2008 de 16 de enero de 2008 (TOL1.235.313)
STS 29/2008 de 24 de enero de 2008 (TOL1.256.805)
STS 4589/2008 de 7 de marzo de 2008
STS 212/2008 de 13 de marzo de 2008 (TOL1.297.095)
STS 291/2008 de 29 de abril de 2008 (TOL1.320.867)
STS 578/2008 de 19 de junio de 2008 (TOL1.340.448)
STS 1014/2008 de 4 de noviembre de 2008 (TOL1.401.720)
STS 1042/2008 de 7 de noviembre de 2008 (TOL1.401.738)
STS 1136/2008 de 10 de diciembre de 2008 (TOL1.413.638)
STS 1/2009 de 28 de enero de 2009 (TOL1.448.810)
STS 131/2009 de 5 de marzo de 2009 (TOL1.485.178)
STS 128/2009 de 6 de marzo de 2009 (TOL1.466.716)
STS 138/2009 de 6 de marzo de 2009 (TOL1.466.715)
STS 339/2010 de 27 de mayo de 2010 (TOL1.864.867)
STS 371/2010 de 4 de junio de 2010 (TOL1.908.314)
STS 432/2010 de 29 de julio de 2010 (TOL2.051.543)
STS 757/2011 de 21 de octubre de 2011 (TOL2.260.940)
STS 863/2011 de 21 de noviembre de 2011 (TOL2.299.929)
STS 11/2012 de 19 de enero de 2012 (TOL2.406.619)
STS 428/2012 de 10 de julio de 2012 (TOL2.662.329)
STS 524/2012 de 18 de julio de 2012 (TOL2.635.443)
STS 640/2012 de 18 de octubre de 2012 (TOL2.674.753)
STS 624/2012 de 30 de octubre de 2012 (TOL3.060.021)
STS 748/2012 de 29 de noviembre de 2012 (TOL2.713.556)
STS 216/2013 de 14 de marzo de 2013 (TOL3.266.667)
STS 258/2014 de 3 de junio de 2014 (TOL4.395.123)
STS 838/2013 de 10 de junio de 2014 (TOL4.374.204)
STS 254/2014 de 3 de septiembre de 2014 (TOL4.521.095)
STS 589/2014 de 3 de noviembre de 2014 (TOL4.550.745)
STS 630/2014 de 18 de noviembre de 2014 (TOL4.719.893)
STS 59/2015 de 30 de enero de 2015 (TOL4.748.346)
STS 717/2014 de 21 de abril de 2015 (TOL4.988.929)

STS 103/2016 de 25 de febrero de 2016 (TOL5.658.004)
STS 231/2016 de 8 de abril de 2016 (TOL5.687.871)
STS 530/2016 de 13 de septiembre de 2016 (TOL5.824.311)
STS 672/2016 de 16 de noviembre de 2016 (TOL5.892.466)
STS 44/2017 de 25 de enero de 2017 (TOL5.950.008)
STS 21/2018 de 17 de enero de 2018 (TOL6.484.723)
STS 317/2022 de 20 de abril de 2018 (TOL8.917.230).
STS 248/2018 de 25 de abril de 2018 (TOL6.592.179)
STS 401/2018 de 27 de junio de 2018 (TOL6.660.360)
STS 464/2018 de 19 julio de 2018 (TOL6.676.446)
STS 473/2018 de 20 de julio de 2018 (TOL6.673.274)
STS 531/2018 de 26 de septiembre de 2018 (TOL6.830.506)
STS 539/2018 de 28 de septiembre de 2018 (TOL6.820.792)
STS 691/2018 de 11 de diciembre de 2018 (TOL6.958.184)
STS 104/2019 de 19 de febrero de 2019 (TOL7.083.001)
STS 134/2019 de 6 de marzo de 2019 (TOL7.106.298)
STS de 17 de mayo de 2019 (TOL7.239.149)
STS 468/2019 de 17 de septiembre de 2019 (TOL7.509.203)
STS 120/2020 de 20 de febrero de 2020 (TOL7.790.005)
STS 458/2020 de 28 de julio de 2020 (TOL8.031.282)
STS 300/2022 de 7 de abril de 2022 (TOL8.909.439)
STS 419/2022 de 24 de mayo de 2022 (TOL8.996.156)

II. Tribunal Superior de Justicia de Navarra (Sala de lo Civil y Penal)

STSJ de Navarra 2/1999 de 27 de febrero de 1999
STSJ de Navarra de 31 de octubre de 1991
STSJ de Navarra de 10 de diciembre de 1991
STSJ de Navarra 9/2004 de 17 de marzo de 2004 (TOL7.635.873)
STSJ de Navarra 4/2006 de 4 de abril de 2006 (TOL946.211)
STSJ de Navarra de 8 de septiembre de 2014
STSJ de Navarra 2/2018 de 13 de febrero de 2018 (TOL6.567.787)
STSJ de Navarra 7/2022 de 22 junio de 2022 (TOL9.162.314)

III. Audiencias Provinciales

SAP de Granada de 27 de septiembre de 1994.
AAP de Navarra 110/1998 de 1 de diciembre de 1998.
SAP de Navarra (Sección 2ª) 239/1999 de 1 octubre de 1999.
SAP Navarra (Sección 3ª) de 18 de enero de 2000.

AAP de Navarra (Sección 3ª) 48/2000 de 19 de junio de 2000.

SAP de La Coruña (Sección 3ª) de 26 de abril de 2002.

SAP de Zaragoza (Sección 4ª) 256/2005 de 9 de mayo de 2005 (TOL8.027.694).

SAP de Barcelona (Sección 15ª) 240/2006 de 12 mayo de 2006 (TOL952.405).

SAP de Navarra (Sección 2ª) 144/2006 de 20 noviembre de 2006 (TOL6.135.742).

SAP de La Coruña (Sección 3ª) 143/2011 de 18 de marzo de 2011 (TOL2.110.040).

SAP de Madrid (Sección 12ª) 461/2015 de 30 de diciembre de 2015 (TOL5.665.107).

SAP de Navarra (Sección 3ª) de 28 de septiembre de 2018 (TOL6.983.494)

SAP de Alicante (Sección 9ª) 488/2020 de 3 de noviembre de 2020 (TOL8.474.776).

Doctrina Administrativa

Dirección General de Seguridad Jurídica y Fe Pública (anterior Dirección General de los Registros y del Notariado)

RDGRN de 25 de mayo de 1906
RDGRN de 13 de octubre de 1916
RDGRN de 14 de julio de 1943
RDGRN de 30 de junio de 1956
RDGRN de 19 de noviembre de 1957
RDGRN de 29 de noviembre de 1962
RDGRN de 2 de diciembre de 1964
RDGRN de 2 de febrero de 1966
RDGRN de 14 de abril de 1969
RDGRN de 13 de enero de 1984
RDGRN de 21 de enero de 1991
RDGRN de 19 de julio de 1991
RDGRN de 29 de diciembre de 1992 (TOL274.056)
RDGRN de 26 de enero de 1994
RDGRN de 6 de marzo de 1997 (TOL223.675)
RDGRN de 19 de febrero de 1998 (TOL132.450)
RDGRN de 7 de marzo de 2000 (TOL119.972)
RDGRN de 25 de marzo de 2002 (TOL224.718)
RDGRN de 17 de mayo de 2002 (TOL23.747)
RDGRN de 18 de diciembre de 2002 (TOL358.852)
RDGRN de 13 de mayo de 2003 (TOL276.668)
RDGRN de 29 de marzo de 2004 (TOL376.712)
RDGRN de 1 de marzo de 2006 (TOL861.063)
RDGRN de 25 de febrero de 2008 (TOL1.265.097)
RDGRN de 30 de septiembre de 2008 (TOL1.390.805)
RDGRN de 2 de noviembre de 2010 (TOL6.273.358)
RDGRN de 19 de agosto de 2011 (BOE de 31 de octubre de 2011)
RDGRN de 10 de enero de 2012
RDGRN 2490/2012 de 28 de enero de 2012
RDGRN de 24 de marzo de 2012 (BOE núm. 114, de 10 de mayo de 2010)
RDGRN 9911/2013 de 12 de julio de 2013 (TOL3.920.792)
RDGRN 10697/2013 de 11 de septiembre de 2013 (TOL3.962.817)

RDGRN 11070/2013 de 30 de septiembre de 2013 (TOL3.973.295)
RDGRN 1869/2015 de 20 de enero de 2015 (TOL4.751.030)
RDGRN 5291/2016 de 11 de abril de 2016 (TOL5.744.340)
RDGRN 4280/2017 de 4 de abril de 2017 (TOL6.032.928)
RDGRN 8593/2017 de 26 de junio de 2017 (TOL6.209.344)
RDGRN 7180/2018 de 16 de mayo de 2018 (TOL6.613.109)
RDGRN 9615/2018 de 26 de junio de 2018 (TOL6.660.344)
RDGRN 3552/2020 de 19 de diciembre de 2019 (TOL7.815.370).
RDGRN 6394/2020 de 28 de enero de 2020 (TOL7.969.102)
RDGSJFP 17547/2021 de 28 de septiembre de 2021 (TOL8.625.821)